# 한국 신학,
## 이것이다

한국문화신학회
통권 제9집

### 편집위원장
김광식 연세대 명예 교수

### 편집위원
이계준 연세대 명예 교수
김경재 한신대학교
이정배 감신대학교
최인식 서울신학대학교
이찬수 강남대학교
손원영 서울기독대학교
박신배 그리스도대학교
정승우 연세대학교
손호현 연세대학교

### 집필자(가나다 순)
강원돈 성공회대학교(조직신학)
김광식 연세대(조직신학)
김경재 한신대(조직신학)
김진호 제3시대그리스도교연구소
박숭인 협성대학교(조직신학)
박신배 그리스도대학교(구약학)
신재식 호남신학대학교(조직신학)
심광섭 감신대학교(조직신학)
오정숙 감리교신학대학교(종교신학)
유동식 연세대(종교신학)
이길용 서강대학교(종교학)
이종찬 감신대학교(종교학)

# 한국신학, 이것이다

한국문화신학회
통권 제 9 집

한들출판사

간행사

## "너희는 나를 누구라 하느냐"

『한국신학, 이것이다』는 본인이 문화신학회 부회장으로 있을 때부터 기획되어져온 책이기에 이렇게 간행사를 쓰도록 부탁받는 과분한 영광을 누리게 되었다. 왜 한국신학은 이것이라고 말하고자 하는가? 신학의 역사성과 민족성은 극복되어져야 할 어떤 편협성은 아닌가? 여기에 대한 대답은 예수께서 우리에게 던지신 다음과 같은 질문에 있다. "너희는 나를 누구라 하느냐?(마태 16:15)??한국신학의 존재이유는 바로 이러한 질문에 대한 동양적이고 보다 구체적으로 한국적인 대답을 내어놓는 데 있다. 예수께서는 남의 대답이 아니라 우리의 대답을 듣고자 하신다. 예수께서는 성육신 사건을 통해 자신의 몸을 세계의 흙과 아주 구체적으로 토착화하셨다. 이처럼 아시아신학과 한국신학도 자신의 혼과 영혼으로 예수를 우리의 고유한 문화 안에서 토착화하여야 한다. 토착화는 해도 되고 안 해도 되는 선택의 문제가 아니라 예수의 물음에 순종하는 신앙의 당위성이다. 우리 하나하나가 새로운 베드로가 되어서 이 피할 수 없는 질문에 대답해야 한다. 그럼 한국 신학자들은 예수를 누구라 고백하는가?

이 책에 실린 13편의 논문은 거기에 대한 한국 문화신학과 토착화 신학의 큰 스승들의 웅장하면서도 독창적인 대답을 담고 있다. 최병헌, 유영모, 최태용, 함석헌, 김교신, 윤성범, 서남동, 안병무, 유동식, 변선환,

이정용, 김광식, 김경재 등과 같은 한국신학의 거인들이 앞서 계셨기에 우리가 그 분들의 어깨 위에 앉은 난쟁이로서 조금이나마 더 멀리 세계를 볼 수 있게 된 것이다. 길이 없었기에 이 분들이 먼저 걸어가셨다. 동양적 사유의 특유한 깊이로 기독교를 이해하고 해석함으로 한국민족과 아시아, 나아가서는 세계를 위한 기독교의 절대성의 의미를 새롭게 전달코자 하셨다. 1982년에 소금(素琴) 유동식 선생이 한국신학사상사로서 『한국신학의 광맥』을 내신 이후 『한국신학, 이것이다』로 이어지는 이러한 한국 기독교인의 자기 이해와 성찰의 길은 이제 토착화 과정을 넘어서서 새로운 대안적 기독교를 제시하는 세계화 과정으로 나아가고 있음을 보여준다. 기독교는 성장하는 생명의 나무와도 같으며 그 뿌리에서 한국의 신학자들이 정성되게 일하고 있는 것이다. 그래서 아시아와 세계는 이제 한국의 문화적 독창성과 신학적 생산력을 주목하게 되었다. 한국신학의 빛나는 보석같은 여기 13명의 스승들은 토착화와 세계화의 과제에서 우리의 걸음을 미래로 인도할 등불이 되어주실 것이다.

한국문화신학회의 이러한 기획에 동조하며 기꺼이 옥고를 제출해주신 제 필자들에게 감사의 마음을 전하고 싶다. 그분들의 정성과 수고가 없었더라면 아마 이 책이 출판되지 못하였을 것이다. 또한 편집의 실무를 책임졌던 이찬수 교수님 외에 다른 모든 이들에게 감사와 격려를 보낸다.

끝으로 상업주의가 지배해버린 출판계의 현실을 볼 때 한들출판사는 어쩌면 학자들의 마지막 피난처와 같은 역할을 하고 있다. 항상 문화신학회를 위해 도움을 주며 늘 좋은 책을 출판해 주시는 한들출판사의 정덕주 목사님에게 마음에서 우러나오는 감사를 표하고 싶다.

2008년 4월 11일
이 정배

| 이길용 | '겨레-믿음-체험'의 신학자 탁사 최병헌 | 9 |
| --- | --- | --- |
| 오정숙 | 유영모와 한국적 기독교 | 37 |
| 박숭인 | 최태용과 한국인 자신의 교회:<br>최태용의 신앙운동, 신학운동, 교회 운동 | 74 |
| 이정배 | 함석헌의 탈민족, 탈기독교적 평화신학 연구<br>《뜻으로 본 한국역사》를 중심으로 | 105 |
| 박신배 | 김교신의 선비 신학 | 122 |
| 이종찬 | 윤성범의 '말씀 절로'의 신학: 誠의 해석학 | 157 |
| 강원돈 | 서남동의 신학 | 195 |
| 김진호 | 안병무 해석학 시론: '내면성의 발견'과<br>'민중적 타자성' 개념을 중심으로 | 226 |
| 유동식 | 풍류신학 | 257 |
| 심광섭 | 一雅 변선환 신학사상 체계 | 270 |
| 신재식 | 이정용의 신학 | 307 |
| 김광식 | 토착화신학의 길 | 338 |
| 김경재 | 대승적 기독교론 서설 | 350 |

# '겨레–믿음–체험'의 신학자
# 탁사 최병헌

이길용 (서강대학교)

**탁사 최병헌**

1858. 1. 6 – 1927. 5. 3
충북 제천군 현좌면 실월리에서 출생
1893년 그리스도인으로 입교
1902년에는 목사안수를 받음
1903년부터 정동교회 담임목사로 부임
1907년 이래 〈신학월보〉에 "셩산유람긔"를 연재
이외에도 《셩산명경》,《만종일련》 등 저작을 남김

## I. 여는 글: 한국 신학, 혹은 한국적 신학?

탁사(濯斯) 최병헌(崔炳憲, 1858-1927)[1]은 21세기 한국교회에 주어진 커다란 숙제이다. 왜 그런가? 그가 이 땅에 의미 있는 신학자로 활동한 지가 벌써 한 세기가 넘어서는데 지금에까지 그의 자리와 가치가 인정받고 있는 것은 그만큼 그의 신학적 문제의식이 철저했고, 또 근본적이었기 때문이리라. 우리는 이러한 탁사의 문제의식과 신학적 결과물을 일컬어 '한국 신학' 혹은 '한국적 신학'[2]이라 부른다. 게다가 탁사는 그 앞에 '최초'라는 수식어까지 가지고 있다. 탁사가 기독교인의 삶을 능동적으로 펼치게 된 것은 1893년 세례 이후로 볼 수 있다. 한국에 개신교가 발을 붙인 것을 1885년으로 잡는다면 8년 만의 일이며, 정동감리교회의 담임목사로 활동하는 1902년을 기준으로 해도 10년을 채우지 못하는 시점이다. 따라서 탁사에게 주어지는 '최초'라는 수식어는 그 시기로만 따져도 당연한 것이고, 또 마땅한 것이라 할 수 있겠다.

하지만 여기서 그 수식어의 내용이 '한국적'이라는 것을 접하고 나면 적잖은 고민이 일어난다. 그리고 그 고민의 고갱이에는 '한국적 신학이란 무엇인가'라는 물음이 자리하고 있다. 이 땅 위에서 이루어지는 모든 신학 작업을 우리는 한국적 신학이라 부를 수 있는가? 그렇다면 한국적 신학이란 '공간적 제한'을 의미한다는 말인가? 따라서 외국인이라 하더라도 그가 한국 내에 머물면서 신학 작업을 한다면, 그 결과물은 한국적 신학의 영역에 포함될 수 있는 것인가? 이는 무언가 석연치 않다. 이런 논리대로라면 그건 한국적 신학이라기보다는 '한국 내 신학'이라 부르는 편이 더 타당할 것이다.

그렇다면 혈연으로? 즉, '한국인'에 의해 이루어지는 신학 작업을 한

---

1) 이후 탁사로 통일.
2) 이후 편의에 의해 '한국적 신학'으로 통일.

국적 신학이라 불러도 무방한 것인가? 이와 같은 구분은 예술과 스포츠 영역에서 종종 이루어지고 있다. 종목과 국적을 묻지 않고 그가 한국인이라는 이유만으로 그의 예술, 혹은 운동을 한국적이라 부르기도 하는 것이다. 하지만 골몰히 이 관계를 살핀다면, 예·체능계에서 이루어지는 한국적이라는 호칭은 한국인이라는 국적, 혹은 민족 개념에 기초하고 있지, 그가 하고 있는 예술이나 운동 분야의 업적이나 결과물까지 포함하고 있는 경우는 드물다는 사실을 곧 눈치 챌 수 있게 된다. 즉 그것은 한국인이 보여주는 예술세계이지, 그가 하고 있는 작업이 곧바로 한국 예술로, 혹은 한국적 예술로 평가되지는 않는다는 말이다. 물론 예·체능의 경우 개인의 능력이 강조된다는 특성이 있기도 하다. 아무튼 우리의 고민은 계속 이어진다. 그렇다면 한 분야에 '한국적'이라는 수식어를 달기 위해서 필요한 필요충분조건은 무엇인가?

사실 이 문제는 그리 간단치 않다. 이는 '한국적 신학'이라는 용어자체가 '보편'과 '특수'를 동시에 안고 있기 때문에 일어나는 운명적인 것이기도 하다. 신학은 보편성을 가진다. 그리스도교 신앙의 본질과 핵심, 그리고 그 전통을 체계적으로 정리, 설명한다는 점에서 신학에 국경이란 있을 수 없다. 한국, 유럽 혹은 서로 다른 지역에서 신학하는 이들은 그리스도교 신앙의 본질 추구와 그것을 해명함에 있어서는 다 같이 동일한 목적을 지닐 수밖에 없다. 하지만 그 신학이란 말 앞에 붙어 있는 '한국적'이란 수식어는 보편을 추구한다라기보다는 특정하고도 특수한 상황을 일컫는 것으로 봐야 할 것이다. 이러한 보편과 특수가 함께 모여 있다는 애매한 긴장관계가 한국적 신학을 바라보는 우리의 입장을 매우 난처하게 만든다. 보편과 특수의 애매한 결합. 하지만 제 아무리 한국적 신학이라 하더라도 궁극의 목적이 '보편을 지향'한다는 점에서 그것은 단지 '장소'와 '핏줄'에만 연연할 수는 없을 것이다.

그렇지만 여전히 남아있는 그 무엇이 '보편 속의 특수'에 대해 눈감지 못하게 만든다. 그것이 무엇일까? 잠정적이기는 하겠지만 우리는 그것을 '한국'이라는 제한된 시간과 공간 안에서 이루어지고 있는 '전통적 문화유산'과 해당하는 각 시기에 공유하는 '시대정신'이라는 틀로 묶어낼 수는 없을까? 어쩌면 이 부분에 대한 해명에서 우리는 한국적 신학이라는 하나의 가능성을 엿볼 수 있을는지도 모른다. 그렇다면 한국이라는 특수상황이 가지는 시대정신, 혹은 문화적 유산은 무엇인가? 우리는 그것을 어렵지 않게 발견하게 된다. 그것은 '다종교 환경'이다. 한국인의 입장에서 기독교는 외래종교이다. 아니 지금 한반도에 살아 있는 대부분의 종교가 밖으로부터 들어온 것들이다. 따라서 한국사회의 종교들은 이와 같은 다원화된 종교 환경에 어찌 대응하고, 또 어떤 기준을 가질 것인가가 매우 주요한 과제라 할 수 있다. 낯선 세계관이 다원화된 사회에 진입해 들어오게 되면 진통을 겪게 된다. 그것은 낡은 부대에 새 포도주를 담을 때 나오는 어려움이라 할 수 있겠다. 오래되어 느슨해지고, 구석구석 닳고 또 헐거워진 부대로는 넘쳐나는 신선한 포도주의 생명력을 담아내기가 수월치 않을 것이다. 어쩔 수 없이 새로운 부대가 요청된다. 문화와 문화, 혹은 세계관과 세계관의 만남에는 이러한 '새로운 부대'가 언제나 요청된다. 우리는 그것을 '해석학적 만남'이라 부를 수 있을 것이다. 바로 그런 해석 작업, 즉 전통과 새로움의 창조적 융합을 시도하면서도 본디 갖추고 있는 사상의 고갱이를 잃지 않도록 하는 작업이 한국이라는 특수 상황에서 신학하는 이의 맡겨진 과제라 할 수 있을 것이다.

바로 이 점에서 탁사는 자신의 고유한 임무를 충실히 수행한 최초의 그리스도인이라 할 수 있을 것이다. 그것도 한 세기 전에! 개신교 전통의 전래와 더불어 시작된 탁사의 신앙생활과 신학 작업은 바로 이 문제에 대한 응답의 연속이었다고 말할 수 있을 것이다. 이에 이 논문은 탁사의 그러한 작업, 즉 개신교 신앙을 중심삼아 전개된 보편과 특수의 창조적 융합과정을 한국적 신학이라는 틀을 가지고 조망해 볼 것이다.

## II. 탁사의 생애[3]

많은 경우 탁사의 삶에 있어서 중요한 전환점을 1893년으로 본다. 바로 그 해 탁사는 세례를 통해 정식 개신교도가 되었기 때문이다. 교회사가 송길섭의 경우도 이런 기준에서 탁사의 생애를 다음과 같이 구분한다.

> 준비기(1858-1893) / 사회참여 시기(1893-1902) / 목회시절(1902-1914) / 교회 행정가 시절(1914-1922) / 신학교 교수 시절(1922-1927)[4]

이러한 시기 구분은 대체로 탁사의 공식 활동을 기준으로 한 것이며, 그의 일대기를 줄여 말하는데 무난한 것이라 할 수 있다. 하지만 탁사 자신의 실존 상황을 좀 더 고려해 본다면 위의 경우와는 다른 시기 구분도 가능할 것이다. 공식 전환점을 세례 의식으로 잡을 수도 있겠지만, 그 이전에 이미 탁사는 5년간 집중적으로 성서를 연구했으며, 그리고 이 시기야 말로 유학자 탁사가 기독인이 되는 결정적인 분기점으로 작동되고 있었다고 볼 수 있다. 따라서 기독교 입문의 시기를 공식적인 세례 의식에서 잡을 것이 아니라 그가 배재학당의 한문 교사가 되어 아펜젤러를 위시한 서양의 선교사들과 본격적인 신앙교류를 갖게 된 때로 잡는 것이 보다 합리적일 것이다. 그렇게 탁사의 생애를 재구성해 본다면 아래의 도표처럼 정리해 볼 수 있다.

---

[3] 탁사의 생애에 대해서는 다음의 글들을 참조하라. 김진호, "탁사 최병헌 선생 약력", 《신학세계》12권 2호, 1927; 송길섭, "한국신학 형성의 선구자, 탁사 최병헌과 그의 시대",《신학과 세계》제6호, 1980; 박병길, "탁사 최병헌 목사의 삶",《세계의 신학》, 1997, 겨울호. 23-35.
[4] 이러한 시기 구분은 다음 글을 참조하라. 송길섭, "한국 신학 형성의 선구자, 탁사 최병헌과 그의 시대."

| 시기구분 | 특 징 | 내 용 | 비 고 |
|---|---|---|---|
| 1858-1888 | 전통적 유교 지식인 | 유교 및 전통 종교 의 사상 습득기간 | 과거 준비, 그리고 실패 《瀛環志略》를 통해 기독교에 대한 기초 지식을 얻음(1880) |
| 1888-1902 | 개신교 입문 시기 | 배제학당의 한문교사로서 아펜젤러와 본격적으로 교류함 | 성서연구/번역 시작 아펜젤러를 통해 기독교 사상 및 웨슬리 신학을 만남 민족계몽과 개화를 위한 다양한 사회활동을 펼침 |
| 1902-1922 | 목회와 교회 행정가 시기 | 정동제일감리교회 담임목사 및 교회 행정가로 활동 | 선교를 목적으로 하는 다양한 저술 활동 《성산명경》(1910),《만종일련》(1922) |
| 1923-1927 | 신학교 교수 시기 | 협성신학교 교수 | 《비교종교》와《한국문화》강의 |

표 1) 탁사의 생애 구분

이 글은 탁사의 일대기를 역사학적 시각으로 정리하는 것을 목적으로 하고 있지 않다. 따라서 여기에서는 그의 삶에 전기가 되는 몇몇 장면들을 강조하고 도드라지게 하는 것으로 만족할 것이다.

탁사는 충북 제천의 가난한 양반집의 둘째 아들로 태어났다. 조선시대 양반이라는 신분은 중세 유럽이나 일본의 도쿠가와(德川) 시기에 있었던 계급제도와는 전혀 다른 독특한 사회제도이다.[5] 양반은 태어나면서 얻어지는 신분이 아니다. 그리고 양반을 규정하는 객관적 기준이 따로 있던 것도 아니다. 양반이 되기 위해서는 '국가에서 관장하는 시험'(科擧) 합격자를 지속적으로 배출하든지,[6] 아니면 적어도 그 가문에 전

---

5) 미야지마 히로시(노영구 옮김),《양반》(서울: 강, 1996), 39.

국에 걸쳐 이름이 높은 출중한 유학자를 가지고 있어야 했다.[7] 이것은 보통 시민이라면 누구든지[8] 노력을 통하여 양반이 될 수 있다는 말이며, 이런 관계로 조선조 대부분의 보통시민(良人)들은 더 높은 신분으로 올라서고자 하는 욕구를 상당한 정도로 가지고 있었다.[9] 이렇게 조선조 사회는 이론과 법률적으로 누구든지 자신의 능력에 따라 양반으로의 신분상승이 가능한 상당히 개방된 구조를 하고 있었다. 따라서 많은 사람들이 과거를 준비하였고, 아울러 이 제도는 조선사회를 건강하게 유지할 수 있는 최적의 공공 시스템이기도 했다. 가문의 영광을 위하여, 그리고 양반 신분을 계속 유지하기 위해서라도 조선의 백성들은 과거를 준비했고, 이를 통해 입신양명을 이루고자 했다. 그리고 이 모든 이념의 틀을 제공해주고 있던 것이 바로 남송(南宋) 주희(朱熹)에 의해 체계화된 성리학이었다. 주희가 정리한 새로운 모습의 유학은 인간을 도덕적 존재로 보았고, 그 이유를 하늘의 이치에 두고 있다. 즉 인간의 본성은 천리로부터 부여 받았다는 것이다. 이를 통해 주자는 제왕이나 귀족도 어찌할 수 없는 인간과 국가를 위한 '통치원리'를 세우고자 하였다.[10]

탁사는 양반 가문의 자손이었고, 과거를 준비했고, 또 응시까지 했다. 이는 적어도 그가 능동적 기독인으로 활동하기 전까지는 전통적인 유교적 세계관에 충실한 삶을 살았다는 이야기가 된다. 이는 양부모[11]가

---

6) 그렇게 하여 정부의 고위 공무원들이 되어야 양반 가문의 명예를 이어갈 수 있었다.
7) 이들을 특별히 산림(山林)이라 불렀고, 과거 급제에 해당하는 인정을 받기도 했다. 미야지마 히로시,《양반》, 44.
8) 원칙상 과거는 누구에게나 개방되어 있는 시험제도였다. 다만 3대에 걸쳐 특정한 천직에 종사했던 경우같은 아주 특별한 사례 외에는 누구나 이 국가 공인 시험에 응시할 수 있었다. 미야자키 이치사다(박근칠 외 역),《중국의 시험지옥-과거》(서울: 청년사, 2000), 219-220. 이외 과거에 대한 정보는 다음 책을 참조하라. 하병태 (조영록 외 역),《중국과거제도의 사회사적 연구》(서울: 동국대 출판부, 1993).
9) 미야지마 히로시,《양반》, 47.
10) 우리는 이러한 유학을 '존재론적 윤리학'이라 부를 수 있을 것이다.

탁사의 입신양명을 위해 서울로 이사하는 대목에서 잘 드러난다.[12] 하지만 양아버지가 병고로 사망하게 되자 탁사는 기존의 전통적 유교 가치관을 새로이 검토해 볼 수 있는 외부적 조건을 맞이하게 된다. 갑작스레 찾아온 궁핍함으로 인해 생활고를 타개하고자 동분서주하는 가운데, 탁사는 자신이 속한 세상이 얼마나 부조리한가를 몸소 체험하게 된 것이다. 조선의 유교이념을 지탱하는 버팀목이 되어야 할 과거제도는 오히려 매관매직의 현장이 되었고,[13] 명예롭게 국가와 백성을 위해 봉사해야 할 공직자들은 자신의 이익과 축재에만 골몰하고 있는 장면이 탁사의 눈에 들어온 것이다. 이러한 사회 환경에 대한 인식의 변화는 서서히 탁사로 하여금 전통과의 단절을 가져오게 하였을 것이다. 더 이상 기존의 가치관과 세계관으로는 부조리한 이 세상을 정상으로 되돌리기 곤란하다는 판단을 하게 되었을 것이다.

이즈음 탁사는 다양한 경로를 통하여 새로운 세계관과 만나게 된다. 이때 눈길을 끄는 것은 개신교라는 서구 종교 전통과의 만남이다. 하지만 그가 이미 유교적 입신양명 이념을 철저히 따르던 유교 지식인이었음을 생각한다면, 그가 가지는 '민족주의적 성향'을 간단히 지나칠 수는 없을 것이다.[14] 비록 유교적 이상을 자신이 속한 사회 현실에 실현하

---

11) 둘째로 태어난 탁사는 보다 환경이 좋은 친척 최직래(崔稷來)의 양자가 되었다. 이는 당시로서는 매우 흔한 일들 중의 하나였다. 심지어 가문에 과거에 급제할 만한 가능성을 보이는 아이가 있을 때에는 모든 가문이 이 한 아이를 위해 희생할 정도로 과거급제에 대한 당시 열망은 상당한 것이었다.

12) 이처럼 탁사와 그의 가족들은 조선조의 지배 이념이었던 유교 가치관에 매우 충실하였다.

13) 이는 조선조 말기의 만연된 부패들 중의 하나이다. 1894년 동학농민전쟁 역시도 이와 같은 과거제도의 타락을 봉기의 주요한 원인중의 하나로 지목하고 있다. 1894년 3월 20일 농민군의 최초 봉기 때 발표된 것으로 알려진 '倡義文'에도 다음과 같은 대목이 등장한다. "과거의 문을 돈벌이의 길이라 생각하고 응시의 장소는 매매하는 저자로 변하고 말았도다." 이상 '창의문'은 다음에 실린 연구서의 자료집을 참조바람. 신복룡,《동학사상과 갑오농민혁명》(서울: 평민사, 1985), 433-434.

14) 유교가 통치이념이 되는 국가의 경우, 또한 유교적 이상을 실현하기 위해서 노력했

는 것은 어렵게 되었다손 치더라도 여전히 국가와 사회, 그리고 민족에 대한 봉사의식은 탁사가 소유한 자의식自意識의 주요한 부분을 채우고 있었을 것이다. 이는 그가 순 한글 신문인 〈제국신문〉의 창간을 주도하고 직접 주필로도 활동하였으며, 그 밖에도 〈조선회보〉나 〈황성신문〉 등에 민족계도를 위한 글을 발표하고, 더 나아가 서재필 등과 더불어 독립협회 운동에 참여하는 등 대사회의 책임과 민족주의적인 사회활동을 멈추지 않고 있는 것을 통해서도 확인해 볼 수 있다. 그리고 사실 기독교와의 만남, 혹은 수용도 그가 신앙 체험이 깊어지기 전에는 이러한 민족주의적 시각 안에 이루어지고 있었다고 해야 할 것이다.

우리가 유의해서 살펴보아야 할 장면들이 몇 개 더 있다. 그리고 이 장면들은 탁사의 기독교에 대한 시각 형성에 지대한 영향을 준 것들이다. 우선 탁사의 입교는 그 스스로의 판단과 결정에 의한 것이라는 사실이다. 그것도 지극히 전통적 방법을 통한 연구의 결과로 그는 성서의 진리를 수용하게 된다. 즉 그는 유학자의 경전공부를 연상케 하는 5년간의 성서 연구를 통해 그리스도교 신자가 되기로 다짐한다. 바로 이 그림에서 우리는 전통과 새로움이 창조적으로 융합되는 탁사만의 모습을 읽을 수 있는 단초를 발견하게 된다. 전통적 방법과 형식 안에 탁사는 새로운 생각과 가치를 담아내고 있는 것이다. 이는 주로 그의 글쓰기와 논의 전개 등에 잘 나타난다. 대화체 형식의 글[15]과 전통 종교사상에 대한 지식을 통해 전해지는 그만의 선교방법 등이 그것이다.

그리고 또 다른 그림은 외국인 선교사들이 보여준 헌신과 희생의 모

---

던 경우 민족주의적 성향을 보이는 것은 비근한 사례이기도 하다. 유교적 민족주의가 종교운동으로 변환된 경우가 구한말 나철을 통해 이루어지게 된다. 나철은 단군신앙을 중심으로 하는 대종교를 주창하게 되는데 나철과 그의 뒤를 이어 대종교의 두 번째 지도자가 된 김헌 모두 과거에 급제한 수재들이었다.

15) 이는 전통적인 유학자들의 글쓰기 방법이기도 하다. 탁사는 《죄도리》, 《삼인문답》, 《성산명경》 등을 이런 방식으로 저술하였다. 그리고 《만종일련》에는 "按호건대"라는 어구가 반복되어 나오는데, 이 역시 전통적인 유학자의 글쓰기 방법들 중의 하나이다.

습과 연관이 있다. 여기에서는 두 개의 사례만을 제시해 본다. 하나는 탁사가 세례를 받을 것인가에 대하여 고민하던 중에 생겨난 일이다. 우연히 도심에서 병든 거지를 발견하게 되는데, 아무도 그를 돕는 이 없었고, 자신마저 어쩌지 못하고 돌아왔는데, 이후 며칠이 지난 후 탁사는 외국인 선교사가 그를 데려다가 잘 치료하고 보살펴 다시 건강을 찾았다는 이야기를 전해 듣게 된다.[16] 이로 인해 그는 기독교가 사랑과 실천의 종교인 것을 깨닫게 되었다. 이와 유사하게 탁사에게 기독교라는 종교의 가치를 일깨워준 또 다른 그림은 바로 아펜젤러의 순직 사건이다. 공무를 위해 목포로 가던 중 배가 파선하였는데, 수영선수 출신이었던 아펜젤러는 홀로 살려한 것이 아니라 끝까지 동료들을 구하려다 함께 익사하게 된다. 결국 이 사건으로 인하여 탁사는 아펜젤러가 목회하던 정동감리교회의 후임 담임목사가 되었다. 이 두 사건은 탁사로 하여금 기독교의 본질을 온 몸으로 알 수 있게 해준 중요한 것이라 할 수 있을 것이다.

여기서 우리는 탁사가 가지는 한반도의 초기 그리스도인으로서의 특성들을 읽어낼 수 있다. 그것은 바로 그가 '전통의 사람'이었다는 것과 아울러 동시에 '경건한 그리스도인'이었다는 사실이다. 이는 탁사의 생애 내내 이어지는 특성이기도 하다. 탁사의 글쓰기와 논의 전개, 그리고 가지고 있는 지식의 통로도 사실 새로운 학문이라 할 수 있는 서구의 방법론은 아니었다. 그의 중요한 신학적 저술들도 대부분 전통적인 대화체 기법을 통하여 발표되었고 이는 지극히 전통적인 글쓰기 방법의 하나인 것이다. 아울러 이미 극복한 상태이지만 탁사는 여전히 풍부한 신유학과 동아시아 종교들에 대한 지식을 소유한 인물이기도 했다. 아울러 신앙적으로는 경건한 웨슬리의 신학전통을 충실히 따르고 있었다. 이처럼 기존 경전공부를 통해 습득한 지극히 동양적 사유방식에 서구에서 전래된 기독교의 종교체험[17]이 바야흐로 탁사라고 하는 한 실존

---

16) 송길섭, "한국 신학 형성의 선구자, 탁사 최병헌과 그의 시대", 21.

인물의 내부에서 창조적으로 결합되고 있었던 것이다.

이 점을 유의하면서 이후에는 탁사가 전개한 신학적 특성을 세 가지 측면에서 요약하고자 한다. 그의 강한 민족주의적 성향과 경건주의적 특성, 그리고 이웃 종교에 대한 열린 연구 자세가 그것이다.

## III. 탁사 신학의 특징

### 1. 민족주의적 특성

탁사의 민족주의적 성향은 그의 생애 곳곳에서 포착된다. 앞서 언급했듯이 탁사는 다양한 언론활동을 통하여서 민족의 계도와 조선의 부국강병을 호소하였다. 그리고 탁사의 기독교에 대한 인식 역시 처음에는 이러한 민족주의적 성향 속에서 흡수되고 있었음이 다음과 같은 글을 통해서도 잘 드러난다.

> 농공상의 이익이 모두 외국인의 손에 잡혀 돌아가니 이 백성이 어떻게 생활을 도모할 수 있겠는가! 정치 명령이 여기에 이르니 무너지고 어지러움이 극에 이르렀다.[18]

같은 신문 다른 일자에 실린 글에서 탁사의 이런 심정은 계속 이어진다.

---

17) 탁사에게는 웨슬리의 올더스 게이트(Aldesgate)에서와도 같은 회심의 체험이 없다는 지적도 있지만, 이덕주는 아래 논문에서 탁사에게는 몇 차례에 걸친 종교체험이 있었고 그것이 탁사의 독특한 영성신학의 한 축을 이루게 되었다고 주장한다. 이덕주, "초기 한국교회 토착신학 영성", 〈신학과 세계〉(감리교신학대학교, 2005), 194-196. 이와 같은 탁사의 종교체험은 그를 열정 있는 설교가, 목회자, 그리고 교회 행정가로 만들었을 것이다.
18) 雜報,《大韓每日申報》(1906. 10. 7).

또 내가 일전에 남대문안 시장 동쪽 가에 몇 간의 빈 터를 한성부에 청원하여 점포를 설치하려 했더니, 관원이 굳게 고집하여 허락하지 않고 말하기를, 이 땅은 나라 땅이라 후일에 반드시 공용으로 쓸 데가 있다더니 지금 보니 일본사람이 그 터에 이층집을 짓고 점포를 설치하였다. 이러니 그 땅을 이와 같은 공용에 쓸려고 공인했으니 어찌 자기 백성을 이다지도 경시하는가. 슬프다! 이 벼슬아치여! 어찌 저 사람에게는 후하고 우리 한민족에게는 야박하게 하는가![19]

한국사회가 이렇게 된 까닭은 국가의 세력이 약해진 탓이다. 따라서 당시 시급한 문제는 무엇보다도 쇠퇴해진 국가의 위세를 다시 세우는 것이다. 따라서 당시 조선사회의 여론 주도층은 너나 할 것 없이 부국강병의 문제에 골몰하게 되었고, 이들은 각각의 입장에 따라 크게 세 그룹으로 나뉘었다. 그것이 곧 ① 척사 위정론 ② 온건개화론 ③ 급진 개화론파이다. 이들이 나뉘게 되는 이유는 새로운 가치관 혹은 문명이랄 수 있는 서구세계를 어떻게 받아들일 것인가에 따라서이다. 하지만 탁사는 이들 어디에 속해 있다고 보기가 간단치 않다. 당시 탁사가 취한 태도는 이들 3집단과는 다른 위치에 서 있었기 때문이다. 앞에서 인용한 글에서도 살펴볼 수 있듯이 탁사는 일방적으로 서구문명을 반대하려는 척사론의 입장도 아니며, 그렇다고 모든 것을 서구식으로 개조할 것을 주장하는 급진적 개화파도 아니었다.[20] 그렇다면 동도서기를 주장한 온건론자였는가 하면 그것도 아니다. 온건론자들은 서구의 기술문명은 수용하되, 정신은 받아들일 필요가 없다고 주장한다. 동도서기론자들은 이런 방식으로 서구에 비해 동양의 정신문화가 우월하다는 문화적 자긍심을 지키고자 하였다. 하지만 이에 대한 탁사의 응답은 결국 기술이나 문명도 정신에서 출발하는 것이며, 따라서 정신을 수용하지 않고 그 껍질인 기술과 문명만을 취한다는 것은 어불성설임을 강하게

---

19) 雜報,《大韓每日申報》(1906. 7. 6).
20) 송길섭, "한국 신학 형성의 선구자, 탁사 최병헌과 그의 시대", 27.

주장하는 것이었다. 진리라고 하는 것은 동과 서를 나누지 않는다. 참되고도 위대한 진리(道)는 자국 타국을 가르지 않고 두루 통하는 것이다. 진리라고 하는 기준에서 본다면, 그것이 동이든 서이든 간에 같을 수밖에 없다는 것이다. 이에 대한 탁사의 입장은 아래 인용문에서 잘 드러난다.

> 지금 세상에 말하는 자들은 반드시 말하기를 서양의 기계는 취하고 쓸 수밖에 없다고 하면서도 서양의 종교는 존경 숭상할 수 없다고 하여서 그것을 이단으로 지적하여 버리니 그것은 진리를 알지 못하기 때문이다.[21]
> 매번 서양의 문명이 도움이 된다하면서도, 가르침과 도리의 아름답지 못함은 물리치고 있으며, 또한 외국의 강한 것은 칭찬하면서도 그들이 부강해진 원인은 알려고 들지 않으니 한스럽다! 모름지기 대도(大道)는 끝이 없는 것이어서 진리라고 하는 것은 모든 나라에 두루 통할 수 있는 것이다. 서양의 하늘이 곧 동양의 하늘이다. 천하로 볼 때 모든 사해의 무리가 하나이고 형제라 부를 수 있는 것이다![22]

이렇게 탁사는 기독교를 빼놓은 채 이루어지는 서구문명은 완전할 수 없음을 지적하고 있다. 왜냐하면 기독교야 말로 서구문명의 핵심이며 정신을 이루기 때문이다. 또한 '진리'의 측면에서 보자면 동과 서의 구별이 있을 수 없으므로, 기독교의 정신이 진리라 한다면 과감하게 수용 못할 이유가 없다고 주장하고 있는 것이다. 이러한 탁사의 견해는 여전히 기독교 신앙을 수용하면서도 그에게 남아 있는 강한 민족주의적 성향을 보여주는 것이다. 쇠락한 나라의 백성으로서 신앙운동을 통해 나라의 부강을 도모하려는 그의 의지와 소망을 읽을 수 있는 것이다.

이런 그의 민족주의적 성향은 그를 교회 안에만 안주할 수 없게 하였다. 따라서 탁사의 사회 활동은 적극적이었고 능동적일 수밖에 없었

---

21) 최병헌, 〈奇書〉, 《皇城新聞》 (1903. 12. 22).
22) 최병헌, 〈奇書〉, 《皇城新聞》 (1903. 12. 22).

다. 이러한 탁사의 사회 활동은 '민족주의적 개화운동'이라 할 수 있을 것이다. 탁사는 이어 독립협회 운동에 동참하게 되었고, 이즈음 스스로 다음과 같은 [독립가]를 작사하기도 하였다.

> 천지만물 창조 후에
> 오주 구역 천정이라
> 아세아주 동양 중에
> 대조선국 분명하다.
>
> 독립기초 장구술은
> 국민상에 제일이다
> 기쁜 날 기쁜 날
> 대조선국 독립한 날.[23]

이처럼 탁사의 활동 기저에는 '겨레'라는 화두가 끊임없이 살아 움직이고 있었다. 그리고 개신교에 대한 접근 역시 초기에는 이러한 민족주의적 성향 속에 이루어졌을 것이다.

## 2. 경건주의적 특성

유동식은 탁사를 자유주의 신학자로 구별한다.[24] 하지만 그 판단의 기준은 좀 애매하다. 기독교 이외의 종교에 대하여 보여준 탁사의 너그러운 자세가 유동식으로 하여금 그런 평가를 내리도록 했는지는 모르겠지만, 과연 탁사가 자유주의 신학의 시대정신과 방법론을 계승, 혹은 유지하고 있었는지는 분명치 않다. 오히려 저술 등을 통하여 나타나는 탁사의 입장은 자유주의 신학과는 상당한 거리가 있는 편이다. 탁사는 여러 글을 통하여 정성스레 다양한 종교들의 입장과 그들의 특징적인

---

23) 송길섭, "한국 신학 형성의 선구자, 탁사 최병헌과 그의 시대", 39-40에서 재인용.
24) 유동식,《한국신학의 광맥》(서울: 전망사, 1982), 52-54.

교리들을 소개하고 설명하고는 있지만, 대부분의 경우 그와 같은 탁사의 작업은 선교 목적을 위한 충실한 도구로 활용되고 있을 뿐이다. 분명 탁사는 자신이 새롭게 고백하게 된 기독교 신앙과 기존하는 한반도의 전통 문화와의 접촉점 찾기에 게을리 하지는 않았다. 허나 그렇다고 그가 자유주의 신학이나 종교다원주의적 견해[25]를 지니고 있다고 보기는 곤란하다.

또한 탁사가 활동했던 당시 시대 상황이나 혹은 그가 접했던 선교사들의 신학 입장 등으로 미루어볼 때, 그가 자유주의 신학자였다는 판단은 더더욱 어려워 질 것이다. 무엇보다도 탁사의 글에는 성서에 대한 역사비평적인 시각이 빠져 있다. 탁사의 성서이해는 도리어 기존 유학자들의 경전공부의 연장 속에 있다고 보아야 할 것이다. 따라서 많은 부분 탁사는 성서에 대한 역사비평적 이해나 혹은 분석을 하고 있다라기 보다는 문자 그대로의 권위를 따르고 있을 뿐이다. 예를 들어 그는 웨슬리의 성화론[26]을 떠올리는 신자의 7단계를 설명하면서 그 근거로서 주로 성서의 본문들을 그대로 적시하는 방법을 사용한다.[27] 또한 그의 속죄론 역시 자유주의의 그것보다는 정통적 해석에 더 가깝다고 할 수 있다. 이는 그가 생각하는 참 종교에 대한 견해에서 분명하게 드러난다. 탁사는 다음과 같이 참 종교의 좋은 결실에 대하여 설명하고 있다.

---

25) 몇몇 보수교단에서 발표된 논문들 중에는 탁사를 종교다원주의자, 혹은 종교다원주의 신학자로 지칭한다. 이 역시 상당한 오해와 혹은 단순한 인상비평에만 머문 것들이라 할 수 있다. 예를 들어 고신대 석사학위 중에 최병헌의 종교다원주의를 다룬 경우도 있다. 황인철, "최병헌의 종교다원주의 사상"(부산: 고신대 대학원 석사학위 논문, 1998).
26) 웨슬리 신학에서는 의인화, 성인화를 통한 인간 구원의 8단계를 다음과 같이 구분한다. ① 창조와 타락, ② 선행은총, ③ 회개, ④ 신앙의인화(justification), ⑤ 신생, ⑥ 성화(sanctification), ⑦ 기독자의 완전, ⑧ 영화(glorification). 성백걸, "웨슬리 신학과 초기 감리교 선교사: 아펜젤러의 신학사상을 중심으로", 〈한국기독교역사연구소 소식〉 No. 3 (한국기독교역사연구소, 1997), 4-7.
27) 최병헌,《萬宗一臠》(서울: 朝鮮耶蘇教書會, 1927), 122-125.

예수基督은 上主와 三位一體시오 獨生 聖子이신 故로 降世爲人ᄒ시며 釘流寶血노 萬民의 罪를 代贖ᄒ시며 死後復活ᄒ샤 陰府의 權을 勝ᄒ심은 無論貴賤男女ᄒ시고 信者로 得救케 ᄒ신지라. 然ᄒ 故로 基督敎의 信仰者들은 何國何人何等何種人을 不許ᄒ고 兄弟姉妹로 視ᄒ며 仇讐ᄀ지 愛ᄒ야 自己를 숨ᄒ고 他人을 助ᄒ대 强者가 弱者를 扶護ᄒ고 安者가 災者를 救恤ᄒ며 愚者를 敎導ᄒ고 病者를 治療ᄒ야 憂者로 同憂ᄒ며 樂者로 同樂ᄒ니 此是 眞宗敎에 善果이라.[28]

여기서 사용되는 것은 기독교의 정통적 속죄론이다. 즉 하느님의 하나 밖에 없는 아들 예수가 십자가에 못 박혀 피를 흘림으로 모든 이의 죄를 대속하여 구원을 이루었다는 것이지, 인간의 주관적 정신 상태에서 속죄의 의미를 구하려는 자유주의 신학의 태도는 찾아볼 수 없다. 또한 탁사가 사계에 최초로 제출한 신학논문이 원죄론을 취급하고 있는 '죄도리'(罪道理)였다는 것도 탁사가 정통적 속죄론을 지니고 있었음을 보여주는 증거가 된다. 탁사는 짧은 이 논문 속에서도 '예수를 통한 대속'을 재차 강조하고 있다.

"아담 이후로 세상 백셩의 죄악이 심즁ᄒ거늘 하ᄂ님께셔 홍슈를 나리샤 억죠창생을 다 죽게 ᄒ시고 노아의 ᄌ손들이 또한 죄악이 관영ᄒ고로 모셰의게 열가지 계명을 주샤 백셩을 ᄀᄅ치게 ᄒ시더니 백셩들이 졈졈 우샹의게 졀ᄒᄂ쟈 만ᄒ며 ᄎᄎ 죄악에 ᄲᅡ지ᄂᆫ쟈 셰계에 가득ᄒ거늘 하ᄂ님께셔 특별히 ᄌᄇᄒ심을 베프샤 독생ᄌ 예수를 셰상에 보내시며 죄인들을 불너 회개케 ᄒ시고 십ᄌ가에 죽으샤 만국만민의 죄롤 대쇽ᄒ셧시니 누구던지 예수를 밋ᄂᆫ쟈ᄂᆫ 죄를 샤유ᄒ시고 구원을 엇게 ᄒ신지라 셩경에 ᄀᆞᆯᄋᆞ샤대 하ᄂ님께셔 셰샹을 ᄉᆞ렁ᄒ샤 독생ᄌ를 주셧시니 누구던지 뎌를 밋으면 멸망ᄒ지안코 영생을 엇으리라 하시니라.[29]

---

28) 최병헌,《만종일련》, 120-121.
29) 최병헌, "죄도리",《신학월보》No1-8, 1901. 유동식,《한국신학의 광맥》, 82-83에서 재인용.

이 점에서 탁사는 토미즘을 근거로 자연신학적 토대 위에 유교와 기독교의 접촉점을 찾으려 시도한 예수회의 마태오 리치와도 선을 분명 달리한다.[30] 기독론을 가급적 축소하며 신론 중심의 보유론적 입장을 유지한 리치와는 달리 탁사는 오히려 기독을 통한 구원을 강조하면서 그것을 웨슬리의 체험신학 속에서 설명하고 있다. 그리고 탁사의 이러한 입장은 말년에 이르기까지 계속 이어진다.

이와 같은 탁사의 글들을 종합해 볼 때, 그는 오히려 감리교 선교사들을 통해 얻은 웨슬리신학의 성화론적 특성을 소유한 정통적 경건주의자에 가깝다고 할 수 있다. 이는 그의 대표 저작이라 할 수 있는 《만종일련》에도 그대로 드러난다. 앞서 이미 밝혔듯이 탁사는 그 책의 결론 부분에서 그리스도교 신자로서 거쳐야 할 신앙의 7단계를 다음과 같이 정리하고 있다.[31]

① 이스라엘 나라 밖의 사람: 세상에 처하여 소망이 없고, 사후에 어디로 가는지 전혀 모르는 자. 죄에서 낳고, 자라고, 늙으며, 또 죄 가운데 죽는 자.
② 죄를 알고 애통하는 자: 진리를 듣고 마음에 찔림을 얻어 회개한 자.
③ 믿음으로써 의롭다 된 자.
④ 하나님으로 거듭난 자: 예수 그리스도 안에 있어 죄 정함이 없는 자.
⑤ 하나님을 보는 자: 맘과 뜻과 정성을 다하여 하느님을 사랑하며 이웃을 자기 몸처럼 사랑하는 자.
⑥ 하느님의 자녀가 된 자.
⑦ 완전히 성결해진 자: 하느님의 아들을 믿으며 아는 자, 그리스도의 장성한 분량까지 충만하게 이른 자.

탁사는 이를 설명하면서 각각 성서 본문들을 인용하고 있다. 예를 들어 ①번 같은 경우 아예 그 제목을 예베소서의 한 구절로부터 직접

---

30) 이정배, "마태오 릿치와 탁사 최병헌의 보유론적 기독교 이해의 차이와 한계",《신학사상》122집, 2003 가을호, 100.
31) 이하 요약은 다음 부분을 참조 바람. 최병헌,《만종일련》, 122-124.

따오고 있을 정도다.³²⁾

그렇다면 탁사의 이런 경건주의적 특성은 어디에서 유래한 것인가? 아무래도 우리는 그와 15년간이나 긴밀한 유대관계를 유지했던 감리교 선교사 아펜젤러를 의식하지 않을 수 없다. 게다가 탁사의 [전도기적비문](傳道紀績碑文)에는 다음과 같이 기록되어 있다.

> 감람산 색은 만고에 푸르르고
> 아펜젤러와 백중하여
> 동서의 쌍벽을 이루도다.³³⁾

탁사는 앞서 언급한 몇몇 경험들을 통하여 기독교가 사랑과 실천의 종교임을 경험하였을 것이다. 그리고 아펜젤러와 더불어 교류하면서 성화론을 중심으로한 웨슬리 신학을 충분히 습득하였을 것이다. 따라서 탁사의 신학사상 형성에는 아펜젤러의 영향을 적다할 수 없는데, 그렇다면 아펜젤러가 지녔던 신학적 특성은 어떠했는가? 성백걸은 그의 글에서 아펜젤러의 신학이 종교개혁적인 복음주의와 경건주의, 그리고 웨슬리적인 감리교회의 구원관에 기초하고 있음을 지적하고 있다.³⁴⁾ 이러한 아펜젤러의 입장은 탁사에게도 성실하게 전해졌을 것이다.³⁵⁾ 그리고 이는 이미 살펴 본 탁사의 경건주의적 입장에 많은 부분 녹아있다고 볼 수 있다.

탁사가 결코 자유주의 신학자일 수 없는 이유는 그의 글《삼인문답》(三人問答)을 통해서도 잘 드러난다.³⁶⁾ 이 글은 《성산명경》 이전에 탁사의 종교변증론의 태도를 살펴볼 수 있다. 이 글은 전도 중에 만난 유자

---

32) "그 때에 너희는 그리스도 밖에 있었고 이스라엘 나라 밖의 사람이라 약속의 언약들에 대하여 외인이요 세상에서 소망이 없고 하나님도 없는 자이더니"(엡 2:12).
33) 유동식,《한국신학의 광맥》, 75에서 재인용.
34) 성백걸, "웨슬리 신학과 초기 감리교 선교사: 아펜젤러의 신학사상을 중심으로", 14.
35) 이정배, "마태오 릿치와 탁사 최병헌의 보유론적 기독교 이해의 차이와 한계", 89.
36) 최병헌, "삼인문답",《대한 그리스도인회보》 1900. 3. 21.

들과의 대화를 담고 있다. 그 글에서 유교인들이 취한 태도는 전형적인 종교 다원주의적 태도이다. 즉, 유자들은 기존 동양에도 성현의 정신을 담고 있는 뛰어난 종교들이 있는데 구태여 외국에서 유래한 종교를 믿어야 할 이유가 없다는 태도를 보인다. 이에 대해 탁사는 전통적 예수의 대속론을 가지고 응답한다. 즉 공맹이나 노자 부처는 단지 성현이지만 예수는 하느님이시며, 인류의 죄를 대속한 '구세주'가 된다는 것이다.[37] 이렇게 본다면 탁사는 자유주의 신학자나 혹은 종교다원주의자라기보다는 오히려 이들을 설득하여 개종케 하려는 정통적 호교론자라고 봐야 할 것이다.

### 3. 이웃 종교에 대한 열린 연구 자세

하지만 탁사는 결코 배타적 신앙인으로 활동하지는 않았다. 적어도 그가 속한 사회의 이웃종교들에 대한 태도에 있어서는 동시대 사람들과는 분명한 차이를 보여주었다. 당시 선교사들은 한국 종교에 대하여 이중적인 태도를 가지고 있었다. 선교사들 중 몇몇은 한국인들에게서 보이는 고유한 최고신 개념에 상당히 고무되어 있기도 했었다. 아펜젤러도 이런 유에 속하는데, 그는 이미 한국인들이 지니고 있는 오래된 '하느님 신앙'에 기독교 신앙을 세워갈 것을 독려하는 발언을 하기도 했다.[38] 하지만 이는 오히려 단편적인 것이고 당시 개신교 선교사들 대부분은 한국의 종교 환경에 대하여 가졌던 인식은 긍정적이라기보다는 부정적이고, 포용적이라기보다는 적대적이었다.[39] 이와 같은 한국 종교

---

37) 이덕주, "초기 한국교회 토착신학 영성", 198.
38) 성백걸, "웨슬리 신학과 초기 감리교 선교사: 아펜젤러의 신학사상을 중심으로", 16.
39) 당시 외국 선교사들이 가진 조선사회, 특히 종교에 대한 시선은 다음의 책을 참조하라. 조현범, 《문명과 야만: 타자의 시선으로 본 19세기 조선》 (서울: 책세상, 2002). 특별히 3장 이하에서 저자는 19세기 개신교 선교사들의 한국 사회에 대한 견해를 당시 선교사들의 보고와 기록 등을 통해 상세히 설명하고 있다.

에 대한 부정적인 견해는 다음과 같은 그들의 글 속에 잘 드러나고 있다.

> 최근에 조선을 다녀온 사람들의 견문록이나 네덜란드, 일본, 프랑스인들의 기록을 볼 것 같으면, 조선 사람들의 미신의 구조나 오늘날 조선 사람들의 종교는 불교의 영향에도 불구하고 과거 2천년 동안 전반적인 변화를 보이지 않았다는 사실을 우리는 알게 된다. 천신이나 지신, 산, 강, 동굴, 샛별에 대한 경배는 아직도 자연적인 물체의 명칭에 나타나고 있으며, 양이나 황소를 제물로 바치는 풍습과 더불어 옛 모습 그대로 떳떳이 남아 있다.[40]

이와 같이 기존 한국 종교들에 대해서 개신교 내의 분위기가 적대적이고 냉소적이었던 시기에 탁사는 종교 변증작업[41]에 집중한다. 그리고 종교 변증작업에 몰두하는 탁사의 자리는 선교사들의 그것과는 사뭇 달랐다. 많은 선교사들이 한국의 기존 종교를 미신, 혹은 우상이라 몰아붙이며 대화의 상대로 인정하려 들지 않았던 것에 반해, 탁사는 상당히 정중하고도 세밀한 태도로 이웃 종교들을 소통을 위한 자리로 초대하고 있는 것이다. 그리고 이런 그의 노력은 《삼인문답》(1900), 《성산명경》[42](1910, 1911), 《만종일련》[43](1922) 등의 작품으로 정리가 되었다.

---

40) 윌리엄 그리피스 (신복룡 역), 《은자의 나라 한국》 (서울: 집문당, 1999), 410.
41) 이와 같은 종교변증 작업은 탁사만의 것은 아니었다. 이미 감리교 계통의 신학잡지인 《신학세계》에서는 꾸준히 종교변증론적 시각에서 한반도의 다양한 종교들에 대하여 소개하고 있었고, 당시 협성신학교 교장이기도 했던 E. M Cabel은 《宗敎上比較學》을 역시 《신학세계》에 소개하기도 하였다. 이에 대하여는 아래 글을 참조 바람. 신광철, "탁사 최병헌의 한국신학 연구", 《한국종교사 연구》 12집, 111.
42) 본디 이 글은 《신학월보》에 "성산유람긔"라는 제목으로 연재되었고 그 내용은 신천옹이라는 기독교도가 유, 불, 선교에 속한 이를 성산이라는 곳에서 만나 긴 논쟁 끝에 전도에 성공한다는 것이다. 이 글은 후에 貞洞皇華書齊(1910), 東洋書院(1911)에서 《성산명경》이라는 이름으로 출판되었다. 본 논문에서는 貞洞皇華書齊간을 주로 참조하였다.
43) 이 책은 《신학세계》에 "종교변증론"이라는 이름으로 1916년부터 총 13회 동안 연재

이 글들을 통해 탁사가 하고자 했던 일은 무엇인가? 그것은 바로 '참된 종교'[眞宗敎] 찾기이다. 물론 탁사에게 참된 종교란 그리스도교이다. 그렇다면 탁사는 어떤 기준으로 참된 종교를 찾고 있는가? 그것은 바로 '참된 구원'을 가능케 하는 종교이다. 그런 점에서 탁사의 작업은 선교적이며 신학적이다. 비단 그의 저술 작업이 세계 여러 종교들에 대한 비교작업이긴 하지만 이미 비교를 위한 분명한 기준을 가지고 있었던 탁사로서는 결국 자신의 작업이 지향하는 최종 목적지는 선교와 개종일 수밖에 없을 것이다. 따라서 대부분 그의 저술에는 기독교의 참됨을 강조하고 반복하는 것에 집중되어 있다. 이와 같은 탁사의 태도는 다음 인용문에서도 잘 드러난다.

> 스도 베드로골 ᄋ대 련하 인간에 우리가 다른 일흠으로 구원을 엇을 수 업다 ᄒ셧스니 텬샹쳔하에 하ᄂ님도 ᄒ나뿐이시오 동양셔양에 구셰쥬도 오직 ᄒ나뿐이시라 우리가 젼에는 하ᄂ님과 멀엇더니 지금은 예수의 공으로 다시 갓가히 되엿고 녜젼에는 어두온 곳에잇던 죄인이더니 지금은 붉은 빗츠로 나아와스며 우리가 젼에는 죽ᄂ 길노가ᄂ 가련ᄒ 인생이더니 지금은 사ᄂ 길노 인도ᄒ시 우리가 녜젼에는 마귀에 죵이 되엿더니 지금은 하ᄂ님의 ᄉ랑ᄒ시ᄂ 아돌이 되게 셧스니 엇지 깃분 일이 아니리오. 이제 구셰쥬를 밋어야 구원을 엇ᄂ 리치롤 말솜ᄒ엿거니와 거룩ᄒ산 하ᄂ님의 은혜ᄂ 실노 한량 업시 감샤ᄒ 일이라.[44]

---

된 것을 단행본으로 묶어 출판한 것이다. 탁사는 이 책에서 상당한 양의 종교들을 취급한다. 물론 상대적으로 유교, 불교에 대해서 상세하게 언급하고 있긴 하지만, 책에서 취급되는 종교는 세계 대부분의 유력한 종교들과 당시 한반도에 태동하기 시작한 많은 신종교들도 포함되어 있다. 예를 들어 그리스도교와 유불선 외에도 힌두교, 이슬람교, 유대교, 조로아스터교, 고대 그리스 종교, 이집트 종교 등에 천도교, 대종교, 시천교, 천리교, 청림교, 태을교 등 방대한 양의 종교론을 펼치고 있다. 하지만 유불선 이외의 경우는 개략적인 소개 정도에 머물러 있으며, 불교의 경우는 전통적으로 유학자들이 내세우는 배불사상에 기초해서 서술하는 등 그 내용의 치밀도에서는 어느 정도 한계가 있기도 하다.
44) 최병헌,《셩산명경》(서울: 정동황화서제, 1910), 87.

하지만 그렇다고 탁사가 기독교 일방주의에 빠져 있었던 것은 아니다. 그는 자신이 접하고 있는 다양한 이웃 종교들의 가치와 존재를 인정하며, 더 나아가 기독교는 그것들을 충족시키고, 완전하게 만드는 참 종교임을 강조하는 방식을 취하는 일종의 '포괄주의'를 지향하고 있다. 예컨대 탁사의 유교에 대한 이해가 그렇다. 탁사는 그의 대표 저서인 《만종일련》에서 고대 유자들이 섬겼던 상제가 기독교의 야웨와 다른 존재가 아님을 인정한다.

> 儒家에서 敬畏ᄒᆞᄂᆞᆫ 上帝ᄂᆞᆫ 道家에서 尊尙ᄒᆞᄂᆞᆫ 玉皇上帝나 玄天上帝나 元是天尊이 아니오. 天地를 管理ᄒᆞ시ᄂᆞᆫ 造化의 主宰를 稱홈이니 耶蘇敎會에 獨一無二ᄒᆞ시며 全知全能ᄒᆞ신 耶華和上主와 一이시오, 堯舜禹湯과 周之文武는 上主를 敬畏홈이 猶太의 大衛[다윗]王과 所羅門[솔로몬]과 略同ᄒᆞ고 孔孟程朱는 猶太의 先知輩와 希臘의 哲學者와 同一   理想이 多ᄒᆞ지라.[45]

이런 점에서 탁사는 리치의 보유론적 선교방식과 많은 점에서 비교된다. 우선 이 양자가 취하고 있는 입장은 '보유론'이라는 포괄주의로 설명할 수 있을 것이다. 하지만 리치가 신론 중심에 서있다면, 탁사는 과감하게 기독론을 전면에 내세운다. 이것이 탁사가 가지는 독특함이다. 실상 기독론이 전면에 등장하게 되면 배타성을 물리치기 곤란하게 된다. 예수라고 하는 역사적으로 유일회적인 존재에 구원이라는 통로를 집중함으로써 그렇지 않은 경우의 구원은 자동적으로 폐기될 수밖에 없기 때문이다. 어찌 보면 서로 나란히 할 수 없는 두 개의 관점이 탁사에게는 큰 충돌 없이 조화를 이루고 있는 것이다. 이웃 종교들의 가치를 완전히 무시하지 않으면서도 기독교만의 독특한 구원론인 기독의 대속을 강조하는 것. 그것이 탁사가 보여주는 종교변증론의 독특함이다. 도대체 이런 탁사의 독특함은 어디에서 기인한 것일까?

---

45) 최병헌,《만종일련》, 13-14.

멀리서 찾을 것도 없다. 어쩌면 이 독특함은 그가 웨슬리 신학의 승계자였음을 생각한다면 어렵지 않게 그 이유를 찾아낼 수 있을 것이다. 웨슬리 역시 아담이 죄를 지음으로 인해 인류가 타락했다고 믿는다. 하지만 사랑의 하느님께서는 인간의 타락 후에도 구원의 손길을 완전히 거두어 가시지는 않았다고 본다. 이와 같은 하느님의 역사는 사람들이 예수를 통해 의롭다 여김을 받아 구원을 받기 전에도 전체 역사를 통해, 그리고 전 인류에게 지속적으로 유지되고 있다고 본다.[46] 이름하여 '선행은총'(gratia prevenius)론이며, 인류는 희미하게나마 이 빛으로 인해 신의 은총에 참여할 수 있게 된다. 이와 같은 생각이 계속 확대되면 이웃 종교와의 관계 형성에 있어서 상당히 적극적이고도 긍정적인 자세를 보일 수 있을 것이다.[47] 탁사는 이렇게 웨슬리 신학을 정초 잡아 자신의 종교 변증론을 이어가고 있는 것이다. 이 점에서 웨슬리의 선행은총론을 성령론적으로 풀어 다종교 환경에 적용시킨 것이 탁사의 종교변증 작업이라 정리한 최성수의 분석[48]은 새겨 들을만 하다. 이 점에서 이덕주도 비슷한 결론을 내리고 있다. 이덕주는 탁사의 종교변증론은 개종을 목적으로 하고 있으며, 그것을 가능케 하는 것은 바로 '성령의 감동'이라고 하는 《성산명경》의 끝부분에 나오는 탁사의 발언에 주목하고 있다. 여기서 잠시 탁사의 변을 들어보자.

> 한 번은 츄풍(秋風)이 소슬(蕭瑟)ㅎ고 셩월(星月)이 교결(皎潔)ㅎ대 락엽(落葉)이 분분(紛紛)ㅎ거눌 청등(靑燈) 셔옥(書屋)에 책상을 의지ㅎ야 신약셩경을 잠심완색(潛心玩索)ㅎ더니 홀연히 심혼(心魂)이 표탕(飄蕩)ㅎ야 흔곳에 니르매 그 산 일홈은 성산이오 그 층대일홈은 령대라 그곳에셔 네 사룸을 맛나셔 슈쟉홈을 듯고 깃버ㅎ다가 오경텬 찬바람에 황

---

46) 조종남,《요한 웨슬레의 신학》(서울: 대한기독교서회, 1984), 100.
47) 성백걸, "웨슬리신학과 초기 감리교 선교사: 아펜젤러의 신학사상을 중심으로", 9.
48) Sung-Soo Choi, "Koreanisches Christentum in Begegung mit einheimischen Religion, dargestellt an der Konzeption 'Koreanische Theologie' bei Byunghun Choi und Tongshik Ryu,"(독일 Bonn대학 학위논문), 68.

계셩(黃鷄聲)이 악악ᄒ거놀 놀나 니러나니 일쟝몽죠가 ᄀ쟝 이샹ᄒ지라 셔안을 의지ᄒ여 묵묵히 생각ᄒ며 스스로 해몽ᄒ대 셩산은 곳 밋ᄂ 쟈의 몸이오 령대는 곳 밋ᄂ쟈의 ᄆᄋᆷ이라 유불션 삼도에셔 공부 던 쟈라도 만일 셩신이 인도ᄒ야 예수교인과 샹죵ᄒ면 ᄆᄋᆷ이 교통ᄒ야 밋ᄂ데 평일소원을 표ᄒᆼ일너라.[49)]

이 글에서 탁사는《성산명경》의 집필 동기를 밝히고 있다. 잠결에 세 사람이 모여 대화하는 것을 글로써 표현한 것이《성산명경》이고, 또 성령의 인도를 통하여 언제든, 누구든 기독교로의 개종이 가능하다는 탁사 자신의 고백으로 이 책은 정리되고 있다. 이런 점에서 탁사의 종교 변증론은 자신의 종교체험에 기초한 참 종교로서의 기독교에 대한 무한한 확신에 기초한 선교작업의 하나라고 정리할 수 있을 것이다.

## IV. 마치는 글

본 논문에서 글쓴이는 탁사의 신학 작업이 가지는 특성을 세 가지 (민족주의적 특성-경건주의적 특성-이웃 종교에 대한 열린 연구 자세)로 나누어 살펴보았다. 아울러 탁사의 이 세 가지 신학적 방향성은 웨슬리의 경건주의적 체험신학 안에서 하나로 융합되고 있음도 살펴보았다. 이제 우리는 이 글 처음에 던졌던 질문으로 돌아가야 할 것이다. 그것은 한국적 신학의 가능성에 대한 물음이었다. 한국적 신학이란 한국이라는 특수 상황이 낳은 시대정신과 역사적 전통 유산에 대한 끊임없는 대화와 만남을 통해 가능할 것이라는 것이 물음의 시작이었다. 그렇다면 탁사는 최초의 한국적 신학자라는 칭호에 걸맞게 그러한 작업을 자의식 속에 훌륭히 수행하였는가? 우선은 그렇다고 보아야 할 것이다.

---

49) 최병헌,《성산명경》, 91.

탁사의 신학 작업 속에 쉼 없이 흐르는 핵심적 요소는 바로 '겨레[民族]- 믿음[基督信仰]- 체험[靈性]'이라 할 수 있다. 구한말이라는 위급한 시기에 그는 민족의 부흥을 꾀하는 지식인이었다. 그리고 그 길은 부강한 서구의 사례를 수용하는 것인데, 탁사는 서구 문물의 핵심에는 그리스도교라는 정신세계가 자리하고 있음을 간파하여 다른 개화파와는 달리 서구의 정신과 문물을 주체적으로 수용할 것을 주창하고 있다. 아울러 신앙인이 된 후에는 기존 종교 환경을 무시하지 않고 전통 종교와의 진지한 대화를 통해 그리스도교적 신앙을 이 땅에 확장시키기를 원했다. 하지만 탁사가 취한 태도는 전투적 배타성으로 무장된 제국주의적 태도가 아니었다. 오히려 탁사는 웨슬리 신학의 선행 은총론에 의거하여 기존의 전통 종교들도 일정 부분 인정할 만한 가치가 있다고 보았다. 하지만 그렇다고 그가 정통 기독인의 위치에서 벗어나 기독교의 절대성이나 보편성을 폐기한 것도 아니다. 끝까지 탁사는 기독교의 절대성과 참 종교성을 버리지 않았다. 아니 오히려 그것을 더 강조하였고, 자신의 신학 작업에 있어서 주요한 동기로 사용하고 있다. 그리고 이와 같은 탁사의 정통적 모습은 그의 글 속에서도 찾아 볼 수 있는 '종교체험'에 기인한다고 할 수 있을 것이다.

지금까지 탁사에게는 유교적 기독인, 자유주의 신학자, 종교다원주의자 기타 등등 많은 종류의 이름들이 주어졌다. 하지만 정작 탁사 자신의 생애와 신학적 작업들을 꼼꼼하게 점검해 본다면, 그와 같은 이름들은 후대의 바람과 희구가 섞인 조금은 확대된 것들이라 볼 수 있다. 오히려 1893년 세례를 통해 정식 개신교도가 된 이후 보여준 탁사의 삶은 정통적 기독자의 모습이었고, 또 그것을 그의 마지막 생애까지 이어갔다고 할 수 있다. 많은 경우 탁사를 자유주의 신학자의 대부라 지칭토록 하는 이유가 되기도 했던 그의 종교변증론 역시 개종을 목적으로 하는 선교신학적 작업의 결과물이었고, 그 안에서 논구되는 이야기들도 자유주의적이라기보다는 정통적 웨슬리신학의 연장 속에 있다고 보아야 할 것이다.

이처럼 체험적 특성이 강한 탁사의 신학은 체험과 영성이라는 프리즘을 통해 재정리할 때보다 풍성한 결실을 볼 수 있을 것이다. 결국 탁사는 자신이 처한 시대정신과 신학적 문제 찾기를 영성이라는 새로운 부대를 통하여 담아내고 있다고 볼 수 있으며, 아울러 탁사의 이런 모습에는 '겨레-믿음-체험의 한국적 영성 신학자'라는 별칭이 더 적절할 것이다.

## 참고 문헌

### 1차 사료

"雜報". 〈大韓每日申報〉. 1906년 7월 6일 & 10월 7일 자.
"三人問答". 〈대한 그리스도인회보〉. 1900년 3월 21일 자.
"罪道理". 〈신학월보〉. No1-8, 1901.
"奇書". 〈皇城新聞〉. 1903년 12월 22일 자.
"宗敎與政治之關係". 〈황성신문〉. 1906년 10월 4, 5, 6일 자.
《聖山明鏡》. 서울: 貞洞皇華書齊, 1911.
《萬宗一臠》. 서울: 朝鮮耶蘇敎書會, 1927.

### 2차 문헌

김광식. "기독교와 한국문화의 만남: 최병헌과 전덕기를 중심으로".《신학논단》, 연세대학교 신학대학, 1989.
김진호. "탁사 최병헌 선생 약력".《신학세계》12권 2호, 1927
미야자키 이치사다(박근칠 외 역).《중국의 시험지옥- 과거》, 서울: 청년사, 2000.
미야지마 히로시(노영구 옮김).《양반》. 서울: 강, 1996.
박병길. "탁사 최병헌 목사의 삶".《세계의 신학》. 1997, 겨울호.
변선환. "탁사 최병헌과 동양사상".《신학과 세계》6권. 1990 가을.
변선환.《한국적 신학의 모색》. 변선환 아키브 편, 1997.
성백걸. "웨슬리신학과 초기 감리교 선교사: 아펜젤러의 신학사상을 중심으로".《한국기독교역사연구소 소식》No. 3. 한국기독교역사연구소, 1997.
송길섭. "한국 신학 형성의 선구자, 탁사 최병헌과 그의 시대".《신학과 세계》제6호, 1980.
신광철. "탁사 최병헌의 한국신학 연구".《한국종교사연구》12집.
신광철. "탁사 최병헌의 비교종교론적 기독교 변증론:《성산명경》을 중심으로".《한국기독교와 역사》제7호. 한국기독교역사학회, 1997.
신복룡.《동학사상과 갑오농민혁명》. 서울: 평민사, 1985.

윌리엄 그리피스(신복룡 역).《은자의 나라 한국》. 서울: 집문당, 1999.
유동식.《한국신학의 광맥》. 서울: 전망사, 1982.
이덕주. "초기 한국교회 토착신학 영성".《신학과 세계》. 감리교신학대학교, 2005.
이정배. "마태오 릿치와 탁사 최병헌의 보유론적 기독교 이해의 차이와 한계".《신학사상》 122집. 2003 가을호.
조종남.《요한 웨슬레의 신학》. 서울: 대한기독교서회, 1984.
조현범.《문명과 야만: 타자의 시선으로 본 19세기 조선》. 서울: 책세상, 2002.
하병태 (조영록 외 역).《중국 과거제도의 사회사적 연구》. 서울: 동국대 출판부, 1993.
Sung-Soo Choi, "Koreanisches Christentum in Begegung mit einheimischen Religion, dargestellt an der Konzeption 'Koreanische Theologie' bei Byunghun Choi und Tongshik Ryu,"(독일 Bonn대학 학위논문, 1999).

# 유영모와 한국적 기독교

오정숙 (감리교신학대학교)

유영모

1890 – 1981
1905년 YMCA에서 행한 명사들의 강연을 듣다가
초대 YMCA 총무 김정식의 인도로 그리스도교에 입교
1910~1921년 오산학교 교사
1921년 오산학교 교장으로 1년 재임
1959년 《도덕경》을 번역

## I. 시작하는 말

이 땅에 개신교가 들어온 지 100년이 지났다. 그런데 기독교는 아직도 뿌리를 내리지 못하고 있다. 한국에서 기독교인이라고 하면 가장 믿지 못할 사람들 중의 하나로 여론조사가 되는가 하면 교도소에서는 몇 십 퍼센트 이상이 기독교인이라고 하는 세상이 된 것이 그 증거다. 신앙 따로, 삶 따로 인 것이다. 이런 사실을 심각하게 받아들일 때 한국 기독교는 한시 바삐 기독교 토착화라는 자신의 정체성을 확립해야 하는 시급한 상황에 처해 있다고 본다. 이러한 때에 한국 기독교인들이 머리로만 믿는 신앙, 말로만 믿는 신앙이 아니라 삶으로 살아내는 신앙, 사람(人)과 말(言)이 하나 되는 신(信)앙을 갖기 위해, 그 사상뿐 아니라 삶 자체에 있어서도 참 예수교인의 삶을 살다간 다석(多夕)[1] 유영모(柳永模)의 한국적 기독교 이해에 대한 고찰은 기독교 토착화에 큰 도움이 될 것이다.

최근에 이르러 동방의 성인이라 불리우며 세인(世人)의 주목을 받고 있는 유영모는 한국의 사유지평인 삼재론, 불교, 유교 위에서 서구의 기독교를 바라보고 이해했다. 그리고 이를 우리의 말과 글인 한글로 풀어내었다. 한마디로 한국적 기독교 이해를 이루어 내었다.

이런 그의 기독교 이해는 가다머의 입장에서 보면 지평과 지평이 만나 나온 지평융합의 산물이라고 할 수 있다. 가다머는 지평과 지평이 만나 지평융합을 이루는 것을 이해라고 하였다. 그런데 유영모가 서구의 기독교를 주어지는 그대로 받아들이지 않고 자기 고유의 한국적 사유지평 위에서 바라보고 이해하여 지평융합된 기독교를 이루어낸 것이다.

---

1) 다석(多夕)이란 호는 아침과 점심과 저녁 식사를 저녁에 한 번 한꺼번에 먹는다고 해서 붙여진 것이다. 저녁 석(夕)자 세 개가 합쳐진 것이다. 즉 하루의 식사를 저녁 한 끼에 다 몰아 먹는다는 뜻이다. 그런데 실상 유영모의 한 끼 식사량은 그렇게 많은 편은 아니었다고 한다.

따라서 본 글은 지평과 지평 간의 지평융합이라는 가다머의 해석학적 틀을 염두에 두고 유영모의 생애와 사상적 배경, 기독교 이해, 신학적 한글풀이 순으로 유영모의 한국적 기독교 이해에 대해 살펴보도록 하겠다.

## II. 유영모의 생애

하이데거, 가다머는 인간은 세계 내 존재라고 한다. 세계 속에서 인간의 지평이 형성되고 이 지평을 통해 인간은 다른 모든 지평도 이해하고 받아들일 수 있다는 것이다. 그런데 여기서 세계라는 것은 우리를 둘러싸고 있는 바깥 세상, 곧 자연과학에서 말하는 우주와 같은 세계가 아니라, 우리 내부의 개인적인 인격세계와 같은 것이다.[2] 이런 세계는 그 사람의 생애를 통해 알 수 있다.

김흥호, 함석헌 등의 스승인 다석 유영모는 한글을 모국어로 하는 한국에 유교적 문화가 만연하던 19세기 말(1890)에 태어나 일본의 강점 시기를 거쳐 20세기 말(1981)까지 살다 간 사람이다. 젊어서는 유달리 가까웠던 동생의 죽음으로 인해 삶과 죽음의 문제에 골몰하며 기독교인으로서 노자와 불교에 심취하기도 했다. 그러나 유영모는 하나님의 말씀을 배우고 가르치는 것이 자신의 사명이라고 생각하였다.[3] 하나님 말씀을 받아 이를 남에게 전하는 전도자의 삶이 자신의 삶이라는 것이다. 다시 말해 말씀사름[4]이 유영모의 일생이었다. 그래서 그는 한마디도 부실(不實)이 없게 하기 위하여 환하게 고른 말씨로 그 말이 꼭 일어설 수 있게 하였고(修辭立其誠) 그 말의 쭉정이가 없게 하기 위하여 늘 곧은

---

2) R. E. 팔머,《해석학이란 무엇인가?》(문예출판사, 1990), 195.
3) 김흥호, "다석 유영모의 생명사상", (우리사상 연구소, 1999), 서강대 춘계 세미나 자료, 6.
4) '사름' 은 불사름 할 때의 사름이다.

(直) 생각을 했다. 이것은 그가 하나님께 정직하고 사람에게 진실했기에 가능했다.[5] 그는 하나님을 사랑하고 이웃을 내 몸 같이 사랑했다.

그가 이렇게 하나님을 사랑하고 이웃을 사랑하며 하나님께 말씀을 받아서 그 말씀을 사람들에게 전할 수 있기까지 그는 인생에서 삼 단계를 거쳤다. 하나님의 말씀을 듣기까지의 단계, 자신을 갈고 닦는 수도 단계, 말씀을 전하는 단계가 그것으로, 유영모는 52세[6]에 하나님의 음성을 듣고 그 후 52세부터 65세까지 자신을 갈고 닦았으며 66세부터는 하나님의 말씀을 전하기 시작했다. 그는 이를 각각 '계소리, 가온소리, 제소리'라 불렀는데, 계소리는 하나님의 소리고, 가온소리는 그리스도의 소리, 그리고 제소리는 성령의 소리를 말한다.[7] 계소리는 유영모가 52세에 처음으로 체험한 하나님의 생명체험(啓示)을 말하고, 가온소리는 계소리 이후 실천하는 일식일좌(一食一坐)의 수도(修道)를 말하며, 제소리는 65세부터 시작되는 유영모의 가르침(多夕日誌)을 가리킨다.[8]

유영모의 이런 삼 단계 과정은 예수님이 요단강 가에서 세례 요한에게 세례를 받고 그 때 하늘로서 성령이 비둘기 같이 임하면서 "이는 내 기뻐하는 아들이요 내 사랑하는 자라"는 말씀을 받고, 그 다음에 광야에 나가 40일 금식기도 하신 일, 그리고 돌아와 하나님 말씀을 선포하신 단계와도 같다고 할 수 있다.[9]

---

5) 유영모는 주역 건괘 구삼의 종일건건(終日乾乾)을 자기의 운명으로 생각했는데 이것이 바로 하나님께 정직, 사람에게 진실을 뜻했다.
6) 여기서 52세는 만 52세이다. 이 글에 나오는 유영모의 나이는 모두 '만'이다. 유영모는 평소에 이 땅위에서 살아온 날수를 셈하며 살았기 때문에 그의 나이는 모두 '만'이다.
7) 김흥호, "류영모의 생명사상-기독교에 대한 동양적 이해", 강남대학교 《우원사상논총》, 제8집, 194.
8) 성천문화재단 발행 잡지, 《진리의 벗이 되어》, 41호, 7.
9) 김흥호, "류영모의 생명사상", 196.

## 1. 제1단계(1890-1942): 하나님의 말씀을 받기까지의 단계

김홍호에 의하면[10] 52세에 하나님을 만나기까지 유영모에게는 언제나 고민과 불안이 있었다. 그것은 하나님만이 조국의 독립을 가져다 줄 수 있는 해방주이기에(이 시기에 우리나라는 일본의 압제 하에 있었다) 조국의 독립을 위해서는 이스라엘 백성처럼 하나님을 믿어야 하는데 유영모는 도무지 믿음이 생기지 않았기 때문이다. 승동교회에서 16살에 세례를 받고 밤낮 성경을 읽으며 남에게 예수 믿으라고 성경을 가르치면서도 본인은 정작 믿음이 생기지 않았다.[11] 애국 정열에 불타던 유영모에게, 다른 사람을 가르치던 전도자에게 믿음이 없다는 것은 치명적인 고민이었다. 그러나 하나님은 그에게 빨리 믿음을 허락하지 않으셨다.

그러다가 베데스다 연못가의 38년 된 병자처럼 1942년 52세에 유영모는 인생의 전기를 맞이하게 된다. 그것은 그 해 1월 4일에 첫 번째 생명체험[12]을 하게 되는 것인데, 이를 그는 스스로 거듭난 날, 중생일(重生日)이라고 칭했다. 그는 중생일인 1월 4일을 두고 "생명이 말씀에 있으니 생명은 사람의 빛이라. 요한복음 1장 4절을 저의 중생일 1월 4일의 기억으로 하겠사오며"[13]라고 고백하면서 "부르신 지 38년 만에 믿음에 들어감"[14]이란 글을 발표한다.

---

10) 김홍호, "십자가와 참말을 모시고 산 유영모의 영성", 〈기독교사상〉, 2000년 12월, 40-47.
11) 여기서 말하는 믿음이란 성령으로 거듭나는 체험을 하면서 하나님으로부터 직접 주어지는 확신에 찬 믿음, 곧 생사를 초월한 믿음(一道出生死)을 말하는 것이지, 보통 나는 예수 믿습니다 하면서 갖게 되는 그런 일반적인 믿음이 아니다. 유영모는 평소에 누구보다 열심히 신앙생활을 하고 간절히 하나님을 찾았다.
12) 생명체험이란 동양적 의미의 깨침, 즉 각(覺)을 의미한다. 유영모는 이를 '가온찍기'라 하는데, 그가 말하는 가온찍기는 불교에서 말하는 견성(見性), 연각(緣覺), 점심(點心)이며, 기독교에서의 성령으로 거듭나는 순간이다.
13) 김홍호, 《제소리: 유영모 선생님 말씀》(도서출판 풍만), 1986, 354.
14) 김교신의 〈성서조선〉 157호, 1942년 2월호 33-38에 기고.
    김홍호, 《제소리》, 353-359.

이 글들을 보면 유영모는 기독교에 입교해서 물세례를 받고 인간적으로 열심히 신앙생활을 하고 있다가 52세에 소위 말하는 성령세례를 받은 것을 알 수 있다. 유영모의 이런 체험은 요한 웨슬레의 '가슴이 뜨거워지는' 회심체험[15]과도 같고, 루터의 '오직 믿음으로 구원을 얻으리라'는 확신,[16] 어거스틴의 '이제는 깨어 일어날 때가 되었다'는 말씀을 듣는 체험[17]과도 같다고 할 수 있다. 인간적으로 하나님을 믿어보려고 몸부림치다가 홀연히 하나님의 은혜로 하나님의 성령을 체험하고 하나님께 붙잡힌 바 된 것이다.

그 후 유영모는 성령이 주는 확신 속에서 예수 그리스도를 믿게 된다. 물론 기독교에 대한 그의 이해가 일반 전통 기독교의 이해와는 차이가 있어 사람들로부터 여러 말을 듣기도 하지만 어쨌든 그는 이때부터 확신 속에서 사도 바울의 고백과 같이 붙잡힌 바 된 그것을 붙잡으려고 달려가는 유영모가 되었다.

## 2. 제2단계(1942-1954): 자신을 갈고 닦는 수도(修道) 단계

유영모는 하나님의 성령체험을 하고 일식, 일언, 일좌, 일인(一食, 一言, 一坐, 一仁)이라는 구체적인 수도생활로 들어간다.[18] 하루에 한 끼씩만 밥을 먹고, 남녀관계를 끊고, 앉을 때는 무릎을 꿇하고 앉고, 어디나 걸어 다녔다. 식색지명(食色知名)을 끊는 생활로 들어간 것이다.

그는 이 네 가지를 십자가의 도(道)라 하고 평생 일이관지(一以貫之)했는데 유영모에게 있어 십자가란 속죄라는 뜻으로 일식을 통하여 탐욕을 벗어나고, 일언을 통하여 치정을 벗어나며, 일좌를 통하여 진애를, 일인을 통하여 허위를 벗어나는 것이다. 한마디로 탐진치를 벗어나는

---

15) 조종남,《요한 웨슬레의 신학》(대한기독교출판사, 1984), 50-51.
16) 윌리스턴 워커,《세계 기독교회사》, 강근환 외 3인 역편 (대한기독교서회, 1975), 263.
17) 어거스틴,《성 어거스틴의 고백록》, 선한용 역 (대한기독교서회, 1990), 263-264.
18) 김흥호, "십자가와 참말을 모시고 산 유영모의 영성", 44-45.

것이다.

특히 유영모는 모든 종교와 철학의 핵심이 먹는 문제와 남녀 문제에 있다고 보고 그는 밥을 끊고(一日一食) 생각하고 남녀를 끊고(解婚)[19] 가르쳤다. 식색을 초월하지 못하면 진리와 생명과는 아무 상관 없다.[20]

일식을 가리켜 그는 이는 성만찬이요 하나님께 드리는 산 제사, 몸과 마음으로 드리는 예배라 하였다.[21] 일식은 내 살을 먹고 내 피를 마시는 것으로 이를 통해 나는 예수님의 죽음과 나의 죽음을 기념하며 또 몸으로 산 제사드리는 것이다. 기념하는 것이 아니라 죽어서 사는 것이다. 땅을 떠나 하늘에서 사는 것이다.

해혼(解婚)에 대해서도 유영모는 마음의 불이 꺼지면 몸의 불은 자연 꺼진다고 하면서 성령을 받고 하나님과 결혼하면 육적인 결혼은 저절로 풀어지는데 그것이 해혼이라 하였다.[22]

이렇게 일좌식, 일언인이라는 십자가의 길을 가는 동안 유영모는 변하여 생명의 몸이 되고, 마침내 65세에는 속에서 제소리가 터져 나와 하나님의 말씀을 선포하게 된다.

### 3. 제3단계(1955-1981): 말씀을 전하는 단계

1955년, 65세 때 유영모는 1년 뒤인 1956년 4월 26일에 죽는다는 사망 예정일을 선포하고 일기를 쓰기 시작했다. 이것이 다석일지(多夕日誌)[23]로 이는 유영모가 1년 동안 더욱 정직하고 진실하게 살다 가기

---

19) 일식은 하루에 한 끼만 식사를 하는 것이고, 해혼은 이혼과는 달리 부부로 계속 살면서 부부관계는 갖지 않고 남매처럼 친구처럼 사는 것을 말한다. 간디도 해혼을 했다.
20) 김흥호, "다석 유영모의 생명사상", 6-7.
21) 김흥호, "유영모-기독교의 동양적 이해",《다석 유영모의 동양사상과 신학》(솔출판사, 2002), 15-18.
22) 유영모,《다석일지》 4, 홍익재, 1990, 484.
23) 다석일지는 일반 일기책이 아니라 유영모의 강의 초안이다. 유영모가 YMCA 연경반에서 강의할 때 주로 요한복음을 중심으로 강의하면서 요한복음을 읽고 자기 나름대

위해 깊이 생각하고 고르고 고른 말을 공책에 적은 것이다. 이 다석일지는 그 후 약 20년간 계속되는데 그것은 그가 1년 후에 예정대로 죽지 않았기 때문이다.

이 다석일지는 유영모에게 대단히 중요한 의미가 있다. 그것은 유영모가 자기 속으로 낳은(生産) 말들을 적어놓았기 때문이다. 그는 이를 '제소리'라고 하였다. 남의 소리가 아닌 자기의 소리라는 뜻이다. 여기서 자기소리, 제소리라고 하는 것은 소아(小我)의 소리, 곧 인간적인 나의 소리가 아닌 대아(大我)의 소리, 곧 성령이 된 나의 소리를 말한다. 52세 때 성령으로 거듭나고 그 후 10 여 년의 수도를 거친 뒤 65세 때 마침내 대아가 된 유영모가 성령의 소리로 하나님의 말씀을 선포하고 있는 것이 제소리인 것이다. 미묘법문(微妙法問)이고 수도지위교(修道之謂敎)며 황금의 신상(神像)에서 나오는 소리, 창조적 지성의 음성이다.

유영모에게서 제소리가 처음 터져 나온 날은 65세 되는 해 1955년 5월 22일로 그는 이를 흥사단 월간 잡지 '기러기'에 '제소리'라는 제목으로 다음과 같이 실었다.

> 이 끚이 올끈이로 온끝에까지 말씀 사르므로 생각이오니 태초부터 함께 계심.[24]

'이 끚이 올끈이로 생각이오니'는 도, 즉 길을 말하고, '온끝에까지 말씀 사름'은 생명을, '태초부터 함께 계심'은 진리를 뜻한다. 길과 생명과 진리다.

이렇게 제소리를 내게 된 유영모는 이 때부터 수없이 쏟아져 나오는 제소리를 통해 하나님의 말씀을 전하기 시작한다.[25] YMCA 연경반에

---

로 깊이 생각하고 해석해서 사람들에게 말해주기 위해 준비하고 작성한, 말하자면 요한복음을 중심으로 한 성경 강의 해설 초안인 것이다. 물론 일상사에 관한 내용들도 조금씩 첨가되어 있다(김흥호).

24) 김흥호,《다석 유영모 명상록》1 (성천문화재단, 1998), 30.
25) 유영모의 가르침은 이 때가 처음이 아니다. 이미 오래 전부터 종로 YMCA에서 연경

서, 또 그 후 하늘나라에 갈 때까지 때를 얻든지 못 얻든지 항상 제소리를 가지고 사람들에게 말씀을 전했다.

유영모는 이같이 하나님의 말씀을 받는 계소리에서, 일일일식과 해혼을 중심으로 한 일좌식, 일언인이라는 수도과정의 가온소리를 거친 뒤, 속에서부터 솟구쳐 나오는 말씀을 전하는 제소리의 삶을 살다 갔다.

이런 유영모의 생애는 그의 기독교 이해와도 맥을 같이 한다. 앞으로 살펴보겠지만 유영모는 예수가 전하는 복음의 핵심을 인간이 하나님 아버지의 부르심을 듣고 예수를 모범삼아 자신을 갈고 닦아 성령으로 거듭나 중생의 삶을 사는 것이라 한다. 그런데 그가 바로 이런 믿음대로 일생을 산 것이다. 말하자면 유영모는 자신이 믿는 것과 사는 것이 하나인, 지행일치의 삶을 산 사람이다. 그는 자신의 한국적 기독교 이해가 이론이 아니라, 실천 그 자체임을 몸소 보여주었다.

## III. 유영모의 사상적 배경 - 유영모의 한국적 지평(地平)

가다머는 그 누구라도 과거를 연구한다고 하여 현재를 벗어날 수 있는 것이 아니라고 말한다. 전승되어 내려오는 성서나 문학적인 텍스트를 이해하고자 할 때 본문에 대한 이해는 현재 연구하고 해석하고자 하는 나의 상황의 고려 없이는 불가능하다는 것이다. 가다머는 이를 과거의 지평과 현대의 지평이 만나 지평융합을 이루는 것이라 하며 그것을 이해라 하였다.[26]

이런 입장에서 유영모의 사상적 배경은 유영모의 지평을 말하는 것

---

반을 인도해 왔다. 그러나 여기서의 가르침은 제소리 이후의 가르침을 말한다. 일생을 통해 볼 때 유영모는 YMCA에서 35년, 그 후로도 약 10년, 모두 45년간을 가르쳤다(김흥호).

26) Hans Georg Gadamer, *Wahrheit und Methode*, J. C. B. Mohr (Paul Siebeck) Tübingen, 1975, 289-290.

으로 유영모가 기독교를 이해하는 중요한 눈이 된다. 이 사상적 배경 위에서 유영모는 서구의 낯선 기독교를 받아들여 이해하고 나름의 한국적 기독교를 탄생시켰다.

유영모의 기독교 이해를 위한 사상적 배경으로는 한국 전통 사상인 삼재론과 불교와 유교를 들 수 있다. 삼재론은 특히 한글에 대한 그의 지대한 관심 때문에 그렇고, 불교는 동생 영묵의 죽음이 계기가 되어 도덕경[27] 및 불교 경전을 깊게 공부한 점이 그러하며, 유교는 그가 태어나고 살아온 시대가 유교 문화의 시대여서 어릴 때부터 유교 경전을 공부한 점이 그러하다.

천지인(天地人) 삼재로 이루어진 삼재론에서 유영모는 인간이 내 속에서 보이지 않게 나의 본질로 존재하는 한아님(계[28]: 天)의 부르심을 듣고, 세상 죄의 수평선(ㅡ)을 의의 수직선( ㅣ )으로 뚫고 올라가서(예: 地), 한아님의 가슴 한가운데에 도달(ㆍ)하라(긋[29]: 人)는 말씀을 들었다.

불교를 통해 그는 사람이 자기 자신 속의 허공(空, 無)을 깨닫고(가온찍기[30]: 見性), 탐진치(貪瞋痴)를 제거한 후(탐진치 제거: 苦行), 그 허공으로 돌아가라, 곧 얼온[31]이 되라(얼온: 成佛)는 말씀을 들었다.

유교를 통해서는 인간이 자기 속의 바탈[32]을 깨닫고(바탈: 天命之謂

---

27) 유영모의 노자 연구는 박영호에 의해 책으로 출간되었다. 유영모,《老子-빛으로 쓴 얼의 노래》, 박영호 풀이, 도서출판 무애, 1992. 이 노자 연구는 순수 우리말로 풀이되어 있다.

28) 유영모는 자신이 말하고자 하는 내용을 나타내기 위해 없는 말을 만들기도 하고 있는 말을 자기 나름의 뜻으로 쓰기도 한다. 본 글에 등장하는 낯설은 많은 말들이 다 그런 것이다. '계'는 하늘의 의미로 쓴다.

29) '긋' 은 금을 긋다, 성냥불을 긋다 할 때의 긋인데 유영모는 이를 인간을 나타내는 말로 보았다. 긋이라는 글자 자체가 하늘에서 내려온 정신(ㄱ)이 땅에 부딪혀(ㅡ) 생긴 것이 사람(ㅅ)이라는 말을 하고 있다는 것이다.

30) '가온찍기' 역시 유영모 고유의 말로 불교의 견성, 점심(點心) 등에 해당하는 의미로 만들어 썼다.

31) '얼은' 은 어른이라는 말로 불교의 부처, 유교의 성인에 해당하는 유영모의 용어다.

32) 유교에서 말하는 성(性)을 유영모는 순수 우리말로 '바탈' 이라고 했다.

性), 몸성히 - 맘놓이 - 바탈태우[33])의 과정을 거쳐(몸성히 - 맘놓이 - 바탈태우: 率性之謂道), 하나님과 부자유친(父子有親)하라(효와 부자유친: 修道之謂敎)는 말씀을 들었다.

삼재론 이해의 계와 불교의 허공, 유교의 바탈은 모두 우주만물의 존재 근거가 되면서 특히 인간 속에 인간의 본질로 보이지 않게 존재하는 하늘이다. 이는 기독교에 가서 유영모가 성부 하나님을 이해하는 지평이 된다.

삼재론 이해의 예와 불교의 탐진치 제거, 유교의 몸성히 - 맘놓이 - 바탈태우는 인간이 자기 본래의 모습(인간은 본래 하늘에서 온 존재다)으로 돌아가기 위한 과정으로 유영모에게 있어 이는 특히 식색(食色)을 끊는 것이다. 이것은 기독교에 가서 십자가를 이해하는 지평이 된다.

삼재론 이해의 굿과 불교의 얼은, 유교의 효와 부자유친은 자기 속에 있는 하늘을 깨닫고 탐진치 삼독을 제거하여 몸을 벗고 얼(靈)이 된, 하늘에 도달한 인간을 말하는 것으로 이는 기독교의 예수 그리스도를 이해하는 지평이 된다. 이런 존재는 지혜와 사랑으로 충만하고 입에서는 하나님의 말씀이 쏟아져 나와 우리를 인도하는 스승이 된다.

결국 유영모에게 있어 삼재론이나 불교, 유교는 모두가 같은 말씀을 하고 있었다. 이 땅에서 탐진치 삼독의 육체를 입고 있는 사람은 본래 하늘에서 온 정신이므로 자기 속에 있는 자기의 본질인 하늘(계, 허공, 바탈)을 깨닫고, 식색을 끊는 등 자신을 갈고 닦아(예, 탐진치 제거, 몸성히 - 맘놓이 - 바탈태우), 본래의 자기 모습인 그 하늘에게로 돌아가야 한다(굿, 얼은, 부자유친)는 것이었다. 말과 표현 방식이 조금씩 다를 뿐 다 같은 내용이었다. 이런 이해는 유영모 자신의 깨침, 각이 바탕이 되어서 나온 이해면서 동시에 유영모의 한국적 사유 지평이 된다.

이런 바탕 위에서 유영모는 서구의 기독교를 받아들이고 그것을 한

---

33) 유영모는 바탈을 '태운다'고 하였다. 말하자면 하나님으로부터 받은 본성, 개성, 소질 등을 살려간다, 길러간다는 의미다.

국적으로 해석하고 이해하였다.

## IV. 유영모의 기독교 이해 - 유영모의 지평융합된 기독교 이해

유영모는 앞에서 간단하게 살펴본 삼재론과 불교, 유교라는 한국적 사유 지평 위에서 성경을 읽고 믿음을 가지면서 기독교 복음을 유영모 특유의 비전통적,[34] 비서구적 방식으로 해석해 냈다. 한국적 기독교를 탄생시켰다.

이제 그의 기독교 이해가 구체적으로 어떤 모습인지, 성부 하나님, 성자 예수 그리스도, 성령을 중심으로 살펴보겠다.

### 1. 성부(聖父) 하나님

1) 없이 계신 하나님

유영모는 먼저 하나님이 계신다는 사실을 모든 인간에게 절대를 그리는 본능적인 욕구가 있다는 점에서, 그리고 인간이 생각을 한다는 점에서 알 수 있다고 전제하며, 이런 하나님을 그는 '없이 계신 하나님'이라고 부른다. 보이지 않으면서도 존재하는 하나님이라는 말이다.

없이 계신 하나님은 있으면서도 없는 것이나 마찬가지인 사람과는 달리 유무(有無)를 초월해 더할 수 없이 커서 무(無)가 되어버린, 육(肉)

---

[34] 본 논문에서는 유영모의 기독교 이해를 '비정통적'이 아니라 '비전통적'이란 말로 표현한다. 물론 유영모 스스로도 자신의 신앙을 비정통적이라 했다. 그러나 서구식의 기독교 이해만 정통이고 나머지는 비정통이라고 말하는 것은 옳지 않다고 생각한다. 따라서 일반적으로 그렇게 생각되어온 기독교와 그렇지 않은 기독교라는 의미의 구분에서 전통적 기독교와 비전통적 기독교라는 표현을 쓰기로 한다.

이 아닌 영(靈)이고 얼인 존재다. 절대로 큰 것(한아님)은 우리는 못 본다. 그래서 없이 계신 하나님이다.[35]

이 없이 계신 하나님은 이름도 없고 언제 어느 특정한 장소에도 계시지 않는다. 생명은 고정할 수 없기 때문이다.

그러나 유영모가 생각하는 이 없이 계시는 하나님은 생명의 근본, 진리의 근본으로 우리가 머리 위에 받들어 이어야 할, 보이지 않게 자연계를 다스리는 주재자(主宰者)로서의 하나님이다. 우주의 절대의식, 절대인격의 하나님이다. 만물은 살아있고 그 속에 하나님이 절대의식, 절대인격으로 계신다.

2) 내 속에 계신 하나님

이런 없이 계신 하나님을 찾아가는 길은 무엇보다 인간이 지성을 다하고 정성을 다하여 자기 속으로 들어가는 것밖에 없다고 한다. 마음 속에 하나님이 계신다는 것이다. 내재적 초월이다. 사도 바울이 말하는 너희 속에 하나님의 성령이 거하신다는 말씀이다. 유영모에 의하면 아버지는 따로 계시지 않는다. 소자(小子)되는 내 속으로 들어가는 것이 아버지께 가는 길이다.

으뜸은 저기 맨 꼭대기 같지만 내 마음 속이다. 원(圓)의 중심은 내 속이다. 결국 유영모가 볼 때 인간 속의 속알은 인간성이면서 동시에 신성(神性)으로, 이는 내 마음 속에 온 하나님 아버지의 형상이며 또한 하나님의 씨다.[36]

이런 의미에서 유영모는 예수가 "나를 본 자는 아버지를 보았느니라"고 하였을 때의 '나'는 자기 속에 있는 하나님의 씨(얼)를 가리킨 것이라 해석한다. 그리고 내 속에 있는 하나님의 씨, 하나님의 보내신 자 곧 말씀(로고스)을 믿는 게 구원이요, 영생이라고 한다(요한 12:50).

---

35) 유영모, 《죽음에 생명을, 절망에 희망을: 다석 어록》(홍익재, 1993), (285, 이하 《어록》).
36) 유영모, 《어록》, 33.

### 3) 참나(眞我) 되신 하나님

그런데 유영모에 의하면 이 하나님은 종당엔 나, 참나(眞我)다.[37] 나의 참 생명이 하나님이라는 것이다. 하나님이 나의 참나로 와 계신 것이다. 참나와 하나님이 하나다.

유영모는 이 참나가 언제나 내 속에서 과거 현재 미래 속을 제 주장을 하면서 나가고 우리는 부지중에 그 뜻대로 움직이고 있다고 한다. 우리가 숨을 쉬는 것도 참나되신 하나님이 시켜서 쉬는 것이다.

이렇게 나를 주장하는 참나 되신 하나님은 영원한 생명, 진선미한 생명으로 지강지대(至剛至大)하여 아무도 헤아릴 수 없다. 우주와 지구를 통째로 싸고 있는 호연지기(浩然之氣)로서 아무도 헤아릴 수 없고 아무도 견줄 수 없다.

이런 참나인 하나님을 만나기까지 우리 생명에 만족이란 없다고 유영모는 말한다. 하나님의 품에 안기기까지 평안이 없다고 고백하는 어거스틴과 같은 입장이다. 사람은 참나를 만났을 때 비로소 자기를 가지게 되고 이 세상을 올바르게 살 수 있기 때문이다.

그러므로 우리는 참나인 하나님을 찾아야한다. 하나님을 찾고 나면 우리는 하나님의 아들이 되고 하나님의 증인이 된다.

이상이 유영모의 하나님 이해다. 유영모가 이해한 기독교의 성부 하나님은 없이 계신 하나님, 내 속에 계신 하나님, 참나되신 하나님으로 이는 하나님을 창조주로서 인간의 외부에 절대타자로 계신 유신론으로 말하는 전통 기독교적 신관(神觀)과는 다른 이해다. 한국적 사유 지평인 삼재론 이해의 계 사상과 불교 이해의 허공 사상, 그리고 유교 이해의 바탈 사상 위에서 나온 이해다.

---

37) 유영모, 《어록》, 269.
'참나'라는 말은 불교에서 말하는 진아(眞我)에 해당하는 말로 유영모는 이를 '얼나'로 부르기도 한다. 얼나는 얼의 나라는 뜻으로 대아(大我)적인 나를 말한다. 이에 반해 소아(小我)적인 나는 '몸나'라고 한다. 몸으로서의 나라는 말이다.

## 2. 성자(聖子) 예수 그리스도

### 1) 몸나로는 인간인 예수

유영모는 먼저 인간 예수에 대해서는 어떠한 신적 고백도 거부한다. 몸으로서의 예수는 내 몸처럼 죽어 없어질 껍데기일 뿐 그 자체가 신(神)일 수 없다는 것이다.[38] 예수의 몸은 내 몸과 마찬가지로 탐진치의 삼독(三毒)을 지닌 수성(獸性)의 모습에 불과하다. 예수하고 우리하고 차원이 다른 것이 아니다.

몸나로는 예수도 우리와 같은 인간이라는 이 같은 주장은 비정통 신앙으로 교회로부터 파문을 당한 톨스토이[39]에게서도 볼 수 있는 부분으로, 전통 기독교에서 말하는 예수의 인간성과 신성은 존재론적으로 하나라고 하여 예수의 모든 것을 신성시하는 주장과는 다른 입장이다. 한국적 사유 지평의 인간은 누구라 할지라도 탐진치 삼독의 육체를 쓴 존재라는 이해가 뒷받침된 입장이다.

이런 입장 하에서는, 슐라이어마허가 비록 역사적 예수와 우리 인간 사이에는 존재론적 차이는 없지만 인간은 죄의식을 갖고 태어나 구원이 필요하고, 역사적 예수는 태어날 때부터 구속적인 힘을 갖고 있어서 구원이 필요하지 않다 라고 말한 자유주의 해석조차 납득되기 어렵다.[40] 뿐만 아니라 아타나시우스학파의 주장, 곧 예수의 몸도 하나님과 같이 신성한 것이라고 하는 주장도 받아들여질 수 없다.[41]

그래서 유영모는 우리에게 인간 예수는 숭배해서 안 된다고 말한다. 그 앞에 절을 할 분은 참되신 하나님 한 분뿐이라는 것이다.

---

38) 유영모,《어록》, 308.
39) 톨스토이,《인생독본 2》, 동완 옮김 (신원문화사, 1994), 260.
40) 이정배, "다석 유영모의 동양적 기독교 이해와 얼 기독론",《다석 유영모의 동양사상과 신학》(솔출판사, 2002), 152 (이하《동양사상과 신학》).
41) 박영호,《다석 유영모의 기독교사상》(문화일보사, 1995), 27.

## 2) 얼나로는 그리스도인 예수

몸나로는 우리와 같은 인간임에도 불구하고, 그러나 유영모에 의하면 예수는 우리와 다른 점이 있다. 그것은 예수가 자신 속에 거하는 하나님의 생명인 참, 얼(하나님의 씨앗)의 존재를 깨닫고 십자가를 통해 땅에 대한 집착을 끊고 몸의 유혹을 벗어나 얼로 솟(아)난 사람 곧 참 인간의 모습을 보여준 것이다.[42]

이런 예수를 유영모는 그리스도라 부른다. 하나님의 씨를 싹티워 얼로 솟나 하나님 아버지께 도달한 예수가 그리스도라는 것이다. 이는 전통 기독교에서 말하는, 유일하게 말씀이 육신을 입고 성육신하여 오신 예수 그리스도와는 다른 이해로, 한국적 사유 지평의 삼재론 이해의 굿 사상과 불교 이해의 얼은, 유교 이해의 부자유친 사상이 뒷받침된 이해다.

유영모가 말하는 그리스도란 이처럼 몸나가 아닌 얼나로 거듭나 하나님의 생명 그 자체가 된 존재다.

예수의 얼을 그리스도로 인정하는 이 점은, 예수의 인성을 강조하면서 하나님과 예수의 존재론적 차이를 주장하는 아리우스주의의 신중심주의와는 입장이 다르다.[43]

유영모는 이렇게 예수 그리스도의 인간성과 신성을 몸나와 얼나로 나누어 말하면서[44] 예수 그리스도를 몸나로는 우리와 같은 인간이라고 하고 얼나로는 하나님과 같은 존재라 한다. 완전한 인간이면서 완전한 하나님이 예수 그리스도인 것이다.

---

42) 유영모, 《어록》, 63.
43) 박영호, 《다석 유영모의 기독교 사상》, 27.
44) 이정배, "다석 유영모의 동양적 기독교 이해와 얼 기독론", 151.

### 3) 그리스도의 다양성

얼로 솟난 예수가 그리스도라면, 그리스도는 결코 예수 한 분일 수만은 없다.[45] 인간은 누구나 다 얼로 솟날 수 있고 얼로 솟난 존재는 모두 그리스도이기 때문이다. 따라서 유영모는 노자, 석가, 공자 등 위대한 성인들 역시 모두 이런 절대생명의 완성자라고 보았으며, 또한 이들과 우리 사이의 존재론적 차이성도 인정하지 않고 머리를 하늘에 두고 살아가는 사람이면 누구든지 이러한 절대생명으로 거듭날 수 있다고 보았다. 즉 그는 그리스도의 다양성을 주장한다.

심일섭,[46] 정양모,[47] 강돈구[48] 등 많은 사람들로부터 종교다원주의라고 오해를 받기도 하는 이런 주장은 전통 기독교에서 말하는, 오직 예수만이 유일한 그리스도라고 말하는 것과는 다른 주장으로 역시 유영모의 한국적 사유 지평인 삼재론 이해의 굿 사상과 불교 이해의 얼은, 유교 이해의 부자유친 사상 위에서 나온 것이다. 말하자면 하나님의 ㄲ트머리(끝)이며 하나님의 씨앗, 바탈을 가진 사람은 누구라도 굿이 되고 얼은이 되며 부자유친할 가능성이 있다는 한국적 사유가 기독교의 그리스도 이해에 작용한 것이다.

### 4) 예수 그리스도의 유일성

그런데 유영모는 그리스도의 다양성에 대해 말하면서, 또 한편으로는 예수 그리스도의 유일성, 절대성을 고백한다.

그는 예수 믿기 시작한 지 38년 만에 "주여, 오늘도 그와 같은 자가

---

45) 유영모, 《어록》, 344.
46) 심일섭, "다석 유영모의 동양적 기독교 신앙 연구", 《동양사상과 신학》, 334-335.
47) 정양모, "다석 유영모 선생의 신앙", 《동양사상과 신학》, 97-100.
48) 강돈구, "유영모 종교 사상의 계보와 종교 사상사적 의의", 《동양사상과 신학》, 376-384.

하나 있습니다. 주께서 저를 38년 전 1905년 봄에 부르시지 않았습니까. 저는 아버지 집에 혼자 힘으로 들어가려고 하는 가운데 많은 세월을 거저 보낸 것 같습니다"라고 말하며, 이제는 믿음으로 아버지 집에 들어가게 되었음을 노래하고 우리가 귀의할 존재는 오직 예수라고 고백한다.

우리가 뉘게로 가오리까[49]

노자신(老子身)
노담(老聃)의 함덕(含德)이 자연생생(自然生生)의 대경대법(大經大法)이었다.
마는, 생생지후(生生之厚)로 돌아, 불사욕(不死欲)에 빠지게 되니,
도사(道士)는 도(道)에서 미혹 건질 길이 없어라.

석가심(釋迦心)
석가의 정각(正覺)도 한번 함직도 하였다마는.
삼십성도(三十成道)에 오십년(五十年) 설법(說法)이 너무 길찻더냐?
말법(末法)의 되다 못됨은 무뢰(無賴) 진배 없어라.

공자가(孔子家)
공자의 호학(好學)을 일찍 밟아보면 했다마는.
명기(名器)를 일삼은 데서 체면치레에 흐르니,
유기인(由己仁), 극기복례(克己復禮)는 입지조차 못봤다.

인자(人子) 예수
말씀(道)으로 몸 일우고 뜻을 받어 맘하시니,
한울밖엔 집이 없고, 거름거린 참과 옳음!
뵈오니 한나신아들 예수신가 하노라.

유영모는 비록 노자, 석가, 공자가 받은 성령이 예수 그리스도와 다

---

49) 김흥호,《제소리: 유영모 선생님 말씀》(도서출판 풍만, 1986), 347.

르지 않지만 우리가 믿고 의지할 분은 오직 예수 그리스도라는 것이다. 아버지 집에 가는 데 예수만이 그 길과 생명이 된다는 것이다. 유일한 그리스도 예수다. 이 점이 바로 종교 다원주의와 다른 점이다. 종교 다원주의에서는 결코 그리스도 예수의 유일성을 주장할 수 없다.

유영모의 이같은 그리스도의 다양성 중의 예수 그리스도의 유일성 주장은 서구 기독교의 유일한 그리스도 예수 사상과 한국 사유 지평인 삼재론 이해의 굿, 불교 이해의 얼은, 유교 이해의 부자유친 사상이 만나 창조적으로 지평융합되어 나온 이해다.

예수 그리스도의 유일성을 고백하는 이같은 예수 신앙은 그리스도의 유일성이라는 점에서는 교회의 전통적 신앙고백과 맥을 같이 하지만 다른 모든 종교사상을 향하여 개방된 가운데 형성된 것이라는 점에서는 그 성격을 달리 한다.[50]

### 5) 부자유친한 예수 그리스도

유일한 그리스도 예수라 하며 유영모가 예수에게 특별한 의미를 부여한 것은 예수가 십자가를 통해 다른 누구보다 하나님 아버지와 부자유친하여 효도를 다했다고 생각하기 때문이다. 유영모에 의하면 예수는 몸나를 십자가에 못 박고 얼나로 솟남으로 하나님 아버지와 신인합일(神人合一)하고 부자유친한 존재다.

유영모가 해석하는 예수의 십자가는 몸나의 유혹을 끊고 얼나로 솟나는 것을 보여준 대표적인 사건으로, 이는 하나님 아버지에 대한 효의 극치이며 부자유친을 이룬 사건이다.[51] 이 땅 위에는 몸으로 영원히 살려고 기를 쓰는 사람들이 수없이 있는데, 예수는 이에 비해 십자가를 통해 가로(―) 가는 세상을 뚫고 하늘로 올라가는 세로(│) 사는 삶을

---

50) 최인식, "다석 유영모의 그리스도 이해",《동양사상과 신학》, 190.
51) 김흥호, "유영모 - 기독교의 동양적 이해",《동양사상과 신학》, 14.

드러냈다. 자신 안에 내재한 얼을 깨치고 땅에 대한 집착을 끊음으로 하나님의 아들 그리스도가 된 것이다. 그것이 하나님 아버지께 효를 다한 것이고 부자유친을 이룬 것이다.

유교적인 표현이 두드러지는 십자가에 대한 이런 이해는 유영모의 한국적 사유 지평인 삼재론의 예, 불교의 탐진치 제거, 유교의 몸성히-맘놓이-바탈태우 사고가 뒷받침된 이해로 이는 한마디로 몸나를 버리고 얼나로 솟나는 것이다. 땅에 대한 집착을 끊고 하늘로 올라가는 것이다.

### 6) 스승 예수 그리스도

이런 부자유친한 그리스도 예수를 유영모는 스승이라 부른다.

유영모에 의하면 예수 그리스도와 나의 관계는 일반 전통 교리에서 말하는 것과 같은 구속자와 죄인의 관계가 아니다. 유영모에게 있어 구주(救主) 예수 그리스도란 나로 하여금 예수 그리스도처럼 몸나를 벗어나 얼나로 거듭날 수 있도록, 특히 말씀을 통해 실천력을 주고 생명력을 주는 존재다.[52] 이런 예수 그리스도를 유영모는 선생이라 불렀다.[53] 스승을 통해 우리는 듣고 배우며 새로운 길을 찾아 새로운 인도(仁道)를 세우게 된다.

유영모에게 있어 예수의 스승됨은 동양적이고 한국적인 사유가 바탕이 된 것으로 신앙의 직접성만큼이나 절대적인 것이다.[54] 스승과 제자 사이만큼 정신적으로 깊이 사귀는 사이가 없다. 한 진리의 생명으로 이어졌다. 너 나로 갈라지거나 나뉘는 일이 없다.[55] 불교의 석가와 가섭이 그랬고, 유교의 공자와 안회가 그랬다. 예수님의 열두 사도도 열두

---

52) 김홍호, 《제소리》, 356.
53) 유영모, 《어록》, 138.
54) 이정배, "다석 유영모의 동양적 기독교 이해와 얼 기독론", 161.
55) 박영호, 《다석 유영모의 기독교 사상》, 146.

제자라 불리운다.[56]

유영모에 의하면 스승 그리스도 예수는 인간의 참 생명이 몸에 있지 않고 얼에 있는 것을 알리러 온 존재다. 참나를 알게 하기 위하여 예수가 오셨다.

그에 이르는 길 역시 예수 그리스도가 십자가를 통해 보여 주었다. 유영모가 말하는 십자가의 길, 우리가 따라가야 할 십자가의 길은 일식(一食) 일언(一言) 일좌(一坐) 일인(一仁)의 일이관지(一以貫之)의 도(道)다.[57] 하루에 한 끼씩만 밥을 먹고, 남녀관계를 끊고, 앉을 때는 무릎을 굴하고 앉고, 어디나 걸어 다니는 것이다. 한마디로 식색지명(食色知名)을 끊는 것이다.

이렇게 볼 때 가슴 속에 예수 그리스도를 받아들이는 것은 그저 머리로 믿기만 하고 입으로 시인만 하면 되는 것이 아니라, 평생 심장에 칼날을 받아들이는 것이나 마찬가지다. 일좌식, 일언인이라는 일이관지의 도가 그야말로 십자가의 길, 몸나가 죽어야 얼나, 참나가 사는 길이기 때문이다.

이상이 유영모의 성자 예수 그리스도에 대한 이해다. 유영모는 성자 예수 그리스도를 몸나로는 우리와 같은 인간, 그러나 얼나로는 하나님과 같은 존재인 그리스도로 해석하면서 여러 가능한 그리스도 중에서도 오직 예수 그리스도만이 우리가 따라야 할 분, 하나님 아버지와 부자유친한 우리의 스승으로 이해했다. 이는 전통 기독교의 기독론과는 다른 이해로 서구의 유일한 예수 그리스도 사상과 유영모의 한국적 사유 지평인 삼재론의 긋, 불교의 얼은, 유교의 부자유친 사상이 지평융합되어 나온 이해다.

---

56) 마태복음 10장 1절, 11장 1절, 마가복음 4장 10절 등.
57) 김흥호, "유영모-기독교의 동양적 이해", 13-17.

## 3. 성령(聖靈)

### 1. 하나님의 영이자 인간의 얼, 참나인 성령

유영모에 의하면 성령은 본래 하나님의 영으로 하나님이 지은 천지 만물 어디에나 다 존재하고 활동하고 있으며 특히 인간에게 인간의 얼인 참나로 와 계신다.

유영모는 인간은 정신과 육체로 이루어져 있다고 본다. 그런데 육체는 참나가 아니라고 한다.[58] 참나를 실은 수레라고나 할까. 수레 속의 속알, 정신이 본래의 나, 참나라는 것이다. 유영모에 의하면 나는 본래 하늘에서 온 하나님의 끄트머리다. 즉 나의 참나는 하나님이다. 이렇게 하나님이 내 속에 보이지 않게 나의 참나로 와 계시는데 그 분이 바로 성령이라는 것이다. 사도 바울이 말하는 하나님의 전인 우리 속에 거하시는 성령이다.[59]

동학의 2대조인 해월이 섬김의 대상을 저 밖을 향하던 향벽설위(向壁設位)에서 내 안으로 향하는 향아설위(向我設位)로 바꾸어 놓은 사실을 환기시키는,[60] 참나의 존재 근거가 되는 성령 하나님이 내 안에 계신다는 이런 사고는, 신학자 몰트만이 성령의 영성을 내재적 초월로 명명하며 그것이 신적인 것과 인간적인 것의 내재적 상호 침투를 지시한다고 한 것과 같은 맥락이다.[61]

여기서 유영모는 몸이 내가 아니라는 것을 아는 것, 또 몸은 죽더라고 참나인 영(靈)은 죽지 않는다는 사실, 곧 노자가 말하는 사이불망자수(死而不亡者壽)[62]를 아는 것이 회개라고 한다. 뿐만 아니라 유영모가 생각하

---

58) 유영모,《어록》, 192.
59) 고린도전서 3장 16절.
60) 이정배, "다석 유영모의 동양적 기독교 이해와 얼 기독론", 167-168.
61) J. Moltmann, *Der Geist des Lebens, Eine Ganzheitliche Pneumatologie*, Chr. Kaiser Verlag, 1992, 16-17, 22.

는 믿음이요 신앙이란 것도 몸을 벗고 영이 되고자 하는 것이며, 중생(重生), 거듭남이란 것도 공자가 말한 명덕(明德)을 밝히는 일로 영으로 다시 태어나는 것을 뜻한다. 부활도 몸이 죽고 영이 되는 것이며, 영생도 영이 되어 사는 것, 구원도 몸을 벗고 영이 되면 도달하는 것이다.

이런 점에서 유영모의 신학 사상은 성령의 신학이라고 할 수 있다.[63] 성령이 거의 모든 신학적 사고의 근거가 되기 때문이다.

2) 예수의 얼, 그리스도인 성령

유영모는 또 예수의 얼인 그리스도가 성령이라 한다. 곧 성령은 그리스도라는 것이다.

유영모는 앞에서 예수를 몸나와 얼나로 나누어 보고 몸나로서의 예수는 우리와 같은 인간이고, 얼나로서의 예수는 우리 인간과는 다른 그리스도라 하였다. 얼 자체가 된 예수, 즉 얼이 그리스도라는 것이다. 그러므로 그리스도는 시공을 초월한 존재, 절대 생명으로 하나님의 성령이다.

이렇게 유영모가 말하는 그리스도는 어떤 시대, 어떤 인물의 것이 아닌 영원히 오고 가는 생명, 마침내 한 생명으로 완성하는 전체의 생명인 하나님의 얼, 하나님의 생명, 성령이다.[64]

이렇게 볼 때 성령 안에서 얼의 나와 예수의 얼의 나, 한아님의 얼의 나는 한 생명이다. 성령은 하나님의 영으로 나의 참나며 또 예수의 얼인 그리스도이기 때문이다.

이런 이해는 서구의 필리오케 논쟁을 무색케 한다.[65] 성령이 하나님

---

62) 노자, 《도덕경》 33장.
63) 이정배, "다석 유영모의 동양적 기독교 이해와 얼 기독론", 166.
 최인식, "다석 유영모의 그리스도 이해", 215.
64) 유영모, 《어록》, 344.
65) 이정배, "다석 유영모의 동양적 기독교 이해와 얼 기독론", 154-155.

아버지로부터 왔는가 또는 아들로부터 왔는가 하는 신학적 논의가 얼의 생명으로는 하나님, 예수, 인간 모두가 하나다라는 생각 앞에서 전혀 의미가 없기 때문이다.

유영모의 이런 성령 이해는 하나님의 얼, 예수의 얼, 성령은 셋이 아닌, 하나라는 설명을 용이하게 할 수 있음으로써 현대 교의신학의 지평에서 가치 있는 내용으로 평가될 수 있다.[66]

3) 말씀인 성령

유영모는 말씀이 또한 성령이라 한다.

유영모가 말하는 말씀이란 먼저 생각을 말하는 것으로 생각은 얼이나 길, 법이 나타나는 것이다.[67] 하나님 아버지의 뜻이 우리의 생각에 실려 나온 것이 말씀인 것이다.

이렇게 볼 때 말씀은 당연히 하나님으로부터 온다. 내 속에 계신 하나님, 곧 성령이 말씀하신다.

그런데 말이란 말하는 그 존재 자체를 가리킨다. 공자가 논어를 내놓았다면 논어가 바로 공자다. 공자가 논어로 바뀐 것이다. 이런 이치로 성령이 말씀을 하면 말씀이 바로 성령이다. 성령이 말씀이 되어 우리에게 오는 것이다. 따라서 말씀이 곧 하나님,[68] 성령이다.

하이데거도 말씀은 존재(하나님)의 집이라고 하여 말씀은 본질상 인간의 활동이 아니라, 존재의 개시(開示), 하나님의 나타남이라고 한다. 인간이 말을 하는 것이 아니라 하나님이 말을 통해 자신을 드러낸다는 것이다. 말하는 행위에서 존재(하나님)가 생기(occurrence)의 형태로 스스로를 드러낸다.[69] 즉 말씀을 통해 하나님이 드러나는데 이 말은 결국

---

66) 최인식, "다석 유영모의 그리스도 이해", 215.
67) 유영모,《어록》, 172.
68) 요한복음 1장 1절.
69) R. E. 팔머,《해석학이란 무엇인가?》(문예출판사, 1990), 227-228.

말씀이 하나님, 성령이라는 것이다.

이상으로 유영모의 성령 이해에 대해 살펴보았다. 유영모는 이처럼 기독교에서 말하는 성령을 온 천지만물을 주장하는 하나님의 영이자 특히 인간의 얼 곧 참나인 성령, 그리고 그리스도인 성령, 말씀인 성령으로 이해했다.

이는 전통 기독교에서 말하는 성령 이해와는 다른 것으로, 인간(얼) 이해에 대한 한국적 사유 지평이 바탕이 되어 나온 이해다. 유영모는 삼재론, 불교, 유교를 통해 우리 인간의 참나는 하늘로부터 온 얼, 절대 존재(계, 허공, 바탈)라는 것을 알게 되었고, 또 인간이 자신의 참나를 깨닫고 탐진치 삼독을 제거하여 참나가 되면 다시 그 얼로 돌아간다 (귯, 얼은, 부자유친)는 것을 알게 되었으며, 이 때 말씀이 쏟아져 나옴 (설법, 수도지위교)도 알게 되었다. 그런 것이 유영모의 얼에 대한 한국적 사유 지평이 되어 기독교의 성령을 이상과 같이 해석한 것이다.

이렇게 해서 한국적 사유 지평인 삼재론과 불교, 유교 사상을 바탕으로 한 유영모의 기독교 이해에 대해 성부 하나님, 성자 예수 그리스도, 성령 중심으로 살펴보았다. 이를 통해 유영모는 기독교 복음의 외치는 바도 결국은 "내 속의 보이지 않는 하나님 아버지의 음성을 듣고 성자 예수 그리스도처럼 십자가의 도로 나를 갈고 닦아 성령의 나로 거듭나라"고 말하는 것이라 보았다. 이런 기독교 이해는 "주 예수를 믿으라, 그리하면 너와 네 집이 구원을 얻으리라"는 서구의 전통 기독교와는 차이가 있다. 모든 것이 삼재론과 불교, 유교라는 한국적 사유 지평 위에서 이루어진 이해다.

그런데 유영모의 한국적 기독교 이해는 여기서 그치지 않는다. 그는 한걸음 더 나아가 우리의 말과 글인 한글을 통해 자신이 이해한 기독교 복음을 풀어놓는다. 그래서 더욱 기독교의 한국적 이해다. 다음에 살펴볼 내용이 그것이다.

## V. 유영모의 신학적 한글 풀이
### 지평융합된 기독교의 한글을 통한 표현

이제껏 살펴본 바와 같이 유영모는 한국사람으로서 자신의 토양인 삼재론과 불교, 유교라는 한국적 사유 지평과 기독교라는 서구의 지평을 융합하여 독창적인 기독교 이해를 해내었다.

그런데 유영모는 여기서 한 걸음 더 나아가 자신이 이해한 기독교 복음을 우리의 말과 글을 통해 풀어낸다. 유영모는 우리 한글을 하나님께서 세종대왕의 손을 빌려 계시한 천문(天文)이라고 하고,[70] 인간이 만든다고 만든 글자지만 사실은 하나님께서 인간의 손을 빌어 세상에 드러낸 하늘의 글이라고 한다. 한글 속에는 하나님의 말씀, 즉 기독교 복음의 진리가 담겨져 있다는 뜻이다. 하이데거-가다머가 말하는 '언어는 존재의 집'이라는 내용과도 일맥상통하는 이런 주장은 유영모 자신이 이해한 말씀, 곧 말씀은 성령이라는 이해와 통하는 부분이다. 한글이라는 말씀이 되어 성령 하나님이 말씀하는 것이다. 이정배는 이와 연관해 언어란 유영모에게 있어 한번도 끊어진 적이 없는 성령의 또 다른 표현이라고 하고,[71] 김흥호는 하나님 말씀을 우리 언어인 한글로 풀어내는 것을 성육신이라고 한다.[72]

그러면 이제 유영모가 이해한 기독교 복음이 한글 속에 어떤 모습으로 나타나는지, 그가 발견하고 캐내어 우리에게 풀어 보이는 진리의 말씀이 어떤 것들인지 살펴보기로 하겠다.

### 1. 계소리-모음-성부 하나님의 인간을 부르는 소리

한글은 본래 뜻글자가 아닌 소리글자로 모음 자체도 아무 뜻이 없

---

70) 김흥호,《다석 유영모 명상록 1》(도서출판, 풍만, 1983), 137-140.
71) 이정배, "한글과 기독교: 한글로 신학하기",《동양사상과 신학》, 267.
72) 김흥호, "십자가와 참말을 모시고 산 유영모의 영성",〈기독교사상〉, 2000년 12월, 49.

다. 즉 'ㅏ ㅑ ㅓ ㅕ ㅗ ㅛ ㅜ ㅠ ㅡ ㅣ ㆍ[73]'는 소리만 있을 뿐이지 이것 자체에 무슨 뜻이 있는 것이 아니다. 그런데 유영모는 이를 한자처럼 뜻글자로 읽고 하나님이 인간을 부르는 말씀이라 해석해낸다. 그는 모음을 성부 하나님의 소리, '계소리'[74]라 하며 다음과 같이 읽었다.

ㅏ ㅑ : 아이들아
ㅓ ㅕ : 어서
ㅗ ㅛ : 와요
ㅜ ㅠ : 우흐로(위로)
ㅡ ㅣ : 세상을 꿰뚫고 곧이 곧장
ㆍ : 하나님 아버지께로.[75]

한글 모음은 성부 하나님이 인간을 향하여 "애들아, 어서 세상을 꿰뚫고 하늘 위의 하나님 아버지께로 나아오라"고 간절히 말씀하는, 탕자를 애타게 기다리는 하나님 아버지의 마음을 그린 어머니의 소리, 하나님의 소리라는 것이다.

이런 하나님의 음성은 모음의 구조를 관통하고 있는 삼재 사상을 통해서도 전달되는데, 천지인(天地人) 삼재(三才)로 이루어진 모음 기본음 'ㆍ ㅡ ㅣ'에 대해서 유영모는 ㅡ는 세상, ㅣ는 세상을 꿰뚫고 곧이 곧장 올라가는 고디신(인간), ㆍ는 하나님 아버지의 사랑 평등 박애로 보고, 이는 세상 죄의 수평선(ㅡ)을 의의 수직선으로(ㅣ) 뚫고 올라가서 하나님 아버지의 가슴 한복판에 가온찍기(ㆍ) 하라는 하나님의 명령인 것으로 생각했다. 천지인 삼재 ㅡ ㅣ ㆍ가 인간이 이 곳 세상의 죄의 수평선을 의의 수직선으로 뚫고 올라가 저 곳 하나님 아버지께 도달하라,

---

73) ㆍ는 현재 쓰이지 않는 글자지만 유영모는 이를 모음 속에 포함시켜 말씀을 풀어내었다.
74) 유영모는 '계소리, 가온소리, 제소리'라는 말을 만들어 각각 성부 하나님의 소리, 성자 예수 그리스도의 소리, 성령의 소리라는 뜻으로 쓴다.
75) 김흥호, 《명상록 1》(성천문화재단, 1998), 17.

부자유친하라는 하나님의 계시라는 것이다.

그런데 유영모는 ㅡ ㅣ · 를 십자가에 달리신 예수 그리스도의 모습이라고 한다. 십자가에 달리신 예수 그리스도의 모습이 모음 ㅡ ㅣ · 를 합친 모습과 같기 때문이다. ㅡ와 ㅣ가 만나 십자가가 되고 여기에 · 가 더해져 십자가의 예수 그리스도 형상이 된다. 그래서 그는 십자가에 달리신 예수를 인자(人子) 예수가 아닌 인자(仁子) 예수라고 한다. 유교에서 말하는 인(仁)자가 사람 人과 하늘 ㅡ, **그리고 땅 ㅡ** 이 합쳐진 글자로 모음 ㅡ ㅣ · 와 마찬가지로 천지인 삼재를 뜻하기 때문이다.

이처럼 한글 모음, 계소리는 그 내용에 있어서나 구조에 있어서나 모두가 인간을 부르는 하나님 아버지의 음성으로, 결국은 예수 그리스도의 십자가 형상, 곧 십자가의 도로 나를 갈고 닦아 성령의 나로 거듭나라는 기독교 복음 내용이다. 하나님은 한글의 모음을 통해 인간에게 예수 그리스도처럼 세상 정욕을 십자가에 못박고 하나님 아버지와 부자유친 하라고 외치고 있다. 이것이 유영모가 눈을 뜨고 본 한글 모음의 진면목(眞面目)이다.

이는 모음만이 아니다. 자음도 마찬가지다. 내용에서나 구조에서나 꼭같이 기독교복음을 증거하고 있다.

### 2. 가온소리 - 자음 - 성자 예수 그리스도의 부자유친하는 소리

유영모는 역시 아무 뜻도 없는 자음 'ㄱ ㄴ ㄷ ㄹ ㅁ ㅂ ㅅ ㅇ ㅈ ㅊ ㅋ ㅌ ㅍ ㅎ'을 성자 예수 그리스도의 소리, 곧 '가온소리'라 하며 이를 다음과 같이 읽고 풀었다.

기니: 그리스도께서
디리미: 십자가 위에서 자기 자신을 제물로 들이 내밀어 바치는 것이
비시이지: 보이지 않느냐

치: 인류를 치켜 올리고
키: 키워 올리고
티: 그 좁은 속을 티워 깨치고
피: 진리의 꽃, 보혈의 꽃, 문화의 꽃을 피워
히: 무한한 하늘나라에까지 끌어올린다.[76]

한글 자음은 하나님의 독생자 예수 그리스도가 인류를 구원하기 위하여 십자가 위에서 보혈의 꽃피를 흘리고 있는 모습을 말씀하고 있다는 것이다. 물론 이 때의 십자가 구원의 의미는 전통적인 의미의 구속이 아니라, 인간이 모범삼고 따라가야 할 십자가의 의미다.[77]

이렇게 한글의 자음은 나의 갈 길을 보여주는 예수 그리스도의 십자가 구원 소식이 담긴 성자 예수 그리스도의 소리, 가온소리다. 나를 위해 예수 그리스도께서 하나님 아버지와 부자유친하는 모습, 하나님의 음성을 듣고 십자가의 도로 나를 갈고 닦아 성령의 나로 거듭나는 모습을 한글 자음이 보여주고 있다.

이런 소리는 모음의 경우와 마찬가지로 그 구조를 통해서도 전달되는데, 유영모가 풀이하는 자음의 구조는 천지인 삼재 사상이 관통하고 있다. 말하자면 유영모는 본래 오행(五行)에 입각해 구성된 한글 자음의 구조를 천지인 삼재관으로 해석하여 예를 들면 'ㅁ-ㅂ-ㅍ'을 다음과 같이 풀이한다.

ㅁ, ㅂ, ㅍ: 물, 불, 풀.
물+불=풀
물(地)과 불(天)이 합쳐져서 풀(人)이 된다.[78]

이 내용은 땅 지(地)에서 올라오는 물과 하늘 천(天)에서 내려오는

---

76) 유영모,《다석일지 3》(홍익재, 1990), 111.
77) 이정배, "한글과 기독교: 한글로 신학하기", 284.
78) 김흥호,《명상록》1, 242-243.

불이 합쳐져서 생명(人)인 풀을 키워낸다는 말로, 하늘(天)과 땅(地)이 만나 생명(人)이 된다는 것이다.[79] 천지인 삼재는 유영모에게 있어 기독교 복음이다.

이렇게 한글 자음, 가온소리는 그 내용이나 구조가 모두 인간에게 그 나아갈 길을 보여주는 예수 그리스도의 소리로, 모음과 같이 인간에게 예수 그리스도처럼 세상 정욕을 십자가에 못박고 하나님 아버지와 부자유친하라고 말하는 기독교 복음이다. 하나님의 부르심을 듣고 예수 그리스도처럼 십자가의 도로 나를 갈고 닦아 성령의 나로 거듭나라는 것이다.

이런 모음과 자음이 합쳐져 한글은 바른 소리 곧 정음이 되는데, 이는 유영모에 의하면 성부 하나님의 소리, 계소리와 성자 예수 그리스도의 소리, 가온소리가 합쳐져서 성령의 소리, 제소리가 된 것이다. 성령의 소리, 제소리는 하늘과 땅이 합쳐져서 인간이 되고, 빛과 힘이 합쳐져서 숨이 되며,[80] 진리와 길이 합쳐져 생명이 된 것으로 우리 민족을, 나아가서는 세계를 구원하는 복음이 된다.[81]

---

79) 이밖에도 유영모는 ㅅ-ㅈ-ㅊ, ㄴ-ㄷ-ㅌ, ㅇ-ㆆ-ㅎ 등의 자음 구조를 통해서 한글이 그림(象)처럼 진리를 계시하고 있음을 보여준다. 여기서 유영모는 한글학자 서상덕의 생각을 따라 'ㆍㆆㅇㅿ' 등 현재 사용하지 않고 있는 글자도 모두 다 써야 한다고 주장한다. 그렇게 해야만 한글 자음 모음 속의 천지인 삼재관이 제대로 설명되고 기독교 복음이 제대로 증거되기 때문이라는 것이다.
80) 김흥호는 진리(하늘)와 길(땅)과 생명(인간)을, 빛과 힘과 숨이라고 말하기도 한다.
81) 한글 모음은 계소리, 성부 하나님의 소리, 천(天)이면서 동시에 천지인(天地人)이다. 그것은 본문에서 보았듯이 모음이 하나님 아버지께서 부르시는 소리란 뜻일 때는 천이지만, 그 내용이나 "ㆍㅡㅣ"라는 모음의 구조는 천지인이기 때문이다.
이는 자음도 마찬가지다. 자음은 가온소리, 성자 예수 그리스도의 소리, 지(地)이면서 동시에 천지인이다. ㄱㄴㄷㄹ… 등이 말하는 바는 가온소리, 예수 그리스도의 소리, 지(地)이지만, 그 내용이나 자음 ㅁ-ㅂ-ㅍ, ㅅ-ㅈ-ㅊ 등의 구조는 천지인 삼재다. 이런 모음과 자음으로 이루어진 한글도 마찬가지다. 계소리와 가온소리가 만나 이루어진 한글은 제소리, 성령의 소리, 인(人)이지만, 초성 중성 종성으로 이루어진 구조나 그 증거하는 내용은 모두가 천지인 삼재관, 곧 하늘과 땅이 만나 인간이 된다는 것이다.

유영모의 제소리를 들어보기로 한다.

## 3. 제소리-한글-성령 또는 거듭난 인간의 진리 증거하는 소리

성부 하나님의 소리인 모음과 성자 예수 그리스도의 소리인 자음으로 이루어진 한글은 모음, 자음 자체만으로도 우리를 영생으로 인도하는 복음이다. 하나님을 알고 예수 그리스도를 알면 영생에 이르기 때문이다. 그런데 유영모는 한글의 모음, 겨소리와 자음, 가온소리가 주는 메시지와 함께 겨소리와 가온소리로 이루어진 제소리, 한글 속에서 하나님의 수많은 생명의 복음말씀을 읽어낸다. 어떤 때는 없는 말까지 만들어가면서 우리말과 글 속에 숨겨진 기독교 진리를 하나하나씩 풀어내 보여준다. 모음 자음을 읽을 때도 그랬지만 한글 제소리에 대한 그의 풀이는 일종의 영감(靈感)이다. 소리글자인 한글을 뜻글자로도 풀고 상형문자로도 읽는 등, 글자를 파자(破字)하고 추리(推理)하는 과정에서 유영모는 하나님의 메시지를 보고 예수 그리스도처럼 하나님께 나아오라는 소리 없는 소리를 듣는다. 수없이 많은 제소리 가운데 몇 가지 대표적인 것들을 살펴보면 다음과 같다.

이마

이마는 임, 곧 하나님을 머리 위에 이마, 이겠다는 결의를 나타내는 말이라고 한다.[82] 짐을 머리에 이듯이, 하나님을 머리 위에 이겠다는 단호한 결의를 나타내는 말이 이마라는 것이다. 삼일신고에서 말하는 일신강충, 강재이뇌[83]로 하나님은 나의 참나임을 증거하는 말이다.

---

여기서 우리는 모음이나 자음, 또 이 둘이 합쳐져서 이루어진 한글이 모두 다 같은 내용을 말하고 있음을 알 수 있다. 한마디로 하나님의 음성을 듣고 나를 갈고 닦아 성령의 나로 거듭나라는 말씀이다.

82) 김흥호,《제소리》, 110.

### 맨들었다(만들었다)

유영모에 의하면 맨들었다는 말은 맨으로 들었다, 즉 맨 손, 맨 몸이라고 할 때의 '맨' 처럼 아무 것도 없는 데에서 들었다, 위로 들어올렸다, 드러냈다는 말로, 하나님께서 아무 것도 없는 데서, 무(無)로부터 천지만물을 창조해냈다는 말이다.[84] 어거스틴이 말하는 하나님의 무로부터 천지창조를 가리키는 말이 맨들었다, 만들었다인 것이다.

### 예수

유영모는 예수란 말은 이어이에 수의 줄인 말로, 이어, 이 시간과, 이에, 이 공간에 진리를 깨닫고 수, 하나님의 힘, 생명으로 하나님의 맡기신 책임을 다하는 분을 뜻한다고 한다.[85] 다시 말해 지금 여기서 진리를 깨닫고 십자가의 도를 걸어가는 영원한 생명이 예수라는 것이다.

또 예수는 예와 수가 합쳐진 말로 예, 여기 이 곳에서의 수, 곧 재주와 능력을 뜻한다고 한다.[86] 내가 이 땅에서 하나님의 뜻대로 살 수 있도록 힘과 능력이 되는 분이 예수라는 말이다.

예수는 몸나를 벗고 얼나가 된 존재로 내 생명의 존재근거가 됨을 예수라는 말 자체가 증거하고 있다.

### 진달래

진달래란 말은 '진다고 할래'가 줄은 말로, 무르익은 열매처럼 아침에 도를 듣고 저녁에 죽어도 좋다, 져도 좋다는 존재가 된 예수 그리스

---

83) 최동완 해설, 《삼일신고》(지혜의 나무, 2000), 26.
84) 유영모, 《어록》, 248-249.
85) 김흥호, 《명상록 1》, 91-92.
86) 유영모, 《어록》, 20.

도가 십자가 위에서 인류의 짐을 지겠다고 달려있는 모습을 말하는 것이라 한다. 뿐만 아니라 우리 역시 예수를 따라 이 나라 이 민족의 짐을 질래 하고 나서는 존재가 되어야 한다는 말도 하고 있다고 한다.[87]

### 얼골(얼굴)

유영모는 얼굴을 얼골이라 읽고, 얼, 얼의 골, 골짜기가 얼골, 얼굴이라 한다.[88] 즉 얼굴은 얼을 드러내는 골짜기인데, 얼굴 뒤를 자세히 따라가 보면 얼굴 뒤에는 작은골(소뇌), 큰골(대뇌)이 있고 또 이를 넘어 생각의 바다, 하나님의 보좌가 있으며 그 깊고 깊은 곳에 얼굴의 진짜 주인인 참나, 얼인 하나님이 앉아 계신다. 말하자면 이 얼의 하나님이 역으로 하나님의 보좌를 거치고 생각을 거치고 큰 골 작은 골을 거쳐 마침내 얼굴을 통해 우리에게 비치는 것이 얼골이라는 것이다. 얼굴, 얼골이라는 말을 통해 우리 인간의 진짜 주인인 참나는 얼인 하나님인 것을 알 수 있다.

### 말(씀)

유영모는 말(씀)은 말(馬)이라고 한다.[89] 하나님 앞에까지 타고 갈 말, 수단이 하나님의 말씀이라는 뜻이다. 성경 말씀 가운데 내게 맞는 한 말씀을 골라 그것을 깊이 생각하고 생각하는 중에 우리는 마침내 그 말씀이 뜻하는 바가 무엇인지 깨닫게 되고 또 그를 통해 하나님의 뜻을 깨닫게 된다. 그것이 말(씀)이 말(馬)이라는 것으로, 말씀이 말이 되어 하나님 앞으로 달려 나가는 것이다. 말씀이신 하나님을 말씀을 통해 깨닫게 됨을 증거하는 말이다.

---

87) 김흥호,《제소리》, 64.
88) 유영모,《어록》, 24.
89) 김흥호,《제소리》, 45.

## 긋

긋이란 말은 본래 끝, 점수 등을 뜻하는 말로,[90] 유영모는 이 글자가 우리에게 나, 인간이 본래 어떤 존재인가를 말해주는 글자라 한다. 자세히 살펴보면 긋이라는 글자는 ㄱ, ㅡ, ㅅ으로 구성되어 있는데, 여기서 ㄱ은 하늘에서 정신이 내려오는 것을 그리고 있고, ㅡ는 평평한 땅 모양을, 그리고 ㅅ은 두 발로 버티고 선 사람 모양을 그리고 있는 듯 하다. 말하자면 긋이라는 글자는 하늘에서 내려온 정신이 땅에 부딪쳐 생긴 것이 사람이다라는 말을 하고 있는 것이다.[91] 정신이 육체를 쓰고 있는 것이 사람이다. 즉 나는 본래 하늘에서 내려온 정신, 영원한 생명의 한 끄트머리고 절대자 하나님께 속한 나인 것이다.

## 어디나, 언제나, 누구나

유영모는 어디나, 언제나, 누구나라는 우리말도 내가 본래 누구인지, 나의 존재에 대해 말을 하고 있다고 한다. 유영모에 의하면 어디나, 언제나, 누구나라는 말은 어디에나 있는 나, 언제나 있는 나, 누구나 나라는 말로, 나는 본래 공간 시간 인간을 초월한 내가 나라는 뜻이다.[92] 공간 시간 인간 안에 갇혀있는 몸나의 나, 부분의 나가 내가 아니라, 태초부터 있는 나, 영원히 없어지지 않을 나, 전체적인 나, 없이 계신 나가 나다. 즉 본래적 나는 하나님께 속한 나다.

## 오늘

유영모는 오늘은 오! 하고 늘-, 영원에 대해 감탄하는 것이라 한다.[93]

---

90) '긋' 은 금을 긋다, 획을 긋다, 줄을 긋다, 성냥을 긋다 할 때의 긋이다.
91) 유영모,《어록》, 31.
92) 김흥호,《명상록 1》, 39-40.

오늘이라는 짧은 순간 속에서 늘(항상, 언제나)이라는 영원하고 지속적인 것을 보고 오! 하고 감탄하는 것이 오! 늘-, 오늘이라는 것이다. 찰나 속의 영원을 뜻하는 말이다. 이 말이 현실화되기 위해선 순간순간 하루하루를 최선을 다해 열심히 살아야 한다고 한다.

꼭대기

유영모는 꼭대기란 말을 통해서 죽음에 대해 이야기한다. 꼭대기란 꼭 대기, 저 하늘 천장에 꼭 갖다 댄다는 말로 사람이 죽어 하늘나라 하나님 아버지께 가 닿는 것, 바로 죽음을 뜻한다고 한다.[94] 사람은 죽어서 없어지는 것이 아니라 하늘 위의 하나님 아버지께로 올라가 그 품에 안긴다는 사실을 알려주는 말이 꼭대기다. 몸을 벗고 얼의 근원인 저 높은 꼭대기, 하나님께로 돌아가는 것이 죽음인 것이다.

이상이 유영모가 제소리 한글을 통해 우리에게 들려주는 수많은 하나님의 음성들이다.

결국 한글 모음을 통해 성부 하나님은 우리를 향하여 어서 세상을 꿰뚫고 하나님 아버지께 나아오라고 말씀하고, 자음을 통해 성자 예수 그리스도는 십자가의 도로 나를 갈고 닦으라고 말씀하며, 모음과 자음으로 이루어진 한글을 통해 성령은 수많은 하나님의 말씀을 선포한다. 또 한글을 구성하고 있는 삼재사상을 통해서도 하나님은 성부 하나님 아버지의 부르심을 듣고 부자유친한 성자 예수 그리스도를 본받아 십자가의 도로 나를 갈고 닦아 성령의 나로 거듭나라는 말씀을 한다. 한 마디로 한글은 내용과 구조 전체를 통해 유영모가 이해한 기독교 복음을 증거하고 있는 것이다.

이렇게 유영모는 자신의 깨침을 토대로 한 삼재론, 불교, 유교 이해라는 한국적 사유 지평을 가지고 서구의 기독교를 바라보고 이를 한국

---

93) 김흥호, 《제소리》, 91.
94) 김흥호, 《명상록 2》, 301-302.

적으로 해석해 냈으며 이를 또다시 우리말과 우리글인 한글을 통해 증거해 냈다.

유영모의 이러한 신학적 한글풀이는 유영모가 서구적 의미의 종교다원주의자가 아니라, 그야말로 참된 기독교인, 한국의 토착적 기독교인임을 드러내는 대표적인 증거다. 그는 모국어인 한글을 통해 자기 자신뿐 아니라 우리 민족을 하나님 앞으로 인도하려 애썼다. 모든 종교가 다 같다, 어떤 종교를 통해서도 구원을 받을 수 있다 하는 등의 주장에 역점을 두지 않고 오직 어머니 말인 한글을 통해 인간 심리 저층에 깔린 민족의식을 잘 끌어내어[95] 이를 기독교 복음과 연결시키고자 하였다. 기독교의 토착화에 전념한 것이다.

## VI. 끝맺는 말

지금까지 가다머의 철학적 해석학적 틀을 염두에 두고 유영모의 사상적 배경과 유영모의 기독교 이해, 그의 신학적 한글풀이를 중심으로 유영모의 한국적 기독교 이해에 대해 살펴보았다. 이제 유영모의 한국적 기독교 이해로부터 얻을 수 있는 신학적인 탁월한 점들을 생각해 보면서 본 글을 마치도록 하겠다.

유영모의 한국적 기독교 이해는 본 논문의 서두에서도 지적했듯이 기독교가 토착화되지 못해 신앙과 삶이 분리되어 온갖 문제를 야기하고 있는 오늘 우리 한국 기독교인의 현실에 신앙과 삶이 하나되는 뛰어난 길을 제시한다. 유영모는 무엇보다 기독교 신앙을 피상적인 차원이나 교리신조의 고백 차원을 넘어 삶으로 살아내는 기독교로 이해했다. 즉 기독교 복음은 예수 그리스도가 인류를 위해 십자가에서 피 흘리고 돌아가셨다, 그러므로 누구든지 이 사실을 믿기만 하면 구원을 얻

---

95) 홍일중, "노자역에 보인 다석 유영모의 얼부림과 한글", 미간행 논문, 2-4.

는다는 단순한 소식이 아니라, 인간이 자기 속에서 말씀하는 하나님의 음성을 듣고 예수 그리스도처럼 십자가의 도로 자신을 갈고 닦아 성령의 나로 거듭나라는 외침이라는 것이다. 한마디로 유영모는 예수 믿는다는 것을 머리로 믿고 입으로만 시인하는 것이 아니라, 몸으로 일식(一食), 일언(一言), 일좌(一坐), 일인(一仁)이라는 십자가의 도의 삶을 살아내는 것이라 해석하였다. 그리하여 식색지명(食色知名)을 끊고 정직하고 진실한 인간이 되고자 애쓰는 것이 예수 믿는 것이라 보았다. 몸으로 산 제사 드리는 것이 참 예수 신앙이라는 것이다. 이런 이해는 신앙과 삶이 분리된 한국 기독교의 현실에 신앙과 삶을 하나되게 하는 큰 빛이 된다.

뿐만 아니라 유영모의 한국적 기독교 이해는 우리말과 글인 한글로 신학할 수 있는 길을 열어놓았다. 우리의 말과 글은 우리 자신이다. 그런데 유영모가 우리의 말과 글인 한글을 통해 자신이 이해한 기독교 복음을 풀어냄으로써 기독교 복음을 우리 한국인의 정서에 꼭 와 닿는, 살아있는 복음으로 변모시켜 놓았다. 이는 한글을 통해서도 얼마든지 신학이 가능함을 보여준 것이다.

이 밖에도 유영모의 한국적 기독교 이해는 오늘날 인간 경시 풍조 및 범지구적인 문제가 되어있는 생태계, 환경 문제에 신학적인 해결책을 제시한다. 유영모는 하나님의 성령을 내 속에 보이지 않게 나의 참 나로 와 계신 하나님일 뿐 아니라, 모든 우주만물의 생명과 그 존재근거라 하였다. 이 말이 뜻하는 바는 인간 및 온 자연은 함부로 대할 수 없다는 것이다. 천지동근(天地同根) 만물일체(萬物一體)이기 때문이다. 이런 이해는 새로운 인간 이해, 새로운 자연 이해를 제시하여 그야말로 하늘과 땅, 인간이 하나되어 다 함께 살 수 있는 구원의 길을 마련한다. 유영모의 한국적 기독교 이해는 오늘날 범지구적인 생태계, 환경문제, 인간문제에 새로운 신학적인 대안이다.

# 최태용과 한국인 자신의 교회

박숭인 (협성대학교)

### 최태용

1897. 12. 18 – 1950. 9. 11

함남 영흥군 인흥면 동일리에서 출생.
관립 수원농림학교 시절 그리스도인이 됨
우찌무라의 문하에서 성경공부에 몰두
1923년 관동대학살사건 후 귀국,
〈천래지성〉(天來之聲), 〈영과 진리〉을 발행했다.
1935년 민족적 교단인 「기독교조선복음교회」를 창설

## I. 최태용의 사상에의 접근

 최태용은 현 기독교대한복음교회의 설립자이다. 기독교대한복음교회가 한국에서 자생적으로 한국인 자신의 손으로 세워진 교단이기에 '최태용과 한국인 자신의 교회'라고 하는 본 논문의 주제는 일견 너무도 당연한 이야기인 것처럼 보인다. 그러나 '한국인 자신의 교회'라는 명제는 '한국인 자신의 손으로 세워진 교회'라는 명제 이상의 신앙적, 신학적 차원을 지닌다. 그리고 그것이 한 교단의 신앙고백의 내용일 때에는 더욱 더 그러하다. 본 논문은 이러한 '한국인 자신의 교회'라는 주제를 면밀히 다루기 위하여 그 본원적인 사상인 최태용의 사상에 접근하고자 한다. 그런데, 최태용의 신학을 연구한다고 하는 일은 단순한 작업이 아니다. 그 이유는 첫째, 최태용은 하나의 신학적 체계를 세우고 그에 따라 자신의 신학을 정리한 신학자라기보다는, 당시 한국의 구체적 상황 속에서, 또한 당시 한국의 교회 현실을 아파하는 가운데, 자신의 신앙 고백으로서의 신학을 수행해 간 신학자이기 때문이다. 그는 연구실에서 책과 씨름하며 조용히 신학적 작업을 수행한 신학자가 아니었다. 신앙 집회를 통하여 ― 때로는 기성 교회와의 충돌도 불사하면서 ― 자신이 깨달은 기독교의 진리를 전파하고자 했던 행동하는 복음의 전파자였으며, 스스로 신앙 잡지를 발간하여 독자들에게 기독교 신학의 진수를 전하고자 노력했던 실천적 신학자였다. 이러한 그의 신학을 오늘날의 신학적 체계에 맞추어 분석하고 평가한다는 것은, 잘못하면 그의 신학의 실천적이고 창조적인 생명력을 오늘의 틀에 가두어 사장시키는 결과를 초래할 수도 있다. 최태용의 신학은 철저히 최태용 자신이 처한 상황과, 그에 따른 그의 신앙적인 결단과 연관된 가운데 고찰되어야 한다. 이렇게 고찰할 때에만 그의 신앙적, 신학적 역동성이 상실되지 않을 것이다. 이러한 전제를 가지고 최태용의 사상을 고찰하고자 하기에, 필자는 본 논문의 부제목을 "최태용의 신앙 운동, 신학 운동, 교회 운동"으로 정하였다. 최태용의 사상은 운동적 성격을 띤다. 완결된 체계로서가 아니라, 그에 의해 시작된 신앙 운동으로, 후학들에 의하여 언제나 새로이 현재화되어야 할 한국의 주체적 신학 운동으로, 뿐만 아니라 오늘도 그의 뜻을 계승하는 기독교대한복음교회의 모습으로 진행 중에 있는 교회 운동으로서만 최태용의 사상은 그 바른 모습을 드러낼 것이다.

최태용의 사상을 연구함에 있어서 직면하게 되는 두 번째 어려움은 그에 관한 기존의 연구가 한국교회사의 다른 인물들에 비하여 상대적으로 빈약하다는 점에 있다. 한국 교회사를 다룸에 있어서 몇 쪽으로 최태용을 간략히 소개한 글들을 차치하고 나면,[1] 최태용의 사상을 본격적으로 소개한 글은 1983년에 복음교회의 목사 전병호에 의해 정리된 《최태용의 생애와 사상》이 그 시초이다. 최태용이 활동한 시기가 1930년대임을 감안할 때, 이는 상당할 정도로 때늦은 연구임을 알 수 있다. 그 후 십여 년이 지난 1995년에 이르러서야, 기독교대한복음교회 창립 60주년 기념 논집으로 《최태용의 생애와 신학》[2]이 발간되었다. 최태용의 사상을 연구함에 있어서 이 논집이 가지는 의의는 지대하다. 전병호의 글이 최태용의 삶과 사상을 소개하는 데에 주력한 반면, 이 논집은 여러 전공분야의 신학자들이 최태용의 사상을 신학적으로 분석한 논문들의 모음이기 때문이다.[3] 이 논문들을 통하여 최태용의 신학은 비판적 성찰과 함께 본격적으로 연구되기 시작한 것이다. 그러나, 이러한 연구결과들도 최태용의 활동과 그에 의해 설립된 복음교회의 역사와 신학

---

1) 이러한 글들을 소개하면 다음과 같다. 민경배, 《한국기독교회사》 (대한기독교출판사, 1982), 366-371. 한국기독교역사연구소, 《한국 기독교의 역사 II》 (기독교문사, 1990), 79, 81, 203. 김남식, 《일제하 한국교회 소종파 운동연구》 (새순출판사, 1987), 52-64.
2) 기독교대한복음교회 총회 신학위원회 편, 《최태용의 생애와 신학》 (한국신학연구소, 1995).
3) 본 논집에 참여한 저자와 논문들의 제목은 다음과 같다. 김승철, "최태용의 신학사상 형성에 대한 연구", 김영일, "최태용의 그리스도론", 김경재, "'영적 기독교론'에서 영과 진리의 관계", 유동식, "최태용의 성서관과 요한신학", 이정배, "한국적 교회갱신론", 전병호, "민족국가 건설운동과 최태용".

을 생각할 때, 양적으로 너무 빈약한 실정이다. 이에 대한 일차적 책임은 복음교회 자체에 있다. 양적으로 크게 성장하지 못한 복음교회의 상황을 감안한다 할지라도, 그 교회의 정체성을 형성하는 초석이 되는 최태용의 신학적 가르침을 정리하지 못한 데에는 변명의 여지가 없다. 늦게나마 최태용의 신학을 정리, 현재화하고자 하는 현재 기독교대한복음교회의 자체 노력이 절실히 요구된다. 본 논문이 이러한 일에 하나의 촉매 역할을 하게 되기를 바란다.

최태용의 신학을 정리하고자 하는 기독교대한복음교회의 일차적 노력은 있었다. 복음교회가 창립 60주년을 맞아 발간한《영과 진리》영인본 10권과《천래지성》영인본 2권이다. 이것은 최태용이 개인적으로 등사판 인쇄물을 통해 독자들에게 보급하던 신앙잡지《천래지성》(1925-1927)과《영과 진리》(1928-1937)를 합본으로 발간한 것으로 복음교회뿐 아니라 한국교회의 역사를 위해서도 귀중한 일차 문헌의 역할을 한다. 그러나, 이 영인본은 등사판 인쇄물을 그대로 모아서 제작한 것이기에, 오늘날의 어법에 맞지 않는 고어체의 문장과 불량한 인쇄 상태로 인하여 독자들로 하여금 쉬 접근하지 못하게 하는 문제를 가지고 있다. 중요한 일차 문헌으로서 영인본은 보존하되, 선집 형태로라도 그 내용을 현대적 문체로 번역하는 일이 요청된다.

본 논문은 위에서 언급한 문제들을 충분히 인지하는 가운데 다음과 같은 방식으로 최태용의 사상에 접근하고자 시도한다. 최태용의 사상을 이해하는 가장 좋은 길은 그의 신학적 저작인《천래지성》과《영과 진리》를 연구하는 일이다. 필자는 그의 글을 연구하되, 특별히 그의 '영적 기독교론'[4]에 집중하고자 한다. 이는 '영적 기독교론'이 최태용 스스로 밝히듯이 그의 신학을 이해하는 큰 줄기가 되기 때문이다. 최태용은 '영적 기독교론'을 시작하는 첫머리에 그 저술 동기를 다음과 같이 밝

---

4) 최태용은 1929년 7월《영과 진리》제7호에서 시작하여 1931년 7월 제33호에 이르기까지 26개월 동안 20호에 걸쳐 '영적 기독교론'을 전개한다. 전병호,《최태용의 생애와 사상》(성서교재간행사, 1983), 73 참조.

힌다. "그런데 차제에 나의 독자들은 나의 신앙, 나의 신학, 나의 주장에 대해 계통적인 것을 읽을 필요가 있을 줄로 안다. 그렇게 하는 것이 나의 다른 글을 읽음에도 유효할 것이며, 또한 나의 술어의 이해에도 편의가 있게 될 것 같다. 이후 계속해서 지상에 게재하기로 한다."[5] 최태용이 스스로 밝히는 것처럼 '영적 기독교론'은 그의 신학의 핵심이다. 그리하여 그의 '영적 기독교'를 분석하는 것은 최태용의 신학을 이해하는 첫걸음이 된다. 본 논문의 전반부는 최태용의 '영적 기독교'를 고찰하는 일에 할애될 것이다.

이미 앞에서 밝혔듯이 최태용의 사상은 하나의 완결되고 정리된 신학적 체계로서가 아니라, 그 안에 잠재된 살아있는 역동성에 그 본질적 가치가 있다. 이는 최태용의 다른 글에도 잘 드러나 있다. 최태용은 근본주의 신학을 철저히 비판하며, 한국 교회와 한국의 기독교인들이 기독교의 참 생명성을 상실하고 고정된 신앙, 화석화된 신앙에 머무르는 원인이 바로 근본주의 신학에 있다고 보았다. "고정주의는 기독교 진리의 주지주의화이다. 주지주의적 지식은 신앙적 지식, 행위적 지식과는 굳이 구별해야 하는 신학이다. 신앙적 지식, 행위적 지식은 기왕의 지식이 아니고, 미래적 지식, 소위 종말론적 지식이다. 이에 반하여 주지주의적 지식은 기왕적 지식이다. 그것은 알면 그만인 일, 이미 안 한계 이내의 지식이다. 지식이 미래에의 행위, 영원에의 모험을 지향하는 지식일 때, 그 지식은 생명적인 지식이다."[6]

최태용의 말에 근거할 때, 최태용의 신학도 하나의 고정된 체계로 이해할 수 없다. 그의 신학을 그렇게 이해하는 것은 최태용이 반박한 '고정주의'에로 되돌아가는 것이다. 그리하여 본 논문은 최태용의 신학을 연구하되, 그의 글을 연구, 분석하는 것을 넘어서, 그의 사상이 어떻게 오늘날 기독교대한복음교회의 신앙과 신학으로 이어져 왔는가 하는

---

5) 최태용,《영과 진리》7호. 독자의 이해를 위해 내용은 현대어로 번역하여 인용함.
6) 최태용,《영과 진리》100호. 최태용은 fundamentalism을 고정주의로 번역하였다.

것을 아울러 검토하고자 한다. 그것은 동시에 "최태용과 한국인 자신의 교회"라고 하는 본 논문의 주제에 대한 연구이기도 하다. 이를 위해서는 최태용이 복음교회 창립 당시 내세웠고 오늘날까지 복음교회의 신앙적 뿌리를 형성하는 신앙고백 및 표어를 고찰할 필요가 있다. 이에 대한 고찰이 본 논문의 후반부를 형성할 것이다.

## II. 영적 기독교

### 1. 영적 기독교의 기본 성격

앞에 이야기한 것처럼, 최태용의 '영적 기독교'는 하나의 완결되고 고정된 이론 체계가 아니다. 기독교 신학이 본질적으로 결코 완결된 서술일 수 없음은 주지의 사실이며, 최태용 자신도 영적 기독교에 대한 서술을 시작하면서 그러한 점을 강조하고 있다. 우리는 먼저 최태용이 '영적 기독교'를 서술함에 있어 ─ 한 시대의 신학적 혁명가로서 ─ 담대하지만, ─ 동시에 하나님 앞에서 언제나 부족함을 고백할 수밖에 없는 기독교 신앙인의 실존적 고백으로서 ─ 겸허하게 작업을 수행함에 주의를 기울일 필요가 있다.

> 영적 기독교, 이는 내가 사람에게 받은 것도 아니요, 누가 나를 가르친 것도 아니다. 스스로 그리스도를 경험한 기독교의 제창이다. 이제 세계 사람들은 고대의 신을 신앙하지 않는다. 저희는 지금 현재에 산 말씀을 발하시는 하나님을 구하고 있다. 그러나 저희는 그 하나님의 소리를 얻어 듣지 못하고 있다. '영적 기독교'는 과거의 기독교의 헌 옷을 벗기고 그 순진한 것을 살리고, 현재의 사람의 영혼에 임하는 하나님의 말씀을 전하는 것이다. 즉, '영적 기독교'는 기독교의 진수의 계시요, 지금의 산 경험을 사람의 영혼에 이르게 하는 종교요 진리라고 나는 확신하는 바이다. 문제는, 기독교의 전반에 걸친 그리고 그리스도인 경험

의 미묘한 데에 관련된 이러한 과제를, 나같이 배움이 부족한 사람이 능히 해낼 수 있는 일이 아니라는 것이다. 그러나 내가 금일 이를 발표하는 이유는, 혹시 나의 이 글이 다소라도 암시를 주어, 나보다 더 자격이 있는 사람을 통해서 이 진리가 한층 완전한 주창으로써 세계에 제공되기를 바라는 마음에서이다.[7]

이상의 글에서 보이는 것처럼, 최태용은 그의 '영적 기독교론'이 후학들에 의하여 계속해서 발전해 가기를 바란다. 최태용이 '영적 기독교'를 주장하는 가장 큰 목적은 지금 현재에 산 말씀을 발하시는 하나님을 구함에 있다. 그의 이러한 동기는 칼 바르트의 로마서 연구의 근본 동기를 연상시킨다. 칼 바르트는 《로마서 강해》 첫머리에서 다음과 같은 원칙을 천명한다. "바울은 자신의 시대의 아들로서 동시대인들에게 말하였다. 그러나 이러한 사실보다 훨씬 더 중요한 점은 다른 데 있는데, 그것은 그가 하나님 나라의 예언자와 사도로서 모든 시대의 모든 사람들에게 이야기한다는 사실이다."[8] 과거의 하나님의 말씀이 아닌, 현재 지금 살아 역사하는 하나님의 말씀을 듣는 것이 성서 연구의 근원적 목적이다. 그러나 그렇다고 해서 칼 바르트가 성서의 역사적-비판적 연구를 부정하는 것은 아니다. 그가 부정하는 것은 성서연구가 역사적-비판적 연구에 머무르는 것이다. 성서에는 역사적-비평적 연구를 넘어서는 영적 권위가 있다. 이러한 영적 권위는 그 어떤 인간적인 노력에도 소진되지 않는 하나님의 계시에 근거한다. 칼 바르트가 강조하는 것처럼 "역사적-비판적 성서연구 방법은 옳다."[9] 그러나 그것은 "이해를 위한 준비 작업을 지시할 뿐이다."[10] 자유주의 신학의 문제점은 이 준비 작업을 성서 이해의 전부로 파악한 데에 있었다.

---

7) 최태용, 《영과 진리》 7호.
8) Karl Barth, *Der Römerbrief*, 15. Aufl., Zürich, 1989, Vorwort, X.
9) *Ibid.*
10) *Ibid.*

칼 바르트가 천명하는 성서 연구의 대원칙이 최태용의 '영적 기독교'에서도 잘 드러난다. 그가 이미 천명한 것처럼 "'영적 기독교'는 과거의 기독교의 헌 옷을 벗기고 그 순진한 것을 살리고, 현재의 사람의 영혼에 임하는 하나님의 말씀을 전하는 것이다."[11] 한국의 기독교가 '영적 기독교'로 거듭나야 하는 이유를 최태용은 하나님의 본질과, 그 하나님의 본질이 사람에게 드러나는 역동적 관계에서 찾는데, 그것은 바로 그가 발행한 잡지의 제목이기도 한 '영과 진리'의 관계이다. 최태용이 말하는 '영'이 무엇이며, '진리'는 무엇인가, 또 그 둘의 관계는 무엇인가를 밝히기 위하여, 최태용 자신이 말하는 바를 들어보자.

> 하나님의 본질의 계시란 무엇인가? 그것은 바로 '하나님은 영이다'는 것이다. '하나님은 영이라 함'은 무엇인가? 이 대답이 이 책 전편에서 주려고 하는 것이다. 그러나 여기에 우리의 대화를 진전시키기 위하여, 우리는 '영이 무엇인가'를 총괄적으로 말하여보지 않으면 안 된다. 그러면 영이란 무엇인가? 영이란 '창조자인 절대자의 본질'로서, 이는 '설명되지 아니하는 것'이다. 그러나 다른 한편 영은 또한 '설명되는 것'이다. 이는 영은 진리로서 자기를 현현하는 까닭이다. 그래서 진리란 우리의 이해를 위하여 영이 구체화된 것이다. 즉 '진리는 영의 언표(言表)'이다. 사람은 영을 알 수 없다. 그러나 진리를 계시 받음으로써 영을 알게 되는 것이다. 다시 말하면, '진리란 사람이 이해한 영이다.' 사람의 안에 영이 임하면, 그것은 진리로서 그에게 이해되는 것이다. 또 사람은 그 받은바 영을 진리의 말씀으로 언표하는 것이다. 그러므로 사람이 하나님께로 말미암아 하는 진리주장, 이는 곧 영인 것이다. '하나님의 본질인 영', 그것이 '사람에게 언표된 진리', 이것이 기독교의 근본원리인 것이다.[12]

최태용에게 있어서 영이란 하나님의 절대적 본질로서, 원래적으로는

---

11) 최태용, 《영과 진리》 7호.
12) 최태용, 《영과 진리》 8호.

설명되지 않는 것이다. 그러나 동시에 영은 또한 설명되는 것이다. 이 두 가지 '설명되지 아니함'과 '설명됨' 사이에 최태용이 생각하는 기독교의 근본 원리가 있다. 다시 말하여 우리에게 알려질 수 없는 하나님의 본질이 우리에게 알려지는 바로 그 사건이 하나님의 계시, 하나님의 은총, 예수 그리스도, 성령 등 신학적 중심 주제들을 형성하는 핵심이다. 여기서 중요한 것은 본질적으로 우리에게 알려질 수 없는 하나님의 본질인 영이 우리에게 알려지는 것은 전적으로 영에 의한 사건이라는 점이다. 영이 진리로서 자기를 현현함이 우리에게 영이 알려지는 유일한 근거이다. 김경재는 이러한 최태용의 신학적 근본 동기를 19세기 인본주의와 자유주의 신학을 비판하고 나온 20세기 초 칼 바르트의 변증법적 신학운동에 비긴다. "그 점에서 최태용은 칼 바르트와 같은 입장에 선다. 인간은 자기 스스로의 능력으로는 하나님을, 곧 영을 알 수 없다. 인간이 스스로 상상하고 이론화한 모든 종류의 형이상학적 신관은 우상론이 되고 만다."[13] 우리는 최태용의 '영적 기독교론'이 김경재의 평가처럼 오늘날 개신교 신학의 주요 전통과 그 맥을 같이 함을 확인할 수 있다. 본질적으로 영인 하나님이 인간이 처한 시대적 상황마다, 인간에게 이해 가능한 방식으로 스스로를 알리는 사건, 바로 그것이 최태용이 말하는 바, 인간에게 이해 가능한 진리이다. 그러므로 진리는 영의 현현이다. 영으로부터 진리에로 구체화되고 현현되는 과정은 그 역의 과정을 불허한다. 진리는 "사람이 이해한 영"이기는 하나, 그것이 결코 사람으로 말미암은 이해일 수는 없다. "사람의 안에 영이 임하면, 그것은 진리로서 그에게 이해되는 것이다." 우리는 최태용이 전개하는 모든 신학적 논의의 배후에 이러한 근본 원리가 자리 잡고 있음을 망각해서는 안 된다. 다음과 같은 최태용의 말은 이 점을 명백히 해준다.

그러나 여기에 한 가지 말하여 둘 것은, 그런 진리주장으로서의 기독교

---

13) 김경재, "'영적 기독교론'에서 영과 진리의 관계", 기독교대한복음교회 총회 신학위원회 편,《최태용의 생애와 신학》(한국신학연구소, 1995), 291.

는 사람의 산출물일 수 없다는 것이다. 종교나 신학을 만들어내려고 하는 인간들이 있음을 봄은 가소로운 일이다. 그리고 저희가 만들어낸 줄로 생각하는 그 조직에는, 실상 종교도 없고 신학도 없기 때문에, 그것은 시간이 지남에 따라 그냥 사라질 뿐이다. 절대자인 하나님께로부터 오는 영을 인간 편에서 마음대로 할 수 없는 일은 물론이고, 우리의 종교적 인간상태도 그것이 결코 인간의 조작일 수 없음은, 마치 병을 사람이 스스로 만들지 못하는 것과 같다. 종교적 인간상태는 그것이 한 천연(天然)이나, 역시 하나님의 작품이다. 바울의 율법을 통한 죄인경험은 저 자신이 그렇게 만들어 한 것일 수는 없다. 저는 자연적으로 불가항력적으로 그런 상태 중에 있는 자기를 찾았을 뿐이다. 저의 그런 상태에 위로부터의 영이 임하여 속죄진리, 은혜종교는 주장된 것이다. 하나님이 사람을 종교적 인간상태에 이르게 하고, 하나님이 영으로써 진리를 언표하여, 진리주장이 있게 하는 것이니, 그리스도인의 진리주장은 바로 하나님의 작품이요, 자연인 것이다.[14]

그러나 영이신 하나님, 그리고 오직 그 영으로부터만 우리에게 알려지는 하나님, 우리에게 스스로를 알리기 위하여 우리 안에 임하는 영 등 하나님의 영적인 요소만 강조하면, 그것은 또한 열광적 신비주의나 광신적인 종교 내지는 이단적 종파주의에 빠져들기 쉽다. 최태용의 신학에 있어서, 이러한 그릇된 방향성을 제어하는 중요한 요소가 있는데, 그것은 그의 진리에 대한 생각이다. 이제 그의 진리론 및 '영'과 '진리'와의 관계에 대하여 검토해 보자.

## 2. '영'과 '진리'의 관계

최태용의 '영적 기독교론'에서 우리가 특별히 주의를 기울여야 하는 부분은 그가 말하는 '진리'의 내용 및 '영'과 '진리'와의 해석학적 긴장관계이다. 이제 이 둘을 차례로 고찰하기로 한다. 최태용에게 있어서

---

14) 최태용,《영과 진리》14호.

'진리'는 "우리의 이해를 위하여 영이 구체화된 것", 즉 "영의 언표"이다. 다시 말하여 진리는 "사람이 이해한 영"이다. "사람의 안에 영이 임하면, 그것은 진리로서 그에게 이해되는 것이다. 또 사람은 그 받은바 영을 진리의 말씀으로 언표하는 것이다." 이러한 최태용의 진리에 대한 설명에서 우리는 간과할 수 없는 중요한 해석학적 동기를 발견한다. 영이 영 자체로만 머물러 있어서 인간의 이해와는 아무런 연관을 가지지 못한다면, 그것은 우리와는 상관이 없는 초월적 존재자만을 일컬을 뿐이다. 초월적 존재자인 하나님, 곧 영이신 하나님이 인간에게 어떠한 형태로든 이해될 때에만, 그 하나님은 인간을 위한 하나님이 된다. 그러나 이것은 인간의 이해의 연장을 하나님으로 상정하는 것은 아니다. 인간이 하나님을 이해할 수 있는 근원적 가능성은 오직 하나님으로부터만 주어진다. 바로 이것이 최태용이 말하는 영의 언표로서의 진리론의 출발이다.

지금까지 이야기한 것처럼, 인간의 진리 이해에 있어서의 영의 주도적 역할을 강조하다 보면, 그러한 이해에 수반되는 인간의 노력내지는 영이 언표되는 인간의 상황은 너무 배제되는 것이 아닌가 하는 의혹을 가지게 된다. 그러나 그것은 최태용의 신학에 대한 오해이다. 최태용의 표현대로 영이 우리에게 이해되는 방식인 영의 구체화, 영의 현현, 영의 언표 등은 하나님으로부터 말미암는 일인 동시에, 인간이 처한 상태, 인간의 조건, 우리가 처한 역사적 정황 등을 필요불가결한 전제조건으로 삼는다. 극단적으로 말하면 우리의 구체적인 상태가 조명되지 않으면, 영의 현현도 없다. 진리는 영으로부터 우리에게 알려지는 것이지만, 동시에 우리의 구체적인 준비가 없으면 알려지지 않는다. 최태용의 다음과 같은 말은 그의 이러한 사상을 파악하는 데 있어서 중요한 의미를 지닌다. "이에 우리는 알 수 있다; 진리 주장은 위로부터 말미암는 것인 동시에, 그것이 언표될 인간 상태가 또한 중요한 조건이 되는 것임을. 그 진리가 언표될 상태가 갖추어지기까지는 진리는 언표되지 아니하며, 영은 파지되지 아니하는 것이다. 하나님의 무한을 우리가 알기 위하여는, 우리의 변하는 역사 중에 있는 각종의 상태에 이르러, 그 상태에 있어서 언표되는 진리로 그를 알아가지 않으면 안 되는 것이다."[15] 김경재는 최태용의 진리론을 다음과 같이 적절히 평가한다.

> 최태용에 있어서 "진리"란 매우 역설적인 것으로서 파악되고 있다. 마치 예수 그리스도의 인격성의 신비로움이 전통신학에서 "참 하나님-참 사람"이라고 밖에 달리 표현할 수 없었듯이, 진리 또한 영이신 하나님의 자기현현, 자기 드러내심, 자기 구체화이면서 동시에 그러한 하나님의 자기계시 운동 속에서 발생하는 인간의 응답, 붙잡힘, 조명받음, 자기초극, 해방자유를 동반하는 희열의 체험이요 지복의 체험이다.[16]

진리가 구체적인 역사적 정황 속에서 어떻게 이해되는가를 알기 위하여 우리는 최태용이 말하는 구체적인 진리의 드러나는 역사에 주의를 기울일 필요가 있다. 최태용은 먼저 이스라엘의 율법을 예로 든다. 그는 율법이 이스라엘인들에게 드러난 영의 언표라고 설명한다. "율법은 당시 이스라엘인들이, 이 영인 하나님을 이해하여 언표한 것이다. 율법 주장에는 두 가지 요소가 있다. 첫째 요소는 하나님의 현현이다. 두 번째 요소는 이스라엘인의 당시의 상태이다. 당시 이스라엘인의 상태는 그 나타난 바 하나님의 영을 율법에서 밖에는 이해할 수 없었다.…당시의 이스라엘인들의 상태가 없이는 율법진리의 언표는 없다."[17] 그러나 당시 이스라엘인들이 이해한 하나님의 영, 즉 율법의 형태로 드러나는 진리는 영원불변한 진리가 아니다. "진리는 영의 언표이므로 그것은 시대에 따라서 변한다. 변하지 아니하는 것은 영이다."[18] 최태용은 인간이 처한 상황, 시대, 역사에 따라 새로운 표현으로 스스로를 드러내는 영의 역사에서, 참 하나님의 역사를 본다. 인간이 진보함에 따라 그 진

---

15) 최태용, 《영과 진리》 12호.
16) 김경재, "'영적 기독교론'에서 영과 진리의 관계", 292.
17) 최태용, 《영과 진리》 9호.
18) 최태용, 《영과 진리》 9호.

보된 상태에 맞게 자신을 보여주는 하나님의 계속적 창조의 역사를 부정하고 옛 진리에 사로잡혀 있는 것은 바른 신앙의 모습이 아니라, 오히려 신앙을 저해하며, 하나님을 배척하는 일이 될 수도 있다. 옛 진리의 고집이 하나님께 대한 반항인 동시에, 하나님을 배척하는 데에까지 나아간 경우로 예수 그리스도를 십자가에 못 박은 유대인을 들 수 있다. "유대인은 율법에 충실하고자 하여 은혜의 주 예수 그리스도를 십자가에 못 박았다. 묵은 진리의 고집, 이는 종교적 죄로 인류가 지을 수 있는 가장 두려운 죄인 것이다."[19]

우리가 옛 진리에 사로잡혀 있어서는 안 되지만, 그것이 우리에게 언제나 더 이상 의미가 없는 것은 아니다. 최태용은 이러한 예로 예언자의 종교를 든다. "예언자는 영에 감동되어 그 사회를 바라보고 그 사회상태에 대한 영의 의의, 즉 진리를 깨달아 알게 되는 것이었다. 다시 말하면, 사회상태를 인식한 예언자의 영혼에 하나님의 영이 임하여 저희에게 진리로 확신케 되며, 또한 그것이 저희가 그 사회를 향하여 외칠 진리주장이 되는 것이었다."[20] 이렇게 구체적인 상황을 전제로 한 예언이라는 진리의 형태를 이야기할 때, 제기될 수 있는 문제에 최태용은 주의를 기울인다. 우리는 영의 언표인 진리를, 그 영이 언표된 구체적 상황과 관계없이 마치 영 그 자체인 것처럼 이해해서는 안 된다. 그러나 동시에 한 번 언표된 진리는, 그 진리의 형태로 언표된 그 상황에서만 유효한 일회성의 진리가 아니다. 예를 들어 "이사야 시대의 세상과 오늘날의 세상과 그 도덕적 상태가 동일한 것일 때, 이사야가 외쳤던 예언의 말씀은 또한 그대로 오늘의 세상을 책망하는 진리임이 분명하다. 그러므로 어떤 심각한 상태에 언표된 진리는 그것이 한 번 창조된 광채와 같아서 그 빛을 영원히 방사하게 되는 것이다. 영의 그 상태에 대한 언표인 진리는, 그 상태를 해결짓는 일시성이 있는 동시에, 또한

---

19) 최태용, 《영과 진리》 9호.
20) 최태용, 《영과 진리》 10호.

그 영원불변의 영으로부터 온 것이기 때문에 영원성이 있는 것임을 우리는 알아야 한다."[21]

최태용의 '영적 기독교론'을 고찰할 때, 우리는 그가 변하지 않는 하나님의 본질인 영, 그리고 각 시대마다, 인간이 처한 상황마다, 그 시대, 그 상황에 맞는 모습으로 언표되는 진리라고 하는 단순한 도식으로 영과 진리의 관계를 설정했다고 오해해서는 안 된다. 최태용의 사상 속에는 그러한 단순한 도식을 넘어서는 영과 진리 사이의 근원적 연결성에 대한 생각이 있다. 구체적 상황 속에서 진리로 언표되는 과정을 통하여 소진되어 버리지 않고, 인간에게 이해됨으로써 그 이해의 지평이 다 사라져 버리지 않는 영의 본질이 진리를 참 진리로 만드는 생명력의 원천이다. 그러나 동시에 구체적 상황이 없으면 현현되지 않고, 그 상황에 대한 인간의 이해와 결단이 수반되지 않으면 인간에게 이해 가능한 진리로 언표되지 않는 영의 속성이 그 영을 우리 안에 받아들일 참 신앙의 길로 우리를 부르는데, 그것은 우리가 살아가고 직면하는 우리의 구체적 상황에 대한 우리의 실존적 응답 이외의 것이 아니다.

## III. 최태용의 신앙 운동, 신학 운동, 교회 운동

모든 바른 기독교 신학이 그렇듯이, 최태용의 '영적 기독교론' 도 그 이론에 기초한 최태용의 구체적인 신앙의 삶이 있었기에 오늘날까지 그 의미를 되새길 가치를 지니는 것이다. 최태용의 신앙적 삶 및 그의 '영적 기독교론'이 배태된 당시 한국의 상황을 김경재는 다음과 같이 서술한다.

> 1920-30년대 한국 기독교의 상황이라 함은, 정치 사회적으로는 일본 식민지 통치 하에서 민족 국권이 상실되어 식민 피탈의 고난이 가중되어가던 시대요, 종교문화적으로는 개화기 개신교 초기 선교사들과 조선

---

21) 최태용,《영과 진리》10호.

인 신자들이 지녔던 "창조적 소수자"들로서의 생동 신앙을 잃어 버리고 신앙이 경직화, 제도화가 되어가던 시대였다. 이미 1920-30년대 미국 선교사들의 근본주의 보수신학이 조선 교회를 지배하기 시작하였고, 선교자금과 교역자 양성 권한을 갖고 있는 선교사들의 한국 교회 지배가 어린 조선 교회를 양육한다는 명분 아래 후견인으로서 한계를 넘어 그 지배권이 강화되어가고 있었다. 신학 이론적으로나, 교회선교기금의 확보면에서나 자립을 이루지 못한 당시의 한국 교회는 강화되어가던 교권주의와 보수주의 신학에 짓눌려 자연히 주체적이고도 생동적인 신앙과 신학을 가지지 못할 것은 자명한 일이었다.[22]

최태용은 이러한 상황 속에서 민족을 구원하는 일은 바로 조선 교회가 영적 생명력을 회복하는 일에 있다고 보았다. 그에게 있어서 조선의 구원과 조선 교회의 영적 생명력 회복은 서로 별개의 것이 아니었다. "조선의 구원"이라는 제목으로 최태용은 다음과 같이 기도한다. "아 ~ 하나님이여, 조선을 구원하옵소서. 당신의 권능 있는 복음으로 이 백성을 돌보시옵소서. 주 예수의 죽음을 일으키신 당신의 생명의 능력을 이 백성에게 발휘하옵소서."[23] 그런데 조선 교회가 영적 생명력을 회복하는 길은 선교사가 전한 근본주의적 보수신학을 탈피하여 복음의 참 생명성을 회복하는 일이었다. 그렇다고 해서 그것은 개인의 내면적 신비주의에로의 도피일 수도 없다. 교리와 신조에 고정되지 않으며, 동시에 세상 도피적 신비주의에로 치우치지 않는 기독교의 진리를 최태용은 그의 '영적 기독교'로 서술한다. 우리는 앞에서 최태용의 '영적 기독교'에서 '영'과 '진리'가 지니는 역동적 상호 관계를 살펴보았다. 본 장에서는 '영적 기독교'에 근거한 최태용의 구체적인 신앙 운동, 신학 운동, 교회 운동을 살펴보고자 하며, 이를 위하여 최태용이 제창한 기독교대한복음교회의 창립정신을 고찰하고자 한다.

---

22) 김경재, "'영적 기독교론'에서 영과 진리의 관계", 286-287.
23) 최태용, 《천래지성》 3호.

1935년 12월 22일 기독교조선복음교회가 창립되고 최태용은 감독과 서울복음교회 당회장으로 취임한다. 일본의 무교회주의 운동의 선구자 우치무라 간조에게서 신앙과 신학 훈련을 쌓은 최태용이 무교회주의와 결별하고 복음교회를 창립하는 사건은 최태용의 사상의 실천적, 운동적 성격을 명백히 해준다. 그는 교회 밖에서의 신앙 운동으로는 우리 민족을 구원의 길로 인도하기에 한계가 있음을 느끼고 과감히 자신의 옛 틀을 버린다. 여기서도 우리는 최태용이 고정된 원리나 체계에 머무르지 않고, 하나님의 영으로부터 비롯되는 자유로운 진리의 길을 걸어가는 모습을 볼 수 있다. 최태용은 말한다. "이제 나는 교회의 밖에 서서 교회를 호령하는 자 노릇하기를 그만두고 하나님의 교회의 일원으로 하나님의 교회에 봉사하고자 한다. 나보다 더 중요한 것은 하나님의 교회이요, 교회에 충만하여 나타나는 복음이다."[24]

구체적인 교회의 운동 속에서 실천되는 최태용의 사상의 흐름을 파악하기 위하여 우리는 기독교대한복음교회의 창립 정신을 살펴보고자 한다. 기독교대한복음교회의 정신은 창립 당시에 제창된 "우리의 표어"에서 가장 분명하게 드러난다.

우리의 표어
1. 신앙은 복음적이고 생명적이어라.
2. 신학은 충분히 학문적이어라.
3. 교회는 조선인 자신의 교회이어라.[25]

이 세 표어가 복음교회의 창립 표어이기는 하나, 기실 최태용의 '영적 기독교'의 '영'과 '진리'가 이론적으로 역동적인 내적 관계를 맺는 것이 역사의 현실에서, 또한 그 구체적인 실천의 장으로서의 교회의 과제로서 등장하는 것이다. 물론 신앙, 신학, 교회는 서로 분리된 명제가

---
24) 최태용,《영과 진리》79호.
25) 전병호,《최태용의 생애와 사상》, 성서교재간행사, 1983, 128-129.

아니다. 이해를 추구하는 신앙으로서의 기독교 신앙, 신앙을 전제로 하는 신앙의 학문으로서의 신학, 그리고 신앙과 신학이 그 구체적인 장으로 삼아야만 하는 교회, 이 셋은 서로 불가분의 관계에 있는 것이다. 하지만 편의상 이제 이 세 가지 표어를 하나씩 살펴봄으로써, 최태용의 신앙 운동, 신학 운동, 교회 운동을 고찰하고자 한다.

### 1. 신앙은 복음적이고 생명적이어라

최태용의 '영적 기독교'는 무엇보다도 먼저 신앙의 차원에서 그 구체적 실천적 과제를 지닌다. 신앙이 복음적이고 생명적이어야 한다는 첫째 명제는 당시 한국의 기독교인들의 신앙에 대한 경고의 성격을 지니고 있다. 기독교 신앙은 그 본질상 복음에 근거한 것이고, 생명의 근원인 하나님을 신앙하는 것이기에 생명으로 충만한 것일 수밖에 없다. 그렇다면 왜 최태용은 복음교회를 세우는 첫 번째 진리 선언으로 복음적이고 생명적인 신앙을 강조한 것일까? 그 배경에는 복음적이고 생명적인 신앙으로 스스로를 드러내지 못하는 당시 한국 교회의 현실이 자리한다. "우리는 도무지 지금 교회가 성령에 사로잡혀 있는 것이라고 볼 수 없으며, 지금의 것이 그리스도의 몸이라고 생각할 수 없다."[26] 그런데 이러한 잘못된 교회의 근원적 원인은 그 교회에 자리 잡은 잘못된 신앙 때문이다. 최태용은 조선인의 신앙 생명이 단명함을 지적하며, 그 이유를 조선에 잘못 유입된 근본주의 신앙에서 찾는다. 이미 앞에서 강조한 것처럼 근본주의는 이미 가진 신앙을 절대시하는 닫힌 체계의 신앙이다. 그 안에는 미래에로 열려 있는 역동적인 신앙의 생명성이 없다. 이미 안 것에 집착하는 신앙, 다시 말해 과거의 상태에 머물러 있는 신앙, 이러한 굳어버린 신앙에는 생명이 없으며, 그 생명 없는 신앙으로는 조선 민족의 구원을 일구어낼 수 없음을 최태용은 본다. 이러한 근

---

[26] 최태용,《영과 진리》1호.

본주의적 보수신앙은 '영'과 '진리'의 역동적 관계를 모른다. 새 시대에 새 시대에 맞는 복음으로 등장하는 하나님의 영의 역사인 진리의 차원이 그러한 근본주의에는 결여되어 있다. 복음교회가 창립되기 이전인 1932년 12월 5일 군산에서 행한 최태용의 설교에서 우리는 당시 조선 교회의 상태에 대한 그의 책망을 듣는다. 이는 무교회주의자로서의 최태용의 신앙 고백이지만, 그의 교회 운동도 같은 신앙고백 위에 기초하고 있다. 여기에 그의 설교 일부분을 인용해 본다.

> 우리가 현재에 교회에 교적을 두지 아니하였으며 복음이 없는 교회시대에 있어서 교회를 책망하고 신앙, 하나님의 말씀을 주장함으로 우리를 무교회주의로 부르려면 부르라. 우리가 그 이름으로 현대의 타락된 교회와 구별이 된다면 우리는 그 이름을 받아도 좋다. 그러나 그렇다고 우리가 진리인 교회를 사모치 않는 자인 것은 아니다. 우리는 조선에, 세계에 참교회가 나타나기를 바라는 마음이 간절하면서 그 교회를 창조하는 동력인 하나님의 말씀, 복음을 주장하는 자이다. 조선 교회의 신앙은 정통적이다. 그래서 나는 그것의 자랑할만한 일면을 인정하는 데 주저하지 아니 한다. 조선 교회는 바르게 예수가 하나님의 아들임을 믿으며 그의 처녀탄생을 믿으며 그의 십자가 속죄를 믿으며 그의 부활과 재림을 믿는다. 매우 좋다. 사람이 성령의 감동을 받음이 없이 이 믿음에 이를 수 없다. 그렇다. 조선 교회 신자는 성령을 받아 회개하고 이 믿음에 이른 것이다. 그러나 가련하다. 조선 교회의 신앙 경험은 그 생명다운 기간이 겨우 3, 4년이 아닌가. 대개의 조선 교회 신자는 저희가 성령의 역사를 받아 참된 의미에서 믿음에 들어서게 된 후 3, 4년, 길어서 4, 5년이 생명다운 충동에 있을 때이고 그 후는 내면적으로 점차 그 생명이 마르고 그것은 한 관념세계로 옮겨가서 죽은 형체, 이것이 조선 교회의 자랑하는 정통주의이다. 죽은 정통주의, 이것이 조선 교회가 자랑하는 정통주의이다. 죽은 정통주의, 이것이 조선 교회가 자랑하는 소위 바른 신앙에 우리가 주는 명명(命名)이다. 조선 교회 신자 제군은 얼마만한 시간과 노력으로 그 정통을 얻었는가. 제군은 하룻밤에 성령의 역사에 접하여 그때에 단번에 교회가 제출하는 정통적 신경에 '아멘' 하

여 고백한 것이 아닌가? 그래서 제군의 정통주의는 그것이 하루아침 혹은 하룻밤에 졸업한 정통주의가 아닌가? 얼마나 간단한 기독교인가? 그러나 기독교가 그렇게 하루에 졸업할 수 있는 간단한 것일까? 어찌하여 조선 교회의 신자의 신앙 생명이 그렇게 단명한 것인가?[27]

근본주의적 보수신앙에 대한 최태용의 신랄한 비판은 당시 한국 교회의 현실을 직시한 바른 신학적 통찰에서 비롯된 것이다. 이러한 그의 비판은 후에 한국교회에 닥쳐올 '보수와 진보의 갈등' 내지는 교회 분열의 문제에 대한 선각자적인 예언이라 아니할 수 없다. 근본주의는 이미 한국교회의 현실에 암운을 드리우고 있었으며, 이 암운을 직시한 선각자들은 그들의 신앙고백을 통하여 근본주의와의 전쟁을 회피할 수 없었다. 이러한 상황을 이덕주는 다음과 같이 잘 표현해 준다.

> 초기에 '복음주의'란 이름으로 한국 교회에 소개된 근본주의적 보수신앙은 1920년대 이후 점차 그 내용이 확정되면서 '진보적 신학'과 갈등을 빚기 시작하였다. 그러한 움직임은 1930년대에 더욱 두드러져 교회 정치적 사건으로 발전하였고, 교파 교회 사이의 갈등 구조를 빚기도 하였다. … 그러나 보다 분명한 '진보주의 신학'의 도전과 이에 대한 보수주의 신학의 대응은 1930년대 중반에 나타났다. 특히 1934-35년에 집중적으로 일어났던, 장로교회의 '김춘배 목사 여권 옹호 발언 사건', '김영주 목사의 창세기 모세 저작 부인 사건', 그리고 감리교의 류형기 목사가 발행한 '아빙돈 단권성경주석' 번역에 참여한 장로교 신학자 처리 문제는 두 신학의 갈등을 극명하게 보여 주었을 뿐 아니라 장로교회의 주류가 보다 '근본주의적' 경향을 띠게 되는 분기점이 되기도 하였다.[28]

참 신앙, 즉 복음적이고 생명적인 신앙은 인간이 형성한 교리나 신

---

27) 전병호, 《최태용의 생애와 사상》, 85-86.
28) 이덕주, "한국 교회와 근본주의: 한국교회사적 입장", 한국 교회사학연구원 편, 《한국기독교사상》 (연세대학교 출판부, 1997), 29-30.

조에 근거한 신앙이 아니라, 하나님의 영이 사람 안에 임함으로 인하여 깨닫게 되는 진리에 기초하는 신앙이다. 다른 말로 하면 철저히 하나님의 계시에 입각한 신앙, 하나님의 계시에 적중된 인간이 경험하는 하나님 체험, 그리고 그 영적 체험을 통하여 진리로 언표되는 영을 깨달아 알게되는 신앙, 바로 이러한 신앙만이─생명 그 자체이신 하나님으로부터 비롯된 신앙이기에─생명적인 신앙인 것이다. 하나님의 영은 구체적인 정황에서 진리로 드러나는 과정을 통하여 소진되지 않는다. 그 영은 영원히 마르지 않는 생명 그 자체이기 때문이다. 진리 또한 생명 자체인 영으로부터 비롯된 것이기에 생명적인 것이다. 그러므로 영의 언표로서의 진리에 근거하는 신앙은 또한 생명적일 수밖에 없다. 그러나 우리가 영의 언표인 진리를 영의 자리에 세우는 순간, 다시 말해 진리를 영원불변인 영과 동일시하는 순간, 그것은 우리를 생명력을 상실한 고정되고 죽은 신앙으로 이끈다. 최태용은 종교개혁자의 신학, 심지어는 성경까지도 하나님의 영과 동일시 될 때에는 우리의 생명신앙을 가로막는 것이라고 말한다. "우리가 반드시 과거의 정통신학이 발표한 진리 형식 속에 갇혀 있을 필요는 없다. 그것이 루터이든지, 칼빈이든지, 우리는 그들에게서 그 원리를 배우면 족하고, 그들의 진리주장의 형식에 손발이 움직이지 못하도록 구속받을 필요는 없다. 아니, 성경까지도 그것이 우리 영의 자유로운 발전을 막고, 살아 계신 하나님께서 우리 안에서 행하시는 일을 제한하는 것일 때에 그것은 우리의 화이다."[29] 성경에 대한 최태용의 담대한 발언은 그 표현만으로 볼 때에는 신학적인 문제를 야기할 수도 있는 내용이다. 이에 대해서는 다음 절에서 좀더 언급하기로 한다. 중요한 것은 최태용이 복음적이고 생명적인 신앙을 강조할 때, 그 근본 계기가 무엇인가 하는 점이다. 최태용은 하나의 사변적 신학으로 '영적 기독교론'을 전개한 것이 아니다. 그에게 있어서 중심적인 문제는 바른 신앙으로 드러나지 않는 조선 기독교인의 신앙생활

---

29) 최태용,《영과 진리》14호.

이었다. 최태용의 눈에는 그것이 종국에는 조선의 기독교를 고사시키게 될, 틀에 박힌 형식적인 신앙 형태로 보였다. 그러한 조선 교회의 신앙 현실에 직면해서 일차적으로는 조선 기독교인의 살아 있는 신앙, 조선의 교회를 살리는 신앙, 또한 이차적으로는 하나님 앞에 바로 서는 조선의 교회를 통한 민족의 구원을 지향하는 신앙 외침이 바로 "신앙은 복음적이고 생명적이어라"이다. 그리고 이러한 복음적이고 생명적인 신앙의 내재적 원리는 바로 그의 '영적 기독교론'이다.

## 2. 신학은 충분히 학문적이어라

복음적이고 생명적인 신앙은—최태용의 '영적 기독교'의 논리에서 볼 때—신학의 학문성을 요청한다. 참 신앙은 이미 알았던 신앙 내용에 머무르는 신앙이 아니기에, 언제나 새로운 자기 성찰과 계속적인 신학적 노력을 필요로 한다. 더욱이 우리에게 이해되는 영의 언표로서의 진리는 시대마다, 상황마다 그 구체적 구현 형태를 달리 할 수 있는 것이기에, 그 진리를 바르게 깨달아 알고자 하는 우리의 신학적 노력 없이는 정당성을 유지하기 어렵다. 복음적이고 생명적인 신앙은 충분히 학문적인 신학과 배치되는 것이 아니라, 동일한 진리의 양면이요, 서로가 서로에게 필요불가결한 보충이다. 이미 앞에서 강조한 것처럼 '영'의 언표로서의 '진리'는 시대마다 다르게 나타날 수 있는 것이기에, 그 진리를 받아들이는 신앙인에게 시대정신에 대한 바른 이해를 요구한다. 하나님의 영을 자신 안에 받는 경험이 없는 존재가 그 영의 언표인 진리를 이해할 수 없는 것처럼, 자신이 처한 시대의 상황 및 그에 처한 기독교인의 소명을 깨닫지 못하는 자에게는 영이 언표되지 않는다. 신학이 충분히 학문적이라고 할 때, 그것은 제한된 의미에서의 학문성을 의미하는 것이 아니다. 신앙에 근거하여 시도할 수 있는 모든 학문적 노력이라는 양적인 의미의 충분성과 그 학문을 수행함에 있어서 할 수 있는 최고의 경지에까지 다다르고자 하는 질적인 의미의 충분성을 다 포함하는 의미에서 우리는 이 말을 이해할 수 있다. 충분히 학문적인 신학을 주장하는 최태용의 선언은 오늘날에도 중요한 의미를 지닌다. 신앙과 신학이 마치 서로 배치되는 것처럼 생각하는 오늘날의 많은 기독교인들에게 최태용이 설파하는 생명신앙과 충분히 학문적인 신학, 이 두 명제는 시사하는 바가 크리라고 본다.

이제는 앞 절에서 문제로 제기한 성경의 권위에 대한 도전처럼 보이는 최태용의 글에 대하여 고찰해 보자. "성경까지도 그것이 우리 영의 자유로운 발전을 막고, 살아계신 하나님께서 우리 안에서 행하시는 일을 제한하는 것일 때에 그것은 우리의 화이다." 최태용의 이 말만 볼 때에는 오해의 여지가 있다. 특별히 전통적인 기독교의 가르침보다 성경의 권위를 더 우위에 두는 개신교의 전통에서 볼 때에 최태용의 표현은 위험스럽기까지 하다. 그러나 최태용은 성경의 권위를 무시한 것은 아니었다. 그것은 그가 '영적 기독교론'을 전개할 때에나, 혹은 다른 진리 주장을 할 때에 성경 본문을 인용하며 성경의 권위에 근거한 주장을 펼친다는 점을 보아도 명백하다. 최태용이 경계한 것은 성경의 문자에 얽매이는 성경 문자주의이다. 성서무오설, 혹은 축자영감설과 같은 지성의 희생 위에 세워진 성경관을 배격하는 것이지 성경의 내적 권위를 무시한 것은 아니다. 더욱이 시대마다 다른 모습으로 스스로를 드러내는 진리를 고려할 때, 성경도 언제나 새롭게 해석되어야 하는 하나님의 말씀인 것이다. 성경과 상황과의 관계를 고려하는 가운데 수행되어야 하는 성경 주석의 문제를 오트(Heinrich Ott)는 다음과 같이 이야기한다. "성경 주석은 해석자와 성경과의 대화이며, 성경의 전승과 오늘날 상황이라고 하는 두 요소를 통하여, 그리고 그 안에서 우리에게 말씀하시는 하나님과의 대화이다."[30] 성경의 말씀 외에 또 다른 두 번째의 하나님의 말씀을 추구해서는 안 된다는 점은 그에게 명백하다. 그러나 동

---

30) Heinrich Ott, *Apologetik des Glaubens: Grundproblem einer dialogischen Fundamentaltheologie*, Darmstadt, 1994, 163.

시에 그는 경고한다. "성경의 말씀은 우리에게 하나님의 말씀이 될 수 없다. 만약 우리가 그 말씀을 우리의 고유한 실존과 경험에 관련없이 주석한다면."[31]

신학이 충분히 학문적이어야 한다는 최태용의 선언은 그러나 언제나 그 선언의 근거가 되는 '영적 기독교론'으로부터 이해해야 한다. 신학의 학문성은 시대마다 언표되는 진리를 바르게 이해하기 위한 것이지, 인간의 현학적인 자기만족을 위한 것이 아니다. 그리고 학문적인 성과를 통해 그 시대의 영의 언표를 이야기할 때, 우리는 언제나 영으로부터 동시에 그 영을 향해 말해야 한다. 후기 하이데거의 본원적 사유를 신학에 적용시키는 오트의 다음과 같은 말은 최태용의 '영'과 '진리'의 역동적 관계를 조명하는 데에 도움을 주리라고 생각한다.

> 하이데거는 언어와 시에 대한 성찰에서, 모든 시인은 근원적으로 자신의 고유한 시를 가지고 있는데, 그 시는 그에게 말해지지 않은 것으로 남아있는 시이며, 이러한 말해지지 않은 시로부터 그 시인은 말한다고 한다. 이와 동일한 의미로 기독교 신학도 말해지지 않은 것—그리스도의 복음—으로부터 말해야 한다. 복음이 말씀인 것은 분명하다. 그러나 복음의 말씀은, 그 말씀으로부터 말해진 여러 구체적인 말들 속에서 소진되지 않는다. 복음은 우리에게 언제나 kata(~에 의한)의 형태로 다가온다. 마태에 의한 복음, 마가에 의한 복음, 누가에 의한 복음, 요한에 의한 복음 등으로. 각각의 증인에 의하여 증언된 말들 뒤에 (혹은 그 행간에) 언제나 말해지지 않은 말씀의 창조적 능력이 존재한다. 이 말해지지 않은 말씀으로부터, 그리고 말해지지 않은 말씀을 향하여, 신학은 사유하고 있는 것이다. 이러한 것이 신학적 경험이다.[32]

---

31) *Ibid.*
32) Heinrich Ott, "Four Decades of Theology in the Neighbourhood of Martin Heidegger," *Eglise et Theologie* 25(1994), Canada, 91.

## 3. 교회는 조선인 자신의 교회이어라

신앙과 신학에는 당연히 교회가 전제되어야 한다. 칼 바르트의 말처럼 신학은 교회에 봉사하는 학문이다. 그런데 우리는 최태용의 선언에서 "조선인 자신의"라는 말에 귀를 기울일 필요가 있다. 이 말은 두 가지의 의미를 지닐 수 있다. 첫째는, 교회의 외형적인 조건으로서, 외국 선교사의 영향에서 정치적, 경제적으로 독립하여 조선인 자신의 교회를 갈구한다는 의미이다. 당시 조선 교회의 지도자인 선교사들의 선교 정책이 경제적인 원조를 통한 선교이고, 이에 조선의 교회는 그 원조에 길들은 현실을 개탄하며, 최태용은 다음과 같이 외친다. "제군은 그리스도의 복음의 선교사냐? 그러면 제군은 그리스도의 복음을 전하고 있느냐?…아! 제군아 돈을 가졌느냐? 복음을 가졌느냐? 돈의 선교사냐? 복음의 선교사이냐? 아—마땅히 복음을 줄 자가 돈을 주고 있고 마땅히 복음을 받을 데에서 돈을 받고 있으니 이 어그러진 일을 보느냐?"[33] 최태용에게 있어서 교회의 일차적인 과제는 바른 복음의 선포에 있다. 경제적인 문제는 그 다음이다. 그러나 선교사들에 의한 조선의 교회에는 복음과 돈의 경중이 바뀌었다. 경제적인 문제가 복음의 자리를 차지하는 곳에는 바른 교회가 아니라 자본주의 논리가 지배하는 세속적인 교회 장사가 등장한다. 그러므로 최태용은 차라리 그 모든 원조로부터 자유로운 조선인 자신의 교회를 부르짖은 것이다. 경제 논리가 아닌 복음의 원리가 지배하는 교회, 하나님의 영이 역사하는 교회, 영의 언표로서의 진리가 구체적으로 드러나는 교회가 바로 최태용이 제창하는 '조선인 자신의 교회'이다.

두 번째로, 조선인 자신의 교회라고 하는 말은 교회의 내적 조건을 가리키는 말로서, 한국이라고 하는 구체적인 상황에 맞는 신앙과 신학이 구현되는 교회를 말한다. 외국으로부터 수입된 신학을 되뇌는 신학

---

33) 최태용, 《천래지성》, 18호.

이 아닌 우리의 신학, 한국의 전통적인 종교 문화 전통과 호흡을 같이 하는 신학, 한국인의 종교적 심성을 충분히 반영하는 기독교 신앙생활, 무엇보다도 한국이라는 구체적 현실에 스스로를 드러내되, 한국인이 가장 잘 이해할 수 있는 형태로 언표되는 진리, 그래서 한국인도 그 진리를 한국적인 사유와 언어로 표출하는 과정을 통해 하나님의 선교에 동참하는 그러한 일에 앞장서는 교회가 바로 조선인 자신의 교회를 규정하는 내적인 조건이다.

이러한 일을 위하여 최태용의 사상을 글자 그대로 받아들이는 데에는 부족한 면이 있으리라고 보인다. 그러나 서두에 전제한 것처럼, 최태용의 사상은―그 자신의 원칙에 따라―완결되고 고정된 사상으로 취급할 수 없다. 그렇게 취급하는 순간 최태용이 이야기하는 '영적 기독교론' 조차, 최태용이 그렇게 반대했던 고정화되고 형식화된, 그래서 내적 생명력을 그 안에 지니지 못한 하나의 신조와 같은 것이 될 것이다. 우리의 과제는 최태용의 신학을 답습하는 것이 아니다. 그의 신학의 연장선상에서 오늘날 우리에게 언표되는 진리에 귀를 기울여야 할 것이다.

1977년에 개최된 기독교대한복음교회 제19회 총회에서 선언된 77 신앙선언문은 당시 한국의 정치적, 경제적 상황에 직면한 교회의 바른 태도를 초창기 신앙고백에 의거하여 재천명한 것이다. 바로 이러한 신학적 작업과 그에 따른 실천이 최태용이 말하는 '한국인 자신의 교회'를 바르게 계승하여 정립하는 한 예일 것이다.

## 77 신앙선언문

주권과 땅, 민족의 글과 말, 이름까지 빼앗기고 그 정신마저 변질되어가던 암흑의 시대에 우리의 신앙 선배들은 민족의 구원과 민족사의 회복을 절감하여 조선복음교회를 선언하였다. 기성교회의 무력과 부패, 외세 의존적인 나약한 자세, 교조주의와 형식주의, 교권주의에 환멸을 느끼고 생명적 신앙을 찾아 한국인 자신의 교회를 선언한 것이다.

1. 신앙은 복음적이요 생명적이어라.
2. 신학은 충분히 학문적이어라.
3. 교회는 조선인 자신의 교회이어라.

이 3대 표어가 당시의 한국교회에 대한 비판이기도 하지만 영원토록 이 민족과 함께 살아가야 할 한국교회의 신앙고백이다. 이러한 선배들의 조선복음교회의 신앙을 계승하여 오늘 여기서 우리는 다음과 같이 선언한다.

1. 우리는 하나님 말씀만으로 살 것을 다시 확인한다. 오늘 이 세대를 지배하는 돈과 힘의 철학, 그 어떤 인간 중심적 주의를 배격하며 하나님 말씀에 의한 철저한 삶을 결단한다.
2. 우리는 세속향락 현실주의에 도전하며 복음적이고 생명적인 신앙으로서 새 시대의 윤리를 제창한다.
3. 우리는 땅 끝까지 복음을 전하라는 주님의 명령에 따라 이 땅의 끝까지, 사회의 구석 끝까지, 심령의 끝까지 복음을 전하기 위하여 우리가 존재한다는 사실을 고백하며 우리의 모든 것을 드릴 것을 다짐한다. 또한 교회가 교회되게 하는 일에 우리의 선교적 사명이 있다고 믿는다. 스스로를 위하여 있는 교회나 기득권층을 대변하는 교회나, 소수 엘리트의 교회가 아니라 만인의 교회, 곧 하나님이 아파하시는 소자들의 교회가 되도록 해야 할 사명이 있음을 다짐한다.
4. 우리는 우리의 교회가 한국인 자신의 힘과 노력으로 세워지고 발전되어야 하며 우리의 신앙고백과 찬양이 우리 자신의 짓과, 음과, 선과, 멋으로 이루어져야 한다고 믿는다. 문화사적으로나 정신사적으로 우리 자신의 것과 단절된 세대에 살고 있는 우리는 자신의 것을 되찾을수록 십자가 앞에서 참된 나를 보게 되며 또한 바른 회개를 할 수 있다고 믿는다.

5. 우리의 아픔은 남과 북, 동과 서의 담이 더욱 커가고 높아지는 데 있다. 교회는 하나의 대립된 세력으로서가 아니고 이 양자의 통일과 평화 화해의 길을 열어 인류 공동의 삶을 구현하는 데 있음을 확신한다. 이를 위하여 우리는 연합 운동에 앞장서며 다시 오실 만유의 주, 만왕의 왕, 예수 그리스도께서 그 나라를 이루실 때까지 최선을 다한다.

1977년 7월 7일 제19차 정기총회 총대 일동

## IV. 결론

본 논문은 지금까지 최태용의 사상을 검토하되, 그의 '영적 기독교론'과 복음교회의 삼대 표어를 중심하여 살펴보았다. 민족적 비극의 현실 앞에서 복음을 통한 민족 구원의 염원을 담은 최태용의 글은 그 분량에 있어서 영인본 12권으로 합본될 정도로 방대하다. 그러므로 본 논문은 사실상 최태용의 사상 중 지극히 일부를 정리하고 해석한 것에 지나지 않는다. 그러나 바닷물이 짠 것을 알기 위해서 바닷물 전체를 마셔보아야 하는 것이 아니듯이, 최태용의 사상의 요체를 알기 위하여 그의 글 모두를 분석할 필요는 없다고 생각한다. 더욱이 그의 영적 기독교론 및 삼대 표어는 그의 사상을 대표하는 내용이라고 보아도 무방하리라 생각한다. 이제 지금까지 이해된 최태용의 사상이 오늘날 한국 교회의 현실에 어떤 의미로 다가오는가 하는 것을 검토함으로써 결론을 대신하고자 한다.

첫째, 최태용의 영적 기독교론은 당시 조선의 교회 현실에서 뿐 아니라 오늘날 한국 교회의 현실에서도 중요한 의미를 지닌다고 보인다. 특별히 그가 강조하는 '영'과 '진리'와의 관계는 오늘날 등장하는 상황신학의 논의에도 하나의 적합한 접근 방식일 수 있을 것이다. 각 상황마다 다르게 언표되는 진리 형태의 다양성을 충분히 인정하면서 그 다양한 진리가 근거하는 영의 보편성을 이야기할 수 있는 하나의 신학적 시도로 평가될 수 있다. 기독교신학의 과제가 이 세상에서 빛과 소금의 역할을 함으로써, 몸으로 행동으로 하나님의 말씀을 전하는 데 있다면, 우리는 기독교가 이 사회 속에서 수행해야 할 역할에 대하여 진지하게 묻지 않을 수 없다. 그리고 그러한 역할을 수행함에 있어 기독교의 복음과 그 복음이 드러나야 하는 상황 내지는 문화와의 관계에 대한 물음은 언제나 전제되어야 할 주제이다. 복음과 문화 내지 복음과 상황의 문제에 대한 신학적인 성찰은—기독교신학이 직면하게 되는 구체적인 상황에 따라—다양한 신학적 시도들로 이어졌다. 이러한 신학적 시도들의 구체적인 형태들을 우리는 이미 알고 있다. 해방신학, 토착화신학, 민중신학, 흑인해방신학, 여성신학, 아프리카신학, 아시아신학 등등으로 명명되어진 신학적 시도들이 그것이다. 물론 이러한 다양한 상황신학들과의 접맥을 위해서는 최태용의 영적 기독교론도 수정, 보완되어야 할 것이다. 최태용의 사상을 이어받는다고 하는 것은 그 내용을 변경하지 않고 그대로 반복하는 것이 아니라, 그 사상의 연장선상에서 창조적으로 변형함을 뜻한다고 할 때, 최태용의 영적 기독교론은 오늘날 필요한 변경을 가해서 적용될 여지가 충분히 있다.

둘째, 복음적이고 생명적인 신앙, 충분히 학문적인 신학, 이 두 가지 표어는 어느 시대를 막론하고 기독교의 중심 과제로 자리 해야 하는 선언이다. 특별히 습관적인 신앙 형태 아니면 열광적 부흥 운동이 대부분의 교회 생활을 특징짓는 오늘날 한국 교회의 현실에서 최태용이 설파하고 실천한 생명신앙 운동과 학문적 신학 운동은 새롭게 되새겨야 할 가르침이다. 근본주의 신학의 고정된 신앙도 거절하고 개인적 내면의 세계로 도피하는 열광적 신비주의도 부정하는 최태용의 신앙적, 신학적 가르침은 오늘날 한국 교회의 두 단면을 적절히 지적하는 듯하다. 복음적이고 생명적인 신앙과 충분히 학문적인 신학은 서로 다른 두 이야기가 아니라 기독교 신앙과 기독교 신학이 바르게 자리하기 위하여 각자 서로에게 필요불가결한 전제이다. 기독교 신학은 신앙의 학문이며, 기독교 신앙은 바른 가르침에 근거해야 한다. 기독교신학이 신앙의 학문이라는 것은 기독교신학의 학문성을 위협하는 전제가 아니라, 기독교신학을 바르게 수행하기 위한 필요불가결한 전제이다. 복음적이고 생명적인 신앙은 신학의 학문성을 위하여 우리가 회피해야 할 전제가 아니라, 진정한 기독교신학을 위하여 적극적으로 받아들여야 할 전제이다. 기독교신학은 신앙이라는 전제로부터 자유로울 수 없으나, 그것은 불가피한 전제라기보다는 신학자가 참다운 신학을 위하여 적극적으로 수용해야 할 전제이다. 그러하기에 그것은 우리를 속박하는 사슬이 아니라, 우리가 그 안에서 진정한 자유를 누리며 진리에로 다가갈 수 있는 길이다. 특별히 생명의 문제가 중심 화두가 되어 있는 오늘날 지구촌의 현실에서 최태용의 생명신앙은 학문적으로 더 연구 발전시켜야 할 주요 과제이다.

셋째, 조선인 자신의 교회를 주창한 최태용의 신앙 선언은 단순히 선교사들로부터 재정적으로, 정치적으로, 교회 구조적으로 독립한 교회라고 하는 차원을 넘어서 신앙과 신학의 내용면에서 토착화신학의 흐름으로 이어져왔다고 보인다. 그러나 최태용이 설파한 조선인 자신의 교회라고 하는 선언은 오늘날 흔히 이야기되는 토착화신학보다 더 넓은 의미 지평을 가진다. 대부분의 토착화신학이 문화의 문제 내지는 종교문화전통의 문제에 주의를 집중하는 반면, 최태용이 말한 바, '조선인 자신의 교회'는 정치적, 경제적, 문화적 요소를 다 내포하고 있다. 이것은 오늘날 두 갈래로 갈라져 있는 한국적 신학의 현주소를 되묻게 하는 도전이다. 한국 신학의 자기 정체성을 찾고자하는 신학자들의 학문적 노력은 1960년대의 토착화신학 논의로 비롯되어, 1970년대 민중신학의 형성을 거쳐, 오늘날까지 이 두 신학적 흐름의 방향성을 비판적으로 견지하는 신학자들로 이어진다. 한국 신학의 큰 줄기를 형성하는 이러한 진지한 노력은, 부분적으로 제기되어질 수 있는 비판에도 불구하고, 한국의 신학적 실존이 회피하거나 포기할 수 없는ㅡ혹은 기껏해야 다른 신학적 주제에 부록처럼 따라다니는 있어도 좋고 없어도 좋은 말장난이 아니라—신학적 중심주제이다. 그러한 역할을 수행함에 있어 기독교의 복음과 그 복음이 드러나야 하는 상황 내지는 문화와의 관계에 대한 물음은 언제나 전제되어야 할 주제이다. 복음과 상황 내지는 문화에 대한 논의 그리고 그러한 논의에 따른 실천을 고려할 때, 문화와 상황은 결코 종교문화적인 영역에 국한될 수 없다. 정치, 경제, 사회의 제 요소를 다 포괄하는 총체적인 상황을, 더 나아가서는—생명신앙과 연관하여—환경 및 생태계의 문제까지 논의와 실천의 영역으로 아우를 때에만 최태용이 설파하고 꿈꾸었던 '한국인 자신의 교회'가 바른 위상을 지니게 될 것이다.

마지막으로 최태용의 사상이 오늘날 우리를 감동시키는 것은 그것이 기록된 문서의 형태이다. 자신이 직접 등사하여 독자들에게 배부한 한부 한부의 잡지가 오늘날 그의 사상을 되돌아볼 수 있는 귀중한 자료로 남아있음은 이 시대를 살아가는 신학자에게 행운이며, 최태용에게 감사할 일이다. '한국인 자신의 신앙', '한국인 자신의 신학', '한국인 자신의 교회'를 형성하기 위하여 한 자 한 자 써내려 간 최태용의 문서선교 잡지 《천래지성》과 《영과 진리》는 사료로서의 귀중함은 말할 것도 없거니와 그 내용에 있어서도 오늘날 신학계에서도 돌이켜 볼 만한 가치를 지니고 있다. 바라기는 그의 글들이 현대어로 다시 번역, 출판되어서 보다 많은 독자층을 확보하는 것이다. 이를 위한 작업이 후학들에게 맡겨진 또 하나의 과제이다.

## 참고 문헌

기독교대한복음교회 총회 신학위원회 편.《최태용의 생애와 신학》. 한국신학연구소, 1995.
김남식.《일제하 한국교회 소종파 운동연구》. 새순출판사, 1987.
몰트만, 위르겐.《신학의 방법과 형식 - 나의 신학 여정》. 기독교출판사, 2001.
민경배.《한국교회사》. 대한기독교출판사, 1982.
전병호.《최태용의 생애와 사상》. 성서교재간행사, 1983.
최태용.《천래지성》. (기독교대한복음교회 간행 영인본).
＿＿＿.《영과 진리》. (기독교대한복음교회 간행 영인본).
한국교회사학 연구원 편,《한국기독교사상》. 연세대학교 출판부, 1997.
한국기독교역사연구소,《한국 기독교의 역사 II》. 기독교문사, 1990.

Barth, Karl, *Der Römerbrief,* 15. Aufl., Zürich, 1989.
Ott, Heinrich, *Apologetik des Glaubens: Grundproblem einer dialogischen Fundamentaltheologie,* Darmstadt, 1994.
＿＿＿. "Four Decades of Theology in the Neighbourhood of Martin Heidegger," in: *Eglise et Theologie,* 25(1994), Canada, 91.

# 함석헌의 탈민족, 탈기독교적 평화신학 연구[1]
《뜻으로 본 한국역사》를 중심으로

이정배(감리교신학대학교)

### 함석헌

1901. 3. 13 — 1989. 2. 4
평안북도 용천 출생
1919년. 3.1운동 만세 시위 가담
1928년. 도쿄 고등사범 졸업 · 오산학교 교사
1956년. 사상계에 자신의 사상 발표
1970년. 씨알의 소리 창간

---

[1] 본 논문은 필자가 썼던 앞선 두 논문 내용을 상호 보완하여 재구성한 것이다. 많은 부분 중첩되어 새로운 내용이 없는 듯하지만 상호 보완된 관점을 얻을 수 있을 것이다. "인류 평화를 위한 함석헌의 혜안-탈민족, 탈기독교의 길",《철학과 현실》72호 2007. "뜻으로 본 한국역사" 속에 나타난 민족 개념의 신학적 성찰,〈씨알의 소리〉통권 190호 2006 참조.

## 들어가는 글

필자는 함석헌 선생과 실존적으로 늦게 만났다. "씨알의 소리"를 창간하여 독재정권과 맞서 싸운 민주투사였고 간디를 좋아했으며 《바가바기타》를 번역하였고 '민중' 개념을 신학계에 화두로 던진 사상가로 알고 있었으나 그의 글을 직접 대면할 수 있는 기회를 갖지 못했다. 이화여대 은퇴 후 감신대 명예교수였던 김홍호 선생님과 15년을 함께 보내면서 함석헌의 스승 유영모를 배웠고 그분의 동양적 기독교 이해에 매료되어 몇 편의 논문도 써보았다. 유영모, 함석헌 그리고 김홍호로 이어지는 한국적인 독특한 사상계보에 대해 관심이 있었으나 좀처럼 함석헌 선생의 글을 접할 수 있는 기회를 얻지 못했다. 2년 전 필자는 작심하고 학내 기독교 통합학문연구소 연구원들과 더불어 고등학생 필독도서로 되어있는 《뜻으로 본 한국역사》를 읽었고 중년의 나이에 영혼의 큰 울림도 경험하였다.[2] 당시는 국내 역사학과 사회학 분야에서 탈민족주의 논쟁이 일던 시기였다. 저마다 일리를 갖고 상대의 문제점을 지적했으나 필자에게 답을 주지는 못했다. 오히려 "뜻으로 본 한국역사"가 논쟁의 답이었다. 민족의 중요성을 강조하되 민족주의에로의 함몰을 경계하고 세계주의와의 접맥을 강조했기 때문이다. 더욱 기독교적 정체성을 지니면서도 우주생명의 차원으로 확대된 "씨알" 종교의 탈기독교 지평은 종교다원주의 현실도 수용할 수 있었다. 부끄럽게도 늦은 나이에 함석헌의 생각을 접했으나 그의 책은 세파에 찌든 우리의 영혼마저 치유하였다. 철학교수로 은퇴한 장일조 선생도 고등학교 시절 읽

---

2) 이 경험을 바탕으로 필자는 필자가 가르치는 대학에서 《뜻으로 본 한국역사》를 1학년 필독도서로 읽히고 토론하고 있다. 이 경험이 연극연출을 하는 아들에게 전달되어 사육신을 함석헌의 시각에서 공연하는 성과도 있었다. 필자 역시 함석헌을 근간으로 한 일 조직신학자 대회에서 "저항적 민족주의에서 문화적 민족주의에로"라는 논문을 2006년 11월 동지사 대학에서 발표했다.

고자 했던 이 책을 강단을 떠난 노년에 읽고 새삼 생각하게 된 것을 다행스럽게 여긴다고 술회한 바 있다. 일세기 전(1901-1989) 태어난 함석헌이 없었다면 근대 한국에 있어 진정한 한국적 사상 또한 존재하지 않았을 것이라고 한 철학자의 말에 공감하며 이 글을 시작한다.

## I. 함석헌의 고난사관―성서를 통해서 본 한국역사

모든 역사에는 사실을 엮어 하나로 꿰는 역사 '관'이 있다. 여기서 한자어 '觀'은 볼 '見'과 다른 의미를 지닌다. '見'이 육신의 눈으로 현상적인 것을 보는 것이라면 '觀'은 어둠 속에서 누구도 볼 수 없는 것을 볼 수 있는 믿음의 눈이라 하겠다. 역사 '관'을 갖는 것은 그렇기에 볼 수 없는 것을 보는 신앙의 세계에서 가능한 일이다. '見'의 세계를 사는 수만 명의 사람이 있다 한들 역사의 '뜻'은 읽혀지지 않을 것이다. 하지만 '觀'이 독선(도그마)으로 흘러 살아 있는 현실을 억압하는 경우도 적지 않다. 구약 성서의 유대 민족은 신명기사관을 갖고 역사를 이해했다. 하느님 계명의 청종(聽從)여부에 따른 축복과 재앙의 삶을 가늠한 것이다. 일제 침략 하에서 역사를 我와 非我의 대립과 갈등으로 해석한 저항적 민족사관이란 것도 있었다. 일체 외래사상을 거부하고 민족 주체성을 강조했던 단재 신채호가 주창자이다. 한국 기독교계의 입장에서 생겨난 선교사관이란 것도 있다. 기독교 전래 이전과 이후의 한국사를 어둠과 빛의 세계로 나누는 이분법이 특징이다. 함석헌의 "뜻으로 본 한국 역사"도 고유한 '觀'의 산물이다. 그러나 그의 '觀'은 종종 관념(낭만)적이란 평가를 받곤 있으나 언제든 해방적 에너지를 산출했다. 민족, 민중해방은 물론 생명해방에 이르는 힘의 보고(寶庫)였던 것이다. 그의 역사관은 저항적 민족사관을 기독교적으로 재해석한 결과물이라 할 수 있다. 주지하듯 이 책의 원 제목은 "성서적 입장에서 본 조선역사"였다. 1934년, 영원한 벗 김교신의 〈성서조선〉에 연재할 때 그렇게 시작했다. 남강 이승훈이 교장으로 있던 오산학교의 역사교사로서 학생들에게 민족에 대한 기독교적 이해를 고취시키려는 생각에서였다. 非我에 대한 我의 '저항' 대신 非我로 인한 我의 '고난'을 기독교적 관점에서 풀어 낸 것이다. 민족역사를 성서적 의미의 고난사로 보고 고통 후 영광이라는 십자가 신앙 원리를 한국 역사에 적용시켰다. 이런 배경에는 일본 유학 시절, 우찌무라 간조 문하의 무교회적 기독교의 영향이 컸다. 內村 제자인 후지이는 관동대지진을 일본에게 내린 신의 심판이자 동시에 전 세계를 위한 일본의 구속사적 희생으로 해석했다. 민족적 차원의 고난을 역사이해의 토대로 활용한 후지이의 견해에 함석헌은 일면 동의했다. 동시에 그는 이런 일본적 기독교 속에서 국수적이고 제국주의적 성격을 비판한다.[3] 일제하에서 고난의 절정을 살고 있는 조선인의 삶을 알고, 보았기 때문이다. 일본이 아닌 조선사야말로 성서의 고난사와 만나며 구속사적 지평을 지닌다고 확신했다. 이사야 53장은 민족과 성서를 중첩시킨 근본 틀로 활용되었다. "그는 실로 우리의 질고를 지고 우리의 슬픔을 당하였거늘 우리는 생각하기를 그가 하느님께 징벌을 받아 고난을 당한다 하였노라. 그가 찔림은 우리의 허물 때문이요, 그가 상함은 우리의 죄악 때문이라. 그가 징계를 받으므로 우리는 평화를 누리고 그가 채찍을 맞으므로 우리는 나음을 받았도다. 우리는 모두 양 같아서 그릇 행하여 각기 제갈 길로 갔거늘 여호와께서는 우리 모두의 죄악을 그에게 담당시키셨도다."[4] 성서적 시각에서 조선 역사를 세계사의 온갖 더러움을 나르는 '하수구'로 본 것은 고난의 의미를 승화시킨 멋진 修辭學이다. 민족의 고난이 우연히 발생한 것도 외세에 의한 것도, 우리의 못남에 기인한 것도 아니고 세계사를 위한 신적 섭리로 인함이란 조선사관은 이제 국수(저항)적 민족주의와 맥을 달리한다. 非我인 기독교가 함석헌에게 我가 되었고 '저항'이 아니라 '고

---

3) 지명관, "함석헌 조선사관에 대한 고찰", 함석헌 사상을 찾아서, 함석헌기념사업회편 2001, 203-207.
4) 이사야서 53장 4-6절.

난'을 축으로 보며 민족을 넘어 씨알 개념이 생겼고 세계주의를 본질로 하기 때문이다. 이런 변화는 1960년대 이르러 관점이 '성서'에서 '뜻'으로 바뀌면서 더욱 두드러진다.

## II. '성서'에서 '뜻'으로의 관(觀)의 전환과 그 신학적 의미
 － 自贖과 代贖

해방 후 민주화를 열망하던 시기 함석헌은 동양사상에 천착한다. 간디 자서전을 썼고 《바가바기타》를 번역했다. 유불선에 대한 스승 다석 유영모의 가르침이 주체적으로 확대 재생산되는 기회였다. 지금까지 일본적 기독교에 대한 한국 측 입장을 대변했다면 무교회주의란 형식을 탈피하여 주체적, 동양적 기독교이해를 시도한 것이다.[5] 이 책의 1950년 판 서문과 1961년도 수정 증보판 머리말을 비교하면 '성서'에서 '뜻'으로의 변화가 의미하는 바가 밝혀진다.[6] "역사는 시간을 인격으로 보는 성경의 자리에서만 가능하다." "…고난의 역사라는 근본 생각은 변할 리 없지만 내게는 기독교가 유일의 참 종교도 아니요 성경만 완전한 진리가 아니다. 나타나는 그 형식은 민족과 시대를 따라 가지가지요, 그 밝히는 정도의 차이는 있으나 알짬 되는 참에 있어서는 다름이 없다…." 나중 글에서 보이듯 함석헌은 계시종교로서의 기독교 테두리를 벗어났다. 구체적으로는 스승 유영모처럼 대속적 속죄신앙을 기독교의 본질로 여기지 않은 것이다. 최근 서울에서 열린 세계 감리교대회를 통해 稱義와 善行의 관계가 확정되었다. 인간은 하느님에 의해서만 의

---

5) 함석헌, 《뜻으로 본 한국역사》(한길사 2005[1판 6쇄]), 17-19. 함석헌의 다음 말에 주목하라. "처음 오산에 있을 때 나는 아직 우찌무라 간조의 무교회 신앙을 믿었지 내 종교를 갖지 못했다. 그러나 나는 남이 해준 사상, 그 말을 그대로 외우는 것이 부끄러웠다. 그것이 싫었다." 이치석, 《씨알 함석헌 평전》(시대의 창 2005), 333, 391, 427 참조.
6) 두 인용문에 대해서, 《뜻으로 본 한국역사》 12, 18을 보라.

롭게 되며 그로부터 선한 일이 가능하다는 것이다. 善行을 강조해온 가톨릭교회도 이에 동조하였다. 그러나 함석헌은 과거 內村에게서 배운 贖罪 신앙을 自贖的 신앙으로 대신하였다. "…네 피 흘릴 맘 한 방울 없어 그저 남더러 대신 흘러 달래고 싶으냐?"[7]고 묻는다. 自贖的 신앙의 본질에 대해 다음처럼 설명하였다. "…대속이란 말은 인격의 자주가 없었던 노예시대에 한 말입니다. 대신은 못하는 것이 인격입니다.… 대속이 되려면 예수와 내가 딴 인격이 아니라 체험에 들어가고야 됩니다. 그리스도는 예수에게만이 아니라 본질적으로 내속에도 있습니다. 그리스도를 통해 예수와 나는 하나라는 체험에 들어갈 수 있습니다. 그때 비로소 그의 죽음은 내 肉의 죽음이요, 그의 부활은 곧 내 靈의 부활이 됩니다. 속죄는 이렇게 해서 성립됩니다."[8] 그럼에도 예수의 피만이 아니라 자신의 피를 흘려야 한다는 自贖的 신앙은 "성서로 본"이 말한 고난사관과 본질에 있어 같다. 유불선을 포함한 만인의 종교로서 "뜻"을 상정한 것이 차이라면 차이이다. "성서"(하느님)를 대신하여 "뜻"이 종교 다원적 토대를 갖게 된 것이 다를 뿐이다. 그러나 "뜻"을 찾는 것이 함석헌 역사관의 본질인 이상 "뜻으로 본"은 탈기독교적 역사책은 결코 아니다. "뜻"을 위한 진리 투쟁이 있는 한 기독교와 별개일 수 없다. 함석헌의 자속적 신앙이 후일 세상 죄를 지고 가는 민중을 예수로 본 민중신학의 기초가 된 것을 알기 때문이다. 인간 내면에서 스스로를 창조하는 자속적 신앙영역이 확보된 이상 역사는 이제 민족이 아니라 하느님, 곧 "뜻"(참)의 자리에 있을 수밖에 없다. 물론 이 "뜻"은 아직 실현되지 않았다. 세계사적 전개 과정에서 평화적으로 실현되어야 할 과제로 남아있다. 이를 위해 함석헌은 특정 민족이 아니라 "씨알" 민중의 참여를 요청한다. "씨알"이란 자신의 '바탈'을 발견한 존재, 고난의 주체적 담지자 다시 말해 "뜻"을 찾은 존재이다. 여기서 민족 개념은 뒤로

---

7) 《함석헌 전집》 6권, 한길사 1992. 1952년 성탄절에 쓰인 '흰 손'이란 시를 보라.
8) 이치석, 앞의 책 402-403에서 재인용. 이 말은 1959년 〈사상계〉 11월 호에 실린 '이 단자가 되기까지'에 있다.

후퇴하고 고난의 세계사적 지평이 강조된다. 민족을 넘어선 세계(평화)주의가 구상되고 있는 것이다. 이점에서 "뜻으로 본 한국역사"는 종교의 有無, 相異를 막론하고 고난의 삶을 살아 온 한국인 모두를 "씨알"의 존재로 각성시켜 "뜻"을 찾게 하는 책이라 말할 수 있다. 이점에서 함석헌은 계시종교로서의 기독교 테두리를 완전히 벗어났다. 이점에서 함석헌은 대속적 속죄 신앙을 넘어서고자 했던 스승 유영모를 철두철미 뒤따랐다. 內村에게서 배운 贖罪的 신앙을 自贖적 신앙으로 대신한 것이다. 기독교보다 '참'을 더 위대하다고 선포했기 때문이다. 루터의 십자가 신앙 역시 하느님 義를 자신의 시대 속에서 새롭게 해석한 것에 불과하다고 보았다. 이것은 서구신학에 있어서 비신화화(불트만)를 넘어 비케리그마화(부리)의 경지라고도 말할 수 있을 것이다. 그렇기에 오늘의 시대에 기꺼이 탈기독교적 이단자가 되기를 자초한다. 예수의 피만이 아니라 자신의 피를 흘려야 한다는 자속적 신학은 분명 '뜻'의 의미를 새롭게 각인시킨 것이다. 따라서 함석헌은 《뜻으로 본 한국역사》에서 불교, 유교, 노장사상을 높게 평가했다. 그것들 역시도 본래 '참', 곧 "뜻"의 담지자들이라 믿었기 때문이다. 만인의 종교로서 '뜻'을 상정하고 自贖적 신앙으로 뜻을 이루는 종교야말로 세계주의(탈민족주의)와 과학주의의 본질에 상응한다고 생각한 것이다. 함석헌의 자속적 신앙이 하느님과 민중을 같이 본 민중신학의 기초가 된 것도 결코 우연이 아니다.[9] 그렇기에 오늘 우리가 《뜻으로 본 한국역사》를 읽을 때 그 시각은 함석헌 자신의 처음 의도와는 달라질 수밖에 없다. '차이'의 관점이 절실히 필요한 것이다. 그렇다고 본 책이 완전히 탈기독교적 역사책이 되었다고 말할 수는 물론 없다. 단순한 역사 연구서가 아니라 진리를 위한 투쟁을 담고 있기에 기독교와 별개가 아니다. 하지만 자신의 내면에서 스스로를 창조하는 자속적 신앙 세계를 확보한 함석헌은 우리에

---

9) 물론 함석헌은 민중 자체를 신격화하거나 민중들을 과도하게 신뢰하지 않았다. 계급사관으로 민중을 바라보지 않았기 때문이다. 민중신학의 전개 과정에서 민중 예수론의 등장은 함석헌의 원뜻과 차이가 있다.

게 역사를 민족 혹은 종교로서의 기독교에서가 아니라 참, 하느님 곧 '뜻'의 자리에서 볼 것을 요청한다. 세계사적 전개 과정서 평화적으로 실현되어야 할 진리이기 때문이다. 이점에서 기독교 역사도 미정고이다. 자신을 절대종교라 할 수 없다는 것이다. 하여 이 일을 위해 특정 종교, 특정 민족만이 아니라 씨알, 곧 민중 개체들의 참여를 절대 요청하고 있다. 이로부터 함석헌의 朝鮮史觀은 만인의 종교이자 열려진 실재로서 이 '뜻'을 찾고 이루기 위해 동양 종교들과의 심층적 만남을 시도했다. 이 일은 종교와 역사가 만나는 위대한 사건이 되어 전 우주역사를 해명하는 놀라운 결과를 도출해 냈다. 지금껏 이런 시각은 어느 역사가에게서도 발견된 바 없었다. 시대가 달랐기 때문이기도 하지만 하나 속에서 전체를 보고 전체 속에서 하나를 보는 의식화된 동양적 세계관이 부재했고 역사가 되풀이되는 듯 보이지만 '뜻'을 향해 자란다는 섭리적 역사철학이 없었기 때문이다. 이점에서 거듭 민족주의로부터 자유할 것을 요청하는 '뜻'의 역사관은 민족통일이 당면과제인 현실에서 통일의 초석을 전혀 새로운 방식으로 놓을 수밖에 없었다. 종교인으로서 함석헌은 통일을 겉(정치)이 아니라 속(정신)으로 하는 평화의 길로 인식했기 때문이다.

### III. "뜻으로 본 한국 역사" 속에 나타난 탈민족, 탈기독교적 평화신학

함석헌의 "뜻으로 본 한국역사"가 이사야의 고난사상을 근거로 구상되었음은 누구도 부정할 수 없다. 그는 고난 받는 종의 의미를 한국사에 적용했고 그 고난을 세계사적 지평에서 생각했다. 우리 민족이 고난의 주인공이 된 것은 세계사를 위한 하느님의 섭리라고 까지 말하였다. 이때의 민족이란 구체적으로 후일 씨알이라 이름 붙여진 민초, 민중들이다. 이 지점에서 함석헌은 앞선 두 애국지사들과 확연히 달라진다. 고난의 주체적 담지자로서 민중 역할 강조, 민족의 지평을 넘는 세계(평화)주의 구상 그리고 변화를 꿈꾸는 개신교의 예언자 정신 등은 앞선 이들이 꿈꾸었던 '조선 혼'의 방향과 내용을 다르게 만들은 것이다. 더욱 동양 고전에 능통하고 간디에 심취했던 함석헌은 기독교마저 넘어서고 만다. 열려진 역사의 진화 과정에서 실현될 그 '뜻'은 특정 종교의 전유물일 수 없으며 오히려 민중(씨알)의 삶과 불가분의 관계 하에 있을 뿐이다. 역사는 '뜻(하느님)'과 민중의 공속된 실재라는 것이다. 여기에는 하느님의 고난과 영광이 민중의 그것과 다를 수 없다는 확신이 자리한다. 그렇기에 '뜻'을 찾은 존재가 씨알이라고 강조한다. 씨알이란 스스로 그러한 자신의 바탈을 발견한 존재이다.[10] 주체적 정신, 절대적 자유를 자신 속에서 깨달아 가는 씨알에게서 민족과 세계의 미래를 보려는 것이다. 이런 역사관을 담고 있는 본 책의 핵심 논지를 정리하면 다음과 같다.[11]

함석헌은 기나긴 세월동안 이 땅에 설치된 한사군, 그리고 고구려의 패망과 더불어 민족의 자기 상실이 발생했다고 지적한다. 당나라와 손잡은 신라에 의한 한반도 통일은 조선을 스스로 小國으로 전락시킨 불행한 사건이었다. 본래 하늘로부터 품수된 차마 하지 못하는 '착함'을 지닌 조선의 세계를 향한 사명은 사라지고 중국을 모화하는 풍습만 갖게 된 것이다. 본래 평화를 사랑한 착한 민족인 조선이 고구려 땅을 지니고 있었더라면 아시아 및 세계 역사는 달라졌을 것이라고 함석헌은 아쉬워 한다. 고려 역시도 고구려를 잇고자 했지만 결과적으로 98년간 몽고의 지배를 받아야만 했다. 자아를 잊고 중국 문화에 취해 살아 온

---

10) 본래 씨알은 유영모의 "大學" 강의에서 나온 개념이다. 大學之道在明明德, 在親民至於止善에 대한 유영모의 해석은 다음과 같다. "한 배움 길은 밝은 속알 밝힘에 있으며, 씨알 어빔에 있으며 된데 머무름에 있나니라".
11) 이하 내용은 《뜻으로 본 한국 역사》 본론 부분을 큰 사건을 중심으로 나름대로 요약 정리한 것이다. 상세한 페이지 표기는 생략한다.

자업자득의 운명인 것이다. 볼모의 설움을 되갚고자 했던 공민왕의 북벌정책은 하늘이 민족에게 준 기회였다. 하지만 함석헌은 하늘이 최영과 이성계를 동시대에 낸 것을 원망한다. 이성계의 위화도 회군으로 민족의 고통과 고난을 치유하려던 꿈이 조각났기 때문이다. 이성계에 의한 최영의 죽음을 함석헌은 현실주의에 의한 이상주의의 죽음으로 규정한다. 최영이 죽은 것이 아니라 우리 민족의 이상이 죽어 버린 것이라 보았다. 스스로 참 자아가 되고 바탈이 되려는 정신, 곧 '뜻'을 상실한 민족이 되어 버린 것이다.

이제 하느님은 '뜻'을 잊은 민족에게 더 큰 고통과 고난을 주기로 작정한다. 덕 없이 세워진 조선, 그 역사는 처음부터 피비린내 나는 형제간의 싸움으로 시작되고 있다. 조선이 낳은 위대한 정신 성삼문마저 죽음으로 몰아갈 정도로 조선의 정신은 타락했다. 우리 민족에게 '뜻'이 있음을 알려준 당대 최고의 정신을 통째로 죽인 것이다. 사육신의 죽음에 대해 조선 혼을 위한 구속사적 의미를 부여한 것이 의미 깊다. 민족을 향한 하느님의 분노는 계속 가중된다. 조선조 최대의 외세 침입, 임진, 병자 두 전란으로 조선은 쑥대밭이 되었다. 당파싸움으로 정신과 양심이 마비된 결과였다. 당쟁에 대한 함석헌의 질타는 매서웠다. "순후하고 청명했던 본성이 사랑의 기갈로 인해 질투심에 빠져 비열, 교활, 음험, 유약해진" 결과라고 본 것이다. 이는 자아 상실, 노예근성으로 인한 민족정신의 타락을 의미한다. 그러나 하느님은 이 민족을 버리지 않았다. 이순신과 임경업을 주신 것이다. 그러나 이들은 공을 세웠으나 죽어야만 했다. 이들은 누리기 위해 온 자가 아니라 정신을 잃어버린 민족의 제단에 자신을 바치기 위해 온 하느님의 사랑하는 자였다. 특별히 함석헌은 이순신의 삶에 대해도 신의 섭리에 따른 구속적 의미를 부여하였다. 이런 환난과 의인의 죽음을 통해 하느님은 이 민족의 정신을 서서히 깨어나게 했다는 것이다. 천주교와 기독교가 이 땅에 민중의 종교로 유입된 것이 바로 그것이다. 그러나 천주교에 대한 박해도 문제이지만 근대정신과 불화했던 천주교는 한국사회의 개혁을 담당하기 어려웠다. 제사 문제로 많은 순교자를 낸 것에 비해 사회혁명은 미미했다. 백년 후 들어온 기독교 역시 주체적이지 못했고 스스로 사상적 빈곤에 허덕이는 종교가 되어 버렸다. 교육기관을 세우고 병원을 지었으며 민중 지향적 의식을 심어주었으나 민족을 위한 역사적 인물이 아니라 전문 종교인을 양성하는 기관으로 전락했던 것이다. 그러나 함석헌은 유교, 불교를 비롯하여 기독교 자체를 비판하거나 부정하지 않았다. 이들은 모두 인생을 건지고 민족을 살리기 위한 근본정신을 갖고 있기 때문이다. 그러나 이들 모두는 제도화 과정에서 자기를 개혁할 힘을 잃어버렸다. 모두가 숙명관에 젖어 고난 극복의 의지, 곧 '뜻'을 찾지 못한 것이다. 급기야 하느님은 이제 민족에게서 자신의 눈길을 거둬가셨다. 일본의 식민지 국가로 한국을 내치신 것이다. 조선의 이름을 빼앗긴 아픔은 이전의 어느 역사와도 비교할 수 없는 고통이다. 그럼에도 이 땅의 해방이 도적 같이 임하였다. 함석헌은 이 해방을 하늘의 민족에게 값없이 준 선물로 이해한다. 특별히 고통을 등에 업고 살아온 민중에게 준 선물이라 했다. 하늘만 바라고 36년의 고통을 견뎌온 그들의 뜻을 하늘이 알았기 때문이다. 이제 씨알 민중에게도 책임이 있다. 씨알 자체가 진정으로 해방되어야 한다는 것이다. 다르게 말하면 세상에서 '뜻'을 보아야 한다는 사실이다. 오랜 고난의 역사를 살면서 우리 민족은 지금 양심이 타락했고, 나라생각(憂患意識)이 부족했으며 사상의 빈곤을 겪고 있다. 이 땅의 기독교는 불교, 유교를 다시 일깨워야 한다. 그리하여 함께 씨알을 해방시켜야만 한다. 민족의 정신적 빈곤과 파산에 대한 책임을 종교, 특히 기독교에게 묻고 있다. 함석헌의 다음 말은 대단히 중요하다. "해방된 것이 없는 데 '너는 해방되었다'고 선언한 것은 해방을 믿으란 말이다. 이제부터 자기 해방을 하란 말이다. 이것이 하늘에서 떨어진 해방의 의미이다."[12] 선생에 의하면 민족 분단은 이 민족에

---

12) 《뜻으로 본 한국 역사》, 415.

대한 하느님의 마지막 시험이다. 자신을 해방시켜 자유와 통일을 이룰 수 있는 가를 질문한다는 것이다. 반복하지만 이는 고난의 '뜻'을 아는 자만이 대답할 수 있다. 이제 하나의 세계를 향해 나아가는 시대가 되었다. 민족 분단이란 産痛속에서 세계평화라는 새 생명을 낳아야 한다는 것이다. 이것이 고난 그 자체를 살았던 우리민족에게 주어진 세계사적 사명이다. 그런데 새로운 아기를 낳아야 함에도 아직 민족은 힘이 없다. 이후 1960년대를 거치면서 함석헌이 보여준 정치 투쟁은 오로지 이런 힘을 말하고 기르기 위함이었다. 이 힘에 저항하고 방해하는 일체의 세력들을 향한 그의 투쟁 강도는 그가 당한 고통과 탄압의 정도에 비례한다. 진정 함석헌은 하늘로부터 도둑같이 임한 해방의 의미를 믿고 세계평화라는 시대적 사명을 실현키 위해 자신의 몸을 고난의 실험장으로 만들었다. 어떤 종교도 이념도 특정 국가도 더 이상 이 민족의 주인 노릇 할 수 없고 오로지 씨알의 해방을 위해 모든 것이 존재할 것을 단호히 주장하였다. 다음 인용문은 탈민족, 탈기독교적 평화신학의 본질과 단초를 여실히 보여주고 있다. "이 백성에게 참 종교를 주기 위하여 고난을 받을 필요가 있다. 생명의 한 단 더 높은 진화를 가져 올 새 종교를 찾아내기 위하여 낡은 종교의 미신(숙명)을 뜯어 치우는 고난이 필요하다. 세계를 하나로 만드는, 모든 부족신, 계급신, 주의신(主義神)을 다 몰아내는 새 믿음을 얻기 위해 우리의 가슴에서 모든 터부, 모든 주문, 마술적인 것, 신화적인 것, 화복적인 것을 뽑아내는 풀무 같은 핵분열적인 고난이 있어야한다."[13]

## Ⅳ. 탈민족, 탈기독교적 평화 역사관의 본질

앞서 언급된 것처럼 함석헌 민족주의의 근간은 저항이 아니라 고난

---

13) 위의 책, 317.

이었다. 물론 그에게는 기독교가 가르쳐 준 예언자적 정신이 살아 있었다. 하지만 예언자 사상은 고난을 능동적으로 수용하는 것으로서 아나키스트적 항거와는 다르다. 함석헌에게 고난의 형이상학적 원리는 관심 밖이다. 단지 고난이 생명의 한 필연적인 조건임을 믿을 뿐이다. 그의 조선사관은 고난을 생명의 원리로 인식한 결과였다. 고난을 극복할 힘은 고난으로부터만 가능하다고 믿었다. 고난을 통해 개인이나 민족 모두는 자신의 본 바탈을 찾을 수 있다는 것이다. 오천년 간 가중되고 중첩된 한 민족의 고난 역시도 '뜻'을 얻기 위함이었다. 고난 속에서도 민족 근본정신인 '착함'과 '어짊'을 회복한 이들, 바로 그들이 씨알, 민중이다. 이때의 씨알은 계급적 관점에서의 민중과는 구별된다. 무산자들이 민중과 곧바로 일치되지 않는다. 분노와 미움을 키우고 적대감을 더하며 자신의 빼앗긴 것에만 관심하는 존재는 '뜻'과는 무관하며 역사 발전의 주체가 될 수 없다. 非我를 전제하는 我는 아직 씨알의 본질에 이르지 못한 것이다. 이점에서 사회주의에 대한 비판 역시 가능하다. 계급의식을 자극하여 무산자 편들기에 앞장선 북한의 공산주의, 사회주의가 분단을 고착화 시켰다는 것이다. 또한 해방 후 외세의 유입을 분단 원인으로 보는 시각에 대해서도 일침을 놓는다. 남북 싸움의 원인을 이성계를 거쳐 신라에 의한 삼국통일, 고구려의 멸망에서 찾고 있다. 요컨대 '뜻'의 부재로 인한 민족정신의 결여를 분단의 이유라 생각하는 것이다. 민족 통일을 위해 생각하는 백성, 자각된 씨알의 출현이 절대적으로 필요하다. 함석헌의 평화적 통일론은 그 구체성과는 상관없이 '뜻'의 존재를 믿는 능동적 고난사상의 백미를 보여준다. 북한의 남침 시 죽을 각오로 평화적으로 그들을 맞으라고 한다.[14] 우리의 거룩한 희생이 인류 운명을 바르게 세울 것이라는 확신 하에, 그리고 그것이 예수의 희

---

14) 임헌영, "함석헌의 민족 통일사상", 함석헌 탄신 100주년 기념학술 심포지엄, 2001년 4월 21일 YWCA 대강당, 29-35. 이산가족 만남, 남북 불가침 선언, 군비 축소 등이 이에 대한 선생의 대안이었다. 이로써 함석헌이 민족해방과 민중해방을 지향하는 양대 진영 모두에게 영향을 준 큰 선생이었음을 임헌형은 밝힌다.

생에서 발견되는 진리이기에, 이것이 가능해도 가고 불가능해도 가야하는 역사의 절대 명령인 것이다.

고난과 이어지는 함석헌 역사관의 또 다른 특징은 숙명론을 극복하는 섭리사상이다. 섭리사상에는 역사가 진화, 발전한다는 믿음이 전제되어 있다. 역사 속에서 고난이 되풀이 되는 듯 보이지만 고난을 통해 역사가 자란다는 것이다. "인류 역사는 큰 견지에서 하나님에게로 향하는 진보의 걸음이다."[15] 고난을 통한 정신의 진보과정을 역사의 본질로 본 함석헌에게 자신의 현실이 전환기로 보여 졌다. 새로운 인간 종과 우주 및 새 문명의 출현을 가르친 진화론이 '뜻'에 의한 신적 섭리를 더욱 구체화시킨 것이다. 그리하여 그는 역사를 지난 과거의 일이 아니라 장차 올 것을 믿는 일이라고 말했다. "시(始)가 종(終)을 낳는 것이 아니라 종이야말로 처음부터 있어 시를 결정한다"[16]는 것이다. 이는 민족은 물론 인류 전체 역사를 이해하는 준거로서 숙명론의 틀을 벗겨낸다. 이 경우 종(終)은 뜻이고 하나님 자신을 말한다. 그래서 '뜻'이 바로 신적 섭리가 된다. 하지만 '뜻'은 종교와 민족을 막론한 역사의 궁극적 토대로서 만인의 종교이기도 하다. 그렇기에 민족의 역사와 세계사는 중첩되며 '뜻'으로 얽혀져 있는 것이다. 무엇보다 '수난의 여왕', '거지 처녀' 그리고 '세계의 하수구'로 명명된 민족의 고난 역사는 우주정신을 붙잡아야만 한다.[17] 함석헌은 '뜻'을 찾아 낼 사명이 조선 민족에게 지리학적으로 결정되어 있다고 까지 말하고 있다. 민족의 과거 역사가 이제 오늘 우리에 달려있기 때문이다. 뜻을 찾고 뜻을 보지 못한다면 민족의 역사는 그냥 잘못된 망할 역사가 되며 수없는 민중들의 고통과 죽음이 무가치해 지고 만다. 생각하는 백성이 되어 뜻을 찾을 때만 민

---

15) 《뜻으로 본 한국 역사》, 60, 71-74 참조. 이 점에서 함석헌의 역사관은 나선적 진보관이라 불린다.
16) 위의 책, 162.
17) 위의 책, 96.

족이 세계의 주인공이 될 수 있을 뿐이다. 여기서 '뜻'은 우주정신, 곧 섭리에 따라 스스로 하는 정신으로서 自贖的인 방식으로 역사를 구원하는 길이다. 그러나 이것은 개인의 선험적 본성, 특별히 영웅적 인간상과는 무관하며 오히려 고난의 담지자인 민중(씨알)의 삶과 연루되고 있다. 이런 섭리적 진보사관은 항차 동서양 문명의 발전적 통합을 지향한다. "이제 당한 문제는 동(정신), 서(물질) 종합을 하는데서 한 단 높은 새 지경에 오르는 일이다."[18]

이런 맥락에서 함석헌 역사관의 마지막 특징은 국가(민족)주의를 넘는 그의 우주사적 지평에서 찾을 수 있다. "뜻으로 본 한국역사"에서 함석헌은 세계가 하나 되는 시대를 예견한 것이다. 이를 위해 선생은 새 종교, 하나의 종교, 참 종교의 필요성을 역설하였다. 종파적 제도종교 대신 틀 자체가 달라진 하나의 종교를 말하고 있는 것이다. 그가 바울의 아레오바고 설교를 인용한 것도 흥미로운 일이다. "각 나라 백성을 한 혈맥으로 지으사 온 땅에 거하게 하시고, 저희 연대를 정하시고 거하는 지경을 한하셨으니 하나님을 찾을지라…."[19] 이 본문에서 선생은 존재하는 모든 것이 신을 떠나서는 존재할 수 없다는 확신 하에 하나님을 우주의 통일체로 이해했다. 역사와 우주, 모두를 포괄하는 중심체로서의 새로운 신관의 탄생을 생각한 것이다. 이런 맥락에서 역사를 결정하는 것이 국가나 민족이 아니라 세계이며 이런 세계는 종교를 떠나서는 의지처를 잃을 수밖에 없다고 하였다. 하지만 이 경우 종교는 하나님 숭배의 형식을 갖지 않는 씨알의 종교로 역할 한다. 우주의 근원인 신이 스스로 깨는 인간 정신 속에 있다고 믿기 때문이다. "하늘이 무한 망망한 허공에 있지 않고 땅에 와있다. 땅 중의 땅, 흙 중의 흙이 어디냐? 네 가슴이요, 내 가슴이 아닌가?"[20] 이는 화엄의 핵심인 一郎

---

18) 위의 책, 79.
19) 〈성서조선〉 80호 1935년 9월호 4. 지명관, 앞의 글 228에서 재인용.
20) 《함석헌 전집》 3권, 10.

多, 多卽一의 기독교적 표현이요, 天命之謂性의 민중적 이해로서 개인과 전체, 민족과 세계, 인간과 하느님의 상호 공속적 관계를 들어내 보인다. 여기서 함석헌은 영웅사관이나 계급사관 일체를 버리고 스스로 깨고, 스스로 하는 민중, '씨알'의 존재를 강조하였다. "…임금도 대통령도 장관도 학자도 목사도 군인도 장사꾼 죄수도 다 '알'은 아니다. 실재(實在)는 아니다. 그런 것 우주 간에는 없다. 그것은 다 허망한 욕심의 만신당 속에 있는 우상들이다. 이것들은 그 입은 옷으로 인하여 있는 것들이다. 정말 있는 것은 '알' 뿐이다…. 그 한 '알'이 이 끝에서는 나로 알려져 있고 저 끝에서는 하나님, 하늘, 뿌리만 알려져 있다. 민(民)이란 모든 우연적 일시적 제한, 꾸밈을 벗고 바탈 대로 있는 인격이다…. '알' 사람, 곧 난대로 있는 나는 한 사람이 있어도 전체이다."[21] 여기서 함석헌의 독특한 예수이해가 생겨난다. 모든 인간 속에 하느님 아들이 될 만한 씨가 있기 때문에 예수 역시도 하느님 아들이었다는 것이다.[22] 단지 그는 잠자고 있는 아들의 씨를 불러내어 우리로 하여금 自贖(능동)적 구원을 이루도록 한 분이었을 뿐이다. 다시 말해 예수는 고난속의 민중에게 우주의 한 끝인 자신의 존재 곧 '뜻'을 자각하게 했고 그로써 씨알 민중을 세계 및 우주사이자 신의 역사를 이루어가는 공창자로 불러 세웠다는 사실이다. 이것이 바로 기독교가 이 땅에서 할일이며 이런 방식 속에서 한국사는 세계사, 우주사의 존재론적 부분이 되고 세계사, 우주사는 존재론적 전체가 되는 함석헌의 우주사적 지평의 얼개가 준비된 것이다. 이점에서 함석헌의 탈민족, 탈기독교적 평화신학은 누구도 보지 못하는 우주적 관점에서 태동된 인류 정신사의 꽃이라 해도 과언이 아니라고 믿는다.

---

21) 《함석헌 전집》 4권 '씨알의 설움' 중에서. 이치석, 앞의 책 426에서 재인용.
22) 박경미, "속죄론과 관련해서 본 함석헌의 예수이해", 〈신학사상〉 2005 겨울, 105.

## 나가는 글

짧게 마무리를 하려한다. 오늘날 버리기도, 지키기도 어려운 것이 민족이다. 기독교 역시도 지킬 수도 버릴 수도 없는 현실이 되었다. 민족주의와 기독교 이들을 지키기에 너무 문제가 많고 버리기에는 정체성을 위협한다. 함석헌의 탈민족, 탈기독교적 역사관은 민족주의와 기독교를 버리고자 함이 아니었다. 민족과 세계, 기독교와 종교의 관계를 一과 多, 전체와 부분으로 보고 이들을 "씨알" 개념으로 아우르고자 했다. 물론 여기에 민족애와 기독교에 거는 희망이 깊게 자리하고 있다. 민족애와 기독교로부터 배운 예언자 정신, 섭리사상 등이 없었더라면 "뜻으로 본 한국역사"는 쓰여질 수 없었을 것이다. 문화적 세계화, 문명론적 아시아주의의 부재, 곧 인간의 얼굴을 버린 세계화에 대한 절망이 민족주의를 부추기며 문명충돌을 야기하는 현실에서 '뜻'을 깨달은 씨알 민중의 인격성으로 세계성을 담보하려 했던 함석한의 혜안은 인류 평화를 위해 모두가 배워야 할 푯대라고 확신한다.

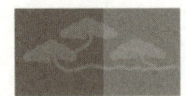

# 김교신의 선비신학

박신배 (그리스도대학교)

김교신

1901. 4. 18 – 1945. 4. 25
함남 함흥에서 출생.
1920년 도쿄에서 기독교 노방전도를 듣고 회심,
우찌무라의 문하에서 신앙교육을 받았다.
1927년 귀국 이후 함흥 영생여고보·양정고보·경
기중학 등에서 교편을 잡음
정상훈·함석헌·송두용·유석동·양인성 등과 함께
〈聖書朝鮮〉 창간했다.

## 들어가는 말

김교신, 그는 과연 신학자, 문화 신학자였는가. 이 논문에서는 김교신 (1901-1945)의 신학에 대하여 묻는다. 먼저 성서신학적인 측면에서 인간 김교신, 성서관, 성서신학에 대하여 살피고, 실천신학자로서 김교신에 대하여 신앙관과 교육자(스승), 역사관, 무교회주의 신앙, 겨레 사랑을 다루고, 마지막으로 문화 신학자 김교신에 대하여 지리 박물학 학자로서, 역사관, 역사가, 문화관, 신학의 토착화 작업에 대하여 연구하고자 한다. 일차 자료로서 김교신 전집을 중심으로 다루며 그에 대한 이차 자료를 참고하고자 한다.[1] 지금까지는 교육자, 애국자로서 김교신에 대한 연구가 많았다. 이와 달리 김교신이 신학자로서, 더욱이 문화신학자였는가라는 질문으로 김교신에 대한 연구를 하고자 한다.[2] 먼저, 한국의 문화와 문화신학이란 무엇인가라는 문제와 용어 정의가 대두된다. 문화, 문화신학이란 복음과 문화의 상관관계에서 만들어진다. 그리스도의 복음이 각 나라 민족들에 들어가서 문화의 옷을 입고 각기 고유의 문화신학으로 나타난다. 김교신은 당대에 한국의 창조적 문화신학 작업을 수행한 신학자였는지,[3] 기독교가 김교신의 인격과 신앙, 신학에서 어떤 모

---

1) 김정환, 《김교신》(서울: 한국신학연구소, 1986), 229-231. 일차 자료는 〈성서조선〉 (1927-1942년)과 함석헌·김교신 공저, 《내촌감삼과 한국》이 있다. 이차 자료는 잡지사 글 15개, 단행본 12권, 연구 논문 17권이 소개되고 있다. 민경배, 김성태, 문정길, 오승태, 박신관, 박상익, 표병적의 연구 논문을 통하여 김교신 연구사를 개괄하고 있다 (192-199). 박명홍, "김교신의 인물론-신앙, 교육, 애국 활동을 중심으로", 목원대신학대학원 학위논문(1983년), 4-18. 자료를 소개함.
2) 이정배, "이용도의 영적 기독교와 김교신의 조선적 기독교 비교 연구", 《한국개신교 전위토착신학 연구》(서울: 기독교서회, 2003).
3) 최인식, 《예수와 문화》(서울: 예영커뮤니케이션, 2006), 31. 창조적 문화신학은 문화 속에 존재하며, 동시에 문화를 초월하는 것이다. 문화를 신학의 관점에서, 신학을 문화의 관점에서 이해하는 것이 문화신학적인 작업이며, 문화신학은 복음의 '토착화' 문제를 다룬다(43-44). 최인식의 문화신학 정의는 다음과 같다. "문화의 본질과 그에 대한 규

양으로 나타났는지 살펴보자. 한국인을 말할 때, 과거 참된 한국인을 선비라고 말했다. 김교신의 신학을 말하라고 하면, 참한국인이자 한국문화신학자로서 산 그의 신학을 선비신학이라고 말할 수 있지 않을까.

김교신의 신학원리가 먼저 무얼까. 김교신이 산 시대는 어두운 묵시문학적 시대였다. 제국의 통치 시대였다. 신흥 제국 일본이 러·일, 청·일 전쟁을 승리하며 대동아 정책으로 아시아를 지배하려 하였다. 독일과 일본이 부상하며 2차 세계대전을 일으켰다. 이러한 시대에 한국은 일본의 제물이 되어 지배받은 식민 통치 시대였다. 이 시대의 신학은 묵시문학적 성격을 가지게 된다. 그 기반은 성서 연구였고, 문서 운동으로 《성서조선》을 발간하며 기독교 문화운동, 제자 교육, 예수 사랑을 실천하며 실천적 작업을 하였다. 실천신학자로서 나환자를 돌보며, 농촌운동을 지원하는 일을 하기도 한다. 그는 또한 한국 문화신학을 한 문화신학자였다. 한국인의 심성에 맞는 신학이 무엇인지 찾았고, 한국의 지리, 문화, 역사를 두루 섭렵하며 동인들과 함께 신학하며 한국인의 정체성을 잊지 않고 전통과 현대, 종교간 대화, 동양문화 이해에 기반한 세계적 한국 문화의 기초를 세웠다. 김교신의 신학은 한국인으로서 한국인의 신학, 조선과 조선인을 위한 신학 작업이었다. 그의 작업의 중심에는 참 그리스도인, 참 교회, 참 애국인으로 삶이 있었다. 그는 시대의 나침반, 북극성, 사표가 된 신학자였다.

다시 말해, 그의 신학의 중심에는 말씀(성서)과 실천(문서 운동), 사랑(하나님 사랑과 이웃 사랑, 민족 사랑)과 비전(예언자, 환상가)이 있었다. 이런 관점에서 선비신학자 김교신의 신학을 살펴보고자 한다.

---

범을 드러냄으로써 종교와 문화 간의 창조적이며 역동적인 신학적 입장을 세우기 위한 학문적 탐구이며, 이를 위해 예수 그리스도의 삶과 사상에서 드러난 예수 하가다(이야기)의 틀을 통해 교회가 경험하고 있는 다양한 문화에 대해 본질적, 규범적 태도를 제시함으로써 예수가 이루고자 했던 하나님 나라의 문화를 오늘의 문화 한 가운데서 창조하는 신학적이며 실천적인 학문이다." 57.

## I. 성서신학자 김교신

김교신은 우치무라 간조의 문하생으로 들어가 7년 동안 성서연구를 통하여 신학적 소양을 쌓고, 일본에서 돌아와 교편을 잡고,《성서와 조선》이라는 잡지를 만들어 조국을 위해, 성서 운동을 벌여나갔다.[4] 그는 교사의 자리(양정중학교 10년, 경기중학교 6개월, 개성송도중학교 5개월)에 있으면서 많은 제자들을 키우고, 신앙 잡지를 통하여 많은 신앙인들을 알게 되었다.[5]

중앙신학교(강남대학교 전신)를 설립한 이호빈 목사와 친분 관계를 가졌다.[6] 그는 이용도, 손양원, 전영택 등과도 친분이 가까웠다.[7] 성서연구회는 정상훈, 류영모, 최태용, 류석동(수원), 송두용(오류동)과 함께 강연하고,[8] 양인성(평북 선천), 함석헌(오산) 등은 지역에서 혼자 강연

---

4) 임성빈, "김교신의 윤리사상 연구", 학위 논문 (장신대학원, 1990년), 6. 김교신의 생애 참조. 김교신은 1901년 4월 18일 함남 함흥 사포리에서 엄격한 유교 가문에서 출생, 1919년 3월 유학 동경 정칙영허학교 수료, 1922년 동경고등사범학교 영어과 입학, 다음해 지리 박물과로 전과, 1927년 동교 졸업, 귀국하여 함흥영생여자 고등보통학교 교편, 7월부터 〈성서조선〉 창간. 1928년 서울의 양정고보로 이전, 1930년 5월(16호)부터는 주필로 책임 편집 맡음. 1942년 3월 20일 〈성서조선〉 제158호 서문 조와(弔蛙)가 빌미되어 폐간. 〈성서조선〉 사건으로 함석헌, 송두용, 류달영 등 12인과 1년간 옥고를 치름. 출감 후 함흥 질소비료 공장에 들어가 사역을 하며 해방을 고대하다가 1945년 4월 25일 발진티푸스로 사망한다.
5) 김교신의 생애를 크게 넷으로 나눌 수 있다. 첫째, 일본에 건너가 우찌무라 문하생으로 성서 연구를 하며 사역을 준비한 시기. 둘째,《성서조선》지를 만들며 한국 신학을 전개하며 활동하던 시기. 셋째, 교편 생활을 하며 문필가로서 편집자로서 활동하며 일제의 핍박을 받으며 활동하던 시기. 마지막으로 흥남 질소공장에서 관리원으로 일하던 시기, 선지자로서 십자가의 길을 가던 시기 등이다.
6) 노평구 편,《김교신 전집 5: 일기 I》(서울: 부키, 2002), 65. 1931년 11월 2일 일기. 간도 용정촌 감리교회 이호빈(李浩彬) 목사를 언급한다. 강남대학교 우원사상연구소 편,《우원 이호빈목사의 생애와 사상》(서울: 크리스천헤럴드, 2006), 25-59. 이 책에서는 김교신에 대한 언급이 없다.
7) 최성민, "김교신의 교육사상: 성서연구방법론을 중심으로", (장신대학원 학위논문, 1984), 37.

하였다.[9] 남강 이승훈 선생과 교류가 있었고, 우치무라 간조(內村鑑三)를 존경하여 《성서조선》지 17호를 그 두 분의 기념호로 만들었다.[10] 내촌감삼을 유일한 선생이라고 밝히기도 한다.[11] 일본인 사토 교수, 사이토(齊藤又吉), 동경의 나가시(永井久錄), 오카아사 지로 박사와 친분을 갖고 대화를 하며, 기독교인으로서 사랑의 교제를 나누었다.[12] 그는 특히 소록도의 나환자들의 친구가 되었고, 그 중 문신활 씨와는 신앙의 편지를 주고받는 막역한 관계였다. 그들을 얼마나 사랑하는지, 다음은 그 대목이다. "1935년 3월 16일(토), 편집 조판까지 마친 후에 소록도 통신을 접하였다(본 전집 2권 《신앙론》 102쪽, "나환자의 음신을 받고" 참조). 이것은 주필의 일생에 가장 큰 사변(事變)의 하나이다. 이 일을 지우들께 알리기를 지체할 수 없었다. 반도의 유위(有爲)한 청년들이 복음을 요구하지 않고, 유리한 전도지를 교권자 제씨(諸氏)가 강하게 독점하고자 할진대 우리는 애석할 것 없이 퇴각하여 소록도의 5천 명 친구에게 가리라. 병자라야 의약이 필요하다. 단 면수의 한정으로 인하여 조군의 요한복음이 2면만으로 단축된 것은 미안 천만."[13]

김교신은 가정적이면서 여성의 역할에 큰 비중을 두었다. 유교적 가부장적 구조가 지배적인 시대에 그는 가사를 돕고 대가족을 돌보며 가정을 위한 노동의 삶을 실천하였다.[14] 그는 손수 집을 짓는 건축가, 동

---

8) 오정숙, 《多石 유명모의 한국적 기독교》 (서울: 미스바, 2005), 9, 69. 여기서 유영모는 김흥호, 함석헌, 김교신, 이정호, 서영훈…등 민족 지도자들의 스승이라고 언급한다. 스승이라기보다는 동지로서 학형으로 보는 것이 낫다. 1927년 유영모(37세)는 김교신(28세) 등 성서조선지 동인들로부터 잡지를 하자는 권유를 사양했다고 한다.
9) 노평구 편, 《김교신 전집 5》, 16, 18-28, 129.
10) 노평구 편, 《김교신 전집 5》, 13-14.
11) 김정환, 《김교신》, 209. 재인용, 민경배, 《한국민족교회 형성사론》, 연세대학교 출판부, 1974.
12) 김정환, 앞의 책, 130, 217, 260.
13) 김정환, 같은 책, 279.
14) 임성빈, 앞의 논문, 59-66.

물을 키우고 채전을 일구는 농사꾼으로, 한국 지리 박물학자로서 문화적 소양을 가졌던 것이다. 그래서 문화학자인 김교신은 건축적 용어로서 조선 건설의 희망은 진실한 인물의 출현에 있다고 표현한다. "신뢰할 만한 목수 1인, 그는 정치가 교육가 이상의 대인물이요. 건실한 미장이 1인은 구설(口說)의 종교가 이상의 소망을 우리에게 약속한다."[15]

정구 선수, 농구 감독, 운동을 좋아하고 즐기는 만능 스포츠인으로, 마라톤 선수 손기정을 지도하고, 그를 위하여 응원 지휘함으로써 세계 최고 기록을 낳도록 산파 역할을 하여 인물을 배출한 그였다.[16] 김교신은 인생 후반에 민족의 고난과 함께 하는 순교자의 생을 살았다. 홍남 질소비료 공장에 취직하여 5000명의 강제징용 동포들을 위해 주택과 위생관계 일을 하면서, 교육하고 계몽하며 복음을 전하였다. 해방을 기다리며 제자들을 불러 모으고 새 시대를 준비하려 했다. 해방이 있던 해인 1945년 4월 노동자들 사이에 발진티푸스라는 전염병이 돌자 몸을 돌보지 않고 한 사람이라도 구원하려다가 그만 자신이 병에 감염되어 희생되었다.[17] 그는 해방을 불러오는 예언자로서 직무를 다하며 생애를 마감하는 겨레의 고난 받는 작은 메시야였다.

## 성서관

김교신은 당시의 신학 조류를 알고 있으면서도 보수적 신앙을 견지하였다. 모세오경 저작설의 입장에서 프랑스의 고생물학자 퀴비에(Cuvier)의 말을 인용한다. "모세는 애굽의 모든 지식으로 양성되어, 그의 시대를 초월하여 한 가지 우주 창조관을 후세에 남겼다. 그 정확한

---

15) 임성빈, 같은 논문, 70. 재인용, 《김교신 전집》 2권(1988), 39.
16) 위의 책, 406, 412-413.
17) 김정환, 《김교신: 그 삶과 믿음과 소망》, 175-180. 류달영에게 보낸 편지, 이창호는 이미 홍남에 와 있고, 함석헌, 김종흡, 박희병을 초청함. 참고, 서정민, 《겨레 사랑 성서 사랑, 김교신 선생》, (서울: 말씀과 만남, 2002), 155.

것은 가경할 모양으로 날로날로 증명된다. 생물이 차츰차츰 창조된 순서를 지시함에는 근대 지질학상 연구는 창세기와 전연 일치한다."[18]

성서를 세계 최대의 최고의 책이라고 말하며 귀중한 책임을 주장한다. 성서의 중심이 그리스도임을 말한다. 구약과 신약을 구분하여 구약을 준비의 책, 신약을 완성의 책이라 한다. 구약을 다시 율법(모세의 5경)과 사기(가나안 이후의 생활 12권), 시가(신앙 체험의 기록 6권), 예언(실제의 교훈 16권)으로 나누고, 신약은 그리스도의 출현(공관복음 3권, 요한복음 1권), 복음의 전달(사도행전 1권), 이론과 실천(로마서-유다서 대소 서한 21권), 총결론(묵시록)으로 나눈다.[19]

"신약이 정신이라면 구약은 체형(體型)이다. 레위기의 정밀한 의식에 훈련된 후에 히브리서 제8, 9장을 읽으면 구약과 신약과의 관계가 명료하여질 것이요, 그리스도와 우리 영혼의 관계가 밝아짐이 심대할 것이다."[20] 김교신은 신구약의 관계를 정확하게 말할 뿐만 아니라 그리스도 중심의 해석과 영성에 대한 깊은 통찰력을 주고 있다.

더욱이 출애굽기를 통하여 민족의 현실과 나갈 길, 민족 해방의 대장정임을 제시하고 있다. "과연 성서 66권 중에 이 책(출애굽기)처럼 조선인의 전심전령을 마비시키는 책은 다시 없을 것이다. … 또한 제2장 12절 이하에 미치면 체경(體鏡)을 대함보다 더 방불하게 현하 조선민족의 자태 그것이 나타났음에 놀랄 것이다. 오호라, 고대 이스라엘 민족성이 어찌 오늘 조선의 지게꾼 싸움, 신간회 해소 싸움, 노회, 총회의 싸움 등과 그처럼도 방불하였던고!"[21]

출애굽기가 모세라는 일대 위인을 중심으로 쓰여진 책이라 말하고, 인류에 인도(印度)에 근사한 소(小) 모세가 한 사람이 있는 듯 하다고 하면서, 모세와 같은 진정한 위인을 기리고 있다. 그는 자신이 이 모세

---

18) 노평구 편,《김교신 전집 3》, 17.
19) 위의 책, 15-16.
20) 같은 책, 29.
21) 같은 책, 23.

와 같은 인물이라는 사실(후대 사가)을 모른채, 모세와 같은 위인이 되고 싶어 했다. "홍해를 건넌 유대 백성이 오히려 애굽을 연회하여 마지 않은 것처럼, 우리의 영(靈)도 조석에 애굽의 육(肉)을 연모하여 마지아니하니, 우리도 각기 모세가 되어 가정에서, 자아에서 출애굽해야 하겠다. 해탈해야 하겠다." 김교신이야 말로 우리 민족의 모세의 영성을 가진 존재라고 말할 수 있다.

## 성서신학자로서 김교신

선비로서 김교신의 밑바탕에는 성서 연구와 성서의 진리, 예언자 정신이 있었다. 그는 매일 희랍어로 성서를 읽는 것으로 일과를 삼았다고 한다.[22] 다음은 김교신의 성서의 선지자 문제를 언급한 본문이다.

> 위선지자(僞先知者, pseudoprophetes, false prophet)가 무엇인 것을 알려면, 우선 선지자가 무엇인 것을 알아야 하겠다. 선지자라고 번역한 원문은 prophetes인데, 중국과 조선에서는 '선지자' 라고 번역하였고, 일어 본문 성서에는 '예언자' 라고 번역하였다. 프로페에테에스에 미래의 일을 미리 말하는 자라는 뜻이 있으므로 '예언자' 라고 번역함이 본의에 가까운 듯하나, 이것도 본의의 일면을 표시함에 불과한 것이요, prophetetes에는 그 외에도 하나님의 대언자(代言者), 비등(沸騰)하는 자,[23] '보는' 자 등의 중요한 의의가 포함되었고, 다시 이것을 광의로 해석하면 지도자, 의사, 애국자 등의 내용도 함축되었으니, 적당한 역문을 발견하기 곤란한 자다.
> 프로페에테에스의 이상 모든 내용을 염두에 두면서, 이처럼 인류 사회에 중요한 임무를 가진 자를 가장한 자가 거짓 선지자이니, 고귀한 것일수록 도금, 안조물을 삼가야 할 것도 물론이다. 단 마태복음 7장 15절의 위선지자는 특히 거짓(僞) 기독교 교사로 해석할 것임을 지지하는

---

22) 김정환, 《김교신: 그 삶과 믿음과 소망》, 178.
23) 액체 또는 열정, 정열, 기세 따위가 끓어 넘침을 의미.

이도 있으니(마이엘) 실제 문제로서는 무난할 것이다.[24]

　　김교신은 산상수훈 연구에서 위선지자를 삼가라(마태 7:15-23, 누가 6:43-45)는 강해에서 위선지자의 정의를 내리고 있다. 성경 원어에 대한 이해와 본문 비평적 이해, 시대적 상황에서 예언자가 독립운동 지도자나 의사, 열사, 애국자등을 의미할 수 있음을 암시하고 있다. 예언자의 구약 이해를 충분히 하고 있음을 알 수 있다. roeh(보다, 선견자), nabi(대언자), hozeh(환시자, 예언자)를 이해하고 있다. 또한 마이엘의 주석책을 참고하여 거짓 교사에 대한 이해·적용하여 설명하고 있다. 이를 통해 신학자 김교신의 면모를 잘 보여주고 있다.

　　시편의 연대와 작자에 대하여 설명하는 곳에서 신학적 논쟁거리를 지적하며 학자들의 견해들을 소개한다. "군켈 씨와 같은 이는 기원전 3천년 경의 바빌론, 애굽 등의 문헌으로 연구를 시작하여 소위 유별사(類別史, 양식사)적 연구에 노력하는 반면에, 둠씨와 같은 이는 시편 제137편과 같은 전(前) 6세기 중엽 경의 바빌론 포수시대의 것을 최고의 것으로 단정하고…"[25] 더욱이 김교신은 시편의 우리 성경의 번역에 대하여 문제 삼고 우리의 좋은 번역이 나타나기를 소원하고 있다. 이것은 오늘까지도 아직 실현되지 못하고 있다. "대개 다른 나라에서는 시편의 역문이 너무 우아하여 원문의 의를 도리어 상한다고 걱정들인데, 우리말 번역은 아직도 너무 조잡하여 시가의 맛이 현현(現顯)되지 못하였음은 통탄사이다. 위대한 문학가가 출현하여 이 시편을 우리의 조차지간(造次之間)에도 부를 수 있는 가사로 역출(譯出)하는 날이 속히 오기를 바라지 않을 수 없다."[26]

　　김교신의 신학자로서의 깊은 영성은 무엇보다도 이해할 수 없는 욥, 예레미야, 호세아 등을 잘 이해하여 표현한 데에서 그 면모를 살필 수

---

24) 노평구 편,《김교신 전집 4: 성서연구》, 216.
25) 노평구,《김교신 전집 3》, 140.
26) 노평구, 위의 책, 141.

있다. 특히 호세아를 이해하는 것이 바로 신약의 복음을 이해하는 지름길이라고 말하고 있다. "호세아가 신약적 복음의 선구자로서 인류 구원의 원칙을 여명기에 천명하기 위하여는 이 피눈물(血淚)의 기록으로 된 결혼 생활의 비극이 필요하였다. 반역의 고(苦)와 반역자에 대한 애(愛)의 깊이를 배워야 하였다. 호세아는 결혼생활의 참혹한 비극을 통하여 견디기 어려운 희생을 바쳤으나, 이 생애를 통하여 하나님의 인류 구원의 심원한 비의를 더듬어 찾았다. 남다른 황야에서 인간의 동정과 위로를 받을 수 없는 현대의 호세아들은 마땅히 본서를 깊이 미해(味解)함으로써 그 있는 자리를 허비하지 말도록 힘쓸 것이다."[27]

김교신은 '기도(골로 1:9-12): 골로새 교회를 위하여' 라는 글에서 신약학자, 성서학자로서 주석적 문제를 잘 논술하는 모습을 볼 수 있다.

> 이로써 우리도 듣던 날부터 너희를 위하여 기도하기를 그치지 아니하고 구하노니, 너희로 하여금 모든 신령한 지혜와 총명에 하나님의 뜻을 아는 것으로 채우게 하시고, 우리도—우리도라는 '도' 자는 원문 kai인데 두 가지 해석이 있다. 하나는 우리 역문(譯文)처럼 대명사에 붙여서 우리도—즉 '우리 편에서도' 라고 읽어서 골로새 신도들의 신앙과 사랑, 소망에 대립한다고 보는 설이요, 둘은 대명사에 붙이지 않고 동사에 붙여서 '다시 또' 기도하며 구(求)하여 마지 않는다고 읽을 수도 있다. 바울의 문장에는 제2설의 용례가 많다(로마 3:7, 5:3, 8:11, 24, 9:24, 15:14, 19, 고후 6:1, 에베 6:21, 살전 2:13, 3:5 참조). 그러나 본 절의 해석에는 제1설이 보통이다. '우리' 라는 것은 바울과 디모데이다. 그런즉 골로새 교회를 위하여 기구하는 사람이 다른 곳에도 있는 중에—예컨대 그 교회의 설립자이요, 가장 친밀한 관계에 있는 에바브라—우리도 한몫 담당하고 기구함을 중지하지 않노라고 한 것이다. 성도의 교제는 육신의 여의어 있는 때에도 기도로써 교통하는 것이라야 한다.[28]

---

27) 노평구 편, 《김교신 전집 3》, 212-213.
28) 노평구 편, 《김교신 전집 4》, 240.

김교신의 골로새서 강의에서 신약학자로서 면모를 잘 보여주는 대목이다. 접속사 kai의 이해를 정확하게 하고 있고 유사 용례로 사용된 신약성서의 다른 본문들을 열거하고 있어 해박한 신약 원어 실력을 보여주고 있다. 더 나아가 공동체 골로새 교회의 정황과 그들의 신앙 해석, 그리고 본문 해석을 잘 연결하여 적절하게 설명하고 있다. 김교신은 성서학자로서 성서의 개론적 문제들을 기술하면서 학문성을 띤 신학 저서들을 읽고 신학적 문제들을 거론하고 있다. 요엘서의 저작 연대를 언급한 문장에서 이를 살필 수 있다. "저작 연대에 관하여는 더욱 막연하다. 이를 이스라엘 추방 이전에 두는 이(카메론 씨, 헤스팅 성서사전)도 있고, 이후라고 주장하는 이(홀튼 씨 N. C. B., 피어링 씨 E. B.)도 있다."[29]

김교신의 선비도의 배경에는 깊은 성서신학의 지식과 성서연구가 있었다. 그의 성서 연구는 하나님의 말씀이 살아 움직이게 하였고, 말씀의 보화를 캐내려는 노력을 끊임없이 하였다. 김교신은 탁상에만 앉아 있는 조선 선비가 아니었다. 그는 개화된 조선인으로 세계를 향해 뻗어 나갈 웅지를 가지고 앞선 문명을 가진 일본에서 유학하고 돌아와 한국에 좋은 문화를 만들기 위해 발로 뛰는 선비상을 보여주었다.

## II. 실천 신학자 김교신

### 신앙관

김교신은 한반도 전체 지역을 목표로 한 복음 전도의 비전을 가졌다. "과연 앞섰던 자 뒤 지고, 뒤섰던 자 앞서게 될 것이다. 이미 남만주를 위하여 헌명(獻命)하게 되었으니 또한 북간도와 제주도와 진도, 거

---

29) 노평구 편,《김교신 전집 3》, 217.

제도를 이하여 바칠 형제는 없을까. 심사(深思)할 때 추(秋)인저!"³⁰⁾

김교신은 종말론적 신앙관을 가지고 날짜를 헤아리며 하루하루가 마지막 날인 것처럼 생각하고 살았다. 1933년 4월 18일 일기장에, "나의 출생 후 11,689일 되는 날이다. 단 류영모 선생께 수고를 끼쳐 계산하다."³¹⁾ 그리고 1934년 10월 3일(수) 일기에는 "오늘로 나의 생이 제 12,222일 되다"³²⁾라고 말한다. 그는 매일 자신의 산 날 수를 세며 치열하게 살고 있음을 엿볼 수 있는 대목이다. "당직으로 양정학교에서 유숙하고 깨니, 오늘이 곧 음력 섣달 그믐날이요 또한 나의 제12,345일이다…. 평범하다면 나날이 모두 평범한 것이요, 기이하다면 일생 중의 12,345일도 기이하고 그 전날과 그 다음날이 또한 공전절후(空前絶後)의 신기(新奇)가 아닌 것이 아니다."³³⁾ 그는 예수 믿고 신앙생활한 지 15년 되었다고, 35세 생일에 회고한다. 그 전날(4월 17일[수])은 나의 제12,418일. 그 날자만 기록하고 있다. 바빠서 일기를 쓸 수 없는 날이면 날자와 산 날만이라도 기록하고 있다. 그것은 죽을 날이 멀지 않았음을 알고 있었는지도 모른다. 복음을 위한 순교의 신앙, 죽음을 생각하고 있는 것이다.

올곧은 조선의 선비상을 목표로 하늘을 우러러 부끄러움 없이 산 의인이었다. 그는 일기장을 통하여 자신의 내면의 더러운 것은 정화하였다. 그는 고뇌하는 나약한 인간상은 감추고 바르고 고고한 선비상을 향하여 매진하여 영적 도약을 하였다.

"1935년 4월 18일(목), 제35회의 생일인 동시에 신앙생활 만 15주년인 기념일이다. 우연한 일이지마는 처음으로 교회에 가고 성서에 산 날이 1920년 4월 18일이었다."³⁴⁾ 그는 생일을 이야기하면서 중생하여 태

---

30) 노평구 편,《김교신 전집 5》, 110.
31) 같은 책, 121.
32) 같은 책, 218.
33) 같은 책, 260.
34) 같은 책, 293.

어난 날, 신앙생활하기 시작한 날과 일치한 것을 신기하게 생각하고 있다. 그의 신앙관을 엿볼 수 있는 장면이다.

일상생활에서 김교신은 신앙인으로, 설교자로서 거룩한 생활, 영적 생활을 하였다. 다음은 어떻게 영적 전쟁을 벌이고 있는지 보여준다. "1935년 4월 6일(토) 일기, 오후 2시경부터 밤 10시 반까지 내객(來客)이 교대하여 토요일 오후의 예정이 죄다 틀어졌다. 불신자는 즐겨 토요일 오후를 낭비하나 신자에게는 토요일 가장 성별(聖別)되어야 될 날이다. 특히 주일 설교의 책임을 가진 자에게 그러하다. 4월 7일(일) 오전 중 활인동 장로교회에서 설교. 고린도후서 4장을 해설할 뿐이고 설교다운 설교가 되지 못하였다."35)

그는 자주 새벽에 성구 암송을 하거나 산에 올라 기도를 하고, 저녁에는 가정예배를 드리며 성경을 윤독하였다.36) 상록수의 주인공 최용신 이야기를 듣고 직접 수원 천곡(天穀)에 가서 그녀의 학원, 분묘(墳墓), 비석을 보고, 감동을 받는다. 그리고 '참으로 산 자는 단 하루를 살았어도 영생(永生)한 것이다'37)라고 일기에 쓴다. 최용신의《상록수》를 추천하여 농촌 운동을 일으키며, 제자들을 독려하기 위해 최용신 책을 내려고 한다.38) 계속하여 그녀에 대한 관심을 가지고 신앙 봉사와 농촌 계몽, 청년 운동을 펼치려 한다.39) 또한 신앙서적을 읽고 선교의 비전을 갖기도 한다. "펄벅의《싸우는 사도》(Fighting Angel)를 읽고 소득이 많

---

35) 노평구 편,《김교신 전집 5》, 287-288.
36) 노평구 편,《김교신 전집 7: 일기 Ⅲ》, 22, 99. 동계 성서집회를 위해 새벽 산상 기도를 함, 1939년 12월 1일(금) 일기. 171 참조.
37) 노평구 편,《김교신 전집 7》, 38. 1939년 2월 28일(화), 일기.
38) 노평구 편, 위의 책, 42. 170. 1939년 11월 26일(일), 일기에 최용신 양 소전의 제1회 교정. 1939년 12월 22일(금), 일기, 책을 내고 난 후에 학생이 최용신 양의 영(靈)에 포로가 되었다고 고백하고 농촌에 가겠다고 다짐하는 편지, 179-180 참조.
39) 노평구 편, 위의 책, 234. 수원군 천곡학원 건물이 학원으로 사용되지 못하여 분개하다가 최용신 기념예배당으로 보관된다 하니 일안(一安)이라고 일기에 쓴다. 1940년 5월 4일(토), 일기.《최용신 소전》300책 넣은 궤짝을 경성역까지 자전거로써 운반하는데 성공하여 자못 만열(滿悅)하다고 1940년 12월 14일 일기에 기록하고 있다.

왔다. 딸이 그 아버지인 중국 선교사의 일생을 기록한 것. 이런 딸 하나 둔 것은 여남은 아들보다 낫다 할 것이다."⁴⁰⁾

## 스승으로서 김교신

선생의 인격은 한마디로 '그리스도를 만난 조선의 선비'라고 말할 수 있을 것이다. 선생은 기독교를 '조선 김치 냄새나는 기독교'로 만들 것을 목표로 일생 한국인의 심령에 뿌리를 박은 기독교를 추구했으며, 이를 위해 일체의 '인공적인 부흥의 열'을 배제하고 '천품의 이성과 인간 공유의 양심'을 견지하면서 '냉수를 쳐가며' 냉정한 중에 성경을 연구했다. "조선을 알고, 조선을 먹고, 조선을 숨쉬다가 장차 그 흙으로 돌아가리니 불역열호(不亦說乎)"라고 말한 선생에게서 우리는 진정한 조선 선비의 풍모를 접하게 된다.⁴¹⁾

김정환은 김교신은 가장 이상적인 한국인상을 보여준다고 하며, 한국인의 이상적인 인간상은 바로 선비상(像)이라고 말한다. 이 선비상의 인격적 특질은 학자적 자질, 예술적 기질, 의지적 기질이라고 정의하고, 다시 그것을 설명한다. "학자적 기질이란 삶의 진리 자체를 묻는데 바치는 생애를 이름이며, 예술적 기질이란 마음의 여유를 갖고 사는 생애, 그리고 지사적 기질이란 정의의 실현을 위해 살며 정의가 이루어지지 않을 때는 들에 묻히는 재야적(在野的) 생애를 이름이다.⁴²⁾ 이런 선비로 이퇴계, 신사임당, 전봉준 등을 들면서 김교신은 이 선비 기질을 다 갖고 있고, 종교적 기질과 눈물 많은 다혈기적 기질을 더 지녔다고 밝힌다. 바로 김교신은 선비, 한국의 문화인이었다. 그는 아가페적 사랑, 그리스도의 사랑, 예언자의 파토스를 가지고 있어서 선비로서, 예수 정신의 독립 운동가로서, 민족의 스승으로서, 고난 받는 시대에 메시야의 종

---

40) 노평구 편, 위의 책, 141. 1939년 9월 27일(수) 청, 일기.
41) 노평구 편,《김교신 전집 1: 인생론》, 10. 박상익의 글.
42) 김정환, 앞의 책, 91-92.

으로 나타난 것이다. 다시 말해 그는 문화신학자였다.

    대학의 교수보다, 중·고등학교의 교사가 학생과 더 교육적 관계를 많이 가진다는 사실이다. 1년 동안 같은 반에서 매일 학생들과 함께 하는 교사의 생활은 동고동락하는 삶이며, 예수와 제자들과 3년 반 동가숙 서가식하는 생활을 통하여 제자 사랑을 할 수 있었던 것과 비교할 수 있다. 김교신은 이러한 교편생활을 하였다. 그는 제자들로부터 많은 편지를 받았고, 그 내용을 일기에 소개하고 있다.[43] 더욱이 제자들의 일기를 읽고 학생 지도를 하는 장면은 감동적이다. "1935년 2월 6일(수) 담임반 생도(제2학년)들의 일기를 열독하고 깊이 감동되다. 17-18세 되는 저희들 중에는 실로 가외(可畏)할 만한 분투 노력가가 있고, 예민한 양심에 고통하는 자가 있어, 저희들에게 친근하면 친근할수록 저희를 존경하지 않고는 견딜 수 없다. 장래의 위인들을 저희들 중에 볼 때 나 스스로에게 가편(加鞭)하지 않을 수 없다. 적어도 저희들 담임교사 노릇하는 동안만이라도 나도 분발하여 온고이지신(溫故而知新)하도록 힘쓰고자 결심하지 아니치 못하다."[44]

    특히 김교신은 제자들에게 매일 일기 쓰도록 하였다. 제자 이경종은 다음과 같이 증언한다. "입학한지 얼마 안 되어 김 선생님은 우리들에게 일기쓰기를 권장하셨다. 학급반원 누구나가 다 일기쓰기를 하라는 말씀인데 그 권장하시는 방법이 강제적이었다. 선생님이 한 사람 빠짐 없이 꼭 꼭 검열을 하시니, 아니 쓸래야 아니 쓸 수 없었던 것이다. 이러한 강제적인 일기쓰기의 권장이 계속되기를 약 3년 동안, 그간에 일기쓰기의 참 뜻을 깨닫게 된 학생도 있게 되었고, 그 수효도 점차로 늘어 갔었다."[45]

    제자인 손기정(마라토너)은 "덕으로 가르치는 교사로서 옳은 일이라면 그것을 곧 직접 실천에 옮기는 분"[46]이라 하였고, 구본술은 "투철한

---

43) 노평구 편, 《김교신 전집 5》, 177-178. 188-196.
44) 위의 책, 262.
45) 김정환, 《김교신》, 212. 재인용, 노평구 편, 《김교신과 한국》, 제일출판사, 1972.

관찰로써 대소사물에 대하여 과학적으로 판단을 그르침 없이 하신 것이 비범하셨다"[47]고 하였다. 윤석중은 김교신의 눈물로써 교육하신 분이라 진지한 교육 자세에 크게 감명받았다고 한다.[48] 그는 양정 생도들에게 늘 하던 말이, 나는 농촌에 돌아간다. 'Boys be ambitious!'라고 한다.[49] 농촌 계몽과 개척을 권면하고 청년들이 비전을 갖고 나라와 민족을 변화시키기를 염원했던 것이다.

김교신은 교육가로서 생애(45년)를 보내며 조선의 교육부재, 민족 대학을 세우지 못하는 현실을 한탄하였다. 서당식(훈장) 교육의 인격적 교육이 바른 교육임을 깨닫고 성서연구에도 적극적으로 적용하였다.[50]

## 무교회주의자

유동식은 1930년대 일제말기 식민지 시대가 한국 신학의 정초(定礎) 기라고 한다. 이때의 신앙 유형을 다섯 가지로 소개한다. 기성 교회 평범한 일반 목사들, 이용도와 같은 부흥사들, 외유(外遊)한 이성(理性)파들(송창근 등), 무교회주의자들(김교신 등), 은둔·신비주의자들(원산 백남주 일파) 등이다.[51] 이 신앙 형태가 한국 교회의 전통으로 전승된다. 무교회주의 전통은 당대의 일제시대라는 묵시문학적 상황에서 초대 교회와 같은 신앙을 유지하려는 특이한 교회 형태라고 보아야 할 것이다.

"1935년 11월 17일(일), 오전은 예수전 공부, 오후는 부활사 강당에

---

46) 박명홍,《김교신의 인물론》, 10. 재인용, 손기정, "비범하셨던 스승님",《나라사랑》 17집》(서울: 외솔회, 1974), 107.
47) 박명홍, 같은 책, 10. 재인용, 구본술, "나의 의학공부에 사명감을 주신 스승",《나라사랑》 17집, 113
48) 박명홍, 같은 책, 11. 재인용, 윤석중, "잊을 수 없는 스승", 노평구 편,《김교신과 한국》(서울: 일심사, 1981), 180.
49) 노평구 편,《김교신 전집 7: 일기 III》(서울: 부키, 2002), 241.
50) 임성빈,《김교신의 윤리사상 연구》, 52-58.
51) 유동식,《한국 신학의 광맥》(서울: 전망사, 1990), 119, 131.

서 "무교회주의란 무엇인가, 누가 무교회주의자이냐"라는 제(題)로써 서론 제2강을 말하다. 수년 전에 〈신학지남〉지에 논평되었던 말이 적중되어, 조선 최초의 무교회주의자로 지목받던 최태용 씨는 교회인이 되어 버렸고 '양정고보의 김교신 씨와 〈성서조선〉지의 필자 몇 사람들'이 무교회주의자로 남았으니 '무교회주의란 것은 내가 말하는 것이요, 무교회주의란 곧 나라' 고 하여도 무방할 터이지마는, 무교회주의란 것은 강제건 선생의 전도지에 기록한 것이면 족하며, 무교회주의자란 강제건 옹이요, 스데반이요, 루터요, 사도 바울이요, 예수 자신이 또한 무교회주의자라고 말하다."[52]

김교신은 요나의 니느웨성 예언 사역을 인용하며 무교회주의와 관련한 구원의 문제에 대하여 잘 설명하고 있다. "루터 이후의 프로테스탄트 도(徒)가 구원 받을 것은 로마 천주교도들께는 오늘까지도 오히려 불가사의의 사실인 것처럼, 무교회 신도가 구원 받는 일이 교회주의의 신학도에게는 일대 의문이 되는 것과 마찬가지의 심리 작용이다. 그러나 하나님은 전설에도 얽매이지 않고 신학에도 포수(捕囚)되지 않는다. 12만의 어린이와 가축을 아끼시는 하나님은 또한 교회 밖의 신도도 구원하지 않고는 마지않는 하나님이시다. 오늘날 현대에도 아직까지 '교회 외에 구원이 없다' 고 직업 근성을 발휘하는 자가 있음을 볼 때에 멀리 기원전 4-5세기경에 이미 이방에까지 구원이 균일하게 임함을 사실로써 증명한 요나서의 가치는 심대하다 할 것이다. 본서가 구약 중의 신약이요, 복음 전(前)의 복음이라는 일컬음을 받는 소이(所以)가 여기 있다. 교회 밖에 구원이 없다고 외치는 자기 최면에 걸린 혹세무민의 무리는 니느웨성이 구원 받은 사실을 재독(再讀)할 것이다."

김교신은 갈라디아서를 설명하면서 이 책이 마틴 루터가 종교 개혁을 가능하게 했던 책이라고 말한다. 종교 개혁을 발화(發火)하게 한 책이고, 무교회주의 독본을 한 권 들라고 하면 이 갈라디아서를 들 수 있

---

52) 노평구 편, 《김교신 전집 5》, 420.

다고 한다.⁵³⁾ 중세 교회의 교권을 무너뜨리고 원시 복음교의 생생한 신앙으로 돌아갈 수 있게 한 책으로, 모든 율법주의, 의식주의, 형식주의를 거부하고, 업보(業報)와 성찬예식 강조, 신학교 대문 강조, 교권 복종 강요를 탈피할 수 있는 초대 기독교 신앙, 바울의 신앙, 무교회자들의 신앙을 잘 표현해 준 책이라고 본다.

오승태는 무교회적인 신앙을 소지한 사람은 구약의 뭇 예언자를 비롯하여 예수, 루터, 키에르케고르 등이었다고 한다. 무교회 신앙의 본질은 속죄 신앙이며 부활 신앙이며 재림신앙이라고 말한다.⁵⁴⁾ 함석헌의 증언에서 무교회의 신앙이 무엇인지 잘 보여준다. "기독교는 논할 것이 아니라 생활할 것이다. 교회문제는 학문적, 사상적 태도로 임할 것이 아니라 실천적 태도로 임해야 할 것이다. 실천적 태도로 임할 때, 교회 문제는 지극 중대한 신앙의 근본에 관한 문제가 된다. 기독교는 지금 무교회 문제를 과제로 하여 하나의 성장의 단계에 이르고 있다. 무교회주의는 이론적 주장이라기보다는 역사적 주장이기 때문이다."⁵⁵⁾ 무교회주의 신앙의 중심에는 교회의 개혁보다는 성서의 진리를 배우고 그리스도의 족적(足跡)을 따르려는 입장 때문이라고 말한다.⁵⁶⁾

함석헌이 신앙의 문제, 역사의 문제라고 지적하고 있다. 더 나아가 시대적으로 일제 제국주의 통치라는 상황에서 신앙을 유지하며 민족의 영혼을 구원하기 위한 가벼운 몸은 조직의 옷을 입고 신앙 운동을 하는 것보다 비가시적 교회, 무교회주의가 영적인 구원, 나라의 독립을 위해선 불가피한 선택이었다. 따라서 역사적으로 그가 무교회주의자이기 때문에, '성서조선' 문서 운동을 통한 독립운동이 가능하였다. 일제의

---

53) 노평구 편,《김교신 전집 3》, 380.
54) 김정환,《김교신》, 196. 재인용, 오승태,《김교신과 무교회 신앙》(上·下)〈聖書硏究〉, 제258-9호, 1976년 5-6월.
55) 김정환,《김교신》, 217. 재인용, 함석헌·김교신 공저,《내촌감삼과 한국》(성서조선사, 1940).
56) 노평구 편,《김교신 전집 2》, 249-250.

한국 기독교의 상황에서 종교와 신앙이라는 구조적 틀에서, 애국적 신앙인에게 일제가 핍박하는 교회와 사람, 조직적 제도를 넘어설 수 있는 신앙 형태는 무교회적 신앙이었다. 따라서 일제의 탄압이라는 상황을 극복할 수 있는, 무교회주의는 역사적 주장이라고 볼 수 있다. 이 무교회주의는 신앙의 위기에서 나온 구약의 바빌론 포로 신앙이라 말할 수 있다.

이 무교회주의 운동은 그리스도의 교회, 현재 그리스도의 교회 운동과 맥을 같이 한다고 볼 수 있다. 그리스도의 교회가 추구하는 신앙은 초대 교회, 사도행전의 사랑과 성령의 운동을 추구하는 본질을 회복하는 신앙이다.[57] 그리스도의 교회는 인간성과 진리성, 자유와 일치, 하나님 나라와 신약 교회에서 일탈하는 제도와 조직, 인위적인 작위와 신조들을 거부하고 복음의 자유로 환원(還元)을 강조한다. 일제 시대에 참된 신앙을 갖기 위해 무교회주의라는 옷의 선비 신앙으로 치열하게 영적 생활을 한 김교신, 그는 사도 바울이며, 사도 요한이며 속사도 폴리캅이었다.

### 겨레 사랑

조선 민족을 사랑하는 길이 성서를 조선에 주는 길이라 생각하고 성서조선 잡지를 창간하고 발간한다. 그는 성서 조선에 대한 열정이 겨레를 사랑하는 만큼 남달랐다. "은과 금은 내게 없거니와 내게 있는 것을 네게 주노니 성서조선을 받으라는 것이다." 그것은 창간 10주년을 당한 오늘까지 제99호인 금월 호까지 모조리 결손 출판이라는 사실이다. 우리가 천국에 입참할 아무 자격도 구비치 못해서 지옥에 떨어지게 된대도 이 성조지 출판의 결손 보고서만은 인간 앞에나 예수 앞에나 내

---

57) 이은선·이경 편,《이신의 슐리어리즘과 영의 신학》(서울: 종로서적, 1992), 263-282. 터커 편저, 김익진 역,《환원운동의 역사: 초대교회 복귀》(서울: 태광, 1987), 13-80.

가 휴대하리라

1942년 성서조선 사건으로 선생과 그 동지들이 옥고를 치를 때 취조에 나섰던 일본 경찰들이 그들에게 한 말은 역설적으로 선생이 일생 추구한 목표가 무엇이었는지를 잘 요약해 주고 있다.

"너희 놈들은 우리가 지금까지 잡은 조선 놈들 가운데 가장 악질적인 부류들이다. 결사니 조국이니 해가면서 파뜩파뜩 뛰어다니는 것들은 오히려 좋다. 그러나 너희들은 종교의 허울을 쓰고 조선 민족의 정신을 깊이 심어서 백년 후에라도, 아니 5백년 후에라도 독립이 될 수 있게 할 터전을 마련해 두려는 고약한 놈들이다."[58]

김교신이 활동하던 시대는 묵시 문학적 상황이었다. 요한계시록이 기록되었던 시대와 비슷한 상황이었다.

> 1935년 4월 25일 (목) 송두용 형이 내방하여 여러 가지 기묘한 사실을 보고하여 주었다. '어디로 가느냐?'고 묻는 경관에 대하여 '인천으로 갑니다' 라고 대답하면 인천도 수만 인구가 사는 대도회인데 '인천 어디로 간단 말이냐?' 하곤 경을 치며 '네 가진 보따리가 무엇이냐?'고 물을 때에 '먹을 것이올시다' 라고 대답하면 '먹을 것에도 밥도 있고 떡도 있지. 그런 대답 버릇이 어디 있어?' 하고는 따귀를 부치고. 맞을까 두려워 무의식적으로 팔을 눈두덩에 들면 관헌에게 저항하려는 행동이라고 하여 포승으로 결박 구인되었다는 등등 실화. 콧구멍이 둘이 있어서 참고 견딜뿐더러, 송형은 이 일로 인하여 친구의 심회에 동정할 수 있고, 주 예수 그리스도를 좀 더 깊이 이해할 수 있었음을 감사하여 마지 아니하니, 실로 처치에 곤란한 자는 신앙에 살아 있는 기독자로다. 저들은 어떤 경우에든지 상처를 받지 아니한다."[59]

성서조선지를 만들기 위해 얼마나 동분서주하였는지 그의 일기를 통하여 알 수 있다.[60] 자신의 희생과 노력으로 민족이 살 수 있는 길이

---

58) 노평구 편,《김교신 전집 1》, 212.
59) 노평구 편,《김교신 전집 5》, 303.

라 생각하고 사명감이 아니었으면 원고를 쓰고, 조선총독부로 도청으로, 인쇄로 학교로 이동하며 교정하고 조판하고 발송하는 일인 다역을 해낼 수 있었겠는가. 그의 역사 문화 신학자로서 문서 작업으로 민족의 신앙인, 역사의 소수 남은 자를 통하여 구원의 역사를 만들어가겠다는 의지가 아니고 무엇이겠는가.

김교신은 일제시대에 신앙인으로 나라를 어떻게 구원할 수 있을까 고민하며 성서 연구에 매달렸다. 그가 애국자로서 삶을 살았다고 제자들과 지인들이 증언한다.[61] 성서조선은 순수한 조선산 기독교 해설과 함께 조선에 대한 사랑의 표현 통로라고 말한다. 김교신의 애국의 초점은 신앙에 있어서 강렬한 민족애가 그의 신앙 사상의 대맥락을 이루고 있다고 본다. 그는 기독교인 동시에 한국인으로서 약소 민족의 쓰라림을 민감하게 체험한 이상주의자였다.

## III. 문화신학자 김교신

김교신은 지리학자, 박물학자로서 서구 정신과 신학을 추구하는 신학자가 아닌 조선의 선비로서 한 멋진 삶을 산 한국 문화신학자였다. "김 선생은 학문 그 자체가 완전히 자신의 인생과 하나가 되어 있는 분이었다. 이러한 자세는 그의 정신적 스승인 우찌무라, 동문 야나이바라(矢內原) 등에게서도 볼 수 있다. 이들은 익히 알려져 있는 바와 같이 무사도 기질 위에 기독교를 소화해서 지니게 된 사람들이다. 무사도 기질이란 무엇인가? 한마디로 주군을 위해서 깨끗하고 충성된 죽음을 택하려고 벼르고 있는 자세를 말한다. 김 선생은 이 분들에게서 성경 강의를 들었고, 그들은 김 교신을 옛 주군이 가랑(家郞)을 사랑하듯 만강

---

60) 노평구 편,《김교신 전집 6》, 398-399.
61) 박명홍,《김교신의 인물론》, 44-45. 오승태, 김종해, 김성진, 시내원(矢內原) 등이 증언한다.

(萬腔)으로 사랑했다."62)

김교신은 학문의 결과가 구도(求道)의 삶으로 나타났다. 학문과 삶이 별개로 구별되지 않고 학문이 곧 삶으로 나타났다.

"김교신은 학자적 기질의 소유자였고, 꼼꼼하게 사리를 밝히며 원리·원칙을 잘 챙기는 일면이 있었다. 무교회 클럽이 학자들의 모임이라든가 또는 학자적인 사람들의 모임이라는 말을 세인들은 곧잘 하는데, 이런 모임에서도 특히 김교신과 함석헌은 그 대표적인 인물이었다."63)

김교신이 일본에서 유학하면서 영문학에서 지리·박물학으로 옮긴 것도 나라와 겨레를 사랑하는데서 비롯되었다. 지리 시간을 통하여 한반도 금수강산을 감동 깊이 설명해 주고 이순신이나 세종대왕의 위업과 애국심을 생생하게 일러 주었다.64) 한국 문화와 역사를 사랑하는 마음이 지리 박물학의 관심으로 나타난 것이다.

김교신은 지리학자, 박물학자로서 성서 해석을 하는데 뛰어났다. 솔로몬의 지혜를 설명하는 열왕기상을 기술하는 단락에서 그의 지식을 백분 활용하여 필치(筆致)를 펼친다. "솔로몬은 대왕 다윗의 위(位)를 이어 즉위하면서부터 평화로운 중에 유대 유사 이래의 최대 강역과 충렬한 공후장졸(公侯將卒)을 향유하였을 뿐더러(왕상 4:1-28 및 9, 10장), 생래로 현명하여 하나님의 총애와 백성의 신망이 독후하던 위에(3장), 학식의 수련이 넓고 깊어 잠언 3천과 시가 1005수를 불렀고, 식물학에는 현화(顯花)식물의 송백류(松柏類)로부터 은화(隱華) 식물의 선태류(蘚苔類)에 이르기까지, 또 동물학에는 포유류, 조류, 어류로부터 파충류와 기타 일반 포복하는 하등동물에까지 연구가 미쳤다 하니"(4:29-33).65)

지리학자로서 김교신은 이사야를 비유하면서 유명한 산을 언급한다.

---

62) 김정환,《김교신》, 58.
63) 김정환, 같은 책, 93.
64) 노평구 편,《김교신 전집 별권》, 357-358.
65) 노평구 편,《김교신 전집 3: 성서 개요》, 84.

"예언서란 어떤 것인가. 공맹의 도는 중국과 만주의 대평원같이 평탄하고, 석가의 불교는 인도양같이 심원하다 하면, 인생에 나서 이러한 문학을 읽을 수 있었음도 물론 크고 또한 깊은 행복이요 감사가 아닐 수 없다 마는 백두산이 없는 만주 평야, 히말라야 산맥이 없는 중국, 인도 평야나 인도양, 알프스 연봉(連峰)이 없는 구주 평야와 지중해 등을 생각해 보라. 조선반도의 백두산, 아시아주의 히말라야, 구주의 알프스 등이 지평선 위에 우뚝 솟은 것처럼 인류가 소유한 모든 문자 중에서 운표(雲表)의 세계에까지 쑥 솟아올라온 연봉들이 곧 예언서의 일군(一群)이다. 실로 평원의 나라에 생장한 이들은 '남아 한 번 고려국에 나서 금강산을 보고지고' 라고 하였다."[66]

아모스를 기술하는 김교신은 드고아 지역을 설명하면서 우리 북한산 백운대 높이와 같다고 말할 정도로 우리 문화 지리에 달통한 사람이었다.

"드고아는 예루살렘 남쪽 12마일쯤 되는 고원지대의 소읍이었고 현재도 그 이름대로 부른다고 한다. 해발 2천 7백 피트(척[尺]), 북한산 백운대의 높이와 상등에 달하는 산악지대요, 남, 서, 북으로 석회암 산령이 이어지고 동으로 사해의 험곡을 내려다보는 지점이다."[67] 그는 지리 시간 수업에서 노량진 육충신묘(六忠臣墓)와 향주 덕양산의 권율 도원수의 사적을 다루었고(1937. 9. 7), 하와이 몰로카이 도(島)와 신부 다미앙을 말하면서 우리 소록도(小鹿島) 이야기를(1937. 10. 11), 북지(北支)의 자원의 전부보다 곡부산(曲阜産) 공자(孔子)가 더 크다는 것(1939. 2. 13)을 가르쳤다.[68]

김교신은 조선박물연구회에서 단체로 명지산 식물 채집하러 다니기도 하고,[69] 자주 천문학에도 관심이 많아 직접 밤하늘 별을 구경하기도

---

66) 노평구 편,《김교신 전집 3》, 162.
67) 위의 책, 220.
68) 김정환,《김교신》, 94.
69) 노평구 편,《김교신 전집 7》,131-132. 1939년 9월 9일(토), 9월 10일(일), 일기.

한다. "일몰 후의 서천(西天)에서부터 동천(東天)으로 수성, 금성, 화성, 목성 등 형제 유성들이 릴레이 선수들처럼 나란히 하여 달음박질하는 광경이 하도 찬란하여서 가인(家人)들과 함께 구경, 찬탄하다"(1935년 5월 16일(목) 일기).[70] 가족들과 함께 멋을 내는 모습은 그의 문화 신학자로서 면모를 보여준다. 뿐만 아니라 일기에서 자주 저녁 하늘을 보며 하늘의 뜻과 기운을 읽는 작업을 한다. 우치무라 선생 기념강연회 준비를 마치고 저녁 일기를 다음 같이 쓴다. "초저녁 서천에는 목, 토, 금, 화의 제 혹성이 찬연히 나열하였다. 무엇을 위하여 저다지 찬란한 영광일꼬!"[71] 어디를 보나 김교신은 문화인이요 교양인 지식인으로서 어두운 하늘에 빛나는 샛별이었다. 이처럼 멋진 선비가 어디 있는가.

그의 역사관은 무엇이었는가. 그는 하나님의 섭리를 보는 구속사적 사관을 가졌다.

김정환은 김교신의 생애와 사상의 민족 정신사적, 민족 교육사적의 의의를 든다. "첫째는 민족적 기독교의 이념의 탐색 및 생활화요, 둘째는 종교적 신앙과 교육적 실천의 이상적인 조화요, 셋째는 교육에 있어서의 인격적 감화력의 절대성의 현시(顯示)요, 넷째는 개인잡지를 통해서 소신을 밝힘으로써 민족 사회의 온 성원을 교육의 대상으로 포섭한 일이요, 끝으로 그의 동지, 독자들을 통하여 자신의 사상을 다음 세대에 계승·발전시킨 코이노니아의 육성이라고 필자는 생각한다."[72]

일제 시대의 다양한 독립운동, 서재필, 이승만의 외교 독립운동이나, 안창호의 인격혁명, 김성수의 민족 경제 독립운동, 김구의 무력항쟁운동, 이승훈의 교육입국 운동 등이 있었다. 하지만 김교신의 성서조선 운동은 세속사적인 독립운동보다 차원 높은 것이다. 김교신은 민족의 섭리사적 존재 이유를 찾으려 했다.

---

70) 노평구 편,《김교신 전집 5》, 315.
71) 노평구 편,《김교신 전집 7》, 215.
72) 김정환,《김교신》, 26.

민족을 통해서 신의 섭리를 자각하고, 민족을 통해서 세계사의 발전에 이바지해야 한다는 그의 생각, 이것은 되풀이 음미돼야 할 귀중한 사상이며, 사실 필자는 이것이야 말로 그의 민족정신사적 업적 중에서도 가장 큰 것이라고 여기고 싶다.[73]

김교신은 성서를 통해 당시의 역사적 상황을 파악할 수 있었고, 곧 해방의 역사가 펼쳐지리라는 것을 예견하였다. 다니엘서를 설명하면서 느부갓네살 나라와 다리우스의 왕위의 운명이 일본 정부의 쇠운과 연관되었다는 것을 암시하고 있다.

"대개 나라가 팽창하여지면 영역이 확대되는 만큼 국내의 민족과 사상도 복잡하여지며 그 복잡다단의 도(度)가 지나게 되면 국가는 다시 와해 분열의 길을 더듬게 된다. 그 와해의 운세를 당면하였을 때에 최후의 힘을 다하여 여광여취(如狂如醉)의 태(態)로써 통제만회(統制挽回)의 책(策)을 꾀하려고 함은 동서고금의 국가가 일양(一樣)이다. 느부갓네살의 나라와 다리우스의 왕위가 그랬던 것과 같이 동양의 문제를 일으키는 금후의 모든 국가들도 저들과 꼭 같은 운명을 면치 못할 것은 조만간의 사실이니, '교만은 패망케 하고 오만한 마음은 전도케 하느니라'(단 16:18)고."[74]

일제의 신사참배 강요와 군국주의, 제국주의 식민 통치의 결과가 어떻게 될 것이라는 사실을 잘 보여주고 있다.

김교신은 역사의 흐름을 보면서 가만히 기다리지 않고 하나님 나라를 이 땅에서 만들어 가는 작업도 하였다. 그것은 그의 일기에 장도원 목사의 편지를 소개한 글에서 알 수 있다. 장 목사는 성서조선 운동을 벌여나가는 방법을 제시하며 구체적으로 열거한 것을 통해 알 수 있다. 일본 내지 전도, 만주 전도, 조선 내지 설교, 전도 등, 성경 야학, 부인

---

73) 김정환,《김교신》, 27.
74) 노평구 편,《김교신 전집 3》, 202-203.

주학 등 말하며 성서조선의 발전을 축원한다.[75]

## 역사가로서 김교신

김교신은 틈나는 대로 역사 문화 탐방을 하며 유적지에 대한 역사의 혼을 불태웠다. "노량진 육신묘로부터 신림리 계변까지 걸으면서 양녕 대군 묘와 강감찬 낙성대 등의 사적을 탐승하니 노정 약 20여 킬로"(1934년 9월 16일(일) 일기).[76] "'물에 산에', 청량리에서 만나 중랑교를 지나, 망우현을 넘어 동구릉에 참배. 영흥(永興)의 뢰가 황무한 듯이 우거진 태조능 아래에서 약수를 마시면서 일행의 영웅심을 관개(灌漑)하고, 영조대왕릉 아래에서는 왕후 김씨의 초범(超凡)한 일화를 이야기하니 왈, 꽃 중에는 면화꽃, 제일 높은 고개는 보릿고개, 제일 긴 것은 길, 처마의 낙수자리로써 기왓골 수를 계산하셨다고"(1934년 9월 23일(일) 일기).[77] 망우리에 얽힌 역사지리를 소개하는 대목은 그가 얼마나 한국 역사에 박학 박식하였는지 보여준다.[78]

함석헌의 역사 기술을 보면서 눈물 흘리는 예레미야 김교신, 그는 조선의 눈물의 예언자였다. 수난의 역사를 보면서 한 없이 흘리는 눈물은 역사의식을 가진 사람들의 몫이었다.

> "인쇄소에 가서 교정, 함형의 조선역사 500년(제4회 임진란의 부분)을 교정하면서 자주 눈물을 씻으니, 인탁(隣卓)에서 교정하는 이들이 나를 기이히 보는 모양이나 할 수 없다. 크리스천은 자기 자신을 위하여 회개할 뿐더러 동포 형제의 죄를 위한 참회가 없을 수 없으며, 다만 현재의 가족과 동포의 일뿐이 아니라, 멀리 조상 유전의 죄의 씨를 위하여도 절실히 회개하지 않을 수 없다. 300년은 결코 먼 과거가 아니다. 우

---

75) 노평구 편, 《김교신 전집 5》, 296-299.
76) 노평구 편, 위의 책, 214.
77) 같은 책, 217.
78) 같은 책, 263. 1935년 2월 10일(일), '물에 산에'.

리에게 아담의 원죄를 설명하여도 감당치 못하는 수 없지 않으나, 의주까지 피난하면서도 동인, 서인의 당쟁만 일삼고, 하나님이 주신 시련의 찬스를 헛되게 유실한 우리 조상들의 뿌리 깊은 죄악을 책망 받음은 나의 아침에 지은 죄를 저녁에 견책 당함과 추호도 다른 것이 없다. 영웅적 역사 이야기를 적어 반드시 청소년들을 분발(奮發)하게 하려면야 하필 기독자인 함석헌 형을 요하랴. 마는 이 망한 백성의 병원(病原)을 깊이 타진(打診)하여 그 뇌척수에까지 하나님의, '말씀'으로써 투사하려니 「성서적 입장에서 본 조선역사」가 있게 된 것이요, 이 강한 빛에 비추어 알고 보니 눈물이다."[79]

일제의 핍박이 심할수록, 묵시문학적 어두움의 상황이 놓일 때 '성서 조선'에서 조선총독부의 검열을 피하여 독자들에게 행간의 뜻을 전달하려고 했다.[80]

'본지 독자에 대한 요망'이란 칼럼에서 김교신은 독자들에게 5가지 주문을 한다. 독서력과 구신약성서 통독, 행간의 의미 파악, 성서 본문과 현 세계관 파악, 기도하는 마음, 선심(善心)으로 구독해 달라는 요구를 한다.

세 번째 주문으로, "본지 독자는 문자를 문자 그대로 읽는 외에 자간과 행간을 능히 읽는 도량이 있기를 요구하는 때가 종종 있다. 이는 학식의 문제가 아니요, 지혜의 문제이다. 불학무식한 노농(老農)과 초부(樵夫)라도 이 지혜를 가진 이는 풍부히 가진다. 옛날부터 참된 것, 옳은 일, 바른 말들은 적나체로 드러내지 못하고 무슨 표의(表衣)를 입고 나타나는 수가 많다. 신약성서의 묵시록은 그런 종류의 문자 중에 가장 현저한 것이다. 정도의 차는 있으나 본지도 일종의 묵시록이라 할 수 있다. 지금 세대는 비유나 상징이나 은어가 아니고는 진실한 말을 표현할 수 없는 세대이다. 지혜의 자(子)만 지혜를 이해한다."[81] 역사의 어둠

---

79) 노평구 편,《김교신 전집 5》, 331. 1935년 5월 29일(수), 일기.
80) 왕대일,《묵시문학 연구》(서울: 대한기독교서회, 1997), 29-48, 70-80.
81) 노평구 편,《김교신 전집 1》, 326.

이 짙었을 때 성서 조선을 발행하며 독자들과 함께 역사의 방향을 내다보며 함께 지혜를 모아 시대를 깨우는 작업을 하고 있음을 엿볼 수 있는 대목이다. 성서 조선지도 결국 압수되는 상황이 도래하고 있었다.[82] "소록도 소식에 의하건대 거기서도 성조지가 압수되는 모양이어서 재송(再送)한 93호도 받아 볼 수 없었다고 한다"(1936년 12월 12일, 토).[83] 이 사건은 나중에 성서 조선지에 폐간(前例)가 되었다.[84] 성서조선지는 신앙 잡지였지만 독립운동 밀지(密旨)보다 더 강력한 역할을 사람들에게 하였다. 신앙을 통한 역사의식 고취, 하느님의 역사(役事)하심을 고대하는 역사가의 비전이 있었다. 민경배는 민족 교회사를 공부하면 할수록 그 주류와 명맥은 김교신 밖에 없다고 고백한다.[85] 나라 사랑의 길이 조국 한국에 성서와 신앙을 심는 일이라 생각한, 한국의 교회사에 길이 기억해야 할 예언자라고 밝히고 있다. 그는 한국 교회 사상 그 유례를 다시 찾기 어려운 독보적인 공헌을 한 민족 교회 형성 과정에 남기고 간 위대한 인물이며, 민족교회의 원형을 제공했다고 논술하고 있다.

### 문화관

유동식은 한국의 종교사는 불교, 유교, 기독교 등 세계 종교의 수용과 발전의 역사였다고 하며, 이것을 발전시켜온 한국인의 영성은 하나로서 이르기를 풍류도라고 이른다.[86] 한국 문화는 풍류도라 하고 예술

---

82) 노평구 편, 《김교신 전집 7》, 347. 「성조통신」을 폐지하고 성서 주해나 학구적인 것만 싣겠다고 한다. 1941년 3월, 146호에서.
83) 노평구 편, 《김교신 전집 6: 일기 II》, 141. 이때는 나병인에 대한 차별 대우로 빼앗음.
84) 노평구 편, 《김교신 전집 7》, 388. 카타야마 데츠 형에게 보낸 편지에서 잡지가 폐간되어 복간될 가능성이 없고, 구호까지 한 책 안 남기고 압수 처분되었다고 알림 (1943년 3월 30일, 편지).
85) 김정환, 《김교신》, 194.
86) 유동식, 《풍류도와 예술 신학》 (서울: 한들출판사, 2006), 12.

문화, 민중 신학, 종교 신학으로 표출된 한 멋진 삶이라고 한다. 이런 의미에서 풍류인으로서 문화신학자는 김교신이었다.

문화신학자로서 김교신은 종교간의 대화에 적극적이었다. 1930년 10월 20일(월) 일기에 다음과 같이 기록하고 있다. "오후 5시에 중앙청년회관에서 유, 불, 기, 천도교 등 각종 종교 신도들의 간친회(懇親會)가 있다는 통지 있었으므로 다대한 기대와 호기심으로써 병을 무릅쓰고 이 회합에 참렬(參列)하였다. (중략) 조선의 음악, 조각, 건축, 시가, 전설, 명산, 대천, 사적, 도성 그 어느 것이 깊은 유래를 불교에 두지 않음이 없다. 조선이 가진바 위대하고 영구한 것은 전혀 불교의 소산이라 하여도 과언이 아닐 것이다. 종교를 무시하는 자는 우선 조선 역사를 상고(詳考)하여 볼 것이다. 종교로써 설 때에 반도에 위대한 민족이 살았던 것이다. 종교 없이 설 때에 그 존속 여부가 위태하리만큼 소약(小弱)한 백성이다."[87]

김교신은 일기(1939. 1. 9)에서 조천(早天)기도회를 위해 저녁에 찬송가 연습을 하였다고 하고, 이틀 후에 북한산 오르다가 '푸러리'는 돌아가고 노적봉, 백운대, 상운사, 태고사, 보국문으로 가서 정릉에서 귀환했는데 '푸러리' 개가 왼쪽 뒷발이 상해서 설상(雪上)에 붉은 피가 흘려서 애처로웠다고 기록하고 있다(1월 12일). 그는 식물 동물과 하나 된 자연친화적 문화인의 모습을 보인다. 농산물을 맛보며 표현한 문장은 문화 신학적인 명문이다. "토마토의 진미를 상찬하면서 가나의 혼연(婚宴)을 생각하다. 나중에 상쥬(上酒)를 주던 것처럼 지금 토마토를 먹을 수 있는 일이 신기하다."[88]

### 한국 신학의 토착화

김교신은 한국 신학의 토착화 작업에 대하여 강조하며 성서를 조선

---

87) 노평구 편, 《김교신 전집 5》, 28-29.
88) 노평구 편, 《김교신 전집 6》, 283-285. 1937년, 9. 25(토) 일기.

위에라는 기치를 내걸고 평생의 사명으로 알고 그 일을 하였고, 한국 문화 신학을 할 인물을 고대하였다. 최태용 환영회를 하는 날(1933년 6월 4일[일] 일기), 그를 극찬하면서 조선 기독교를 세울 인물이라 평가한다. 마라톤 선수보다 한 전도자가 더 귀하지만 조선에는 홀대 받고 있다는 사실을 통탄하며, 조선 기독교, 한국적 신학, 토착화 신학을 강조하고 있다.

> 1인보다도 2천만이 가련하여 못 견딜 일이다. 반도에 기독교가 포교된 지 반세기에 처음으로 외국 세력이나 조직, 기관 등에 의지함이 없이 조선 스스로가 바치는 전도자 하나가 섰다. 금후의 반도 영계에 처음으로 기골 있는 사람을 보리라.[89]

그는 복음과 문화가 다른 것을 내촌감삼과 비교에서 보여준다. 조국과 문화와 시대적 상황이 다른 것, 그리스도와 문화(민족)와 관계성의 다른 점, 내촌감삼이 애국자이듯 김교신도 애국자이기 때문에 서로의 조국이 다른 점 등에서 일본적 기독교와 조선적 기독교의 차이와 신앙의 동일성을 분별하였다.[90] 그가 생각하는 민족 기독교가 조선인의 척골을 세우고 혈액을 만들어야 한다고 본다. 그는 조선인의 기독교, 한국 문화적 기독교를 추구하고 만들려고 일평생 고민하며 애썼다.[91] 그는 반 선교사적, 토착적 신학 형성을 민족 기독교의 이상 구현이라고 생각하였다.[92]

김교신은 성서를 해석함에 있어서 한국 문화의 단편을 인용하여 사용한다. 룻기를 설명하면서 춘향전과 심청전을 비유하여 비교한다.

---

89) 노평구 편, 《김교신 전집 5》, 128.
90) 김준봉, "성서조선에 나타난 김교신의 기독교", (아세아연합신학연구원 학위논문, 1992년), 92-96. 내촌감삼과 김교신, 이들은 둘다 소위 민족적 기독교를 주장하나 어디까지나 세계를 위하고 그리스도를 위하고 하나님을 위한 것이다(96).
91) 김준봉, 앞의 논문, 116-133참조.
92) 최성민, 앞의 논문, 81.

"자고로 춘향전을 읽음으로써 남녀가 눈물을 뿌리고, 심청전을 구전함으로써 노소 찬탄의 심금을 맞추어 울리던 조선 백성으로서는 정렬과 효성을 일신에 구현한 룻의 행적을 통찰하는 감각이 각별히 예민함에 계급의 별(別)과 지우(智愚)의 차를 논할 여지없을 것은 차라리 당연한 일이라 할 것이다."[93]

김교신은 아가서를 해석하면서 우리 문학의 사랑 노래를 비교하며 비유하고 있다. "'나의 사랑하는 자는 나의 것이요, 나는 저의 것이로다…' 운운하니 오늘날 우리의 아리랑이나 유행가곡과 다를 것이 없다. 다 같이 '우리 님을 그리워한다' 하며 '이 몸이 죽고 죽어 일백 번 고쳐 죽어 백골이 진토되어 넋이라도 있고 없고, 님 향한 일편단심이야 가실 줄이 있으랴' 하며, 혹은 '천만리 머나먼 길에 고은님 여의옵고 내 마음 둘 곳 없어 냇가에 앉았으니 저 물도 내 안과 같아 울어 밤길 예노고야' 라고 하나, '님'이라는 자의(字意)에 의하여 묘령의 창녀를 불사이자사(不思而自思) 하는 화랑(花郞)도 될 수 있고, 또한 불운(不運)에 절개를 불변함이 낙락장송과 같은 만고의 충신을 그 글 속에 찾아볼 수도 있는 바이다." 그는 성서 이해를 우리 문학과 문화, 역사, 동양 사상의 근간에서 하고 있음을 볼 수 있다.

김교신은 동양 사상과 철학을 근간으로 기독교 이해를 하며 한국 문화의 뿌리가 어디에 있는지, 그 근저에 동양 고전임을 알고 성서연구와 해석에 이용했다. "김교신은 원래 전통적인 유교에 자라나서 동양적인 인간상을 기리며 동양의 고전에 심취하기도 했으나, 기독교에 접한 다음 인생관에 큰 전환을 겪었다. 그러나 동양의 고전은 성경 주석에 있어 종횡무진하게 재생된다."[94] 그는 동양의 멋, 한국의 멋을 알고 그 문화 위에 신학을 전개해야 함을 강조한 선비 신학자였다.

---

93) 노평구 편, 《김교신 전집 3》, 61-62.
94) 김정환, 《김교신》, 90.

## 나가는 말

김교신, 그는 한국 신학과 한국 교회의 이정표를 세웠다. 기독교 백주년 기념하는 행사의 하나로 한국 교회의 10대 영성을 들 때 첫 번째 두 번째로 손꼽을 수 있는 분이 되었다. 지금까지의 연구를 통하여 김교신의 신학을 말하라고 하면 그의 신학은 말씀의 신학이라고 할 수 있다. 칼 바르트는 20세기의 하나님의 말씀의 신학자로서 새로운 패러다임을 만들며 신학의 전회를 가진 존재라고 한다면, 김교신은 서구 신학의 틀에서 신학의 막힌 출구를 찾을 수 없을 때 그는 동양 신학, 한국 문화 신학을 통하여 그 길을 열어 준, 성서를 조선에게라는 구호를 외치며 치열하게 신학 활동을 한 행동하는 신앙인으로서 말씀이 곧 삶으로, 식민 통치 시대의 피압박민의 회한을 안고 성서의 포로기 신학을 충분히 이해하며 성육신의 그리스도가 다시 그에게 임하여, 예수가 김교신으로 화육(化肉), 체화(體化), 화신(化身)이 되었다.

그래서 그는 한국인의 문화, 역사, 정신을 잊지 않고, 신학자로서 문화·역사가, 지리학자, 박물학자, 성서학자, 민족주의자, 교육가로서 큰 스승이 되었다. 그는 한국 신학자로서 신학의 토착화 작업을 하며 겨레를 사랑하고 한국 문화를 아끼고 가꾸었던 문화 신학자이었다. 교회 개혁자로서 교회가 끊임없이 변화되고 갱신되어야 할 것을 포로 생활을 하고 있는 묵시문학적 상황에서 무교회주의라는 옷을 입고 그리스도의 정신을 실현하며 독립 운동을 한 한국인, 조선인이었다. 한국 교회와 신학이 활로를 찾지 못할 때 그에게 가서, 그로부터 본질과 원형을 찾고 한국 신학과 교회의 부흥을 가져야 하리라. 한민족을 너무 사랑하고, 겨레의 역사를 보고 눈물 흘리는 그, 한 인간으로서 김교신은 말씀을 깊게 연구하고, 조선의 신학으로 맛깔스럽게 풀어냈고, 멋있는 성서조선 신학을 만들어 내었다. 김교신은 한국의 선비 신학, 풍류도 신학, 한 멋진 삶의 신학을 보여준 신학자였다. 그의 저작은 한국 문화 신학의 경전이 되었고, 오늘도 한국 문화신학의 교과서(Text)가 되어 새로운 지평을 열어 주고 있다. 포로민들과 함께 고난 받는 현장에서 순교함으로 해방의 소식을 알리는 나팔수가 된 것은 오늘도 한국 교회와 신학자, 신학이 어디를 향해야 함을 가르쳐 주고 있다.

## 참고 문헌

강남대학교 우원사상연구소 편.《우원 이호빈 목사의 생애와 사상》. 서울: 크리스천헤럴드, 2006.
구본술. "나의 의학공부에 사명감을 주신 스승".〈나라사랑 17집〉. 서울: 외솔회, 1974.
김정환.《김교신》. 서울: 한국신학연구소, 1986.
_____.《김교신: 그 삶과 믿음과 소망》. 서울: 한국신학연구소, 1994.
김준봉. "성서조선에 나타난 김교신의 기독교". 아세아연합신학연구원 학위논문, 1992.
노평구 편.《김교신 전집 1: 인생론》. 서울: 부키, 2001.
_____.《김교신 전집 2: 신앙론》. 서울: 부키, 2001.
_____.《김교신 전집 3: 성서개요》. 서울: 부키, 2001.
_____.《김교신 전집 4: 성서연구》. 서울: 부키, 2001.
_____.《김교신 전집 5: 일기 I》. 서울: 부키, 2001.
_____.《김교신 전집 6: 일기 II》. 서울: 부키, 2001.
_____.《김교신 전집 7: 일기 III》. 서울: 부키, 2001.
_____.《김교신 전집 별권》. 서울: 부키, 2001.
_____.《김교신과 한국》. 서울: 제일출판사, 1972.
박명훈. "김교신의 인물론-신앙, 교육, 애국 활동을 중심으로". 목원대신학대학원 학위논문, 1983.
손기정. "비범하셨던 스승님".〈나라사랑 17집〉. 서울: 외솔회, 1974.
서정민.《겨레 사랑 성서 사랑, 김교신 선생》. 서울: 말씀과 만남, 2002. 민경배.《한국민족교회형성사론》, 서울: 연세대학교 출판부, 1974.
오승태.《김교신과 무교회 신앙》(上·下).〈聖書研究〉. 제258-9호, 1976년 5-6월.
오정숙.《多石 유명모의 한국적 기독교》. 서울: 미스바, 2005.
왕대일.《묵시문학 연구》. 서울: 대한기독교서회, 1997.
유동식.《韓國 神學의 鑛脈》. 서울: 전망사, 1990.
_____.《풍류도와 예술신학》. 서울: 한들출판사, 2006.

윤석중. "잊을 수 없는 스승". 노평구 편.《김교신과 한국》. 서울: 일심사, 1981.
이은선·이경 편.《이신의 슐리어리즘과 영의 신학》. 서울: 종로서적, 1992.
이정배. "이용도의 영적 기독교와 김교신의 조선적 기독교 비교 연구".《한국개신교 전위토착신학연구》. 서울: 기독교서회, 2003.
임성빈. "김교신의 윤리사상 연구". 학위 논문, 장신대학원, 1990.
최성민, "김교신의 교육사상: 성서연구방법론을 중심으로". 장신대학원 학위논문, 1984.
터커 편저. 김익진 역.《환원운동의 역사: 초대교회복귀》. 서울: 태광, 1987.
함석헌·김교신 공저.《내촌감삼과 한국》, 성서조선사, 1940.

# 海天 윤성범의 '말씀절로'의 신학:
## 誠의 해석학

이종찬 (감리교신학대학교)

### 윤성범

1916. 1. 13 – 1980. 1. 22
경북 울진에서 출생.
1945년 목사안수를 받음
1946년부터 감리교신학대학 교수를 지냈고
1954년에는 유학, 바르트에게 사사
1960년 신학박사 학위 취득
1964년《기독교와 한국사상》,
1972년《한국적 신학》등을 출판했고,
"환인 환웅 환검은 곧 하나님" 등의 논문을 발표

## I. '吾頭可斷, 此髮不可斷' — 복음이 깃든 자리

동아시아 근대사에 있어서 한반도의 자리는, 西勢東漸의 서구 제국주의 시대에 있어 오리엔탈리즘의 절정을 이루는 상징적인 시장터였음을 보여준다. 무엇보다도 일찍부터 이를 예리하게 감지하고 있었던 피끓는 민중의 함성은, '서학'이라는 이름에 상응하는 '동학'이라는 이름 속에서 새로운 세계를 꿈꾸는 後天開闢의 메시야니즘을 품고 있었다. 그리고 이는 '侍天主造化定, 永世不忘萬事知'라는 주기도문으로 모아져 한반도에 메아리치기에 이르렀다. 그러나 여전히 無君無父를 부르짖으며 새로운 세상에 귀를 막고 폐쇄적 가치관과 尊華攘夷에 사로잡혀 있었던 교조주의적 신유교 세계관은, 동학의 아우성조차 소 닭보듯 외면하였고 전제군주 체제와 화석화된 율법주의의 해석에서 한 치도 벗어나지 못하고 있었다.

익히 알려진 바와 같이 尊華攘夷라는 세계관의 근거가 되었던 大明主君의 세계는, 일찍이 오랑캐라 일컫던 청나라에 의해 무너지고 말았다. 당시 하늘이 무너지는 듯 변화하는 세계를 눈 앞에 직면하였던 일단의 개혁자들은, 이른바 실학이라는 흐름을 통하여 스스로에게 小中華로서의 새로운 자의식을 덧입히기도 하였다.[1] 그러나 이 새로운 해석학적 발걸음은 아쉽게도 교조주의적 유교 기득권 세력의 견고한 벽에 부딪히면서 좌절되었다.

결국 변화하는 세계상을 외면하고 우물안 개구리의 모습을 버리지 못했던 고리타분한 교조주의적 신유교는 종교적 금기와 터부를 한 치도 양보하지 않은 채, 오히려 기득권 정치세력에 안주하면서 울타리를

---

1) 대표적인 경우가 정약용이다. 이 시기의 개혁적인 유학자들은 사대와 중화의식에서 벗어나 새로운 인간 이해와 유교 해석에 물꼬를 텄다. 그리고 이들 중 일련의 학자들은 자생적으로 신앙운동의 맥락에서 발전시켜 나갔는데, 이는 유교의 종교성과 관련한 의미있는 시사점이다.

높이 다져나갔다. 그런데 만주 세력에 의해 근근히 유지되던 중국 대륙의 청나라 역시 아편전쟁(1840)을 고비로 하여 서구열강의 침탈에 의해 무너지고 말았다. 이에 놀란 이 땅의 유교적 존화사상은, 대원군의 쇄국정책과 맞물려 儒敎지상주의 형태를 더욱 굳건히 다져가면서 종교적 순교를 마다하지 않는 모습을 갖추기에 이르렀다.

조선 후기에 이르면 이러한 흐름이 그 절정에 달하는 모습을 보여준다. 이는, 동학에서 분출되었던 민중의 함성에도 꿈쩍하지 않고 점잖을 빼고 있었던 일련의 유교 교조주의자들이 바야흐로 칼과 창을 들고 서슴없이 목숨을 내어걸기 시작한 봉기에서 그 단초를 찾을 수 있다. 이들이 내걸었던 기치는 동학과 마찬가지로 斥洋倭夷이고 輔國安民이었다. 하지만 봉기의 결정적 이유가 되었던 속내를 들쳐보면 사정은 약간 다른 맥락을 보여준다. 이들은 특히 을미년 사건에 이은 '단발령'이라는 개화정책에 심하게 반발하는데, 이는 자신들의 교조적 근본 명제인 '身體髮膚受之父母'를 문자적으로 해석하고 교리화하였기 때문이다. 그러기에 조선 말기 개화정책의 끝머리에 담긴 '斷髮令'이, 유교 교조주의자들의 무장투쟁의 도화선이었다는 사실을 눈여겨 보아야 할 필요가 있다.[2]

흔히 오늘날 학계에서 유교를 연구하는 이들 중에는, 유교의 종교적 측면보다는 '유학'이라는 이름하에 학문적 이상세계와 현실세계의 긴장관계를 해명하려는 모습을 보여주기도 한다. 그러나 이런 식으로 유교를 바라보는 것은, 오히려 서구의 종교적인 시각에 갇혀 오리엔탈리즘의 탈을 벗어버리지 못하는 결과를 낳게 된다.[3] 또한 일련의 학자들은

---

2) 강재언,《한국의 근대사상》(한길사, 5판, 1991), 225-9 참조. 1860년대부터 시작된 의병운동은 근대적 민족주의의 사상적 맹아가 있었지만, 여전히 봉건주의 형태를 벗어버리지 못한 반개화, 반자주적인 성격을 지니고 있었다. 까닭에 최익현의 경우를 보면 동학을 土匪라고 일컫고, 황제칭호 사용을 반대하며, 개화를 타부시하는 일련의 사대주의적 유교율법주의 내지는 유교 근본주의 형태를 지닌다. 이러한 양태는, 초기에 최익현에게 극찬을 아끼지 않았던 장지연으로 하여금 오히려 그에 대한 강력한 탄핵상소를 불러일으키기에 이른다.

'유교'라는 용어를 거절하고 단순히 '유학'이라는 학문적 합리성의 차원에서만 다루려는 모습들이 존재하는데, 이는 폭넓은 종교세계 지평의 인식을 놓치는 결과를 낳게 마련이다. 실제로 조선 말기 단발령으로 드러나게 된 衛正斥邪의 경우처럼, 목숨을 내건 순교차원의 대응 형태를 좇아가보면 궁극적 관심으로서 나타나는 유교의 종교성을 쉽게 알아차릴 수가 있다.

돌이켜 볼 때 이항노 등에게서 비롯된 조선 말기의 위정척사운동은, 무력에 의한 패도정치를 가장 경계했던 이들로 하여금 무력을 통한 순교적 선택까지도 마다하지 않도록 이끌어내기에 이르렀다. 그리고 이러한 무력항쟁과 아울러 동아시아 끝자락 한반도에서 소리높여 외쳤던 이들의 아우성은, 최익현의 목숨을 내건 단식항쟁 속에서 드러났던 바 '吾頭可斷, 此髮不可斷'이라는 순교신앙(?) 안에 생생하게 살아 있다.[4] 실제로 뒤이어 들어온 개신교 선교사들은, 죽음을 두려워하지 않고 서슴없이 목숨을 내어놓았던 유교적 가치관의 조선인들에게서 적잖은 도

---

3) Robert C. Neville, *Boston Confucianism*, SUNY Press, 2000, 57-61 참조; 두웨이밍(杜維明)은 이 점에서 매우 유익한 동반자이다. 그의 견해에 따르면 성인의 길이라든지 내재적 초월에 의거한 인격적 변혁의 지평에는 종교적 차원이 수반되고 있다. 그러므로 서구의 유럽 문화적 시각에 입각한 종교와 철학이해로는 우리의 작업에 많은 난점을 가져온다. Peter Berger가 "the sacred canopy"에서 언급한 것처럼, 각각의 문화들은 기본적 세계관의 형성 차원을 포함하여 다기한 형태로 복합적이고, 전체적이며, 실제적인 형태의 "삶의 방식들"을 가지고 있다. 그래서 네빌은 종교를 잠정적으로 다음 세가지 형태로 정리한다. 1. 제의적 삶이다. 인류의 종교적 전통을 역사적으로 고찰할 때 이러한 양태에는 통과제의를 비롯하여 다양한 인류학적인 개념들이 포함될 수 있다. 2. 신화적이고 우주론적이며 철학적 개념이다. 이는 인간이 살아가면서 지니는 기본적인 개념들이나 세계관의 요소들에 대한 고찰과 전제들을 포괄하고 있다. 3. 인간들이 궁극적으로 받아들이는 것과 관련해서, 개인적이면서도 공동체적이고 영적인 생활들이다. 유교에서 말한다면 성인의 경우를 들 수 있다. 참고, 줄리아 칭, 《유교와 기독교》, 변선환 역 (분도출판사, 1994), 13-14.

4) 이른 바, 을미의병이라 일컫는 이 때의 상황은 1895년 일본의 왕비 시해사건 그리고 일련의 개화파 정책인 단발령과 복제개혁 등을 배경으로 하고 있다. 강재언, 앞의 책, 174-6 참조.

전과 충격을 받았던 것으로 보인다.[5]

## II. '東洋之天 卽 西洋之天'의 세계 - 선교사 신학 넘어서기

일찍이 개신교 신학의 정초기에 선교사들에게 동아시아의 문화와 언어를 가르치며 한국인 목사로서 활동했던 정동교회의 탁사 최병헌은, 이러한 유교적 바탕과 복음의 당위성 사이에서 새로운 해석학의 지평을 열어나갔던 선구적 인물이었다. 그가 설파하는 동과 서에 대한 이해는 이 땅에서의 두 가지 시대 사조를 아우르고 있었다. 즉 위정척사 운동이 자리매김하였던 尊華攘夷의 종교적 순교신학으로서의 유교적 이해가 그 하나이고, 아울러 侍天主의 가르침이 以天食天의 형태로 삼라만상에까지 어우러져 이루어내는 새로운 세상에 대한 꿈꾸기로서의 묵시문학적 종말론이라는 지평이 바로 그것이다. 탁사는, 이러한 당시 시대의 흐름을 아우르면서 동시에 서양으로부터 온 기독교 세계관을 이 땅에서 통전적으로 담아내고자 하였다.

탁사의 발자욱은 이런 모습을 잘 보여준다. 그는 1889년 배재학당의 한학부 교사로 기독교와 만난 이후로 1893년 세례를 받으면서 근대사에 있어 동과 서의 큰 물줄기가 만나는 시기에 나름대로 복음세계에 대한 해석학적 위상을 다지게 되었다. 그리고 이듬 해 그는 동학갑오혁명을 지켜보았고, 을미사변과 아관파천의 격동사 한가운데서 정부의 관직과 독립협회 그리고 기독교의 성직자 직책을 동시에 수행했던 대표적인 동서양의 경계인이었다.[6] 1900년에는 정동교회 아펜셀러의 빈 자

---

5) 약간 다른 경우이지만 헐버트같은 경우를 참고해 보라. 한국기독교사연구회,《한국기독교의 역사 1》(기독교문사, 1989), 306-7 참조.
6) 탁사는 1895년 정부 관리인 농공상부 주사로 추천받아 일하였고, 1896년에는 독립협회 협찬 및 독립가 작성에도 관여하며, 1897년에는 〈제국신문〉 주필과 미감리회 연회 전도사직을 나란히 수행하고 있었다. 졸저,《목사님! 신학공부 어떻게 할까요》(Kmc,

리를 대신하여 교회를 담임하였던 탁사는, 교역에 헌신하던 1897년에도 여전히 제국신문을 창간하는 주요 인물이었던 동시에 주필의 역할도 감당하고 있었다. 1901년 상동교회에 파송되었을 때 "죄도리"라는 신학논문을 신학월보에 게재한 복음전도자였고, 동시에 같은 해 역시 황성신문 기자의 약력을 보여주고 있다.[7] 그리고 1902년 연회에서 집사목사 안수를 받고 난 후, 상동교회와 정동교회 등 주요한 교회를 치리하면서 유명한 그의 신학적 해석학의 주제가 되는 《황성신문》의 기고문을 우리에게 남겨주었다.

> 모름지기 大道는 무한한 것이어서 모든 나라의 진리에 있어 모두가 통용될 수 있는 것이다. 서양의 하늘은 또한 동양의 하늘이다. 천하로 볼 때 모든 四海의 무리가 하나이고 형제인 것이다.[8]

이 기고문은 이른바 東道西器파를 의식하면서 그들의 분별적인 이중의식을 비판하고 있다. 즉 서양의 기계를 받아들이자고 소리를 높이면서도, 정작 서양의 종교를 존경 숭상할 수 없다는 것이 그들의 이중적 행태였다. 애오라지 유교 교조주의만을 내세우면서 너른 세상을 오랑캐나 이단의 무리로 외면하는 모습은 실로 우물안 개구리와 다를 바 없는 셈이었다. 그래서 탁사는 서양의 기계가 이롭다고 말하면서도 道의 다름을 따져 딴지를 거는 이중성을 지적하였다. 그리고 강대한 나라를 부러워하면서도 막상 그들의 정신세계를 외면하고 진리에 눈과 귀를 막아버리는 쇼비니즘적 자세를 일깨우고 있다. 탁사가 이러한 맥락에서 같은 논지를 더욱 발전시키는 글은 1906년 〈대한매일신보〉에 극적으로 요약되어 있다.

---

2004), 59-60 참조

7) 이 황성신문은 독립협회의 구성원 중 유교혁신파 주동으로 창간된 것임을 고려해 볼 때, 기독교와 유교의 경계선상에 있는 탁사의 기자 이력은 매우 의미심장한 것이다.

8) 최병헌, "奇書", 〈皇城新聞〉, 1903. 12. 22일자, "蓋大道不限 於邦國眞理 可通於中外 西洋之天 卽 東洋之天 以天下視同一衆四海可稱兄弟."

종교와 정치라는 것은 본디 근원이 같다. 도의 근원이 바로 하늘에서 비롯하는 것이라, 천하가 불변하듯이 도 역시 변치 않으니 도란 것은 바로 상제이다. 종교의 진리라는 것은 고귀하고 거룩한 것이어서 만물의 머리가 되는 것이오 천지를 주재하는 것이다.[9]

이러한 메시지는, 당시 나라를 바로 잡는다고 하면서 상투와 두루마기를 벗어던지고 무작정 서구열강을 따라나섰던 개화파 지성인들을 경계하는 동시에, 서학을 백안시하고 고루한 유교율법주의에 사로잡혀 문벌타파와 계급철폐 및 평등사상을 주창하는 시대의 보편적 흐름을 외면했던 수구파 지식인들을 동시에 겨냥하고 있다. 결국 이러한 탁사의 해석학은, 기독교적 유교인가 아니면 유교적 기독교인가의 구분이 필요 없이 좋은 유교인이면서 곧 좋은 기독교인이 될 수 있는 지평을 열어놓았던 새로운 종교이해의 기초가 되어준다.

당시 유교적 가치관의 시각에서 본다면, 교회라는 존재는 주변인에 지나지 않은 무리들이 선교사들을 좇아다니며 入信하는 단체쯤으로 이해하는 것이 지배적이었다. 그러기에 탁사의 사역활동과 대사회 메시지가 영향을 발휘하였던 대한제국 시기 어간에 유교 지성들이 대거 기독교에 입신하였던 사건은,[10] 이 땅에서 유교 세계와 기독교의 복음이 나란히 어깨를 견주어 이해될 수 있는 새로운 선교차원의 인식변화를 보여준다.

이러한 흐름을 이어받고 있는 해천은 '황색 신학'(yellow theology)[11]이라는 대명제 하에 '효의 신학'이라든지 '성의 신학' 등으로 주

---

9) 최병헌, "雜報", 〈대한매일신보〉, 1906년 10월 5일자. 이 글은 동년 9. 27일 황성기독청년회 강연 "宗教與政治之關係"를 전제한 것이다.
10) 이능화는 독립협회 주요 인물들이 출옥하여 기독교에 입신하였던 1904년을 가리켜 '官紳社會信教之始'라고 표현하면서 기독교가 유교사회의 주변인들을 중심으로 한 기독교를 탈피하고 새롭게 유교 지성들을 담아내기 시작한 전환사적 계기로 평가한다.《조선 기독교급 외교사》(서울: 학문관, 1968), 204.
11) 이 말은 해천의 대표작이라 할 수 있는《한국적 신학》, 1972 초판의 겉표지에 영어 제목으로 표기되었던 말로서, 그의 신학적 해석학의 방향을 시사하고 있다.

요한 개념들을 빚어내는 해석을 보여준다. 이러한 작업은 과거 계몽주의 이래로 서구 제국주의와 자본주의에 물들은 신학적 오류의 궤도수정일 뿐만 아니라 누천년 동안 서구신학 일변도로 이루어져 왔던 신학의 '코페르니쿠스적 전환'이라고 평가할 만한 발자욱이다.[12] 까닭에 오늘날 뒤늦게나마 이러한 유교의 중요성을 인식한 서구의 지성들은, 미대륙의 고향 보스톤에서 작업하는 R. 네빌의 경우처럼 변화된 사회 속에서 변화된 기독교의 정체성을 도모하는 '보스톤식 유교'라는 문패를 달고 나서기에 이르렀다.[13]

## III. '天命之謂性' - 황색신학(Yellow theology)이 꿈꾸는 세계

윤성범(海天)은 1916년 경북 울진에서 출생하였다.[14] 海天이라 함은 그의 雅號로서 원래는 白馬를 사용하였지만 昔泉 오종식 선생의 주역 풀이를 통해 새로 얻은 것이다. 해천은, 당시 관동팔경 중 하나였던 望洋亭에서 동해안을 바라볼 때 느껴지는 바를 고백하면서 이러한 자신의 실존을 묘사한 표현에 대해 매우 만족스럽게 받아들였다. 까닭에

---

12) 해천의 저서에 관한 총 목록은 《신학과 세계》 9호, 감리교신학대학 출판부, 1983에 시대별로 정리되어 있다. 이후 방대한 그의 저서를 후학들이 중심이 되어 주제별로 요약 편집하였고, 이는 7권의 선집 《윤성범 전집》(도서출판 감신, 1998)으로 출간되었다. 1권,《한국종교문화와 기독교》, 2권,《한국유교와 한국적 신학》, 3권,《효와 종교》, 4권,《신학적 인간학과 현대신학자들》, 5권,《성서연구: 로마서와 갈라디아서》, 6권,《한국사회와 한국교회의 과제》, 7권,《생활신앙과 생명사상》 등이다. 이 선집은 다소 중첩된 내용이 있고, 해천의 회고록 등 주요한 자료들이 일부 빠져 있기는 하지만 나름대로 그의 신학적 흐름을 일목요연하게 짚어볼 수 있는 좋은 자료이다.
13) 각주 2)를 참조.
14) '나의 생애와 신학',《크리스챤신문》, 1976, 7-9월. 1회 차; 이것은 전집에 포함되지 않은 것으로 해천이 회고한 자서전적 기록으로서 10회에 걸쳐 전재되었다. 이후 '회고록'으로 약칭함.

"바다와 하늘, 그 사이에서 아무러한 구별을 할 수 없는 경지 …"[15] 등의 표현을 통해 해천은 주어진 호가 바로 자신의 모습을 가장 잘 표현한 것이라고 술회하였다.

해천의 회고에 의하면 자신의 집안이 3대 크리스쳔 가정이었다고 하는데, 부친 윤태현 목사에 관한 글을 살펴보면 약간 다르게 나타난다. 엄격히 따져보면 유교에서 개종하여 온 집안이 믿게 된 실마리는 바로 부친 윤태현 목사(1888-1961)에서부터 비롯하고 있고, 이 부친의 개종을 통해서 조부와 일가들이 함께 신앙으로 인가귀도된 것임이 드러나기 때문이다.[16] 특별히 부친의 개종은 훗날 그가 孝, 誠의 신학을 전개하는데 주요한 자료가 된다.

해천은 성장하던 시기에 목회하시는 부친을 따라 여러 곳에서 수학하다가 1934년 평양 광성학교를 졸업하게 되는데, 이 광성학교 시절 두 가지 주요한 사건에 주목할 필요가 있다. 하나는, 해천이 중병을 앓고 죽음의 문턱을 드나들면서 폐병 3기의 실존적 위기를 극복해 내었다는 것이고, 둘째는, 이 시기에 정경옥 교수의 사경회 집회를 통해 신학의 길에 들어서기로 결심하였다는 사실이다. 당시 학업을 중단하고 3년여에 걸쳐 투병을 마친 해천은, 1937년 감리교신학교에 진학하려고 했지만 신체검사 결과로 인하여 불가능하게 되었다. 그리고 다음 해 동지사대학 신학부에 진학하여 신학수업에 정진하게 된다. 당시 교토의 동지사대학 신학부에는 칼 바르트 사상이 풍미하고 있었다. 그 밖에도 에밀 브루너나 고가르텐 같은 변증법적 신학이 소개되고 있었으며, 칸트의 철학과 신칸트 학파의 연구 및 실존주의 등이 주류를 이루고 있었기에 해천에게는 이러한 영향이 적잖았던 것으로 보여진다.[17]

동지사대학은 회중교회를 배경으로 한 기독교 대학이었기 때문에,

---

15) 윤성범, "자연주의적 철학", 석천선생추모문집간행회 편, (서울신문사, 1977), 135,《신학과 세계》9호, 1983, 12면에서 재인용함.
16)《전집》3권, 364 이하.
17)《회고록》, 2회차.

어떠한 신학적 제약없이 자유롭게 모든 신학사상을 공부하고 토론하며 비판할 수 있는 분위기가 조성되어 있었다. 이 점에서 동지사대학이 해천의 학문하는 길에서 첫 보금자리가 되었다는 사실은, 기나긴 그의 신학적 순례를 미리 헤아릴 수 있도록 이끌어주기도 한다. 해천은 이곳에서 주로 칸트에 집중하였으며, 까닭에 졸업 논문도 "칸트의 종교철학"을 주제로 다루었다. 물론 바르트도 접하였지만 매우 난해한 까닭에 철학적 이해가 기반이 된 부르너의 신학서적이 더 가까웠다는 그의 고백은 눈여겨보아야 할 필요가 있다.[18] 까닭에 훗날 해천은 신학교에서 가르치면서 에밀 부르너의 《종교철학》을 번역 출판하기도 한다.

1941년 귀국한 해천은 이희영과 결혼, 강화 홍천교회를 비롯하여 이천 등지에서 목회하다가 해방되던 해 5월 목사안수를 받았다. 그리고 해방 후 혼란하던 시절, 감리교 신학교를 재건하는 작업에 양주삼 총리사, 변홍규, 이규갑 등과 함께 참여하게 된다. 이후, 유형기 박사가 교장으로 취임하자 매주 24시간의 강의를 감당하며 감신대에서 가르치기 시작하였다.

1952년 겨울학기 십자군 장학금을 통해 W.C.C.에큐메니칼 연구원에서 연수의 기간을 가진 해천은, 1953년 겨울학기에는 하이델베르크 신학부를 연구 방문하게 된다. 이후 1954년 여름학기부터 바젤로 돌아와 칼바르트, 야스퍼스, 오스카 쿨만, 아이히롯트 등의 대 교수들을 접하게 되는데, 해천이 주로 접했던 과목들은 바르트와 야스퍼스의 강좌에 집중되고 있다. 그가 이 상반되는 두 사상가들 사이에서 매우 당혹스런 학문적 노정을 겪었음은 성향을 보아 쉽사리 짐작할 수 있거니와, 해천 스스로도 어려운 시간이었음을 솔직히 고백하고 있다.[19]

그럼에도 불구하고 이 두 사상가들 사이에서 고민하던 학문과정에서의 씨름은, 훗날 한국적 신학의 동기를 제공했다는 점에서 매우 주목

---

18) 위와 같음.
19) 《회고록》, 3회차.

할 만하다. 그러기에 해천은 매우 대조적으로 보이는 휴머니즘과 종교 개혁의 학문적 전통이 사실상에 있어서는 근본정신으로 볼 때 일치하고 있다고 말한다.[20] 다시 말해 인문주의도 인간의 자유를 중요시하기 때문에, 모든 외적인 제약으로부터 벗어나서 신앙의 자유를 확보하려는 종교개혁의 정신과 같은 맥락에서 이해할 수 있다고 본 것이다.

특히 해천은 야스퍼스를 통해서 커다란 사상적 전환에 다다른 것으로 보인다. 왜냐하면, 기독교와 타종교 간의 상호이해를 이끌어 보다 심원한 인간이해에 도달할 수 있다는 신념을 얻게 되었던 계기가 야스퍼스에게서 잘 나타나고 있기 때문이다.[21] 실제로 그는 야스퍼스에게서 받은 이러한 착상을 발전시켜 귀국 이후의 신학적 작업에서 한국신학에로의 발판을 삼고 있다. 물론 그의 회고록에는 야스퍼스와 함께 언제나 칼 바르트의 신학적 영향을 빠짐없이 곁들이고 있기는 하다. 그럼에도 특히 야스퍼스의 저작에서 보여지는 동양의 공자, 노자 등에 관한 심원한 이해는, 해천으로 하여금 誠(REDLICHKEIT)에 대한 신학적 이해의 실마리를 만들어주었던 것임이 자명하다. 그리고 훗날 해천의 신학적 역작인 《誠의 신학》이 세상에 나오게 된 것은 바로 이러한 야스퍼스의 영향이 절대적이었음은 두말할 나위가 없다.

이러한 맥락에서 해천은, 자신이 바르트의 제자임에도 불구하고 그토록 한국사상이나 율곡사상에 몰입하는 것에 대해 세간의 눈총이 따가운 것을 조금도 개의치 않는다. 게다가 바르트가 일본 정토정의 대가인 親鸞의 歎異抄의 내용과 마르틴 루터의 칭의사상을 비교하여 고찰한 것을 예로 들면서, 자신의 한국적 신학의 작업이 정당한 바르트 해석이라고 역설하였다.[22] 그리고 한 술 더 떠, 자신의 이러한 신학적 작업이 오히려 바르트의 신학적 노선에 걸맞는 것이기에 《교회교의학》의 한 부분을 이룰 만한 것이라고 강변하고 있기도 하다.[23]

---

20) 《회고록》 4회차.
21) 《회고록》 5회차.
22) 《회고록》 6회차.

1955년 귀국하여 감신대에서 다시 가르치게 된 해천이 실제로 학문적인 성과를 이룬 것은 1960년 이후에야 비로소 가능하게 된다. 왜냐하면 1960년 국제종교사학회를 깃점으로 기독교 이외의 여러 종교 연구에 깊이있는 만남을 가지면서 그의 학문적 발걸음이 커다란 전환을 맞이하기 때문이다. 이를 통하여 해천은 신학의 문제를 종교사학이라는 틀에서 바라보는 새로운 학문적 자극을 받게 되었다.[24]

돌이켜보면 해천이 유럽에서 독일과 스위스를 오락가락하며 보낸 연구기간을 통틀어 보아도 기껏해야 2년 남짓한 시간으로 나타난다. 그러기에 그의 학위취득 과정에서 사상이 깊이있게 무르익었다기보다는, 후자의 기간이 그의 신학사상 형성에 중요한 시기라고 보는 것이 타당하다. 실제로 해천의 회고록에 의하면, 1965년 클레아몬트 국제종교사학회와 1975년 랑카스터 대회에 이르는 기간동안 심대한 학문적 자극을 얻은 것으로 드러난다.[25] 이로 인해 1970년 한국의 종교사학회를 꾸리는 동시에 회장에 취임하여 모임을 이끌기도 하였다. 그러기에 이 기간에 해천이 한국학에 대한 개안을 이루고, 뒤이어 단군신화와 율곡사상에 깊이 몰입하면서 본격적인 한국적 신학의 계기를 이룬 것으로 보는 것이 자연스럽다.

해천의 말년에 이르는 시기에는 더욱 그의 신학적 작업이 무르익어가면서 동서양의 이해를 아우르는 경지를 보여준다. 즉 단순히 동양사상이나 성리학의 신학적 이해로서가 아니라, 한국사상의 독자성을 밝혀 한국신학의 골간을 삼으려는 모습이 나타나기 때문이다. 그 대표적인 것 중의 하나가 바로 誠을 중심으로 한 율곡사상의 신학적 독해이다. 해천이 평가하는 바 한국에 있어서의 孝와 誠 이해란, 중국이나 일본 등 인접 국가에서 중시하는 忠이라든지 봉건사회 중심의 信義라는 형태와는 다르게 나타난다.

---

23) 《회고록》 8회차.
24) 《회고록》 7회차.
25) 위와 같음.

무엇보다도 해천은, 인간의 근원적인 관계로서 가족을 중심으로 하는 덕목이 국가 집단보다도 우선하는 한국의 양태에 주목하였다. 이를 중심으로 국가 관념보다는 가족 공동체의 의식이 지배하는 유대주의와 흡사한 점을 대비시키고 있다.[26] 이러한 관점 때문에 해천이 말하는 효 그리스도론은, 예수가 지녔던 하나님 신앙을 한반도를 비롯한 동아시아의 마음으로 읽어내는 새롭고도 탁월한 해석학의 정점을 이루는 것이다.[27]

조직과 집단 속에서 맹목적인 율법주의와 문자주의에 사로잡힌 세계에는, 하늘이 허락한 인간 본연의 삶을 얽어매고 왜곡시키는 위험이 도사리고 있게 마련이다. 그리고 예수가 주는 자유와 진리의 선포는 인간이해의 본래성을 일깨우는 동시에 그 기반을 이루는 복음의 세계를 열어준다. 그리고 하늘 아버지가 계시하시는 이러한 복음은 성서에서 증언하는 바대로 예수의 선포에 대한 기본적인 흐름을 이해하는 뼈대를 이룬다. 이러한 점에서 해천이 효 그리스도론에 기초하여 복음을 이해한 것은, 기독교 신학이 동아시아의 정신세계에 맞닿아 그 진수를 보여주는 것이라고 단언할 수 있다.

이처럼 동서양을 넘나들며 수 십년간에 걸쳐 독창적인 사상과 이론을 전개하였던 해천의 저술들에 대해 일일이 분석한다는 것은, 제한된 지면상으로도 그렇고 논자의 필력 역시 이를 따를 길이 없다. 까닭에, 여기에서는 難澁하고도 난해한 해천의 신학적 작업에 대한 길 안내자로서 그의 사상적 변천과정을 살펴보고, 독서방법의 해석학적 길잡이로서 몇 가지 문제점들을 제시하면서 해천이 우리에게 남겨놓은 한국신학의 숙제들을 함께 씨름하는 것으로 대신하려고 한다.

---

26) 《전집》 3권, 385.
27) 《전집》 3권, 342 이하, "예수는 모름지기 효자이다".

## IV. 傳來說인가, 自生說인가 - 해천의 단군신화 해석학의 자리

오늘날 학문의 길에서 토착화 1세대 신학자들의 글을 돌아볼 때마다 맞닥뜨리는 당혹감은 일련의 상황의 이중성 쯤으로 가늠해야 풀어질 수 있다. 좀 더 적나라하게 표현한다면, 신학이라는 학문에서 지켜야 하는 논리적 당위성과 하루하루 살아가기에 허덕이는 뭇 중생들이 꾸역꾸역 모여드는 교회 현장의 선포 사이에서 일어나는 신학적 지체현상 내지는, 아니면 이러한 이중 상황에 대처하는 신학자의 고육지책 혹은 자기해명서가 불쑥불쑥 모습을 드러내는 것이라고 말할 수 있다. 해천의 경우에 있어서는 이러한 측면이 극적으로 부각되어 나타나기 때문에, 그를 연구하려는 이들에게는 더욱 낯선 상대가 될 수밖에 없을지도 모른다.

이런 오해를 불식시키기 위해서는 우선 해천의 여러 본문과 상황을 시대적으로 고찰해 다루어나가는 것이 필요하다. 기본적으로 그의 일대기에서 살펴본 바와 같이 해천의 초기 발자취는 학문적 연구보다는 목회현장과 신학교에서의 목회자 양성에 집중되어 있다는 사실에 주목할 필요가 있다. 해천은 1941년 동지사대학 졸업 이후 목회사역을 시작하였고, 해방 이후 1946년부터 채 틀도 잡히지 않은 신학교에 부름을 받게 되었다. 그리고 이후 10여년 동안 봉직하면서 오히려 공부하고 싶은 마음이 간절할 정도로 교회와 교육현장에 묶여 있었다는 점은 이러한 현장성을 잘 보여준다.[28]

이후 2년이 채 안되는 바젤대학에서의 학위과정 역시 그에게 잠시 한 숨 돌린 시간이었을 뿐, 당시 척박한 한국 신학과 교회 현장의 간격을 좁힐 만한 신학적 성찰의 터울로는 턱없이 부족했던 것으로 보인다. 까닭에 1960년대에 시작된 토착화 논쟁은, 그저 해천이 학문적 발걸음

---

28) 《회고록》, 3회차.

을 내딛었다는 측면에서 의의를 가진다고 볼 수 있다. 실제로 이 시기에 이루어진 해천의 작업은 이론의 전개나 구성에서 서로 모순되거나 뒤엉키고 있기 때문에, 서구 신학자들처럼 조직적으로 체계화되어 나타날 수 없었던 정황을 어렵잖게 확인할 수 있다.[29]

그럼에도 본격적으로 해천이 신학 집성기에 들어가는 1970년대에 비교하여 볼 때, 논란의 소지가 많았을 뿐 아니라 사상적 분기점을 삼을 수 있는 시기가 바로 1960년대 일반적인 논문의 해석학적 입장이다. 때문에 이러한 측면은 짚고 넘어가지 않으면 해천의 전체를 이해하는 데 큰 결함이 될 수도 있다. 무엇보다도 이 시기에 이루어진 해천의 작업은 신학계 바깥에서 볼 때, 한국신학의 토착화 노력이라기보다는 선교를 위한 전투적인 작업으로 비쳐졌다는 사실을 꼽을 수 있다. 이는, 아직도 토착화 1세대 신학자였던 해천이 서구 기독교의 문화적 우월의식을 반영한 전래설을 강조함으로써 해석학적 방법론에 있어 엉거주춤한 이중적 상황을 담지하고 있었음을 드러내준다.

대표적인 경우로서 "단군신화는 Vestigium Trinitatis이다"[30]라든지 "천도교는 기독교의 한 宗派인가?"[31]라는 글에서 나타나는 기본 노선을 들 수 있다. 이러한 글로 인해 윤성범의 신학적 작업은, 한국신학이라기보다는 강대국의 세력 팽창 정책에 입각한 문화제국주의 내지는 정복주의의 모습으로 비쳐지게 되었다. 까닭에 전래설이나 영향설의 차원에 놓여있던 해천의 주장은, 자연스레 상대 종교인들에 의해 배척되는 결과를 낳았다.[32]

엎친데 덮친격으로 기독교 신학 내부에서조차도 이러한 해천의 신

---

29) 1960년대 토착화에 대한 해천의 입장은 서로 상이한 차이를 보여준다. 이를 부분적으로 분석한 것으로는 김광식,《토착화와 해석학》(대한기독교서회,1989), 53의 도표 참조.
30) 〈기독교 사상〉, 1963년 10월호.
31) 〈사상계〉, 1964년 5월호.
32) 《전집》1권 496-518: 박응삼, "기독교는 천도교의 한 부분이다", 혹은 이광순 등의 논문 참조.

학적 작업이 혼합주의라는 비난의 화살이 쏟아지기 시작하였고, 그의 신학적 작업은 안과 밖으로 처신하기 어려운 진퇴양난의 어려움을 겪게된다.[33] 까닭에 이러한 논쟁을 거치면서 해천은 사상적 기조를 좀 더 유연한 형태로 넓혀가는 것을 볼 수 있는데, 이러한 변화는 특히 단군신화에 대한 이해에서 분명하게 드러난다. 찬찬히 그의 글을 되짚어보면, 60년대 토착화 논쟁 초기만 해도 해천의 입장은 두말할 여지없이 분명하다. 해천은 전래설 내지는 영향설의 확고한 신념을 가지고 자신의 논지를 굽히지 않고 있기 때문이다.

> 여기서 특기할 만한 중요한 사실은 개신교가 한국의 재래종교의 '하나님'이란 말을 재빨리 받아들여서 야웨의 하나님을 대신하게 되었다는 점이다. 이 한국의 하나님 관념을 단군신화와 관련시켜 논한 나의 논문(환인, 환웅, 환검은 곧 하나님이다)을 읽으시기 바란다. 나는 이 단군설화가 기독교로부터 유래되었다는 것을 입증한 것이다.[34]

게다가 해천은 서로 다른 문화가 접촉하면서 발생하게 되는 개념의 번역상의 문제에 있어서 이러한 영향설 내지는 전래설의 편향성을 거침없이 드러내고 있다. 예를 들자면 音譯이라는 방법을 통하여 하나의 문화가 해석의 과정 없이 다른 문화에 고스란히 이식되었다는 식의 논리가 대표적이다. 이는 우월한 문화가 일방적으로 다른 문화에 이식되었고, 여기에서 음역의 형태가 고유명사로 자리잡으면서 비슷한 종교적 기능을 대표하는 형태로 정착되었다고 풀이하는 방식이었다. 다음 글은, 이같은 해천의 해석학적 입장을 적나라하게 드러낸다.

> 우리가 '수두' 혹은 '솟대'(蘇塗)라고 부르는 종교적 상징물은…여러 모로 보아서 기독교의 영향과 관련이 되는 점이 많다… 곧, 희랍어의 십자가라는 말은 'stauros'인데, 이 말을 한자 表音법으로 '蘇塗'(수두)

---

33) 《전집》1권, 346-424. 이러한 측면은 단군신화 논쟁에서 더욱 확연히 드러나고 있다.
34) "복음의 토착화에 대한 전이해", 전집 1권 326.

라 한 것이 아닌가 의심스럽다.[35]

이런 맥락에서 해천의 토착화에 대한 해석학적인 입장 역시 같은 흐름으로 나타나게 되어 전래설의 연장에서 벗어나지 않는다. 이러한 태도는, 순수한 기독교의 정체성을 내세우거나 혹은 복음해석에 있어서 씨앗과 토양이라는 형식으로 분명하게 본문과 상황이라는 선을 긋는 가운데 이루어지게 마련이다. 까닭에 "기독교의 토착화는 복음의 변질을 가져와서는 안 될 것이다"[36]라는 해천의 언명은, 수입신학의 移植구조라는 울타리를 벗어나기가 어렵게 된다. 그러나 이러한 모습이 당시 해천의 적나라한 실체였다고 섣불리 예단해서는 안된다. 왜냐하면 이러한 형태의 진술은, 앞서 지적했듯이 그가 교회의 현장 상황을 염두에 둔 신중한 모습이었음을 놓치지 말아야 하기 때문이다.

당시 이러한 토착화 논쟁 특히 단군신화 논쟁은, 어찌했던간에 현장 상황에 깊이 연관되어 있던 교회 신학자였고 목회자였던 해천의 입장을 난감한 처지로 만들었고 곧잘 교회에 해명하고 사과하는 사태를 야기하였음을 기억해야 할 필요가 있다.[37] 그러기에 이 시기 해천의 해석학적 입장을 제대로 짚으려면, 목회현장을 염두에 둔 글자를 그대로 따라가기보다는 보다 폭넓게 삶의 자리를 통해 살펴보아야 제 모습이 드러나게 마련이다. 실제로 시간이 흐르면서, 토착화 이론에 있어 모호해 보였던 해천의 신학적 입장 정리가 서서히 뒤따르고 있는 것을 쉽게 확인할 수가 있다. 그리고 이러한 사실은 1970년대에 들어서면서 해천이 신학적 저술로 자신의 입장을 본격적으로 집성하면서부터 확실하게

---

35) "재래종교에 대한 이해와 오해",〈기독교사상〉, 1965. 4월, 42-44.
36)《전집》1권, 327.
37) 위의 책, 432. 이러한 모습은 해천의 경우 뿐만 아니라, 이후 불교와의 대화문제를 신학적 주제로 삼았던 그의 제자 일아 변선환의 작업에서도 문제가 되풀이 되어 불거져나왔다. 까닭에 해천은 이후에도 몸소 감리교 연회와 총회를 발이 닳도록 좇아다니며 자신뿐만 아니라 후학들의 방패막이가 되곤 하였다.《신학과 세계》(감리교신학대학, 9집, 1983), 23 참조.

정리되어 나타나게 된다.

## V. 誠의 해석학 - 한국신학의 자리매김

> 한철하는 나의 단군설화론을 가리켜 '형식적'인 것이라 특징을 짓고, 좀 더 삼위일체신론적인 내용적 설명이 필요하다고 지적하였지만, 이것은 신화의 성격상 그렇게까지 깊이 들어갈 수 없는 제약을 받고 있으며… 이러한 설화의 연구 시도는 다만 기독교 진리와 우리 문화와의 접촉점 또는 친근성을 보여주는데 그치는 것이 현명할 것 같다.[38]

1960년대 당시의 토착화론이나 단군설화에 관한 해천의 논의는 신학적 해석학의 명제라기보다는 일련의 문제제기에 불과한 것이었다. 이런 까닭에, 초기의 접근방식은 앞서 그의 언명대로 전래설이라든지 영향설에 입각한 교회사 자료의 검증 단계에 머물러 있었다. 그리고 위의 인용문에 나타난 해천의 해명과 같이, 학계에 커다란 반향을 불러일으킨 60년대 일련의 토착화논쟁은 잘 준비된 학술적 작업이라기보다는 해천이 장차 전개할 신학적 노작의 방향성을 예고하는 신호탄이었다고 보는 것이 적절하다.

이러한 측면에서 해천이 전래설이나 영향설의 선상에서 기독교와 한국사상을 연결시키려는 시도는 여러 방면에서의 학문적인 논쟁을 거쳐 수정되고 변용되는 모습을 보여준다. 이러한 과정에서 해천이 붙잡았던 해석학의 실마리는, 부르너와 칼 바르트 사이에서 논쟁했던 바에서 부각되었던 '접촉점'(Anknuefungspunkt) 내지 '친근성'(Verwandlich-keit)이라는 신학적 논제를 토착화 신학의 해석학에로 끌어들이는 방법이었다. 그러므로 해천은 자신의 신학적 회고를 담은 1970년대 후반기의 글에서, 이전의 전래설이나 영향설과는 전혀 다른 모습을 보여준다.

---

38) 《전집》 2권, 34-5.

게다가 중국사상과도 구별되는 한국 고유의 사상적 독자성에 관한 주제를 천착하고 있다는 점에서 한걸음 더 나아가 한국신학의 자리매김을 다부지게 시작하였다.

> 나는 단군신화가 중국 당나라 때에 페르시아로부터 온 景敎(네스토리우스)에서 유래된 삼위일체론에 근거한 것이 아닌가고 가정하고 연구한 것이다…그러나 나는 그 뒤에 경교가 들어오기 이전에도…한국 고유의 사상이기도 한 것임을 알게 되었다.[39]

무엇보다도 이 시기의 해천에게 있어 커다란 변화를 든다면, 종교사학에 관련된 지평이 펼쳐지고 있다는 점을 꼽을 수 있다. 과거 전래설이나 영향설의 틀에서 갇혀있던 해천은, 이 종교사학적 통찰을 통하여 마치 야스퍼스가 시도했던 바대로 '차축시대'(Achsenzeit)와 같은 형태의 거대담론을 다룰 수 있는 해석학적 시각으로 거듭나게 되었다. 이로써 각 문화에 뿌리박고 있던 신화와 자료들에 접근할 수 있는 새로운 해석학의 틀을 마련하게 되었고, 이를 기초로 하여 과거 호교론적 영향설이나 전래설을 훌훌 털어버리면서 진정한 한국신학의 기초를 다져나간다. 이러한 바탕 위에서 해천은 과거에 시도하였던 방식을 벗어나 단군신화에 대한 전혀 새로운 접근을 시도하였다.

> 기독교의 삼위일체론은 지금으로부터 17세기 전으로까지 올라갈 수 있으나 그 이전에서는 찾아볼 수 없다. 만일 景敎의 영향으로 된 것이라는 假定도 해볼만한 것이나, 河圖洛書에서 유래한 것이라면 이것은(단군신화는: 논자 주) 3500년 전 고대의 기록이라 아니할 수 없다.[40]

오늘날 시간과 공간의 문제를 뛰어넘어 다루어야 할 종교신학의 해

---

39) 《회고록》 7회차.
40) 윤성범, "性 論"(철학적 신학적 성리학적 인간학의 비교연구), 《신학과 세계》, 감신대, 1975, 14-6; "기독교와 한국윤리", 신학과 세계, 1977, 11-2도 참조하라.

석학적 과제에 대해 일찍부터 혜안을 가진 많은 서구의 선도적인 학자들이 역작을 내놓은 바가 있다.[41] 그러나 해천은 일찍이 시대를 앞질러 1960년대부터 종교신학의 해석학적 지평을 다지는 관점을 선구적으로 제시하였던 바, 이는 후학들에게 큰 깨달음과 가르침을 불러일으키는 주요한 계기가 되었다. 그리고 이러한 해천의 삼위일체 해석학은, 한국신학의 토착화를 밑거름으로 하여 아시아의 눈을 지님으로 다원화된 오늘날의 진정한 세계신학의 틀에 이바지하는 포스트모던 시대 종교신학의 모습을 열어나가기에 이른다.

> 삼위일체신론은 … 기독교 신관과 한국 古神道의 신관만이 이러한 특이한 구조를 가지고 있다는 것은 주목할 만한 사실이다.[42]

해천이 한국신학의 재료로 삼고 있는 삼위일체 해석학은, 기독교의 신관과 한국 고유의 신 이해를 서로 잇대어 살펴보려는 것이다. 이는 앞서 언급한 바와 같이 신학적 해석학에서의 접촉점 내지는 친근성을 토착화 신학의 줄기로 잡아 한국신학의 밑거름으로 삼고자 하였던 해천의 의도를 헤아리게 해준다. 이러한 점에서 해천의 신학작업이 마무리되는 단계에서 나타난 글들을 보면, 토착화 신학이라는 차원에서 한 걸음 더 나아가 한국신학을 디딤돌로 하여 동양신학의 해석학을 다지려는 방향전위를 시사하고 있다. 1978년에 발표된 "유교의 인간관과 그리스도교"라는 논문에서는 이러한 모습을 드러내고 있다.

---

41) 대표적인 경우가 John B. Cobb. Jr, 《존재구조의 비교연구》, 김상일 역 (전망사, 1980)을 들 수 있다. 그러나 그는 자신의 한국어 역 책이 나올 즈음에, 자신의 연구가 미진한 까닭에 동양종교의 이해에 대한 자신의 결론을 전적으로 바꿀 수밖에 없었음을 스스로 술회하고 있다. 반면 비교적 최근에 주목받고 있는 R. 파니카의 경우를 보면, 해천이 천명했던 종교신학의 방법론을 실제로 이론적으로나 실제적으로 힌두교와 기독교의 해석학에 적용시켜가는 것을 볼 수 있다. R. Panikkar, 《지혜의 보금자리》, 이종찬 역 (도서출판 감신, 1999), 참조.

42) 《회고록》 8회차.

> 종교적인 측면에서 볼 때 어떠한 종파를 가지고 한국인을 보아야 올바로 보았다고 할 수 있겠는가? … 한국인에 있어서 가장 그 인간성을 잘 드러내고 있으며 이것을 가지고 한국의 인간상을 파악할 수 있는 종교는 바로 유교라고 생각하고 있다.[43]

이제 해천은 과거와 완전히 다른 면모를 보여주고 있다. 과거 60년대에 불쑥불쑥 튀어나오곤 하던 전래설이라든지 영향설에 입각한 정복주의적인 선교신학은, 그 자취를 찾아보기 힘들게 되었다. 그는 동아시아 전통을 대표하는 유교를 해석학적 신학의 한 틀로서 다룸에 있어, 한반도에서 삶을 영위해왔던 이들의 정신세계를 통해 바라보고자 하는 기본적인 입장을 지닌다. 이러한 해천의 변용은 동양사상에 있어 유교 일반에 대한 신학적 해석학의 지평을 새롭게 다지는 것이다. 서두에서 언급한 탁사의 토착화신학이라는 틀이 현대신학의 차원으로 다듬어 지는 형태라고 평가할 수 있다. 이러한 작업을 위해 해천은, 동과 서를 회통하는 한국신학의 시도로서 단군신화와 관련된 한국의 독특한 종교적 정체성을 해명하려고 한다.

> 중국인들은 陰陽의 형이상학을 가지고 있는가 하면, 한국인의 경우는…天地人 삼자를 다같이…그대로 계승해오는 것이 이상한 일이다. 오랜 전통이 면면이 오늘까지 내려온 것을 우리는 단군설화 속에서도 판독할 수 있는 것이다.[44]

오늘날 단군신화에 대한 해석에 있어 종교학자들의 입을 통해 주요한 차이점으로 부각되고 있는 요소 역시 위의 해천의 입장과 크게 다르지 않다. 다시 말해서 단군신화가 중국문화와 독립하여 형성되었다는

---

43) 《전집》 2권, 441-2.
44) 위의 책, 443; "퇴계와 율곡의 천사상 이해", 《제1회 한국학 국제학술회의 논문집》, 한국정신문화연구원, 1980, 556, "여기에 반하여 한국의 삼일신론(환인, 환웅, 환검)은 그러한 음양이원론을 초극하고 있다."

말은, 첫째 고조선을 건설한 주요 세력이 처음부터 중국문화와는 다른 문화전통에 속했다는 것을 의미하고, 다른 하나는 고조선의 건국은 적어도 周代 이전 좀 더 정확하게는 三才 사상에 입각한 대륙의 세계관이 형성되기 이전에 일어난 사건이라는 점을 단군신화에 담긴 天사상이 보여준다는 것이다.[45] 일찍부터 이러한 측면을 인식하였던 해천의 단군신화 해석학은, 서구 그리스도교의 영향 아래 이루어졌던 교조적인 삼위일체론을 뒤집고 거슬러 올라가 '어우러짐 혹은 妙'(perichorese)라는 삼위일체론 본래 취지의 세계를 이끌어 냈다. 이를 바탕으로 해천은 그리스도교와 유교 각자가 지니고 있는 나름대로의 독특한 특징을 다원화된 오늘날에 있어 종교문화의 보다 넓은 지평에로 이끌어 냄으로써 일련의 지평융합에 이르는 해석학을 추구한다.

> 그리스도교의 약점이라면 지나치게 종교적인 차원에서는 활발했지만 구체적인 현실, 즉 실제적인 인간관계, 다시 말해서 윤리면을 지나치게 등한히한 점이라고 보겠고, 이 점에 있어서는 유교 전통의 미덕을 다시 배워야만 되리라 생각한다. 그래서 양자가 상호보완하는 데서 올바른 인간이해에 도달하리라 믿는다.[46]

해천에게 있어서 이러한 모습은, 단순히 유교적 색채를 지닌 한국의 기독교에 대한 정체성을 규명하려는 의도를 가지고 영향설이나 전래설과 같은 사료만을 추적하던 1차원적 시도를 탈피하였음을 시사해 준다. 그러므로 이 때를 전후하여 해천이 신학자로서 새로이 추구하였던 세

---

45) 서울대학교 종교문제연구소, 《단군, 그 이해와 자료》(서울대출판부, 1995년), 20-21, 윤이흠은 "단군신화와 한민족의 역사"라는 논문에서 중국 고대사상의 지고신 형성 단계에 있어 商과 周代에 이르러 나타난 天사상의 변천과정을 고찰하였다. 즉 주대에 이르러서야 비로소 陰陽五行과 易과 같은 우주론들이 洪範九疇로 집약 발전하였고, 이 때에 이르러서야 비로소 인간과 역사와 자연이라는 삼차원이 하나의 원리에 의해 체계화되는 세계관을 갖는 삼재사상의 정착이 이루어진다는 것이다.
46) 《전집》 2권, 450.

계는 과히 前衛신학이라고 부를 만한 것이었다. 쉽게 말해 이는 서구신학에서 말하는 본문과 상황이 서로 자리바꿈을 하는 신학의 창세기에 들어서는 것이었기 때문이다. 까닭에 이러한 모습은 흔히 세간에서 거론되는 토착화 신학의 유형으로서 유교적 색깔을 덧입힌 '유교적 기독교'라는 이름을 훌쩍 넘어선다. 실제로 해천의 유고를 포함해 후기 저술에 이르면 본문과 상황의 경계선이 허물어져버린 형태가 가장 극적인 모습으로 등장하기에 이른다. 이러한 모습은 기독교와 유교의 정체성에 관한 깊은 물음을 담고 있는 '기독교적 유교'(Christian Confucianism)[47]라는 도발적인 그의 논문 제목에서도 드러나는 것으로, 해석학의 세계를 180도 전환시키는 황색신학의 미래를 암시하고 있다.

## VI. 性理學을 넘어서 誠의 신학으로: '기독교적 유교'의 세계

'기독교적 유교'라는 명제는 이제까지 진행되어온 해석학의 180도 전환을 의미한다. 이는 유교와 기독교의 정체성을 해명하는 해석학적 자리매김(TOPOS)에 있어서 발상의 전환을 시도하는 것이기 때문이다. 해천은, 한국인에게 있어서 기독교의 정체성을 해명하는 열쇠는 복음의 전래 이후 기존에 진행되어왔던 방식인 '유교적 기독교'가 아니라 '기독교적 유교'라는 해석학적 구심점의 변화를 통해 이루어짐을 강조한다. 이같은 인식은 토착화에 대한 근본적인 개념 정립을 하는데서도 발견할 수 있다.

좋은 의미의 토착화는 기독교의 진리가 그대로 딴 이방세계에 가서도 올바로 이해되게 노력하는 방법을 의미한다…이러한 학문적인 태도에

---

[47] Sung Bum Yun, "Christian Confucianism as an attempt at a Korean Indigenous theology," *The Northeast Asia Journal of theology,* 1980/ March-September.

있어서는 순수 기독교 신학이라는 것은 있을 수 없다…하나님이 초월하시며 내재하시듯이 신학이라는 학문도 보편적이면서 동시에 개체적이어야 된다.[48]

저명한 가톨릭의 종교신학자인 R. 파니카는, 세계의 각 종교 전통에 담겨있는 영성을 고찰함에 있어 지혜라는 개념을 사용하면서 해천과 비슷한 방식으로 이를 풀어 나갔다. 이를 위해서 특별히 파니카는 철학 일반에서 혼용되어 있는 용어를 나름대로 구별하고 있다. 즉 우리가 개체(concrete)와 보편(universal) 그리고 특수(particular)와 일반(general)을 구분하여 정리한다면 종교다원주의의 신학적 기초를 구성할 수 있다는 것이다.[49] '실존이 본질에 앞선다'라는 식의 이분법적 이해로는 개체와 보편의 해석학적 긴장관계를 해명할 수 없다. 여기서 해천이 말하는 해석학의 전제는 동양의 정신세계에서 거론되는 —卽多 多卽— 혹은 不相離, 不相雜이라는 理氣之妙의 세계를 담고있기 때문이다. 해천의 경우에는 이를 다음과 같이 표현하고 있다. 즉 "물론 신학이 유니버샬하기를 바라야만 되겠지만 그 유니버샬한 것일수록 한국 사람에게 보다 더 잘 적용 혹은 응용이 되지 않고는 아무짝에도 소용 없는 것"[50]이 되고 만다는 것이다.

이러한 측면에서 해천은, 일련의 遺稿 논문들에서 한국신학의 이정표를 마련해 놓음으로써 무궁무진한 가능성을 열어놓고 있다.[51] 특히 해

---

48) 《회고록》, 8회차.
49) R. 파니카, 《지혜의 보금자리》, 이종찬 역 (도서출판 감신, 1999), 242-3, "여기서 우리는 개체와 특수라는 것 그리고 보편과 일반이라는 것을 구분할 필요가 생긴다. 개체라는 것은 보편적인 것이 될 수 있지만, 특수라는 것은 일반이라는 것과 그런 관계를 가질 수 없는 것이다…. 우리는 동시적으로 부분을 통해 전체가 되고 이를 확인하게 된다(totum in parte). 개체성이라는 것은 '전체를 지칭하는 부분'(pars pro toto)이다. 그러나 특수라는 것은 전체 속의 부분(pars in toto)이라는 의미를 갖는다."
50) 《회고록》, 8회차.
51) 사후 출판된 주요한 유고 논문은 다음과 같다. "해방 후 기독교와 유교의 수용형태 (1945-79)"(특히 효 및 제사를 중심으로), 문교부학술연구보고서, 감신대 출판부;

석학의 기틀이 되는 중용에 대한 한국적인 誠 이해, 더 구체적으로 표현한다면 '誠의 신학'을 이끌어내고 아울러 '효 그리스도론'을 전개하는 대목에 주의를 기울일 필요가 있다. 좀 난해한 과정이기는 하지만 이 부분에 관해 다가서기 위해서는, 앞서 전래설과 자생설 간의 해석학적 변이 과정에서 보여지는 것과 맞물려 단군신화 해석학에서 삼위일체신론을 연관시키는 과정을 이해하는 것이 필요하다. 우선 해천은 "퇴계와 율곡의 천사상 이해"라는 논문에서 앞서 논의된 단군신화 해석학의 독자성을 천명한다. 이는 곧 삼일신론이라는 한국 전통사상의 틀을 전제하는 것이다.

> 단군설화는…삼일신론적인 구조를 가지고 있어, 음양의 이원론을 탈피하고 종교적, 교훈적 설화로 승화되었다는 점을 들 수 있다. 단군신화는 일종의 홍익인간이란 구속사적 성격을 지니고 있는 반면에 중국의 것은 일상성을 채 벗어나지 못한 음양 원리의 되풀이에 불과한 것을 발견하게 된다.[52]

중국 사상과 차별화된 형태의 단군신화에 대한 해석학적 틀에 있어, 기독교 사상에 핵심되는 삼위일체론의 교의학적 구성을 빌어 그 실마리를 풀어나가려고 했던 것이 바로 해천의 신학적 의도였다. 이같은 그의 방법론은, 히브리적 사고방식과 희랍적 사유방식의 사이에서 기독교 신앙의 정체성을 구현해 나가려고 했던 그리스도교 삼위일체 교의론의 해석학적 의도를 정확히 읽어내고 있다. 까닭에 이는 새로운 세계를 열어 한국신학과 동양신학의 지평을 열어나가는 주요한 길잡이로 삼고자 했던 그의 신학적 해석학을 잘 설명해 준다.

---

"Christian Confucianism as an attempt at a Korean Indigenous theology," *The Northeast Asia Journal of theology,* 1980/ March-September; "퇴계와 율곡의 天사상 이해", 한국학국제학술회의 논문집, 한국정신문화원, 1980.
52) 《전집》 2권, 463-4 (퇴계와 율곡의 천사상 이해).

> 한국은 삼일신론적 설화를 가지고 있다. 이러한 예를 단군설화에서 찾아볼 수 있는데, 이것은 그 형식이 기독교의 삼위일체신론과 흡사한 것에 놀라게 된다… 한국의 古神道에서 삼일신론이나 기독교의 삼위일체 신론이나…天을 인격적으로 이해하려는데 그 근본 취지가 있다고 하겠다.[53]

이러한 입장은, 그가 기독교의 동양학적 해석학의 틀로 삼고자했던 소위 효 그리스도론을 전개하는데 중요한 이론적 밑받침이다. 무엇보다도 해천은 소위 효 그리스도론이, 중국 사상사에서 주요한 흐름으로 나타나는 음양이원론 전통과는 사뭇 다르게 전개된다는 점을 밝히고 있다. 다시 말해서 음양의 해석학이라는 것은, 인격적인 요소가 배제된 기계론적인 반복운동의 계기에 그치고 만다는 것이다.

> 여기 반해서 한국의 단군설화에서는 음양관계를 지양하고 父子有親의 원리를 교훈적으로 다루고 있는 것이고… 단군설화에서의 환인, 환웅, 환검의 삼일신론이나…기독교의 성부, 성자, 성신의 삼위일체 신론은 다같이 인격신을 나타내기 위함인 것이다.[54]

여기에서 해천의 효 그리스도론이란 틀은, 기독교 역사에 있어 동서 기독교의 분리를 초래할 만큼 뿌리 깊었던 삼위일체론의 교의학적 난점을 극복할 수 있는 계기를 일깨워 준다는 점을 살펴볼 필요가 있다. 예를 들어, 소위 필리오케(filioque) 논쟁이라고 불리우는 동서 기독교의 갈등은 단순히 교권이나 정치적 세력 균형의 문제에 그치는 것이 아니었다. 이는 기독교 신학에 있어서 삼위일체론이 씨름하였던 바 신론과 기독론, 인간론에 대한 긴장관계를 정리해내지 못하였던 서구신학의 한계인 동시에, 서방교회(로마 가톨릭)와 동방정교회 사이에서 오랜동안 이어져온 해묵은 과제였다. 해천은 놀랍게도 이러한 서구 기독교의 문

---

53) 《전집》 2권, 453-4, "기독교적 유교."
54) 《전집》 2권, 456.

제점을 정확히 꿰뚫어 보았던 탁월한 동양 신학자였다. 그러기에 분열에 이르기까지 뿌리 깊었던 동서 기독교의 난제를 아주 평이하면서도 심오한 동양사상 특별히 한국인의 정서에 깊숙이 녹아있는 孝, 誠의 문제로 풀이해내는 독창적인 경지를 구축하였던 것이다.

> 그러므로 효 관념만 가지고 보더라도 이것이 단순한 부모공경 만이 아니고, 삼일신론적 입장에서는 父子有親의 관념이 지배적이라는 것이다. 성부, 성자의 有親이 바로 기독교 진리의 핵심에 이르고 있다고 본다… 그러므로 事親이나 事天은 다함께 효의 관념으로 집약할 수 있으며, 효란 달리는 天과 그리고 아버지에 대한 신앙이라고 말해도 어폐가 없으리라 생각한다. 여기서 말하는 효는 일상적인 부모 공경이 아니라, 부모 공경을 가능케하는 所以然의 효이고, 단순한 부모공경은 所當然의 효라고 볼 수 있다.[55]

그렇다면 이 효 그리스도론이 유교문화의 틀과 어떤 연관을 가질 수 있는가의 문제가 해천이 해결해야할 숙제가 된다. 무엇보다도 해천은 원시유교와 신유교의 변증법적 과정에서 중요한 해석학적 틀이 되었던 中庸에서의 誠 이해를 연결시키는 탁월한 통찰을 보여주고 있다.[56] 해천이 전개하는 誠의 신학에서는, 율곡과 퇴계 등에서 보여지는 인격신으로서의 天 이해가 삼일신론적 독자성 위에서 전개된다는 한국신학의 기본이해가 전제되어 있다.[57] 이는 마치 기독교의 삼위일체론에서 성부와 성자와 성령의 인격적인 관계가 망실되지 말아야 하는 이유와 같은 것이다.

---

55) 《전집》 2권 456-7.
56) 중용에서 말하는 誠이라 함은 원시유교에서부터 한나라 유학이 성립되는 단계에 있어 天地人 삼재의 사상이 參於天地한다는 禮記의 사상을 재종합하는 단계에서의 주요한 해석학적 요인으로 자리잡고 있다. 특히 논어에서와는 달리 '仁은 사람다운 것으로서 부모에게 효도하는 것이 가장 중요하다'는 맹자의 해석이 반영되어 있다. 참조, 김승혜, 《원시유교》(민음사,1990), 324-5, 특히 43번 주를 참고하라.
57) 《전집》 2권, 470-71(퇴계와 율곡의 천 사상 이해).

여기서 해천은, 한국유교의 특이성으로서 송대 성리학이나 주자학의 틀을 뛰어넘어 심성론이나 윤리적인 이해에서 독보적인 모습을 보이고 있다는 사실에 주목한다.[58] 물론 해천이 거론하고 있는 바 심성론이나 윤리론에서의 주된 논의는 효의 관념을 분석해 내는 방법이다.

> 물론 중국이나 일본도 효에 관해서 모르는 것은 아니다. 그러나 다른 점이 있다면 충과 효의 상관관계에서 충을 선행시키느냐, 효를 선행시키냐의 문제에 있다. 중국이나 일본은 충 혹은 信義를 앞세우지만, 한국은 효 중심적이라 할 수 있다. 효 없이 충은 있을 수 없다는 것이다. 있다면 그것은 覇道에 지나지 않을 것임이 분명하다.[59]

기독교의 삼위일체 교의학과 견주어볼 때, 단군신화의 삼일신론적 사상이란 한국의 古神道에서 독특하게 비견되어 전개되는 해석학적 틀이라는 것이 해천의 논지이다. 특별히 이 범상치 않은 종교사학적 틀에 대한 신학적 해석학에서 주목해야 할 사실은, 父尊子卑의 사상이 아니고 父子有親이라는 측면을 강조한다는 점이다. 그러므로 중국이나 일본에서는 효와 충의 우선 순위를 바꾸어 놓음으로써, 손쉽게 충을 합리화시키며 효를 희생시키는 과오를 범하는 위험성이 도사리고 있다.

해천의 견해에 의하면, 바로 이것이 삼일신론에서 가장 경계하며 거리를 두려는 해석학적 동기로 이해된다.[60] 이로써 삼위일체론에서 인격적인 관계개념의 독자성은 바로 효 사상에서 해명될 수 있는 것이고, 이는 기독교 신학에서 중심되는 삼위일체의 비밀, 즉 하늘 아버지의 관념으로 정리되고 있다. 여기서 해천은 기독교 신학에서의 중심되는 물음, 즉 하나님 경배라는 것이 무엇인가라는 문제를 예수의 하나님 이해

---

58) 《전집》 1권, 95 이하(율곡과 한국사상), 《전집》 2권, 163 이하; 여기서 주로 논거의 틀로 삼는 것은 율곡이고 특별히 誠에 대한 이해이다. 물론 퇴계의 敬 이해도 포함되어 있지만 중용과의 관계 때문에 자연히 구심점이 誠 이해로 집중되는 것이다.
59) 《전집》 2권, 417면, "해방 후 유교와 기독교의 수용형태."
60) 《전집》 2권 419.

에서 찾아보려고 한다. 다시 말해 마가복음에서 보여지는 것처럼, 유대인들의 종교적 전통에 나타난 하늘 경배와 부모 경배의 이중잣대의 위선에 대해 가장 비신앙적인 행태로 규정하여 경계하였던 예수의 해석에 주목하는 것이다.

> 너희는 누구든지 아버지나 어머니에게 '제가 해드려야 할 것을 하느님에게 바쳤습니다' 라는 뜻으로 '고르반'이라고 한 마디만 하면 된다고 하면서 자기 아버지나 어머니에게 아무것도 해드리지 못하게 하고 있으니 이것이 바로 전해오는 전통을 핑계삼아 하느님의 말씀을 무시하는 일이 아니고 무엇이냐(막 7:11-13).

특별히 이 부분은 구약으로부터 면면히 흐르는 예언자 전통과 맥이 통하는 것이기도 하다. 그러기에 마가복음에서는 이러한 해석의 근거로서 이사야 29:13 이하, "이 백성이 입술로는 나를 공경하여도 마음은 나에게서 멀리 떠나 있구나. 그들은 나를 헛되이 예배하며 사람의 계명을 하느님의 것인 양 가르친다"를 인용하면서 풀어나가고 있다. 이런 점에서 해천은 한국의 기독교를 특징지을 수 있는 요소가 바로 효라고 보았다. 그리고 이것은 이미 한국의 유교를 특징짓고 있는 것이고, 동시에 한국의 전통사상을 基底하고 있는 뿌리깊은 종교적 심성의 발로였다고 보았다. 까닭에 '효'라는 것은 동과 서라는 장소적 이해를 연결하는 접촉점인 동시에 시간의 차원까지도 모두 아우르는 온전한 해석학적 틀을 이루어내는 통로가 되고있는 셈이다.

> 하느님을 잘 공경하는 사람은 부모도 잘 공경해야 될 것이고, 부모를 잘 공경하는 사람은 보이지 않는 하느님도 잘 섬길 것이 분명한 것이다. 이 두 가지 사실은 분리해서 생각할 수 없는 것이다. 왜냐하면 효는 하느님이 존재근거(RATIO ESSENDI)가 되기 때문이다. 따라서 하느님은 효에서 확인될 수 있기 때문에, 효는 하느님께 대해서는 인식근거(RATIO COGNOSCENDI)이다.[61]

이러한 점에서 해천은 한국의 유교와 한국의 기독교가 효에 관해서 의견을 일치시킬 수 있을 때 두 종파가 서로를 파괴하지 않고 공존해 나갈 수 있으며, 한국의 종교지평을 확장시켜 그 사회에 이바지할 수 있는 가르침이 될 수 있을 것이라고 말한다. 왜냐하면 이것은 어긋난 효 이해로 하느님 아버지와 육신의 아버지를 갈라놓고 수 백년간 양자택일의 태도를 고집하면서 스스로 상처를 만들어온 한국교회의 치명적인 결함이었기 때문이다.[62]

현실적으로 이러한 주제는 한국 기독교가 경원시하는 제사의 문제이기도 하고 민감하게는 조상숭배가 변형 확대된 일본의 신사 문제로까지 연결하여 논의될 수 있는 광범위한 신학적 난제를 이루기도 한다. 이렇듯 민감한 불씨를 담고있는 주제임에도 불구하고 한국 기독교 현장에서 볼 때, 이 효와 제사문제의 외면은 치명적으로 한국교회 뿐만 아니라 기독교 정체성의 본의를 상실하는 것이 될 수밖에 없다. 그러기에 해천은 이러한 취약점을 지니고 있는 한국교회의 현실에 대해 매우 깊은 우려를 갖고 더욱 소리를 높일 수밖에 없었다.[63]

## VII. 孝 그리스도론 - 그 한계와 가능성

어버이를 사랑하는 사람은 남을 미워하지 못하고 어버이를 공경하는 사람은 남에게 교만할 수 없다고 [孝經]에 기록되어 있다…예수의 십자가 상의 죽음 그 자체가 중요하기보다는, 아버지와 아들의 친함에서 우러나오는 사랑이 더 중요하다고 하겠다.[64]

유교 사상사에 있어 '친(親)'의 의미에 관한 논란은, 이미 경전 해석

---

61) 《전집》 2권, 421-2.
62) 《전집》 2권, 423.
63) 《전집》 2권, 423-5, 특히 9번의 주를 참조하라.
64) 《전집》 3권, 347('예수는 모름지기 효자다').

학에 있어서도 주요한 논제로서 의미있게 다루어져 왔다. 주희를 비롯한 신유교의 중심 인물들이 [대학] 본문에 대한 변용의 역사를 통해 친(親)의 의미를 바꾸어 '신(新)'이라는 틀로써 받아들였던 이른바 '본문 파괴'의 해석학에서도 이런 사실이 반증된다. 이러한 해석은, 학계에서 주지하는 바대로 남송의 통치 이데올로기를 구축하였다는 점에서 그 해석학적 변용이 본문을 넘어서 새로운 신유교, 즉 주자학으로 잉태되는 모습을 생생하게 드러내주는 것이 아닐 수 없다.

이런 맥락에서 조선 중기 이후 유교사상에서 나타나는 새로운 사조, 즉 실학 사상에 있어 중심된 논지는, 주희를 비롯한 신유교의 해석학을 넘어서 원시유교의 본문과 의미를 되살리는 작업이었음을 상기할 필요가 있다. 실학을 집대성하였던 정약용 같은 이가, 주자비판이라든지 유교 경전의 재고찰을 통하여 원시 유교의 뜻을 회복하고자 하였던 모습에서도 이러한 흐름이 잘 드러난다.[65]

그러므로 天卽理를 내세웠던 주자의 주지주의적 견해를 비판하였던 정약용이 선진 유학에서 중심되게 강조되던 주재천이나 인격천의 의미를 부각시켰던 사실은 매우 의미심장한 것이다. 이러한 다산의 자세는, 주자학에 물들어 있던 조선조 사상사에 있어 망각되어졌던 선진유학에서의 親의 의미에 대한 해석학적 위상을 재고시키는 동시에 그 종교적 이해의 지반을 마련해준 것으로 보인다.[66] 특히 이러한 다산의 사상이 사실상 천주실의의 저자 마태오 리치의 신학사상과도 일치하는 것이라는 인식도 이같은 이해를 뒷받침해주고 있다.

그럼에도 다산의 경우, 효와 전례문제에 관한 한 서양 신학자였던 마태오 리치와 일정한 거리를 두고 있었다는 점과 당대 천주교계에서

---

65) 조명기외,《한국사상의 심층》, 우석출판사, 1994, 294 이하, 그리고 334 이하도 참조하라; 강재언,《조선의 서학사》, 민음사, 1990, 212 이하도 참고하라, 강 교수는 무엇보다도 정약용의 '六經四書'라는 용어 자체가 程朱學을 뛰어넘는 선진유교의 지향성을 잘 드러내 준다고 지적한다.
66) 강재언, 위의 책, 213 이하를 보라.

그가 背敎자라고까지 평가되었다는 사실은 짚고 넘어가지 않을 수 없다. 이는 조상제사 문제로 중대한 기로에 서 있던 당시 조선 천주교 신앙의 교리적 한계를 그대로 보여주기도 한다. 이 점에서 親의 의미를 한국의 전통적 시각에서 재해석하는 해천의 '효 그리스도론'은, 다산을 비롯한 조선의 천주교 신앙에 대한 신학적 재조명과 아울러 토착화 신학의 무진장한 가능성을 열어주고 있다.

사실 해천의 효 그리스도론은, 그의 가정사에 있어서 기독교 신앙 입교의 사례를 통해서 가장 극적으로 풀이될 수 있다. 앞서 해천의 생애에서도 살펴보았듯이 해천의 부친인 윤태현 목사는, 철두철미한 회심을 통해서 조부 및 일가들을 유교에서 개종하게 하였다. 그러기에 해천은, 부친을 회상하는 글을 통해 이러한 극적인 회심과 일가의 개종이 그에게 커다란 인상을 심겨주었음을 고백하고 있다.

> 그리스도인이 된 증거로 상투를 깎아버리고…아버지는 산에 숨어서 며칠을 지내며 굶주림 가운데서 기도를 드리고…조부모님들은 아버지가 모든 생활이 변한 것과 부모에 대한 태도가 전적으로 달라진 것을 보시고… 1년이 못되어 조부모님들이 믿게 되었습니다.[67]

이같은 인용문에서 확인되는 바와 같이, 한국인의 삶에 있어서 효라는 것은 외형적인 종교형태나 이념을 넘어서서 하늘 공경이라는 궁극적 가치를 헤아리는 척도였음을 시사해 준다. 해천이 앞에서도 지적하였던 바대로 한반도에서 전개된 孝와 誠의 지평은, 대륙이나 일본의 경우와는 달리 인격적이고 종교적인 측면에서 '親' 이해에 관한 독자적인 경지를 분명히 드러내주고 있다. 달리 말하자면 효와 성이라는 것은 인간 일반에 있어 존재론이나 실존론 상으로 모든 이해에 선행하는 근원적 뿌리라는 점을 전제하고 있음을 말해준다. 오늘날에도 직계존비속의 관계는 종교적 지평에서 바라볼 때 뿐만 아니라, 인간의 삶에 있어 제

---

67) 《전집》 3권, 384(윤태현 목사 1888-1961).

반사를 우선하는 법률적, 제도적 장치로서 존중해 왔다는 사실은 매우 의미심장하다.

> 그리스도교 진리는 바로 하늘 아버지와 독생자 예수와의 부자관계에서 모든 진리가 풀려나오게 마련이기 때문이다…일찍이 칼 바르트는 육신의 父祖들이 설사 하느님이 아니더라도 적어도 하느님의 대표자(Repraesentanten)임에는 틀림없다고 말한 적도 있다.[68]

해천의 '효 그리스도론'이 오늘날 현대신학에서 의미 있게 받아들여지는 이유는, 과거 기독교 교리의 해석에 있어 서구의 전통적인 교리의 전개방식이 효의 문제를 소홀히 다루어왔거나 외면했다는 사실을 일깨워주었다는 점을 꼽을 수 있다. 해천은, 여기에서 더 나아가 과거 서구 전통의 신앙행태가 치명적으로 그리스도교의 존재근거를 상실하게 만드는 것이었다고 꼬집는다. 여기에서 기독교의 기독교다움은, 동양 특히 한국의 전통적인 효 사상의 재해석을 통해서 비로소 제 모습을 되찾을 수 있는 지평이 마련된다고 보았던 해천의 신학은 '효 그리스도론'을 그 지반으로 하는 셈이다.

구태여 해천의 지적이 아니더라도, 과거 서구신학이 삼위일체론의 해석학적 의도를 살리기보다는 '제국의 종교' 내지는 '국가종교'의 형태로 오늘날까지 이어오는 동안 드러났던 신학적인 오류가 필연적으로 현대 서구신학의 '출구 없음'(Aporie)을 낳았음은 처절한 역사가 절절이 말해주고 있다. 이러한 모습을 꿰뚫어 보았던 해천이 그 해답으로서 내놓았던 '효 그리스도론'은, 실로 그리스도교의 복음을 일깨우고 21세기 지구 마을에서 의미 있게 역할하는 진리를 밝히고 이바지할 보편적인 황색신학(yellow theology)을 위한 주춧돌로 우리에게 남아 있다.

해천의 효 그리스도론은 아직도 다듬어나가야 할 기독론과 삼위일체론의 숙제를 그 안에 지니고 있다.[69] 그래서 해천은 미완성의 한국신

---

68) 《전집》 3권, 436-7.

학과 동양신학 더 나아가 세계신학 지평의 전개를 위해서 다음 세대가 씨름해 나가야 할 기본적인 명제를 [대학]의 팔조목에 빗대어 다음과 같이 제시해 주었다.

> 예수 그리스도는 神人이라고 한다. 그는 참 효자였기 때문에 하느님 아버지는 그를 높이 드셔서 세상의 구주로 삼으신 것이다…그래서 그를 '하느님의 아들'(효)이라 하고 또 그를 '하느님의 말씀'(誠)이라고도 하며, 또 '하느님의 형상'이라고도 한다… 하늘 아버지의 아들, 즉 효자인 예수 그리스도의 통치하는 나라가 '하느님의 나라'라고 말할 수 있을 것이다. 이 효자 예수 그리스도를 통해서만 平天下할 수 있는 것이다… '하느님의 아들'과 '하느님의 말씀'이 '하느님의 형상'에서 구현된 나라가 천국인 것이다.[70]

## VIII. '말씀 절로'의 신학 — 아시아 신학의 미래로서의 "誠"

졸고를 마감하면서 미련하게도 蛇足을 달아보고자 한다. 일반적으로 해천의 글을 읽어나감에 있어 단군신화나 기독교적 유교로서의 誠의 神學이나 효 그리스도론 등을 따라잡기 위해서는 몇 가지 오해와 걸림돌이 될만한 점들을 제거해야할 필요가 있다. 예를 들어서 해천은 1960년대 토착화론을 전개할 때부터 이미 복음의 불변성을 전제하면서도

---

69) 기독교 초기 교리사에서 니케아-칼케돈에 이르는 기간동안 콘스탄틴 황제가 개입하지 않으면 제국의 분열이 초래될 정도로 삼위일체론과 기독론의 다양한 견해가 전개된다. 결국 다양다기한 삼위일체론과 기독론의 고백은 오늘날 다원화된 종교와 문화에 있어 또한 초대 기독교의 신앙고백에 대한 再考를 요청한다고 볼 수 있다. 특히 해천의 이같은 도식은 유대-기독교 전통에서 볼 수 있는 에비온파(Ebionism)의 기독론이라든지 헤르마스류의 養子기독론(Adoptionist Christology)이나 삼위일체 논쟁에서의 역동적 군주론(Dynamic Monarchians)의 흐름을 연상시킨다. Walker, W. 《기독교회사》, 유형기 역 (한국기독교문화원, 1979), 31-3, 64-5 참조.

70) 《전집》 3권, 356

씨앗으로서의 복음이 변형(metamorphose)한다든지 종자와 토양이라는 식의 전제 자체가 이미 고루한 것임을 염두에 두고 있었음이 엿보인다.[71] 그러므로 어떠한 해천의 이론이 전개되면서 해석의 기준이 혼동된다는 인상을 받을 때에는 그가 무엇을 염두에 두고 진술하는 것인지 예의주시할 필요가 있다(여러가지 주제의 논쟁의 경우에는 더욱 그러하다).

이런 세심한 배려에도 불구하고 문제삼지 않을 수 없는 대목들은, 바로 토착화 1세대 신학자들에게서 공통적으로 드러나는 취약점이다. 이는 동양학을 다룸에 있어 경전 해석학의 작업을 거치지 않음으로 말미암아 생기는 신학적 작업의 오류를 말한다. 예를 들어 '구약성서에서 신약성서가 나온 것처럼 三經(시경, 서경, 역경)과 같은 고전에서 四書(논어, 맹자, 중용,대학)가 나왔다'는 류의 설명은 중국에서의 13경 경전 형성사에 대한 오독을 불러올 위험이 있다.[72] 또한 해천이 誠의 신학에서 중요한 이론전개의 방편으로 삼고 있는 율곡의 사상을 인용할 때에도 비슷한 걸림돌이 드러난다. 즉 해천 자신의 개인적 견해와 율곡의 본문을 뒤섞어 놓고 이론을 전개하는 難澁함으로 인해 유학자들에게 외면받을 가능성이 존재하기 때문이다.[73]

이렇듯 자질구레한 티끌에도 불구하고 해천이 일찍부터 한국신학의 형성을 위해서 주력하였고 그 열매를 아시아 신학의 틀로서 다졌다는 사실은 여전히 불변이다. 무엇보다 일찍이 해천이 해석학적 기초인 전이해를 추구하는 학문적인 작업으로서 《우리 주변의 종교》(1965)를 펴냈던 사실은 시사적이다. 이 한국 땅에서의 기독교 신학의 기본적인 작

---

71) 《전집》 1권, 88-90, 327, 340 이하 참조.
72) 《전집》 2권, 414.
73) 《전집》 2권, 44, 본문은 다음과 같다. "율곡에 의하면 氣質을 대표하는 유교, 理를 대표하는 불교, 그리고 志를 대표하는 仙道가 다 誠에 의하여 새롭게 규정을 받아야 된다는 것이다" 주석상으로 출처 미상의 이런 주장을 전개하는 논리의 비약은 학자들에게 오히려 誠의 신학 전체에 대한 白眼視를 초래할 수도 있다.

업이 타 종교에 대한 이해에서 비롯한다고 보았던 것은 탁사에게서도 동일하다《萬宗一轡》, 1922). 해천의 신학적 노작이 국제적인 종교사학회에서의 활발한 연구활동을 기초로 하여 이루어져 왔던 사실도 이러한 종교학적 공부가 그의 신학을 풍부하게 가꾸어 주었다.

이러한 해천의 작업은 무엇보다도 아시아 신학의 미래를 위한 주요한 밑거름이 되었다. 오늘날 아시아 신학의 대가인 宋泉盛의《대자대비하신 하나님》(1985)에서는 이러한 사실이 웅변적으로 선포되고 있다. 송천성은 중국 근세 개화기에 비극적인 피비린내로 끝나고 만 홍수천의 태평천국의 메시아 운동을 주의 깊게 파헤쳐 보면서, 이를 가리켜 아시아 종교문화에 대한 신학적 작업을 결여한 '그리스도교의 비극'이라고 이름짓는다.[74] 실제로 중국 역사에서 그리스도교가 본격적으로 소개되기 시작했던 16세기 말 이래로 대륙에서는 상당한 형태의 그리스도교적 이해가 자리잡았고, 태평천국이 좌절된 이후에도 공산화 이전까지는 여전히 수백 만에 이르는 신구교 신자들이 분포되어 있던 것으로 나타나고 있다.[75]

그러나 태평천국의 구조에서도 드러나듯이, 중국의 문화와 유교적 사유양태를 일방적으로 이교적이고 비그리스도적인 것으로 배척하는 전투적인 서구 기독교의 양식으로는 중국문화의 핵심까지 파고들어가 복음의 세계를 접목시키는 토양이 마련될 수 없는 법이다. 까닭에 이렇듯 문화신학의 틀을 외면하는 전투적인 선교방법론은, 훗날 태평천국이 정치적인 무력으로 탈바꿈하게 되면서 중국의 문화와 전통에 심각한 암적 요소로 커져나가게 되자 막다른 골목에 부딪히고 말았다. 송천성은 이를 가리켜 "중국문화 전체를 겨냥하여 발사된 그리스도교 미사일"이라고 표현하고 있는데,[76] 실제로 이러한 반유교적 양태는 태평천국의 운동이 종말을 맞이하게 되는 정벌군들의 봉기에 결정적인 계기

---

74) 송천성,《대자대비하신 하나님》, 이덕주 역(분도출판사, 1985), 250.
75) 위의 책, 227.
76) 위의 책, 265.

를 마련해준 것으로 나타난다.[77]

　이러한 점에서 동아시아에서 찬란한 고대문화를 기초하였던 유교문화의 틀을 나름대로 복음의 정신에 비추어 읽어내려고 했던 해천의 '말씀절로의 신학'은, 오늘날 급속하게 확장하며 문명위기를 초래하는 서구문화의 현주소를 짚어주며 새로운 지구촌의 정신세계를 열어나갈 수 있는 아시아 신학의 기초를 다진다는 점에서 새겨 보아야 할 머릿돌이다. 해천이 다져놓았던 단군신화 해석학을 비롯해 오늘날의 인간이해를 새롭게 틀지우는 효의 신학등은, 단순히 한국신학의 지평을 넘어서 펼쳐나가야 할 기독교적 유교의 지평을 구성하는 아시아 신학의 주요한 주제들이다.

　이 깊고 맑은 샘물을 길어내야 할 기나긴 오솔길을 헤쳐나가는 진리의 나그네들에게는 애오라지 고달픈 앞길만이 기다리고 있지는 않다. 해천은 이 '말씀 절로'의 신학이 우리나라의 巫堂들이 내림굿을 할 때 '말문이 열린다'(神言, 神聲)라는 말과 일맥상통한 것이라고 일깨워주었다.[78] 그리고 이렇듯 저절로 열리는 '말씀절로'의 신령한 하나님 나라의 바탕을 이루기 위해서, 해천은 이미 마음 속으로 되뇌이며 읊조리기를 마다않으셨던 아름다운 시편을 우리에게 길벗으로 남겨주었다. 이 오묘한 세계를 어렴풋하게나마 읊어보면서 기나긴 아시아 신학의 길을 함께 나서는 것은 어떨까.

　　　青山도 절로 절로
　　　綠水도 절로 절로
　　　山 절로 水 절로하니

---

77) 위의 책, 275. 실제로 태평천국을 평정한 정벌군의 대표적인 지도자였던 曾國藩의 견해는 이를 잘 드러내 준다. "이는 비단 우리 청나라만의 비극이 아니라 전체 중국 전통의 비극이며, 공자와 맹자께서 지하에서 우실 일이다." 오늘날 중국 공산당은, 일면 태평천국의 정신을 받아들이면서도 세계 도처에서 공자학원을 내세워 자신의 정체성을 추구해 나가는 이중성을 보여준다.
78) 윤성범,《성의 신학》(서울문화사, 1976), 2판 18.

山水간의 나도 절로
그 중의 절로 난 몸이 늙기도 절로하리.[79]

---

79) 윤성범, "자연주의 철학" 앞의 책, 137.

# 서남동의 신학

강원돈 (한신대학교)

**서남동**

1918. 7. 5 – 1984. 7. 19
전남 무안에서 출생.
1984년 토론토대학에서 명예신학박사 학위를 받음
1960년대 이후 '민중신학'을 창출
평양 요한학교, 한신대에서 강의,
유신정권 하에서 해직되기까지 연세대 교수를 지냄.
해직 후에도 기독교선교연구원을 설립
민중신학은 제3세계신학의 모델로 외국에 소개되어
한국의 첫 '수출신학'이 됨.

## I. 머리말

서남동의 신학은 크게 보아서 두 시기로 나누어진다. 하나는 신학에 입문하여 1970년대 초반에 이르기까지 주로 서구신학을 성실하게 연구하여 한국 신학계에 소개하던 시기인데, 이 때의 서남동은 세계 신학계의 동향을 신통하게 파악하고 가장 충실하게 소개하는 재능을 보여 신학의 '안테나'라는 별명을 얻을 정도였다. 또 하나의 시기는 한국 민중의 현실에 눈을 뜨면서 민중신학을 개척하고 나름대로 발전시키던 시기인데, 이 때 서남동은 대학교수의 직책을 내던지고 고난받는 민중의 현장에 뛰어드는 '계급자살'을 감행하면서까지 민중의 삶 속에 현재하는 그리스도 사건을 증언하였다.

많은 경우, 전기 서남동과 후기 서남동은 서로 단절되는 것인 양 해석되어 왔는데, 나는 이러한 해석이 지나치다는 생각을 갖고 있다. 서남동의 전기 사상과 후기 사상에는 그 주제와 지향에서 많은 차이점들이 있는 것이 사실이지만, 잘 들여다보면, 전기 사상에는 이미 후기 사상의 맹아가 내포되어 있고, 민중신학자 서남동이 일찍 세상을 뜨지 않았다면 민중신학의 관점에서 치열하게 파고 들어갔음직한 중요한 주제들과 문제의식들이 담겨 있음을 알 수 있다.

글에서 나는 먼저 전기 서남동의 사상을 분석할 것인데, 전기 사상은 "현재적 그리스도"에 대한 연구에 잘 정리되어 있다고 보기에 이를 중심으로 검토할 것이다. 그 다음 후기 사상은 그가 독특하게 발전시킨 민중신학을 중심으로 분석할 것이다. 전기 사상과 후기 사상의 연계고리들은 글을 써가면서 필요한 문맥에서 밝힐 것이다.

## II. 서남동의 전기 사상

### 1. 서남동의 신학 편력

서남동은 1976년에 발간된 《전환시대의 신학》 머리말에서 자신이 걸어온 신학 역정을 간략하게 정리한 적이 있다.[1] 그는 1938년 일본 동지사대학교 문학부 예과를 졸업하고 신학과에서 신학을 공부하기 시작하면서 역사적-문학적 비평 방법에서 신학적 충격을 받았다고 술회하고 있다.

1941년 대학을 졸업한 뒤에 그는 1952년까지 대구에서 목회를 하면서 칼 바르트, 에밀 부르너, 라인홀드 니버의 신학에 심취했다고 한다.

1952년 한국신학대학 교수로 초빙을 받은 뒤에 그는 비로소 폴 틸리히의 《프로테스탄트 시대》에 접하였는데, 틸리히의 신학은 서남동의 신학에 오랫동안 깊은 영향을 남겼다고 한다. 그는 틸리히의 성례전적 자연관에서 큰 감명을 받았다. 이 신학적 모티프는 그의 마음 속 깊은 곳에 숨쉬고 있었던 범신론과 물활론을 활성화했다고 한다. 1960년대 말과 1970년대 초에 서남동이 생태학적 신학 등에 천착한 것도 존 캅 2세의 과정신학이나 테이야르 드 샤르뎅의 진화론적 신학에 접했기 때문만이 아니라, 틸리히의 자극에 의해 준비된 일이었다고 해석할 수 있을 것 같다. 틸리히와의 조우는 칼 구스타프 융의 심층심리학에 대한 연구로 나아가게 했고, 틸리히의 신학사를 읽으면서 요아킴 플로리스의 역사신학에 접한 것도 소중한 자산으로 간주되고 있다.

서남동은 1955년 캐나다 유학 기간에 루돌프 불트만과 C. H. 도드의 신약신학, 니콜라이 베르자예프의 종교철학, 미르치아 엘리아데의 종교사에 접했다.

1960년대에 들어와서 서남동은 세속화 신학에 접하면서 네덜란드의

---

[1] 서남동,《전환시대의 신학》(서울: 한국신학연구소 1976), 7ff.

반 뷰렌과 반 쀠어센, 미국의 토마스 알타이저의 "신 죽음의 신학" 등을 연구하였지만, 세속화 신학의 프로그램으로 알려진 신학 구상 가운데 그에게 가장 큰 충격을 주었던 것은 디트리히 본회퍼의 기독교의 비종교화 프로그램이었다고 한다.

그는 역사와 계시의 문제를 다루면서 독일의 프리드리히 고가르텐, 볼프하르트 판넨베르크, 위르겐 몰트만의 신학을 다루었으며, 특히 몰트만의 "희망의 신학"이 갖는 혁명적 성격에 깊은 관심을 기울였다.

전기 서남동이 생태학, 생명공학, 과학 기술의 문제 등에 깊은 관심을 갖게 된 것은 1966년 제네바에서 모인 "교회와 사회" 세계대회의 영향이었을 것이다. 이 대회가 세속화 신학의 낙관주의적 분위기에 휩싸여 있었다는 것은 널리 알려져 있지만, 과학 기술 시대에 기독교인들의 책임이라는 과제를 제시한 것은 매우 중요한 공헌이라고 말할 수 있다. 이에 자극을 받은 서남동은 1969년부터 1974년 여름까지 "한국의 신학계를 등지고" 떼이야르 드 샤르뎅의 진화론적 신학, 존 캅 2세의 과정신학, 과학과 종교의 종합을 시도하는 〈자이곤〉지의 과학종교, 생태학, 생명과학 등으로부터 큰 충격을 받으며 신학 연구에 전념하였다고 한다.

전기 서남동의 신학은 20세기 신학의 흐름을 파노라마처럼 반영하고 있다. 변증법적 신학, 실존 신학, 세속화 신학, 역사 신학, 혁명의 신학과 희망의 신학, 과학과 종교의 대화, 과정신학, 생태학적 신학 등 그는 과연 신학 수업의 모범생 답게 거의 독학을 하다시피 해서 엄청난 신학 연구에 집중하고 이를 소화하기 위해 애썼다. 그런데 주로 서구신학에 집중된 서남동의 신학 편력은 1974년과 1975년 사이에 서서히 끝난다. 그는 아프리카에서 열린 한 에큐메니칼 회의에 참석하였을 때 김지하에 대해 묻는 외국인 신학자에게 아무런 답변도 하지 못한 것을 수치스럽게 여기며 우리의 것에 관심을 기울이고 민중 현실의 경험에 이끌려 민중신학의 형성에 참여하기 시작했다.

그렇다면 이러한 신학 편력을 통해 서남동이 형성한 그 나름의 신학

세계는 어떤 것이었을까? 서남동의 논문 "현재적 그리스도"는 이에 대해 좋은 시사점을 던진다고 본다.

## 2. 《현재적 그리스도》

1967년에 집필된 《현재적 그리스도》는 기독교가 그리스도의 현재성을 주장하는 세 방식을 다룬다. 케리그마적 그리스도, 세속적 그리스도, 우주적 그리스도가 그것이다. 서남동에게서 주목되는 것은 이 세 가지 방식이 서로 별개의 것으로 다루어져서는 안 되고, 셋을 통전하여 그리스도의 품격과 사업을 "교리사적으로 미분화된 그의 존재 그대로" 보여주고, 그의 "현재의 모습"을 보여주어야 한다는 주장이다. 그의 생각은 "그리스도는 오늘날도 설교의 말씀에서, 이웃의 얼굴에서 우리를 만나시고 우리의 역사적 삶의 기능적인 활동으로 이루어져 간다"[2]는 짤막한 명제에 함축되어 있다.

우선, 서남동은 그리스도의 현재성을 주장하기 위해서는 케리그마의 의미를 현재화하는 해석학적 작업이 필수적임을 승인했다.

그 다음, 그는 콘스탄틴적 기독교 이후, 기독교 시대 이후, 종교 시대 이후의 역사 의식을 갖고서 이웃의 얼굴로 현존하는 그리스도를 만나야 한다는 것을 강조했다. 그는 선한 사마리아 사람의 비유(누가 10장)와 최후 심판의 비유(마태 25장)를 세속화 신학의 프로그램에 따라 해석하여 강도를 만나 가진 것을 빼앗기고 상처를 입은 이웃의 모습으로, 우리들 가운데 가장 작은 자의 모습으로 그리스도가 현존한다는 것을 주장했다. 그리고 그 이웃의 부름에 응답할 때 결정적인 일, 곧 구원이 일어난다는 것을 강조했다. 그리스도를 형이상학적 개념이나 관념론적인 술어로 설명하지 않고, 세속적인 모습으로 현존하는 그리스도를 증언하고자 하는 프로그램은 이미 디트리히 본회퍼에게서 나타났다(이에

---

[2] 서남동, "현재적 그리스도", 《전환시대의 신학》, 66.

대해서는 후술).

끝으로, 그는 우주적 그리스도의 유기적 몸에 참여하는 만물의 친교를 제대로 말할 수 있어야 그리스도의 현존에 대한 신학적 언명이 완전해진다고 생각했다. 그는 우주적 그리스도를 중심으로 한 친교가 그리스도의 몸을 이루는 사람들의 사회적 친교만이 아니라, 만물의 생태학적 친교와 진화의 방향을 제시한다는 대담한 착상을 했다.

서남동은 1960년대 후반에 전기 사상의 윤곽을 완성한 것으로 보인다. 케리그마 신학, 세속화 신학, 우주적 그리스도론 등은 오늘 여기서 그리스도의 현존을 증언하는 데 필요한 프로그램들로 승인되었다. 만일 이 가운데 어느 하나를 결여한다면 오늘의 그리스도를 제대로 만날 수 없으리라는 것이 서남동의 생각이었다. 이러한 생각은 다음과 같이 정리되었다.

> 또 어떤 의미에서는 케류구마적 그리스도(설교)는 인간의 인격적 실존을 불러 일으킨다. 그것을 믿음이라고 한다. 세속적 그리스도는 인간의 사회적 실존을 불러 일으킨다. 그것을 사랑이라고 한다. 우주적 그리스도는 인간의 역사적 실존을 불러 일으킨다. 그것을 소망이라고 한다. 케류구마적 그리스도는 인간에게 그 수직선적 차원을 부여한다. 세속적 그리스도는 인간에게 그 수평선적 차원을 부여한다. 그리고 우주적 그리스도는 인간에게 그 대각선적 동경적(diagonal) 차원을 부여한다. 그리스도의 현존에 관한 위의 세 가지 프로필은 통전되어서 현존적 그리스도의 입상적 역동적 모습을 제시한다.[3]

《현재적 그리스도》를 쓸 당시에 서남동은 케리그마 해석과 세속화 신학을 상호 보완적인 것으로 간주했지만, 1965년에 본회퍼 신학에 대해 쓴 논문에서는 조금 다른 강조점이 나타나기도 했다. 여기서는 본회퍼가 시도한 성서의 비종교적 해석이 해석학적 신학을 압도하고 있다. 그것은 본회퍼 신학이 서남동에게 준 충격을 잘 말해 준다.

---

3) 서남동, 같은 글, 84.

서남동은 형이상학과 관념론이 더 이상 사람들에게 담론의 방식으로 받아들여지지 않는 시대에 세속적인 모습으로 현존하는 그리스도가 그를 만나는 사람들에게 불러일으키는 초월의 경험에 충격을 받았음이 틀림없다. 그는 본회퍼의 《옥중서신》에서 한 구절을 인용했다. "신에 대한 우리의 관계는 어떤 숭고한 존재, 절대적인 능력과 선을 가진 자— 이런 따위는 다 사이비 초월이다—에게 대한 종교적 관계가 아니라, 신의 존재에 참여함으로써 되는 남을 위한 존재이다."[4]

성서의 비종교적 해석을 통해 본회퍼가 말하고자 한 초월은 결국 자기에게 유폐된 상태를 넘어서서 남을 위한 존재가 되는 것인데, 서남동은 비종교적 해석이 갖는 이와 같은 '사건 발생'의 힘에 주목했다. 조금 길기는 하지만, 서남동의 말을 들어 보자.

> (...) 복음의 전달이란 의미, 이해, 해석의 문제를 훨씬 넘어선 '사건 발생'을 말하는 것이다. 다시 말하자면 본회퍼가 시도한 성서의 세속적 해석은 제자로서의 복종, 새 인간의 탄생이라고 하는 사건 발생을 말하는 것이다. 성서에 있어서 신의 존재는 신의 행동(예수 그리스도)이기 때문이고, 복음 전달은 그 사건의 재발성—이웃을 위한 봉사라고 하는 것이 본회퍼의 기독교 신앙이다. 문제는 그리스도가 남을 위해 봉사하셨으며, 그의 봉사의 삶에 나를 참여케 하였으니, 내가 그 복종의 은혜에 사느냐이다. 이것이 문제이지, 고대의 신화적 사고 방식을 현대의 그것으로 바꾸고 혹은 어떤 특정한 문화적 전이해에 맞추어 보자는 복음의 비신화화나 기독교의 토착화 문제는 본회퍼의 세속적 해석과는 그 취지가 다르다.[5]

위의 인용문은 비종교적 해석과 케리그마 해석이 서남동에게서 같은 중요성을 갖고 있지 않음을 암시한다. 이 점이 1967년의 논문과 다른 점이다.

---

4) 서남동, "복음의 전달과 그 세속적 해석", 《전환시대의 신학》, 226.
5) 서남동, "복음의 전달과 그 세속적 해석", 《전환시대의 신학》, 227.

서남동의 신학에서 의미 있는 것은 그리스도의 세속적 현존에 담긴 힘이 그의 신학 밑바닥에 가라앉아 있다가 그의 민중신학적 전회를 강력하게 뒷받침하는 방식으로 폭발하였다는 것이다.

### 3. 생태학적 신학

서남동 자신이 술회하고 있듯이, 그의 마음 속 깊은 곳에 자리 잡은 범신론적 경향과 물활론적 경향을 일깨우고 뒤흔든 것은 틸리히의 신학이었다. 독일 낭만주의와 셸링의 동일철학을 거쳐 야콥 뵈메의 "물질의 고통", 아씨시의 프란시스에게서 꽃이 핀 만물의 친교 사상이 틸리히의 신학에 어떤 울림을 남겼다면, 서남동이 1960년대 후반 이래로 수년간에 걸쳐 진화론, 생태학, 과정철학 등을 천착한 것도 결코 우연한 일은 아닐 것이다. 1966년 "교회와 사회" 세계대회의 도전은 말할 것 없고, 1967년 린 화이트 2세가 서양 문명이 자행한 생태학적 파괴의 정신사적 뿌리가 유대교-기독교 전통, 특히 창세기의 도미니움 떼레 (*dominium terrae*) 사상에 있다고 비판하여 전세계적인 반향을 불러일으킨 것도 서남동으로 하여금 생태학적 신학을 연구하도록 자극하였을 것이다.

서남동은 이 시기에 진화론, 생태학, 과정철학 등에 대해 실로 여러 편의 논문들을 썼다.[6] 나는 이 논문들이 쓰여졌던 시기가 1960년대 말로부터 70년대 초였음에 주목한다. 서남동은 세계 신학계에서도 선구적인 위치에서 우리 시대의 첨단 문제들에 관심을 집중하여 진지한 연구를 수행한 독보적인 예라 할 것이다.

---

6) 《전환시대의 신학》에 실린 논문들로는 "생태학적 윤리를 지향하여", "자연에 관한 신학", "성장과 균형의 윤리", "떼야르 드 샤르댕의 오메가 포인트" 등이 있다. 그 밖에 과학과 종교의 대화를 시도한 논문들이나 생명공학에 관한 논문들도 있다. "새 기술과학의 인간화", "현대의 과학기술과 기독교", "생명과학의 발전과 인류의 미래" 등이 그것이다.

그는 생태학적 윤리를 지향하면서 새 종교를 모색할 것인가, 아니면 기독교를 철저하게 재고할 것인가 하는 양자택일의 물음을 던졌는데, 이 물음에 대해 그는 다음 네 가지 점에 착안하여 기독교를 재고할 것을 요청했다. 하나는 동양종교(원시종교까지 포함)를 배워서 참고하는 것이고, 또 하나는 동방정교회의 신학과 결합하는 것이고, 셋째는 현대과학, 특히 생명과학의 발견들을 통전하는 것이고, 넷째는 성서를 다시 한번 새롭게 읽는 것이다.[7] 이를 통해 서남동은 서방 기독교의 한계를 넘어서면서 생태계 위기를 극복하는 데 공헌할 수 있는 신학적 논리를 가다듬고자 했는데, 여기에는 실로 깊은 통찰이 담겨 있다.

동양종교와 대화를 전개하여 생태학적 지혜를 배우자는 착상도 중요하지만, 특히 동방정교회 전통과 에큐메니칼 대화를 제안한 것은 매우 의미심장하다. 이러한 대화를 통해 생태학적 창조론을 전개한 학자로는 위르겐을 몰트만을 꼽을 수 있는데, 그의 저작이 1980년대 중반에 들어서서야 비로소 발간되었음[8]을 감안할 때 서남동의 제안은 매우 선구적이었음을 알 수 있다. 현대과학, 특히 생명과학을 신학에 통합하기 위하여 서남동은 떼이야르 데 샤르뎅의 진화론적 신학과 존 캅 2세의 과정신학을 깊이 있게 연구하였는데, 나는 이 분야에서 서남동이 이룩한 업적이 단순히 두 신학자들의 노작을 소화하여 소개하는데 그치지 않고 범재신론적인 틀에서 피조물의 "고유한 가치"를 중시하는 생태학적 윤리의 대강을 구상한 데서 찾을 수 있다고 본다.[9] 성서를 생태학적 관점에서 새롭게 읽기 위해 그는 창세기 1장, 시편 104편, 창세기 9장 4절, 레위기 25장 23절, 호세아 4장 1-4절, 로마서 8장 18-26절, 요한복음 1장의 프롤로그, 만물의 회복을 말하는 이사야 11장과 요한계시록 22장, 에베소서 4장 6절 등을 제시하였는데, 이것들은 생태학적 신학 내지는 생태학적 윤리를 지향하는 학자들에 의해 즐겨 선택되어 심도 있

---

7) 서남동, "생태학적 윤리를 지향하여", 《전환시대의 신학》, 270.
8) 위르겐 몰트만, 《창조 안에 계신 하느님》(서울: 한국신학연구소 1987).
9) 이에 대해서는 서남동, 같은 논문, 276.

게 주석되는 텍스트들이다.

　서남동이 민중신학적 전회를 감행하면서 생태학적 신학이나 과학과 종교의 대화 같은 주제들을 더 이상 다루지 않게 된 것은 퍽 안타까운 일이다. 사실 1970년대 중반에는 민중 문제와 생태계 문제를 함께 다룰 수 있는 여유가 적었고, 또 둘을 아우르는 패러다임도 미처 준비되어 있지 않았다. 에큐메니칼 사회사상사를 놓고 볼 때, 민중 문제를 다루기 시작한 해방신학적 패러다임은 생태계 위기를 다루고자 한 책임사회적 패러다임과 충돌을 빚고 있었으며, 1975년의 WCC 나이로비 총회를 거쳐 논의되기 시작한 "정의롭고 참여적이고 지속가능한 사회"에 대한 논의의 틀에서도 민중해방의 메시아적 실천과 생태계 보전에 대한 관심은 통합되지 않았다. 이 둘을 하나의 신학적 패러다임으로 통합하려는 노력은 1983년 WCC의 뱅쿠버 총회에서 촉구된 "정의, 평화, 피조물 보전"(JPIC)을 위한 공의회 과정에서 본격적으로 이루어졌지만, 이 공의회 과정을 마무리하는 1990년 서울의 JPIC 세계대회에서도 통합 패러다임은 완성되지 못했다. 사실 깊이 따지고 보면, 민중의 가난을 불러일으키는 장본인이 생태계 전체를 위기 속으로 끌고 들어가고 있는 것이고, 그 장본인을 가리켜 자본 축적과 팽창의 논리라고 일컬을 수도 있겠지만, 이 둘을 함께 보지 못한 것은 문제 인식의 시대적 한계를 반영하는 것이라 할 수 있겠다. 해방신학에서도 1990년대 들어서서야 비로소 생태학적 신학이라 할만한 구상이 나온 것을 보면, 민중의 가난과 생태계 위기를 통합적 관점에서 다루는 일이 쉽지 않은 것 같다. 아무튼 서남동이 민중신학적 전회 이후에 민중신학적 관점에서 생태학적 신학을 더 첨예하게 전개할 수 있었다면 참으로 좋았겠다는 생각을 해 본다.

## III. 서남동의 후기 사상

　서남동의 후기 사상은 '방외 신학자'(方外神學者), '거리의 신학자'[10]

로서 전개한 민중신학으로 꽃 피웠다. 그는 목사와 대학교수로서 누렸던 기존의 특권이나 사회적 지위로부터 밀려났을 뿐만 아니라 정치적 이유로 투옥되기까지 했는데, 이러한 경험은 그의 민중신학의 내용과 형식을 독특하게 규정했다. 아래서는 먼저 서남동의 민중신학이 형성되어간 과정을 살피고, 그 다음 서남동의 민중신학이 발전되면서 전개한 탈신학과 반신학 구상을 분석하고자 한다.

## 1. 서남동 민중신학의 형성과정

### 1) 민중신학 구상의 맹아

서남동의 민중신학 구상이 맹아적 형태로 제시된 논문은 1975년에 발표된 "예수·교회사·한국교회"[11]이다. 서남동은 1974년 연세대 신과대학 퇴수회에서 "예수와 민중"이라는 강연을 했고, 이 강연이 서남동 "민중신학의 외적인 출발"[12]이라고 스스로 말하고 있으나, "예수·교회사·한국교회"는 후에 민중신학으로 발전한 신학적 모티프들과 문제의식을 본격적으로 다루고 있다. 이 논문은 "개개인의 해방"으로부터 "공동체의 해방"으로, "정신적·심령적 구원"으로부터 "역사적·정치적 구원"으로 서남동의 신학적 관심이 이행하였음을 분명히 밝히고,[13] "사회혁명"을 전제할 수밖에 없는 현실사회의 대립구조가 신학적 성찰의 지평에 떠오르고 있음을 강력하게 시사한다.[14] 서남동은 이와 같은 신학적 성찰이 적어도 네 가지 요인에 의해 주어졌음을 밝힌다. 첫째는 예수에 대한 종교사적 해석으로부터 "사회정치적인 각도"에서의 해석으로

---

10) 서남동, 《민중신학의 탐구》 (이하 《탐구》) (서울: 한길사 1983), 3.
11) 서남동, 《탐구》에 수록된 논문.
12) 서남동, "민중신학을 말한다", 《탐구》, 173.
13) 서남동, "예수·교회사·한국교회", 《탐구》, 11.
14) 서남동, 같은 논문, 12f..

의 전진, 둘째는 하느님 나라의 표상과 천년왕국 표상의 구별로부터 독특하게 방향지어진 "종말론"의 정치화, 셋째는 맑스주의의 도전에 의해 "민중의 종교"로 "복귀"하기 시작한 기독교의 "새로운 활력"과 혁명·정치·해방신학의 충격, 넷째는 "민중의 편에 서서, 그 해방을 위해 싸우는" 한국교회의 실천과 이 과정에서 새롭게 듣기 시작한 민중의 소리가 그것이다. 이 가운데 무엇보다 중요한 것은 민중의 소리를 듣기 시작한 일인데, 서남동은 이 민중의 소리를 "김지하의 시"의 형태로 접촉하기 시작했다고 한다. 그에 따르면, "나 개인의 신학적 발상과정에 있어서는 지하의 시가 그 의식을 듣게 하는 '소리의 매체'가 되었다는 것, 그리고 거기서부터 찾아가면 함석헌 선생이 1970년 이래《씨알의 소리》에 거듭거듭 목이 터져라 외치고 있는 것을 그동안 나는 듣고도 듣지 않았다는 것을 알게 되었다"고 한다.[15] 1983년의 회고에 따르면, "민중의 부르짖음에 대한 어떤 신학자들의 메아리"가 민중신학으로 형성되었다고 하는데,[16] 이와 같은 이야기들은 모두 민중신학의 원점을 밝히는 주목할 만한 발언들이다.

서남동 민중신학의 형성을 이끌어간 모티프는 역시 독특한 역사인식과 현실인식이다. 그에 따르면, 오늘의 시대는 교회사적으로 성령의 제3시대, 탈기독교 시대이며, 세속사적으로는 민중의 시대라고 한다.[17] 성령의 제3시대에 들어와 교회는 더 이상 교회의 울타리에 머물지 않고, 민중운동에 성육신하는 현장교회, "민중의 교회"로서 존재하며, 바로 이 교회의 존재형태가 "사건"이다.[18] 성령의 운동을 뒤따르는 기독교인들의 실천과 민중의 자발적인 운동은 '사건'으로 표출되는데, 이 사건이 하느님의 선교가 구체적으로 전개되는 형식이라는 것이다. 그런데

---

15) 서남동, "'민중의 신학'에 대하여",《탐구》, 32.
16) 서남동,《탐구》, "책을 내면서", 3.
17) 서남동, "성령의 제3시대",《전환시대의 신학》(한국신학연구소, 1976), 132, 133.
18) 서남동, "민중신학을 말한다",《탐구》, 194; "80년대 한국교회의 신학적 과제",《탐구》, 146.

이 사건이 일어나는 '현장'은 종교적인 관념의 세계가 아니라, 구체적인 역사의 현실이며, 철두철미하게 모순과 대립으로 가득 차 있는 현실이다. 서남동은 "모든 대립의 화해는 있을 수 있고 또 있어야 하지만, 부자와 가난한 자, 누르는 자와 눌리는 자 사이의 화해는 있을 수 없…다. 그것은 네모난 원과 같이 있을 수 없는 논리다"[19)]는 말로 자신의 현실 인식을 정식화한 바 있다.

이와 같은 역사인식과 현실 인식은 서남동 민중신학의 형성과정에서 맑스주의의 제한된 수용을 요구했던 것으로 보인다. 물론 서남동이 민중신학을 발전시켰던 1970년대 중반과 후반 그리고 1980년대 초반의 상황에서는 맑스주의에 대한 신학적 취급이 극히 조심스러웠고, 한국사회에서는 맑스주의 연구가 공개적으로 이루어지지 못했으며, 서남동 역시 사회경제사적 연구 혹은 사회사적 해석 또는 정치·혁명·해방의 신학을 매개로 해서 맑스주의를 우회적으로 수용했던 점을 감안해야 하겠지만, 서남동 민중신학에서는 방법론적 차원에서나 신학 이념의 지향이라는 차원에서 맑스주의의 흔적이 엿보인다. 사회경제사적 해석 방법과 탈신학(脫神學), 반신학(反神學)의 구상이 그것을 잘 말해준다. 앞에서 말한 "예수·교회사·한국교회"라는 논문은 맑스주의의 도전에 대한 신학적 응답이 어떻게 구성되었는가를 보여준다. 서남동은 이와 관련하여 다음과 같이 말하고 있다. 직·간접적인 맑스주의의 도전에 의해, "첫째로 기독교는 잃어버렸던 복음의 사회적 차원, 사회적 구원을 되찾았다. 둘째로 기독교는 신의 초월을 형이상학적 영역으로부터 미래의 초월로 환원한다. 셋째로 기독교는 지금까지의 '억압자의 이데올로기'로부터 민중의 종교, 해방의 복음으로 복귀한다. 넷째로 기독교는 정통적 교리가 절대적으로 주어진 규범이라는 생각에서 탈출하여 역사적 현실에서 실험과 행동으로 진리를 검증하는 태도로 바뀐다. 다섯째로 교회는 정통적인 교회사의 족보를 자랑하는 것을 의심하고 이 시점에

---

19) "'민중의 신학'에 대하여", 《탐구》, 35.

서 소종파들과 이단들의 동기와 족보를 찾기 시작한다. 여섯째로 교회와 사회와의 사이에 세운 두꺼운 담을 헐기 시작한다. 복음을 삶의 모든 영역에 접합시키기 시작한다. 교회신학이 아닌 정치와 세계의 신학이다."[20]

물론 이와 같은 맑스주의의 제한된 수용이 후기의 탈신학과 반신학의 구상으로 발전되는 과정을 분석하는 데에는 훨씬 더 많은 요소들이 고려되어야 하지만, 이미 이 방법과 이념 초안에는 민중신학의 대강과 윤곽이 엿보이고 있다. 이 초안에서 특히 주목되는 것은 "실험과 행동으로 진리를 검증"한다는 테제인데, 서남동은 '편협된 교조주의'를 버리고 "실천의 굳은 의지"로써 신학하는 일을 강조하기도 했고,[21] "이제 우리의 기독교 신앙도, 그 신학도, 그리고 '성서' 해석도 전통적인 연역적 방법과 관념적 사변을 반성하고 성서 본래의 역사적 계시의 길을 따라서 귀납적인 방법, 사회과학적인 실천으로 과감하게 바꾸어야 할 것"[22]이라고 주장하기도 하였다. 이와 같은 실험과 행동, 이와 같은 실천이 서남동 민중신학의 구성적 계기가 되고, 신학적 성찰의 축점과 출발점으로 일찍 자리잡았다는 것은 매우 중요하다.

서남동 민중신학의 최초 구상은 서남동 자신이 '국외인'으로 밀려나는 존재조건을 매개로 해서 민중신학의 체계적 구상으로 발전하는데, 이 체계적 구상은 「두 이야기의 합류」라는 논문에서 제시되고 있다.

### 2) 합류의 메타포

서남동 민중신학의 체계적 구상의 핵심 개념은 '합류'이다. 서남동에 따르면, "민중신학의 과제는 성서의 민중 동기와 한국의 민중 전통을 결부시키려는 것이고, 그런 결부가 비로소 한국신학이 될 수 있다는 것

---

20) "예수·교회사·한국교회",《탐구》, 19.
21) "한의 사제",《탐구》, 41.
22) "'십자가'-부활의 현실화",《탐구》, 317.

인데, 그런 결부는 실천면에서는 이미 1970년에 합류되었다"고 한다.[23] 이와 같은 인식을 좀 더 체계적으로 정리한 명제는 "두 이야기의 합류"라는 논문에서 이미 제시되었다. "한국의 민중신학의 과제는 기독교의 민중전통과 한국의 민중전통이 현재 한국교회의 신의 선교 활동에서 합류되고 있는 것을 증언하는 것이다. 현재 눈앞에 전개되는 사실과 사건을 '하느님의 역사 개입', 성령의 역사, 출애굽의 사건으로 알고 거기에 동참하고 그것을 신학적으로 해석하는 것이다."[24] 이 명제 속에는 민중신학의 기본 성격을 규정하는 여러 가지 개념들이 제시되고 있다. 합류, 증언, 사건, 동참, 해석 등이 그것이다. 사건과 증언이라는 개념은 이미 안병무의 민중신학 구상을 통해 그 성격과 의미가 분명히 밝혀졌거니와, 이 모티프가 서남동 민중신학의 체계적 구상에 깊은 흔적을 남기고 있다는 것은 퍽 주목된다. 그런데 서남동 민중신학의 체계적 구상에서 핵심 개념으로 자리 잡고 있는 '합류' 개념은 매우 시적이고 문학적인 서술 용법이기 때문에, 이 개념을 정확하게 이해하는 것은 결코 쉬운 일이 아닌 것 같다.

우선, 서남동이 말하는 합류는 서로 이질적인 전통과 역사의 창조적 계승이라는 개념과 일차적으로 관련되고 있다. 그런데 전통의 계승이라고 하는 것은 단순한 "역사적 지식"의 문제가 아니고 실천의 문제이다. "실천으로써 전통을 잇고 발전시킨다."[25] 물론 여기서 말하는 실천은 우리의 구체적인 역사현실에서 봉건주의의 잔재, 자본주의적 착취와 억압, (신)식민주의적 예속으로 인해 철저히 억압당하고 착취당하고 탈주체화된 민중의 해방실천이요, 이에 동참하는 기독교인들의 실천이다. 서남동이 말하는 전통의 계승에서 돋보이는 것은 전통의 해석학적 매개를 규정하는 것이 오늘 여기의 구체적 현실에서 전개되는 실천이라고 보았다는 점이다.

---

23) "민중신학을 말한다",《탐구》, 199. 참조. "민중신학의 성서적 전거",《탐구》, 223f.
24) "두 이야기의 합류",《탐구》, 78.
25) "한의 사제",《탐구》, 41.

신학함(Doing Theology)도 이 실천과 유리될 때 설 땅을 잃는다. "신학한다는 것은 하느님의 인간 구원, 인간 해방의 사업을…과거의 역사적 사건들에 관한 '성서' 본문의 새로운 해석으로 현실화하는 데 그치는 것이 아니고, 오늘의 역사적, 사회적 인간해방의 투쟁사건에 연대하고 거기서 하느님의 인간해방의 역사를 발견하는 것"[26]이다. 이와 같은 실천에 근거한 해석과 현실화로서의 합류는 서로 성격을 달리하는 전통들과 역사들을 전제한다.

서남동은 1970년대 한국교회의 "하느님의 선교" 활동을 말하면서 이에 합류하는 세 가지 전통을 말했다. 성서의 민중전통, 교회사의 민중전통, 한국사의 민중전통이 그것이다. 그러나 여기에 합류하는 전통은 서남동이 열거한 것들[27]로 고정되지 않는다. 기본적으로 서남동이 말하는 합류는 열린 구조이다. 1980년대의 변화된 조건 속에서 한국민중의 운동 속에 성육신하는 기독교인들의 실천을 감안할 때, 이 실천을 매개로 해서 합류하는 민중해방 전통은 "민중적 민족주의"라는 갈래에 국한되지 않고 훨씬 더 폭넓게 설정될 수 있을 것이다.[28] 더 나아가 맑스주의

---

26) "恨의 형상화와 그 신학적 성찰", 《탐구》, 86.
27) 서남동은 성서적 전거와 관련해서는 구약성서의 "출애굽 사건"과 신약성서의 "십자가 사건"을 "원조형적 전거"로 들었고, 교회사적 전거와 관련해서는 "천년왕국", 요아킴 플로리스의 "성령의 제3시대", 뮌쩌의 민중신학, 현대의 "탈기독교 시대의 신학"을 전거로 들었다. 그리고 한국민중운동사적 전거와 관련해서는 "민중 자신이 자기를 주체적으로 정의하고 자기 존재를 쟁취해 나가는 민중운동사의 계보"를 열 세 항목으로 나열하고, 다시 그러한 민중운동사의 전개와 연관되어 형성된 "민중의 내면성"을 민중문학과 예술에서 추적하여 평민문학, 탈춤과 판소리에서 밝히고 있으며, 미륵신앙을 "민중의 역사적 갈망의 상징"으로 보아 이를 민중운동사적 전개 가운데 하나로 채택하고 있다. "두 이야기의 합류", 《탐구》, 50-78.
28) 서남동이 한국사의 민중전통을 제시한 열세 가지의 유형 가운데는 한국사에서 전개된 사회주의 운동이 전혀 고려되지 않았다. 이것은 물론 서남동이 한창 민중신학 작업을 할 때 이 분야에 관한 연구가 활발하게 진행되지 않았던 데에도 그 이유가 있겠지만, 그 당시의 기독교운동이 아직 이 분야의 해방전통을 수용할 만큼 발전하지 못했던 데에도 그 이유가 있을 것이다. "두 이야기의 합류", 《탐구》, 67-69.

적 혹은 사회주의적 해방운동 전통도 합류의 구도에서 적극적으로 고려되어야 할 것이다.

그 다음, 서남동이 말하는 합류는 오늘의 구체적 현실에서 전개되는 실천을 매개로 해서 전통을 현재화하는 것이다. 전통의 현재화는 전통을 오늘에 되살린다는 소극적 의미만 있는 것이 아니고, 실천주체의 아이덴티티를 강화하고 실천의 내적 근거를 확보한다는 적극적인 의미가 있다. 이것이 "성령론적·공시적 해석"의 전제이다.[29] "성령론적·공시적 해석"은 자기 해방의 역량을 갖춘 민중의 등장을 역사적 근거로 하고, 성령의 제3시대, 탈기독교시대의 도래를 신학적 근거로 삼는다. 서남동이 '타력 구원'으로부터 '자력 구원'으로 구원론의 초점을 옮기고, 교조주의적 해석으로부터 실천적 해석으로 신학적 해석학의 기본축을 옮긴 것도 이와 같은 역사인식 때문이다.[30]

실천을 매개로 한 전통의 창조적 계승에서 우선적인 것은 실천이지 전통이 아니다. 전통은 실천의 보조수단 혹은 '참고서', '전거'에 불과하다. 성서도, 교회사도 마찬가지다. 만약 전통과 실천의 관계를 거꾸로 뒤집으면, 실천은 전통의 권위에 의해 질식당하고, 전통은 이데올로기화한다. 실천이 전통의 해석에 구성적 계기가 된다는 것은 이미 전통의 영향사(Wirkungsgeschichte)를 비판적으로 극복할 수 있는 해석학적 관점이 실천에 내포되어 있다는 것을 전제한다. 이런 점에서 실천은 전

---

29) "성령론적·공시적 해석"에 대해서는, "두 이야기의 합류",《탐구》, 78f.; "민중신학을 말한다",《탐구》, 165f.를 보라. "성령론적 해석"은 "2천 년 전에 쓰인 본문을 지금 해석한다는 것이 아니고", "내가 선택해야 할 지금의 사건 앞에서, 예컨대 내가 어느 독재체제에 항거해야 할 것이냐, 안 해야 할 것이냐와 같은 문제를 놓고" 성서를 참고서로 삼아 하느님의 뜻에 따라 결단하는 것과 관련된다(167). 그리고 지금의 사건은 그 사건이 벌어지는 구체적 관계들과 연관되어 있는 것이므로, 성령론적 해석은 성서를 참고서로 삼아 하느님의 뜻을 오늘에 되살리는 통시적 해석에 머무를 수는 없고, 오늘의 구체적 현실을 전통의 현재화에 매개시키는 "공시적 해석"의 성격을 띨 수밖에 없다. 필자는 바로 이와 같은 "성령론적·공시적 해석"에서 "사건의 신학"이 관철되고 있다고 본다.
30) "두 이야기의 합류",《탐구》, 78f.; "민중신학을 말한다",《탐구》, 166.

통해방적이다.

그렇지만 "두 이야기의 합류"라는 논문을 작성할 때만 해도, 서남동은 전통의 계승과 오늘의 실천을 직결시키고 있을 뿐, 실천이 전개되는 구체적인 현실에 대한 과학적 분석을 신학적 성찰과 연결시키지는 못했다. 고학적인 현실분석을 신학적 성찰과 매개시키는 작업은 1983년에 발표한 "빈곤의 사회학과 빈민의 신학", "세계의 생명과 그리스도"라는 논문에서 최초로 시도되고 있으나, 이와 같은 시도가 충분한 결실을 맺기 이전에 그의 신학 작업은 종결되었다.

3) 민중신학의 주제

서남동 민중신학의 체계적 구상에서 민중이 차지하는 위치는 매우 독특하다. 서남동은, 민중신학의 주제는 '예수'라기보다 '민중'이라는 명제[31]를 통해 이 점을 매우 예리하게 밝힌 바 있다. 이 명제는 예수 사건을 민중신학의 전거로 해석하는 방식과 관련된 문맥에서 제시되고 있기 때문에, 이 명제는 "예수와 민중"의 관계를 어떻게 설정할 수 있는가 하는 문제와 일차적으로 관련시킬 필요가 있으나, 서남동은 "기독론적·통시적 해석"과 대비되는 "성령론적·공시적 해석"을 적극적으로 말하면서, "민중신학에서는 민중이 자기를 결정하는 외부적 조건을 자기 스스로의 힘으로 극복(제약)해 나가며 자기에 대한 사회적 결정 내지 운명을 자기 스스로 결정하는 주체가 되어가는 것을 증언하려는 것"[32]이라고까지 주장한다. 서남동의 이와 같은 주장은 그가 민중신학의 주제를 민중으로 설정하고 있음을 다시 한번 분명히 뒷받침한다. "민중은 신학의 일부가 아니라, 신학의 전부이며, 따라서 민중을 망각하는 한, 그것은 신학이 될 수 없다"[33]는 주장도 이와 같은 맥락에서 주목

---

31) "두 이야기의 합류", 《탐구》, 53.
32) "두 이야기의 합류", 《탐구》, 66.
33) "민중신학을 말한다", 《탐구》, 199.

되는 발언이다. 앞에서 말한 실천과 전통의 관계와 마찬가지로 민중과 신학적 성찰의 관계에서도 민중은 신학적 성찰의 구성적 계기임이 분명하다. 이것은 예수와 계시에 대한 이해에서도 철저하게 관철되었던 관점이다. "민중신학의 경우에는 예수가 민중을 이해하는 데 필요한 도구의 구실을 하는 것인지, 예수를 이해하기 위한 도구의 구실을 민중 개념이 하는 것은 아니다"[34]든지 "예수를 믿는다고 하는 것이, 그를 믿고 따랐던 사람들(프토코이)을 제외하고서 믿을 수 있다거나 설교할 수 있다는 것은 아니다. 여기에 선택받은 가난한 사람들은 하느님의 말씀(복음)의 우연한 조역이 아니라 그 구조적인 요인이다. '복음'이라는 내용 혹은 이념이 우연한 자료(가난한 사람들)에 담겨졌다가, 다음 세대의 교회와 신학에서 그 본질적 내용과 우연한 자료로 분해될 수 있는 것은 아니다"[35]라는 주장이 그러한 관점을 보여준다. 이처럼 민중이 계시 또는 신학함의 구성적 계기라고 한다면, 계시 또는 신학함은 민중 속으로의 성육신을 거치지 않을 수 없다. 따라서 오늘의 민중신학은 오늘의 민중, 오늘의 민중 현실, 오늘의 민중운동에 당파적으로 편드는 선택과 실천 속에서만 가능해진다. "오늘날 우리가 예수의 (성서의) 복음을 수락하려면, 그래서 우리가 구원을 받으려면, (그것은) 우리 시대의 가난한 사람들과의 연대에서만 되는 것이다. 가난한 사람들과의 연대 없이 복음을 우리의 것으로 수락하는 길은 없다."[36] 서남동 민중신학의 체계적 구상에서 민중은 "하느님과 땅과의 계약의 상대이며, 창조와 역사에 있어서 하느님의 공의 회복의 담지자 내지 작인"으로 성격화되는데,[37] 이와 같은 신학적 민중 이해는 생산의 주체로서 세계 변혁과 역사추진의 실질적 주인이면서도 실제의 현실에서는 주인의 자리로부터 완전히 밀려나 고난을 받고 있는 민중이 하느님의 공의회복을 주체적

---

34) "두 이야기의 합류", 《탐구》, 53.
35) "빈곤의 사회학과 빈민의 신학", 《탐구》, 404.
36) 《탐구》, 405.
37) "두 이야기의 합류", 《탐구》, 47.

으로 이끌어 간다는 새로운 구원론의 바탕이 된다. 이런 의미에서 민중은 구원의 대상이 아니라, 구원의 주체이며, 이와 같은 자력구원의 힘은 민중이 자기해방의 역량을 갖추기 시작한 민중시대의 가장 본질적인 징표이다.

### 4) 민중신학의 방법

서남동은 민중 현실의 밖과 안을 파악하고 인식하는 방법으로서 사회경제사적 방법과 문학사회학 혹은 예술사회학의 방법을 제시하고 있다. 서남동에 따르면, "사람을 밖에서 보면 육체고 안에서 보면 혼이듯이, 민중도 밖에서 보면 민중이고, 안에서 보면 그의 혼에 해당하는 한"이라고 한다.[38] 밖에서 본 민중, 즉 "대자적 민중"과 관련해서 서남동은 사회경제사적 혹은 정치경제사적 방법을 적용함으로써 비로소 "지배세력에 대한 민중의 제약조건들"이 분명하게 밝혀진다고 말한다. 그 다음, 이와 같은 제약조건들이 밝혀진 연후에 문학사회학적 방법이 적용됨으로써 "민중의 사회적 전기, 민중의 집단적 영혼, 민중의 의식과 그들의 갈망", 곧 안에서 본 민중이 드러난다고 한다.[39] 서남동은 이와 같은 방법을 체계적으로 정식화한 글을 남긴 바 없으나, 적어도 이 방법들이 유물사관을 전제하고 있음을 매우 완곡하게 표현하고 있다.

> 이제 정치신학이 그 해석의 틀을 사회경제사 내지 문학사회학이라 했을 때에는 인간의 인격적 실존이 그 틀이 아니라, 인간의 사회적 조건이 그 틀이라고 하겠다… 기초가 상부구조를 조건짓느냐 그 역이냐, 존재가 의식을 조건짓느냐 그 역이냐, 환경적은 조건이냐 그 역이냐의 문제에 대해서 인습적인 편견일수록 후항들을 대답으로 택하는 관념론에 빠지는 것이 상례다. 사회과학적인 새 발견들은 보다 전항들에 편든다

---

38) "민중신학의 성서적 전거", 《탐구》, 243.
39) "두 이야기의 합류", 《탐구》, 48.

고 보겠다. 실제는 전항과 후항의 교호 작용이겠지만, 인습적 편견을 타 파하려면 사회적 조건이 인간성을 조건짓는다고 하여 변증법적인 역점을 두는 것이 정치신학의 자세라고 하겠다. 그리고 이 경우에 조건지어 지는 인간성이라는 것은 개인이 아니라 사회적 제집단이다. 곧 종족, 신분, 계급, 계층, 성별, 연령적 세대, 역사적 시대, 지배-피지배의 관계, 소속문제 곧 정체의식의 문제 등이 사회를 구성하고 역사를 추진시켜 가는 요인들이다.[40]

이 인용문은 서남동이 자신의 방법을 예비적으로 정식화하면서 용어의 선택에 얼마나 신중을 기했는가도 잘 보여준다. 인용문의 강조부분인 "관념론" 다음에는 보통 "유물론"이라는 말이 나오는 것이 상례인데, 이를 "사회과학적인 새 발견들"로 윤색하고 있는 대목에서 그것을 엿볼 수 있다. 이 예비적 정식화는 좀더 정교하게 다듬어져야 할 대목이 많지만, 서남동이 경제환원론에 빠지지 않으면서도("교호작용"), 유물사관의 기본공리를 신학적 성찰에 적극적으로 수용하지 않았는가 하는 것을 보여준다는 점에서 매우 시사적이다. 서남동은 나중에 "계시의 하부구조"라는 개념을 과감하게 쓰기도 했고,[41] 교회사의 전통을 기초와 상부구조의 변증법에 따라 해석하기도 하였다. 이것은 "예수·교회사·한국교회"에서 제시된 서남동 민중신학의 초기 구상이 계속 관철되어가고 있음을 보여주는 중요한 증거들이다.

서남동 민중신학의 해석학적 틀에서 사회경제사적 방법이 민중현실에 대한 인식의 일차적인 방법이고, 문학사회학적 방법이 민중인식의 이차적인 방법이라는 점은 대단히 중요하다. 흔히들 서남동 민중신학에서 한(恨)이 심리학적 범주로 설정되어 있는 듯이 오해하고 있는데, 이것은 서남동이 문학사회학적 방법으로(이것이 문학심리학과 다르다) 한을 형상화하고 있다는 것을 망각한 소치이다. 한은 억압과 착취 그리고

---
40) 《탐구》, 49. 고딕 부분 필자.
41) "문화신학·정치산학·민중신학", 《탐구》, 378f.

소외가 지배하는 사회적 제관계들로부터 생성되지만, 그 생성과정이 명료하게 의식되지 않는 가운데 마음의 밑바닥에 앙금처럼 축적되는 주관적 감정이다. 이러한 한의 실체에서 한의 생성과정을 사회경제사적으로 재구성하고 한의 생성조건이 되었던 사회적 제관계를 실질적으로 전복하지 않고 축적된 한의 심리적 해소만을 시도하는 것은 진정한 한풀이일 수 없다. 서남동이 한풀이의 "실질화", "정치화"를 말할 적에, 그가 전제한 것은 바로 이러한 혁명이다.[42] 그러나 이미 이 혁명은 보복의 악순환을 끊어버리는 한(恨)과 단(斷)의 변증법에 의해 수행되는 민중혁명이다. 바로 이 한과 단의 변증법이야말로 나락과 하늘의 일치를 가능하게 하는 민중적 변증법의 극치이다(후술).

민중 현실에 대한 문학사회학적 접근은 민중현실에 대한 내재적인 접근 방법이다. 이와 같은 내재적인 접근이 가능한 것은 민중의 주체적 자기의식을 담고 있는 민중의 언어가 존재하기 때문이다. 물론 민중의 언어가 순수한 민중언어의 형태로 존재하는 것은 아니다. 민중의 언어도 지배 이데올로기에 의해 감염되고, 지배계급에 의해 특정한 형태로 왜곡되어 도리어 민중의 주체적 자의식에 족쇄를 채우는 경우도 있다. 따라서 민중의 주체적 자의식을 포착하기 위해서는 지배 이데올로기에 감염되고 왜곡된 민중언어를 재구성하는 섬세한 방법이 필요하다. 서남동은 바로 이 작업을 위해 언어에 대한 이데올로기 비판 작업이 필요하다는 것을 강력하게 시사한다.[43] 아무튼 민중현실의 내재적 접근방법을 통해 발견한 민중언어=몸의 언어=이야기는 서남동 민중신학의 계속적 발전에 매우 중요한 의미를 갖는다.

### 5) 민중적 변증법

서남동 민중신학의 체계적 구상을 결정짓는 기본구도는 김지하에

---

42) "한의 형상화와 그 신학적 성찰", 《탐구》, 97. 98.
43) "두 이야기의 합류", 《탐구》, 73.

의해 담시형태로 표현된 민중적 변증법이었다고 생각된다. 서남동 민중 신학의 체계적 구상 시대를 특징짓는 "민중의 메시아적 성격", "한의 성례전적 성격"이라는 표현도 이 민중적 변증법과 깊은 관계가 있다. 서남동이 민중을 생산관계라는 측면에서 일단 고찰하면서도 생산관계에 의한 민중의 전일적 규정을 삼갔던 것도 깊이 따지고 보면 민중적 변증법과 그 맥이 닿아 있는 듯하다. 서남동은 김지하의 《장일담》 구상 메모에서 김지하의 민중신학을 읽고 있는데, 이 민중신학의 기본 골자는 "나락의 (극)한과의 완전한 일치"로부터 "하늘"이 탄생하는 나락과 하늘의 일치, "신과 혁명의 통일", 곧 민중적 삶의 변증법이다.

> 나락의 (극)한과의 일치는 강도, 살인, 강간, 절도, 사기 등 인륜 상실자들, 이 사회에서 저주받고 이 땅에서 추방당한 버림받은 자들의 소굴에 들어가서 그들과 마음으로 일치하는 경험이다. 그(=김지하)는 이러한 인륜상실 현상은 억압에서 생겨진 한이 내면적으로 뒤집혀서 표출되는 것이라고 생각한다. 그러나 그는 그들의 마음속에서 다른 어떤 인간집단에서도 볼 수 없는 참 마음, 곧 신을 만나게 된다. 그렇기에 이 밑바닥을 다시 뒤집으면 바로 하늘이 되고 거기에서 민중의 메시아가 출현할 수 있다는 것이다. 이러한 맥락에서 그는 인내천을 생각한다.[44]

이 인용문은 민중적 변증법이 무엇인가를 은유적으로 잘 설명하고 있다. 밑바닥이 하늘로, 아래가 위로 뒤집어지는 과정은 나락의 극한에서도 소멸되지 않는 민중의 끈질긴 생명력을 매개로 해서 이루어진다. 이 끈질긴 생명력이야말로 민중의 자기초월을 가능하게 하는 힘일 것이다. 그러나 그 초월은 역사의 저 건너편과 역사의 한복판을 대립물로 하고 이 대립물들의 투쟁과 통일을 전제하는 것이 아니라, 역사 안에서 나락과 하늘로 총괄되는 현실적인 것들의 대립과 통일을 전제한다. 이런 점에서 그 초월은 철저히 역사적인 것, 구체적인 것, 육체적인 것이

---

44) 《탐구》, 79.

다. 위의 인용문은 이와 관련하여 의미 있게 음미해야 할 한의 이중적 현상형태를 암시하고 있다. 한의 이중적 현상형태는 한의 파괴적인 현상 형태(인륜 상실)와 한의 혁명적 에너지로의 현상형태를 말하는 것인데, 여기서 주목되는 것은 이와 같은 이중적 형상형태가 모두 나락의 극한, 삶의 맨 밑바닥으로부터 솟구쳐 올라온다는 점이다. 이 나락의 극한에 처한 삶으로부터 솟구쳐 올라오는 힘이 진정한 혁명의 힘, 한과 단의 변증법과 "신과 혁명의 통일"을 가능하게 하는 민중의 힘이요, 민중의 메시아적 성격을 증거하는 힘이라는 것이다. 서남동 민중신학의 체계적 구상에서 중요한 것은 신이 나락의 극한에 처한 민중의 삶 속에서 탄생하고, 바로 이 밑바닥이 하늘이라는 통찰이었던 것 같다. 이러한 통찰은 민중과의 자기동정(自己同定, self-identification)을 통해 하늘(구원)에 이른다는 독특한 민중신학적 실천의 정형화로 이어진다.

## 2. 서남동 민중신학의 발전: 탈신학과 반신학

### 1) 민담의 재발견

1980년대 들어와서 서남동이 발전시킨 민중신학 작업은 민담의 재발견과 긴밀한 관계가 있다. 서남동에 따르면, "민담은 민중의 자아를 담고 있는 그릇, 나아가서 그 집단적 영혼일 뿐 아니라, 참다운 전달과 전승모체가 되는 것이다."[45] 민담은 민중의 삶과 사건의 경험으로부터 탄생하는 것이지만, 일단 탄생된 민담은 순수한 형태로 존재하지 않고 계급사회 속에서 일정하게 왜곡되고 변질되는 사회사적 과정을 겪는다. 따라서 현존하는 민담은 계급사회의 지배 이데올로기에 의해 채색된 표면 구조와 본래의 민담이 전달하고자 했던 메시지의 이면구조로 이루어지는데, 이와 같은 표면구조와 이면구조의 갈등은 지배 이데올로기

---

45) "민담에 대한 탈신학적 고찰", 《탐구》, 289.

와 민중 의식의 갈등이기도 하다. 따라서 현존하는 민담으로부터 본래의 메시지를 듣기 위해서는 민담의 사회사를 재구성함으로써 본래의 민담 속에 담긴 민중의 집단적 영혼, 민중의 자아정체를 되찾는 일이 필요하다.

민담의 재발견은 민중의 이야기, 곧 민담을 통해 민중의 삶의 역사를 제대로 읽는 데에도 이바지하지만, 성서의 계시를 새롭게 읽도록 도와주기도 한다. 성서의 민중은 자신들의 이야기를 통해 자신들에게 일어난 사건을 전했다. 그들에게 일어난 사건은 이야기라는 전달매체를 통해 전승된 것이다. 따라서 전승된 이야기 배후에는 사건이 있다. 서남동은 사건과 이야기의 관계를 하느님의 계시에도 적용할 수 있다고 본다. "하느님의 자기계시의 제1차적인 매체는 구속사건, 역사적 사건이고, 그러한 사건에 관한 본래적인 전달매체는 '이야기' 다."[46] 물론 이와 같은 이야기에서도 일정한 사회사적 굴절·변질과정은 유대교와 기독교의 헤게모니 블록이 생산해 낸 지배적인 신학을 매개로 해서 이루어졌다. 케리그마, 교리, 신학은 하느님의 역사적 계시, 사건을 담고 있던 이야기를 화석화시키고, 본래의 사건을 증발시키고 이를 지배 이데올로기로 탈바꿈시킨다. 따라서 본래의 사건을 복원하기 위해서는 사건의 전달매체인 이야기의 사회사적 굴절·변질 과정을 재구성하는 절차가 필요하다. 이 절차가 진행되는 동안 신학은 '방법론적으로', '유보' 되어야 한다.[47] 바로 이러한 방법론적 유보가 "탈신학"이다.

### 2) 탈신학과 반신학

탈신학의 방법론적 절차는 "원계시의 재생"을 위해 반드시 거쳐야 할 과정이다. 서남동은 예수의 이야기를 예로 들어 탈신학화가 겨냥하는 실천적 의도를 밝힌다. 예수의 이야기는 신학화 과정을 통해 심하게

---

46) "민담의 신학 - 반신학", 《탐구》, 305.
47) "민담에 대한 탈신학적 고찰", 《탐구》, 298.

훼손되었고, 본래의 사건은 실종되었다. 예수의 죽임당함은 예수의 죽음으로, 예수의 십자가 처형은 예수의 십자가로 중립화되었다. 예수 이야기의 탈신학화는 바로 이 훼손과 왜곡의 과정을 거꾸로 되돌려 "예수의 십자가형과 예수의 죽임을 되찾아 거기에 뿌리를 박고 그 기반 위에서 신앙적인 증거"를 하기 위한 것이다. 이와 같은 증거는 "현실을 개변할 수 있는 힘"을 갖는다.[48] 서남동은 예수의 이야기를 탈신학화함으로써 우리가 획득하는 원사건의 진상이 "사회적 모순"의 문제요, "해결 가능성 안에 있는 문제"임을 인식하는 것이 중요하다고 본다.

그런데 탈신학화는 "반신학"(反神學)의 길이기도 하다. 탈신학화의 절차는 원래의 사건과 그 전달매체를 왜곡시켰던 지배적인 신학의 코드를 철거하는 작업이요, 궁극적으로 지배 체제와 지배 이데올로기의 강제로부터 벗어나는 작업인데, 바로 그것은 전통적인 신학이 걸어왔던 이데올로기적 통합에 반(反)하는 신학의 길, 곧 반신학(反神學)의 길이기 때문이다. 서남동 민중신학은 이처럼 탈신학과 반신학의 구상에 이르러 사건의 진상과 현실의 운동을 올바르게 반영하지 못하고 이를 왜곡하고 은폐하는 허위 의식으로서의 이데올로기에 대한 강력한 비판이라는 모티프를 활성화시키고 있다.

탈신학화와 반신학은 방법론적으로는 유물사관을 전제하는 사회사적 분석을 기본축으로 하고(서남동은 1983년에 이르러 비로소 사회사적이라는 표현을 쓰기 시작한다), 이념적으로는 반관념론, 반형이상학을 기본축으로 해서 움직인다. 이것은 전통적 신학을 아래로부터 뒤집어엎는 작업이기도 하다. 전통적 신학은 위에서 아래로 진행되는 연역의 방법, 초월의 이념을 추구했지만, 탈신학화와 반신학은 아래로부터 위로 진행되는 귀납의 방법, 성육신의 이념을 추구한다. 전통적인 신학이 사변을 먹고 살았다면, 탈신학화와 반신학은 실천을 매개로 하여 전개된다. 전통적인 신학이 머리의 신학이라면 탈신학화와 반신학은 몸의 신

---

48) 《탐구》, 299.

학이다.[49]

이와 같은 신학방법과 신학이념에 도달한 서남동은 이제 "계시의 하부구조"라는 개념을 통해 민중신학의 좌표를 확인하고자 한다. 계시의 하부구조라 했을 때, 하부구조는 '물질적'이고 '역사적'인 것의 총괄적 개념이다. 하부구조는 일차적으로 이데올로기적 상부구조와 구별되는 경제적 토대를 가리키지만, 서남동은 단순히 여기에 머물지 않는다. 하부구조는 머리에 대한 몸, 정신에 대한 물질, 이념에 대한 현실, 이론에 대한 실천, 이성과 지성에 대한 감정과 본능을 총체적으로 표현하는 포괄적인 개념이기도 하다.

계시의 하부구조는 계시의 "역사적·발생학적 핵"[50]을 지칭하며, 역사 안에 있는 현실, 역사 안에서 전개되는 민중의 삶, 민중의 사회사이다. 따라서 계시의 하부구조를 밝힌다는 것은 계시가 사건의 형태로 일어난 민중의 사회사를 사회과학적으로 분석하는 일이다. 물론 민중의 사회사에 대한 사회과학적 분석이 신학적 성찰을 대신하는 것은 아니다. 그러나 계시의 하부구조를 밝히지 않고 전개되는 신학적 성찰은 뜬구름 위에 펼쳐지는 사변이요, 몸이 없는 머리, 곧 유령이며, 역사의 현실로부터 이탈하여 역사를 살아 가는 사람들에게 덮어 씌워지는 이데올로기이다. "우리가 '역사적 계시'라고 말하면서, 그 하부구조에서 유리된 상부 구조만의 전통적 신학(에 만족한다면-필자 보충), … 나는 (그것을) 유령이요 아편이라고 말한다."[51] 서남동이 제시한 계시의 하부구조는 "아래에서 위로" 전개되는 민중신학적 해석학이 도달한 중요한 성과들 가운데 하나이다. 서남동 자신은 민담에 대한 탈신학적 고찰, 반신학을 통해 계시의 하부구조에 도달했다고 주장하고, 바로 그것이 "세계의 새로운 신학에 공헌한다고 인정되는 방법", "한국에서 민중신학을 특이하게 발전시킨 방법"이라고 천명했지만, 실제로 서남동 자신은 "민

---

49) "민담의 신학 - 반신학", 《탐구》, 305.
50) "민담에 관한 脫神學的 고찰", 《탐구》, 297; "'십자가-부활'의 현실화", 《탐구》, 318.
51) "문화신학·정치신학·민중신학", 《탐구》, 379.

중신학의 방법에서도 경제(사관이)나 유물사관의 방법으로 사회문제를 분석하는 것을 참고로 하긴 한다"고 유보적으로 유물사관의 신학적 수용을 밝힌 바 있다.[52] 필자는 계시의 하부구조를 파악하는 데 있어서 이 암호를 풀어나가는 것이 앞으로의 신학을 위해 매우 중요한 과제가 되리라고 본다. 아무튼 서남동이 말하는 계시의 하부구조는 사회과학적 분석의 대상이다. 이 계시의 하부구조는 "복원"되어야 한다. 서남동에 따르면, 바로 "이것이 근대에 대두되는 사회사적 해석, 물질주의적 (materialistisch) 신학의 과제이다."[53] 그런데 계시의 하부구조와 관련해서 반드시 짚고 넘어가야 할 것은 앞서 해명한 서남동이 민중신학의 체계적 구상에서처럼 계시의 하부구조를 강조하면서 민중이 계시의 구성적 요인이라는 것을 부각시키고 있다는 점이다. 민중은 단순한 "계시의 매체"가 아니라, "계시의 구성적인 요인"[54]이다. 민중신학이 강조하는 민중주체성은 바로 이 명제에서 극치에 도달했다고 본다.

### 3) 과학적 현실분석과 이데올로기 선택

서남동 민중신학은 실천적 의도에서 구상된 탈신학화와 반신학화의 방법적 절차를 거치면서 현실에서의 실천을 뒷받침하는 과학적 현실분석을 요구했던 것으로 보인다. 탈신학화를 통해 복원된 예수의 십자가 처형과 부활을 오늘의 현실에서 현실화하고, 십자가와 부활에 대한 신앙을 구체화하고, 우리의 역사와 현장에서 새 역사, 새 사회를 이루겠다는 민중의 갈망과 결단으로 현장화하는 것, 곧 십자가와 부활을 "재연"하는 것[55]이야말로 신앙의 과제라 할 수 있다. 그러나 이와 같은 현실

---

52) "민중신학의 성서적 근거", 228.
53) "문화신학·정치신학·민중신학",《탐구》, 379.
54)《탐구》, 378; "빈곤의 사회학과 빈민의 신학",《탐구》, 404; "세계의 생명과 그리스도",《탐구》, 357.
55) "'십자가'-부활의 현실화",《탐구》, 324.

화, 이와 같은 구체화, 이와 같은 현장화와 재연은 오늘의 가난한 사람들, 곧 민중과 '연대'하여 "사회적, 정치적 실천"을 전개할 것을 요구한다. 서남동은 이러한 연대와 실천 '전략'이 신학적인 '해석'으로 제시될 수 있는 것이 아님을 잘 알고 있다.[56] 설령 민중과 연대하여 전개하고자 하는 정치적 실천의 정당성을 신학적으로 제시한다고 해도, 그와 같은 신학적 정당화가 그때 그때마다의 특정한 조건에서 무엇을 어떻게 할 것인가 하는 전략·전술적 문제를 해결해주는 것은 아니라는 것이다. 서남동은 "메시아 정치의 실현"이라는 포괄적인 명제를 제시한다. "메시아 정치의 실현"은 신학적으로 해석된 정치의 과제인데, 서남동은 이 정치적 실천의 과제를 위해 "이데올로기와 프락시스를 다짐해야 할 것"이라고 말한다. 여기서 말하는 '이데올로기'와 '프락시스'는, 아직은 엄밀하게 규정되지 않은 전략적 실천 개념을 암시하고 있는 듯이 보인다. 그런데 아직은 엄밀하게 규정되지 않은 전략적 실천개념이 서남동이 독특한 방식으로 전개한 현실분석을 매개로 해서 제시되고 있다는 것은 주목할 만한 점이다. 서남동이 시도한 현실 분석은 소위 사회과학적 방법으로 알려져 있는 것과는 상당한 거리가 있는 것은 사실이지만, 1983년 현재 진보적인 사회과학자들에 의해 수용된 종속이론과 주변부 사회의 계급 분석까지 원용한 것을 보면,[57] 서남동이 일찍 신학작업을 종결짓지 않고 계속 민중신학 작업을 했을 경우 어떤 새로운 방법론을 발전시켰을까 궁금하기 짝이 없다.

## IV. 맺는 말

서남동은 한국 신학계에서 독보적인 위치를 차지하고 있는 신학자이다. 그는 신학 교수로서 대학 강단에서 활동할 때에는 세계 신학계의

---

56) "세계의 생명과 그리스도", 《탐구》, 357.
57) "빈곤의 사회학과 빈민의 신학", 《탐구》, 390ff.

주요 주제들을 날카롭게 포착하여 성실하게 소화하여 소개하는 부지런한 학자였다. 그러나 그는 번역 신학자에 그치지 않고 그 나름대로 매우 독특한 신학 세계를 구축하였는데, 그것은 "현재적 그리스도"를 증언하는 일과 밀접하게 관련되어 있었다.

서남동의 신학을 전기 사상과 후기 사상으로 구분하는 것은 적절하지만, 이 글에서 나는 이 둘을 분리시키는 것은 적절하지 않다는 점을 강조했다. 서남동은 "현재적 그리스도"를 증언하는 방법을 고민하면서 사실상 나중의 민중신학적 전회를 뒷받침하는 신학적 통찰에 도달하였다. 그리스도의 세속적 현존에 대한 증언에 전제되는 바 남을 위한 존재로의 초월은 서남동으로 하여금 고난받는 민중 현실로 뛰어드는 '계급자살'을 감행하게 한 신학적 근거였고, 방외신학자로서 민중신학을 독특하게 전개하게 만든 힘이었다고 해도 과언이 아니다.

서남동의 신학함에서 두드러지는 것은 철저함이다. 그는 문제의 근원을 파고들어 갈 뿐만 아니라 문제의 급진적 해결을 요구한다. 따라서 그의 철저함은 급진적 성격을 띠고 있다. 이것은 그의 전기사상에서도 나타나는 특징이지만, 후기 사상의 꽃인 민중신학을 형성하고 발전하는 과정에서 그는 그 어떤 신학자들보다도 철저하고 급진적인 논리를 세웠다.

서남동의 민중신학은 주체적인 한국신학을 형성하는 과제와 민중의 해방실천에 이바지하는 한국의 해방신학을 전개하는 과제를 통일시키고자 했던 중요한 시도였다. 서남동의 민중신학의 내적 논리를 분석할 때 매우 주목되는 것은 서남동이 신학이론의 구성이라는 차원에서 맑스주의를 신중하게 수용하고 있다는 점이다. 물론 맑스주의적 방법과 이념이 서남동의 민중신학의 모든 측면을 규정한다는 말은 아니다. 그러나 서남동은 민중신학의 초기 구상으로부터 체계적 구상을 거쳐 발전기에 이르기까지 맑스주의를 싫든 좋든 의식하면서 맑스주의와 경쟁하거나 이를 제한적으로, 우회적으로 수용하였던 것으로 보인다. 서남동의 민중신학은 1980년대에 들어와서 탈신학과 반신학의 구상으로 첨

예화하는데, 그가 신학 활동을 계속하였다면 매우 독특한 민중해방신학을 구상하였을 것임에 틀림없다. 그의 후기 작품들은 그가 민중신학을 전개하면서 과학적 현실분석과 이데올로기 선택을 사양하지 않았을 것임을 강력하게 시사한다.

나는 서남동이 민중신학적 관점에서 생태학적 신학을 전개할 수 있는 많은 준비를 갖춘 학자라고 평가하고 싶다. 그는 민중신학자로서 과학과 종교의 대화를 위시해서 생명공학과도 당당하게 대결할 수 있었을 것이다. 그는 비록 이 과제들을 수행하지 못했지만, 그 과제들이 민중신학을 하는 후배들에게 맡겨졌다고 말한다고 해도 크게 잘못된 말은 아닐 것이다.

# 안병무 해석학 시론:
### '내면성의 발견'과 '민중적 타자성' 개념을 중심으로

김진호 (제3시대 그리스도교연구소)

### 안병무

1922 – 1996
1973년 한국 신학연구소를 설립했으며,
민중신학의 창시자로 불린다.
하이델베르크 대학교에서 신학박사 학위를 받음.
마르코의 복음서 속에서 예수 그리스도의 민중운동의 의미를 발견,
교회가 민중의 편에 서야함을 역설한 민중신학자로서의 업적을 남김

## 1. 안병무 해석학, 가능성과 한계

추모 10주기를 맞아 '심원 안병무 선생 기념사업위원회'가 제작한 《심원 안병무 논저 총목록집》(도서출판 동문, 2006. 10)을 분석해보면, 논문·에세이·대담·머리글·서평·칼럼·편집후기 등을 포함한 글의 총 편수가 918편(중복 게재를 제외)이고, 단행본 한글판 저서가 28권,[1] 공저 형식의 책이 6권이다.

그밖에 수고(手稿) 형식의 글이 과일 상자 5개 분량 정도 있는데, 이는 설교 원고/메모, 강의 계획서, 연구 노트 등이며, 이 중 상당량이 아직 미출간된 상태다. 강연이나 설교 녹화자료는 거의 수집되지 않았고, 일부분만 보관되어 있는 서신들은 목록 속에 포함되지 않았다. 그러므로 현재로선 안병무 연구에 이 자료들을 활용하는 것은 불가능한 상태다.

한편 선생이 발행한 정기간행물 중 선생의 문제의식과 사상을 읽는 데 유용한 것들로, 〈야성〉,[2] 〈현존〉,[3] 〈신학사상〉,[4] 〈살림〉[5] 등이 있는데, 이중 〈야성〉과 〈현존〉은 일인 잡지라고 해도 과언이 아닌 책들이어서, 기획 속에서 선생의 신학과 시대인식을 읽어내는 유용한 정보들이 담겨 있다고 할 수 있다. 또한 '야성', '현존', '살림' 등 제호만으로도 선

---

1) 이 중에는 기념사업회가 비공식 출판물로 제작한 '안병무 저작 선집' 세 권이 포함되었다. 이것은 목록 잡업을 하면서 새로 발견된 글들로, 전집들을 포함하여 지금까지 출간된 어느 단행본 저작에도 수록되지 않은 글들 116편을 묶어낸 것이다: 《안병무 저작선집 1: 성서의 법정신》(20편); 《안병무 저작선집 2: 그리스도와 국가 권력》(51편); 《안병무 저작선집 3: 민중신학에 이르기까지》(45편). 이 책들은 한정 부수만 복사 제본한 것이지만, 주요 신학대학 도서관에 기증된 것으로 알고 있다.
2) 1951년 11월에 창간호를 내고 1956년 1월까지 발간됐던 월간지.
3) 1969년 7월에 창간호를 내고 1980년 8월 강제 폐간되기까지 총 113호까지 발행된 월간지.
4) 한국신학연구소의 설립과 동시에 더불어 창간된 신학전문지로서, 1973년 여름호를 시작으로 2006년 가을호까지 134호째 발행되고 있는 계간지.
5) 1988년 12월에 창간호를 낸 이후 2002년 12월호를 끝으로 폐간된 월간지.

생의 주요한 신학적 상상력의 변천을 엿볼 수 있다. 그런데 이 잡지들 전체를 구비하고 있는 곳은 현재 아무데도 없다. 게다가 〈야성〉은 전권(全卷)이 희귀자료여서 구하기조차 힘들고, 〈현존〉도 구하기 힘든 호들이 많은 형편이다. 그러므로 잡지 기획을 검토하여 선생을 연구하는 데는 적지 않은 어려움이 있다.[6]

현재 안병무 선생을 연구하는 데 있어 활용 가능성이 가장 높은 자료는 단행본 저작들이다. 주 1)에서 언급한 책 세 권을 포함한 28권의 책에서 918편의 글 대다수를 볼 수 있기 때문이다. 게다가 한길사에서 간행하다 중단한 전집 6권,[7] 그리고 기념사업회가 추모 행사에 맞추어서 계속 제작해온 선집 형태의 책들 10권[8] 등, 일일이 찾아보지 않아도 비교적 손쉽게 많은 글들을 집약시켜 놓은 책들이 있다는 점은 인물 연구에 관한 우리 학계의 현실을 감안할 때 매우 풍요로운 연구조건을 갖추고 있다고 하겠다.

그러나 이러한 책들을 연구자료로 활용하는 데는 난점도 적지 않다. 무엇보다도 어느 글이 어느 시기에 어떤 맥락에서 저술된 것인지에 대해 이 책들은 거의 아무런 정보를 제공해 주지 않기 때문이다. 결국 너무 많은 글들의 경우에 최소한의 정보를 얻어내기 위해서도 그것이 원

---

6) 기념사업회에서 안병무 선생의 모든 저작을 디지털화하는 건을 두고 논의가 진행 중에 있으니, 〈야성〉이나 〈현존〉 전체를 한 자리에서 보는 것이 머지않아 실현될 것으로 보인다.
7) 《역사와 해석》 (안병무 전집 1, 1993), 《민중신학을 말한다》 (안병무 전집 2, 1993), 《갈릴래아의 예수》 (안병무 전집 3, 1993), 《예수의 이야기－성서의 비유풀이》 (안병무 전집 4, 1993), 《민중과 성서》 (안병무 전집 5, 1993), 《역사와 민중》 (안병무 전집 6, 1993).
8) 《성서의 맥 1: 구원에 이르는 길》 (한국신학연구소, 1997), 《성서의 맥 2: 우리와 함께 하는 예수》 (한국신학연구소, 1997), 《성서의 맥 3: 생명을 살리는 신앙》 (한국신학연구소, 1997), 《성서 에세이 1: 불티》 (한국신학연구소, 1998), 《성서와 설교: 구결하는 초월자》 (한국신학연구소, 1998), 《신학평론: 기독교의 개혁을 위한 신학》 (한국신학연구소, 1999), 《평론: 한국 민족운동과 통일》(2001) 등 7권 외에, 주 1)에서 언급한 세 권.

래 실렸던 책을 일일이 찾아 그 텍스트의 매체적 컨텍스트, 역사문화적 컨텍스트 등을 확인하지 않으면 안 된다. 또한 선생의 글은 중복게재된 것이 많고, 특히 간혹 제목이 바뀌기도 한다는 점은 우리를 매우 난감한 상황으로 몰아간다.[9]

이 점은 때로 웃지 못할 실수를 낳기도 하는데, 가령 "민중의 설교자"라는 제목의 글과 "전달자와 해석자"라는 글은 동일한 글인데 외형상 제목으로 그것이 전혀 추측이 되지 않아, 기념사업회가 1997년 추모행사 때에 발간한 《생명을 살리는 신앙》에서는 "민중의 설교자"로, 그리고 1999년 추모행사 때 발간한 《기독교의 개혁을 위한 신학》에서는 "전달자와 해석자"로 마치 다른 글인 듯이 게재되었다.[10]

이렇게 된 사정을 내 나름으로 추적해 보면 다음의 이유로 인한 것처럼 보인다. "민중의 설교자"라는 제목의 설교가 1978년 5월에 갈릴리 교회에서 행해졌었는데, 그 원고의 존재는 현재로서는 확인되지 않는다. 통상의 경우를 염두에 둔다면 아마도 간략한 메모 형태로 수행된 것이 아닐까 추측된다. 그리고 이듬해에 선생 자신이 〈현존〉 101호 (1979. 5)에 "전달자와 해석자"라는 제목으로 이 설교를 게재하였고, 이는 우리가 아는 한 이 글의 최초의 문서화된 텍스트다. 한데, 문제를 꼬이게 한 결정적 계기는, 안병무 선생의 글 모음집 《역사 앞에 민중과 더불어》(한길사, 1986)에서 편집과정에서 약간의 토씨 정도의 수정을 제외하고는 "전달자…"와 정확히 일치하는 글을 원래의 설교 제목인 "민중의 설교자"라는 제목으로 재수록하였고, 글 후미에 갈릴리교회의 1978년 5월 설교임을 명기한 것과 관련이 있는 것으로 보인다. 토씨를 제외하면 이 글이 "전달자…"와 다른 점은 원래 일련번호로 구획되었던 것에 소제목을 붙인 것 정도다. 아마도 이 차이는 편집자에 의한 것

---

9) 선생의 가장 대표적인 글이라고 할 수 있는 "예수 사건의 전승 모체"는 무려 6회 재게재되었다. 한편 "한국 통일문제의 성서적 조명"이라는 글은 총 5회 재게재되는데, 뒤에 실린 세 번의 경우는 제목이 바뀌어 "민족 통일 문제의 성서적 조명"이 되었다.
10) 이 문제는 이번에 발간한 《총 목록집》에서도 확인되지 못하였다.

으로 보인다. 이후 이 둘은 각기 소제목만 다를 뿐 내용은 완전히 일치함에도 각각 다른 글처럼 유통되었다.

현재까지 출간된 저작 선집(著作選集) 형식의 책들이 이런 사정이라면, 이 책들로 본격적인 연구를 수행하는 것은 여간 어려운 일이 아니라고 하지 않을 수 없다. 지난해 나는 기념사업회로부터 수고 형태의 글을 책으로 펴내는 작업을 맡아 달라는 요청을 받고 위와 같은 문제를 제기하면서 이 작업이 또 하나의 시행착오가 될 수 있다는 점을 지적한 바 있다. 그러므로 분명한 원칙에 따라 적절한 분류 방식을 택하여 전집을 새로 출간하는 것이 최선이지만, 거기에 드는 막대한 비용을 감안하면 그것이 불가능한 일이어서, 대안으로 '총목록집' 제작을 제안·기획하였다. 이에 기념사업회가 조사자를 고용하여 총 6개월간의 작업을 거쳐 추모 10주기 행사일인 지난 2006년 10월 15일에 비매품으로 출간하였다. 이 목록집은 연대순으로 글을 정리하되, 중복 게재 및 동고이제(同稿異題)를 확인 표기하였다. 이고동제(異稿同題) 등 여전히 검토해야 할 점이 많이 남아 있지만, 부수적인 소득으로 많은 글들이 새로 발굴되었다는 점은 앞서 말한 것과 같다.

그런 점에서 필자는 《총목록집》의 발간으로 안병무 연구는 이제 진일보할 계기를 맞게 되었다고 생각한다. 그간 선생을 주제로 하는 연구는 국내외의 학위논문을 포함해서 무수히 많았지만, 거의 모든 연구들은 특정 테마에 국한된 연구였고, 그나마 이런 연구들 대부분은 텍스트 비평이 수반되지 않은 채 각 필자들이 임의로 선정한 텍스트를 사용하여 진행된 것이다. 게다가 각 연구들간의 대화와 논쟁은 전무하였다. 이는 회갑기념논문집이나 고희기념논문집 등이 출간되었으며,[11] 선생이 서거한 이후 〈신학사상〉[12]에서 특집으로 다룬 바 있고, 또 추모 행사에 맞추어 기념사업회가 제작한 안병무 논문집이 세 권[13]이나 있음에도 불

---

11) 안병무 박사 회갑기념 논문집 편찬위원회,《역사와 현존》(대한기독교서회, 1982);
《예수 민중 민족: 안병무 박사 고희기념 논문집》(한국신학연구소, 1992).
12)《신학사상》96(1997 봄)의 '특집: 안병무의 신학과 사상'.

구하고, 이 모든 안병무 연구 기획물들이 연구의 공론장 역할을 하지는 못하였다는 사실과도 관련이 있다. 또한 각론적 주제와 더불어 반드시 요청되는 통전적이며 통시적인 연구는 거의 없었고, 있더라도 너무 많은 부분에서 추측과 과장을 피할 수 없었음은 위에서 얘기한 자료의 문제를 감안할 때 당연한 것이겠다.[14]

요컨대 이제까지의 연구들은 안병무 선생에 관한 '제각기 말하기'였으며, 그것으로부터 수렴되는 논의의 중심점은 없었다고 해도 과언이 아니다. 물론 '역사의 예수'라든가 '사건의 신학', '생명' 등 소재상의 유사성은 많았다. 하지만 소재가 겹친다고 해도 논의는 서로 무관했고, 당연히 논점도 형성되지 않았다고 할 수 있다.

그런 점에서 나를 포함한 다섯 명의 연구자가 공동 작업한 《죽은 민중의 시대, 안병무를 다시 본다》[15]는 논쟁적인 책 제목은 엄밀히 말하면 뜬금없다. 지배적인 안병무 읽기가 없으니 '다시 본다'는 의제는 성립할 수 없기 때문이다. 책의 "마중글"에서, 그럼에도 '다시 본다'는 주장을 하는 이유에 대한 나의 구구한 설명이 있지만, 이 역시 기존의 연구 상황에 대한 우리 나름의 상상을 전제로 한 것이다.

오늘 발표하는 나의 글 역시 이러한 한계를 넘어서는, 새로운 도약의 계기는 전혀 되지 못함을 밝힌다. 그러려면 시간이 좀더 필요하다. 아니 실은, 다른 한편으로, 제도권 밖에서 활동하는 연구자로서 이러한 고증학적 작업에 충실하기는 쉽지 않고 바람직하지도 않다. 물론 그럼

---

13) 심원 안병무 선생 기념사업회 엮음,《갈릴래아의 예수와 안병무》(한국신학연구소, 1998); 심원 안병무 선생 기념사업회 엮음,《안병무 신학사상의 맥 I》(한국신학연구소, 2003); 심원 안병무 선생 기념사업회 엮음,《안병무 신학사상의 맥 II》(한국신학연구소, 2006).
14) 올해 출간된 최초의 평전인 김명수,《안병무. 시대와 민중의 증언자—현대 신학자 평전 11》(살림, 2006)도, 독자에 대한 배려가 돋보이기는 하지만, 연구 상황의 한계라는 측면에서는 예외가 아니다.
15) 김진호·이정희·차정식·최형묵·황용연,《죽은 민중의 시대, 안병무를 다시 본다》(삼인, 2006).

에도 어느 만큼은 이 일이 내게 과제로서 제기될 것이 예상되기는 하지만 말이다.

내가 보기에 안병무 연구는 신학 분야의 한국학 연구의 소재로서 매우 중요하다. 그리고 이는 고증학적인 기초 연구의 바탕 위에서 축적되어야만 한다. 이때 문헌연구를 포함하는 기초작업과 그것에 기반하는 고증학적 연구는, 순수영역의 학문적 작업이 제도적으로 뒷받침받을 수 있는 대학 공간에서 수행되는 것이 보다 바람직하다고 본다.

반면 나는 비제도권의 연구소를 중심으로 활동하고 있는 연구자로서 안병무를 바라본다. 곧 보다 실천적인 차원에서 문제 제기적이어야 하고, 보다 실험적인 것이 요청되는 공간에서 안병무를 다루어야 하는 것이 나의 과제다. 그것은 위의 '다시 본다'의 생뚱맞은 언표처럼, '안병무 고증학'적 차원보다는 우리 자신의 동시대성과 대면하기 위해 선생을 읽는 데 초점이 있다는 것을 뜻한다. 그렇게 하려면 선생의 텍스트를 선생 자신의 시공간적 맥락에서 해체해야 하며, 이를 우리의 맥락 속에 재위치시킴으로써 연구가 수행되어야 한다. 그런 점에서 우리의 '다시 읽기'라고 하는 논점은, '안병무 고증학'이라기보다는 '안병무 해석학'을 지향한다.

한데 이것이 충실하려면 고증학적 연구가 전제되어야 한다. 해체의 대상이 명징하게 드러나야 그것을 '다시 읽는' 일이 가능하기 때문이다. 하지만 이 모든 것이 미비된 현 상태에서 안병무 '읽기'와 '다시 읽기'를 동시적으로 수행해야 하는 모순적인 작업에로 나는 나를 몰아가야 한다. 비제도권 연구자로서의 나의 자의식은 안병무를 연구하라는 주문을 이러한 모순적 과제로의 요청으로 받아들이도록 나 자신을 강제하기 때문이다. 이러한 딜레마에 대한 나의 언술 전략은 기술(記述)상 안병무 자신에 철저하면 할수록(즉 고증학을 철저히 수행하면) 우리 자신의 동시대성에 대한 그의 신학적 적합성이 드러나는 듯이 주장(즉 해석학적으로 적설성을 지닌다)하는 것과 관련이 있다. 즉 고증학적 읽기를 해체하려 하면서도, 외형상으로는 해석학적 시각에서 고증학을 포섭하고 있는 것이다.

이러한 언술 전략을 위해 나는 안병무 선생이 개념적 분열이 상대적으로 심한 학자라는 점을 적극 활용할 것이다. 선생은 개념적 일관성보다는 그때마다의 담론의 정치성에 더 치중하고 있는 것이다. 이 문제는 담론의 논리 인과성보다는 현장 수행성을 주목하게 한다. 그렇게 본다면 선생의 담론 현장은, 거시적으로 보면 1970년대와 1980년대적 공간이지만, 그 안에서 미시적 현장들에 따라 '다중성'을 지닌다고 할 수 있다. 이는 1990년대 이후의 시공간에서 살고 있는 우리가 우리 자신의 현장과 유사한 선생 자신의 담론 현장을 선택적으로 활용할 여유가 상대적으로 많다는 것을 의미한다. 그리하여 선생의 특정 담론과 우리의 특정 담론을 선택적으로 과잉 연계시킴으로써, 양자 사이의 연계성을 주장하는 것이다. 그렇게 하면 해석학은 마치 고증학적 결과인 듯이 보이는 것이다.

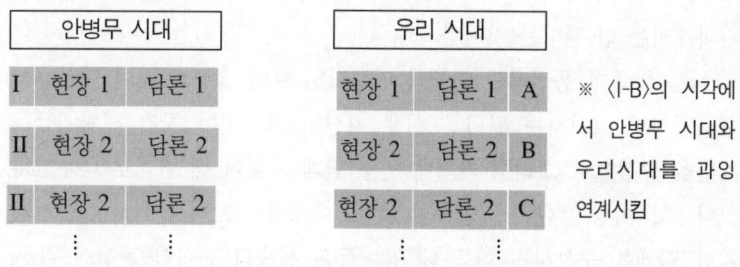

이런 글쓰기 전략은 이 글이 안병무 해석학의 잠정적인 시도에 지나지 않음을 의미한다. 향후에 보다 본격적인 해석학적 과제에 충실한 연구를 기대하며 나는 이 글을 쓴다.

## II. 안병무 신학의 전개 훑기

안병무 신학을 시기구분하여 이야기하는 것은 도식화의 위험에도 불구하고 훨씬 간명하게 선생의 신학적 전개를 포착할 수 있어 유용하다. 아직 체계적인 시기 구분론이 발전하지는 않았지만, 민중신학 이전과 이후로 나누어 생각하는 것은 거의 상식이라 해도 과언이 아니다. 이것은 실존주의에서 민중신학으로의 사유의 전환을 의미한다. 또 세 시기로 나누어 이야기할 수도 있는데, 그것은 1980년대 말, 혹은 1990년대 이후 선생의 '살림'에 관한 신학적 상상을 계기적 도약으로 이해하는 시각이다. 이 점에서 김명수의 견해는 흥미롭다. 그는 안병무 신학의 주요 테마를 실존주의, 민중, 생명살림으로 나누어 이야기하는데, 여기서 주목할 것은 그것이 단지 시간적 발전의 경계를 보여준다기보다는, 동심원적 포월관계로서 해석되는 것처럼 보인다는 데 있다. 가령 생명살림의 사상은 이미 실존주의적 사유가 지배하던 시기부터 내재되어 있었다는 것이다.[16] 내가 보는 그의 견해에 동의하든 않든, 이러한 논의는 시기구분론을 펴는 데 있어 당연하지만 종종 간과되는 점을 지적하고 있다. 즉, 신학적 사유의 변화와 아울러 연속성이 관철되는 방식을 간과해서는 안 된다는 것이다.

아무튼 좀더 통전적인 연구가 진행되면 보다 훌륭한 시기 구분론이 나오겠지만 여기서는 편의상 선생 자신이 작명하여 창간한 잡지들의 제명을 중심으로, 그리고 거기에 민중 단계를 넣어 네 단계로 나누고자 한다. 즉, '야성', '현존', '민중', '살림'. 아래에서 보다 상세히 언급하겠지만, 단계를 구분짓는 이들 네 용어들은 선생의 신학적 논점의 변화, 그리고 변화된 논리 속에 이어지는 사유의 연속성을 읽어내는 데 유용하다. 나는 이것을 동원원적 포월관계보다는 아래 도표처럼 묘사하고자 한다. 이 글의 이하의 내용은 이 도표를 설명적으로 풀어쓰는 데 초점이 맞추어져 있다.

---

16) 김명수, 《안병무: 시대와 민중의 증언자》 참조.

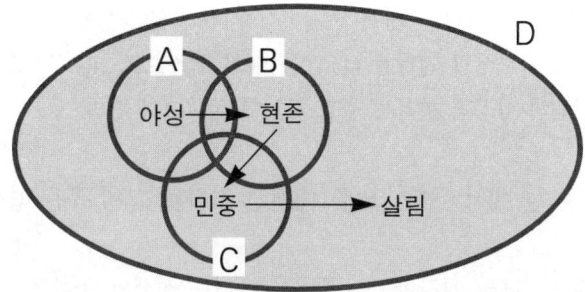

선생의 신학적 전개를 상징하는 위의 네 가지 표상어 간의 얽힘과 갈라짐을 이해하기 위해, 나는 임의로 선생의 사유의 비언표적인 내적 존재의식의 특징을 다음 두 가지 대립쌍으로 규정하고자 한다: 계몽주의적 지향성 대 내면성, 그리고 내면성 대 타자성.

'계몽주의적 지향성'이란 '근대적 지식인'으로서의 선생의 자의식을 말한다. 선생은 간도의 명동 지역에서 기독교를 처음 접한 이후 1996년 유명을 달리하게 될 때까지 한결같이 실현되지 않는 비(非)근대적 '야만의 그늘', 식민성(비자주성), 비민주성, 비생명성과 불화(不和)하며 살았다고 보는 것이다. 또한 당대의 선구적인 기독교 지식인으로서, 신학자이자 교사로서 끊임없이 시대를 향해 말해왔던 선생의 공적, 사회적 역할이 몽매한 대중의 계몽이라는 과제를 선생의 존재론적 소명의식으로 형성하는 데 중요한 영향을 미쳤다고 가정하는 것이다.

'내면성'이란 '외부세계', 곧 지배적인 담론 공간에 단순히 흡수될 수 없는 존재의 이탈적 자의식을 말한다. 선생에게서 실존주의는 그러한 외부세계의 질서에 끊임없이 반항하는 내적 자의식을 예각화시키는 계기로 작용했던 것으로 보인다.

한편 기독교 신앙은 선생에게 계몽적 주체로서의 근대적 자아 모델과 끊임없이 불화하게 하면서, 타자성을 향한 반/탈근대적 사유의 모험을 추구하게 한다. 공산주의나 자본주의화된 교회주의와의 대립은 이러한 타자성의 문제의식과 연관된다. 특히 민중의 발견은 타자성을 향한 새로운 방식의 문제의식으로 선생을 이끌었다고 할 수 있다.

아래에서는 이러한 내적 존재의식들 간의 길항성을 중심으로 해서 선생의 신학사상적 전개를 (1) '야성에서 현존으로', (2) '민중의 발견', (3) '살림의 상상력' 이라는 틀로 나누어 살피고자 한다.

## 1. '야성'에서 '현존'으로: 내면성 서사의 교체 혹은 연장

1951년 11월 창간한 〈야성〉에서 우리는 선생의 공식적 글을 처음 접하게 된다. 20대 후반의 청년이던 무렵이다. 해방 직후 선생은 서울대학교 기독학생총연합회를 결성했고, 그 멤버가 중심이 된 '일신회'를 조직했다. 이때 두 단체가 어떤 활동을 벌였는지에 대해 우리는 거의 알지 못한다. 이 모임들에서 선생이 지도자였으니 그의 생각이 이 집단에 중요한 역할을 했음직하다. 한데 선생은 그 당시에 대해 침묵하였다. 한편 선생은 또한 반공청년단에 가담한 것으로 알려져 있는데, 거기에서 어떤 활동을 했는지도 우리에게 알려진 것은 없다. 역시 선생은 이에 대해 전혀 언급하지 않았다.

그런데 〈야성〉에서 보는 선생의 모습은 이데올로기에 대해 다분히 '회색인'스럽다. 선생은 공산주의를 자기 시대의 악의 대표적 실체로 이해한다. 하지만 그가 보기에 공산주의를 극복하는 실체여야 하는 기독교는 오히려 공산주의적 담론의 공격 앞에 무력하다. 더욱이 공산주의에 대한 교회의 증오의 방식은 지극히 퇴행적이다. 한편 인권 유린, 착취, 향락주의에 빠진 자본주의는 말할 것도 없다.[17]

이런 생각의 연장선상에서 선생은 세계가 악으로 구조화되어 있다고 이해한다.[18] 여기서 선생은 세계의 악마적 구조로부터 분열된 내적 자아를 선택적으로 결단한다. 즉 세계에 포획된 자아가 아니라 '이반적 자아'를 선택한 것이다. 이러한 실존주의적 자아 의식은 〈야성〉의 시대

---

17) 안병무, "빛의 아들들, 이 세대의 아들들: 기독교인은 도적맞고 있다", 〈야성〉 5 (1952. 7) 참조.
18) 안병무, "고난의 의미", 〈야성〉 1(1951) 참조.

가 '악'으로 구조화된 세계에 대해 분열된 '내면성'[19]의 서사로 전개되고 있음을 시사한다.

선생의 이런 내면성의 서사와, 한국전쟁이 발발함으로써 흩어져버린 일신회를 재조직하고 그들과 더불어 공동체운동을 벌였던 선생의 외적 활동은 서로 맞물려 있다. 선생에게서 한국전쟁은 자본주의나 공산주의가 한민족을 근대화할 계몽의 주역이 못 된다는 사실이 여실히 입증된 사건이었다.[20] 교회는 전쟁을 통해 그 야만성이 적나라하게 드러난 자본주의적 남한이나 공산주의적 북한의 비근대성을 지양할 기독교적 근대성의 마지막 보루였다. 많은 한국인들이 교회를 근대성의 상징으로 체험하였듯이 선생도 그러했던 것이다. 그런데 실상 교회는 그러한 역할을 담당하기는커녕 자본주의의 퇴행성을 그대로 답습했다. 아니 심지어 한국 근대국가 형성기의 부패한 국가의 주역의 하나였고, 저들의 그 야만적 폭력의 정치를 선도했다.

그러므로 선생은 새로운 교회운동, 곧 생활공동체로서의 신앙공동체운동을 구상한다. 그 출사표라고 할 수 있는 글인 "평신도의 목회: 그룹운동의 방향"[21]은 '왜 생활 공동체인지'를 말하고 있다. 그것은 '삶(생활)'으로부터 후퇴하여 종교성의 장소로 국한된 교회에 대한 반제이자 대안이라는 것이다.[22] 선생이 이 글을 쓰던 당시 사람들은 전쟁 막바지

---

19) 근대사회 이후, 대중에 대한 근대국가의 사회적 통합(social integration)의 기재가 극도로 확장됨에 따라, 체제의 외적 규정성, 그 물리적이고 상징적 질서에 단순 포획되지 않는 자아가 중요한 문제로 부각되었다. 바로 그러한 외적 규정성에 단순하게 포섭되지 않는 자아를 이야기하기 위해 일반적으로 '내면성'이라는 용어가 사용된다.
20) 사석에서 늘 얘기하던 대로 《선천댁》 (범우사, 1996)에서 선생은 공산주의를 근대성으로 체험하기보다는 야만으로 체험하였음을 밝히고 있다.
21) 〈야성〉 7(1953. 1).
22) 같은 글, 554(여기서 쪽수는 이 글이 재수록된 《기독교의 개혁을 위한 신학》에서의 쪽수다). 이런 문제 의식은 선생의 후기 사상에까지 지속되는데, 가령, 1987년 창립한 한백교회에서 선생은 예배 속의 '헌금 봉헌' 순서를 '물질을 드림'이라는 이름으로 변경시켰고, 성찬나눔 대신 공동식사를 제안했다.

에 이르게 되면서 일상으로 속속 복귀하고 있었다. 하여 전쟁의 고통이 생활의 고통으로 급속하게 전이되던 시절이었다. 이제 급박했던 생존게임은 기억의 전쟁으로 전이되고 있었다. 누구든 생존 게임의 피해자일 수만은 없었기에, 누구든 야만을 야만으로 되갚아야만 생존할 수 있었던 것이기에, 사람들은 저 처참한 원초적 야만의 피해자인 동시에 가해자여야 했다. 전쟁이란 그래야 생존을 보장받을 수 있던 게임이다. 한데 일상으로 복귀한 이들이 벌여야 하는 기억의 전쟁은 그러한 가해성으로부터 자신을 분리시켜야만 승자가 될 수 있다. 그리고 이 '전쟁 이후의 전쟁', 그 기억의 전쟁의 패자는 정신이 훼손되고, 존재가 붕괴되는 대가를 치러야 한다.

하여 가해성의 억압된 기억은 무의식으로 전이된다. 이렇게 해서 사람들은 전쟁 이후의 그 새로운 전쟁을 견뎌내었다. 그런데 그 가해성이라는 무의식의 기억은 망각의 창고 속에 단순히 격리되어 있지만은 않는다. 다른 형식으로 존재의 표피로 출몰하여 존재를 괴롭힌다. 이에 교회는 사람들의 저 깊게 패인 트라우마를 '죄의식'에 대한 종교적 감수성을 통해 흡수한다. 물론 이것은 구원재라는 종교적 자원을 광적으로 소비하게 하는, 이른바 대대적인 종교의 시장을 형성하게 했다. 선생은 이렇게 장사판으로 변질된 교회, 그러한 장사판에서 사람들의 죄의식을 자신들의 권력을 위해 소비하려고 하는 교권자들의 부패를 바라보았다. 그런 점에서 선생이 추구하는 공동체운동은 부패한 교회에 대한 고독한 야성(野聲)이며, 상처받은 세계를 향해 외치는 구원의 야성이다.[23] 요컨대 선생에게서 세상과 불화하는 내면성의 발견은 세상을 구원하려는 진정한 계몽주의적 선언이었다.[24] 그것은 야만으로부터 근대성을 구현해야 할 교회가 방기한 민족 근대화의 사명에 대한 근대주의적 신앙

---

23) 일신회가 재조직되고, 그들과 더불어 공동체운동에 대해 논의하던 때에 선생은 목회자가 되기를 꿈꾸며, 자신의 목회관을 사람들의 고통의 소리에 대한 반응적 신앙고백으로 이해한다. "목회론—내가 만일 목회를 한다면", 〈야성〉 3(1952. 2).
24) "평신도의 목회", 554. 그것은 수난을 각오하는 고독한 실천이었다.

고백이었던 것이다.

한편 '현존의 시대'에 내면성의 서사는, 근대주의적 구원관이라는 계몽주의적 가치를 여전히 견지하고 있음에도 불구하고, 중요한 변형 요소를 첨가한다. 그것은 세계의 인습적인 지배적 가치에 대한 이반으로서의 내면성의 선택이 그리 만만하지 않다는 데 대한 보다 냉정한 현실인식에 따른 것이다. 하여 사명감을 공유한 동지에게 수난을 각오하자고 말하고[25] 교회 지도자들을 향해서는 '종교적 창기'라고 독설을 퍼붓던[26] '야성의 시대'의 전형적 언술에서는 다소 생소한 새로운 강조점이 대두한다. 그것은 '그리스도인'이라는 대중이다.[27] 교회 권력자의 이해에 포획되어 그것을 자신의 욕구로 내면화하는 존재, 즉 식민화된 내면성에 대한 새로운 문제의식이 본격화된 것이다. 외부 세계에 포획된 내면이라는 것은 얼핏, 내면성이라는 특별한 개념적 언술을 필요로 하지 않는 것처럼 보인다. 하지만 실존주의의 세례를 받은 선생에게서 내면이 외부 세계에 포획되었다는 것은 기계적인 주체의 소멸이라고 할 수는 없을 것이다. 만약 그랬다면, '현존'이라는 실존주의적 언표가 사용되지도 않았을 것이다. 나는, 선생이 명시적으로 말하고 있지는 않지만, 식민화된 내면성이라고 해도 그것은 단순히 외부 세계의 내재화라고 단언할 수만은 없는 욕구의 방정식이 존재한다는 관점이 이 시기 선생의 내면성의 서사의 특징을 이루고 있었다고 판단한다.[28]

이 시기에 '죄'에 대한 선생 특유의 해체론적 논점이 제기된 것은 바로 이러한 맥락과 관련이 있어 보인다. 앞서 말한 것처럼 '야성의 시대'에 기독교/교회의 죄론에 대한 비판은 "목회론―내가 만일 목회를

---

25) 같은 글, 554.
26) 안병무, "종교적 창기", 〈야성〉 12(1956. 1).
27) 안병무, "한국의 그리스도인상", 〈현존〉 31(1972. 5·6 합본호) 참조. 이 글은 《불티》에서 "그리스도인상"이라는 제목으로 바뀌어 재수록되었다.
28) 내면성에 대한 이러한 관점은 이종영의 책 《내면성의 형식들》(새물결, 2002)에서 얻었다.

한다면"(〈야성〉 3[1952. 2]) 같은 글에서 특징적으로 볼 수 있듯이, 죄는 교권자의 권력 자원의 관점, 즉 그러한 권력 지향적 교권체제를 비판하는 관점에서 이해되었다. 한데 '현존의 시대'를 특징짓는 많은 글들에서 죄는 식민화된 내면성의 매개로서 다뤄지고 있다.[29] 그것은 인습의 담론, 곧 지배서사의 내재화의 장치에 다름 아니었던 것이다. 바로 이러한 체제 재생산의 테크닉은 대중으로 하여금 그것에서의 이반 가능성을 심각하게 왜곡하고 만다는 것이다.

그러므로 이 시기의 인식에서 내면성은 분열되어 있다. 체제의 틀에 포획된 채 그 속에서 허용된 욕구의 게임에 탐닉하는 내면성과, 내면을 지배하기 위해 시시각각 조여 오는 인습의 상투성에 저항하는 이반의 내면성이 그것이다. 물론 선생은 후자의 현존, 그것이 진정한 그리스도인 상이라고 보는 것이다.[30]

한편 이러한 분열된 내면성에 대한 인식의 심화는 더욱 강화된 주체의 결단을 요청한다. 그런 점에서 선생은 여전히 실존주의적이며, 동시에 여전히 계몽주의적이다. 한데 특기할 것은 이제 선생은 공동체의 동지들 대신 대중에게 말을 건넨다. 이제 그는 '광장'으로 나왔다. 그것은 한편으로는 일신회 동지들과의 공동체 운동의 실패 탓이기도 하지만, 다른 한편으로는 맑스주의와 대화하면서 사변의 신학을 지양하고 실천의 신학을 추구하는 서구의 정치적 신학을 접한 덕일 수도 있다.[31] 아무튼 선생은 '성문 밖'으로 나간다. 여기서 '성문'은 역사를 외면해온 교회주의이며 사변적 신학의 아성을 지키는 자기 폐쇄의 망이다. 그곳에서 뛰쳐나가 역사의 숨결에 귀를, 마음을, 몸을 개방하는 것, 그것을 향한 현존의 결단을 추구하려는 것이다.[32]

---

29) 안병무, "죄란 무엇인가", 〈현존〉 1(1969. 7) 참조.
30) 안병무, "어떤 의미에서 그리스도인인가", 〈현존〉 27(1972.1)
31) 안병무, "오늘의 신학 동향: 정치신학의 동향—정치신학(1)", 〈기독교사상〉 (1972. 7); "오늘의 신학 동향: 혁명의 신학—정치신학(2)", 〈기독교사상〉 (1972. 8); "오늘의 신학 동향: 정치적 예배—정치신학 (3)", 〈기독교사상〉 (1972. 9) 참조.

그런데 그가 광장으로 나온 데에는 또 다른 배경이 있다. 독재에 대한 기독교의 항거가 시작된 1970년대 초의 흐름 속에서, 선생은 차츰 반독재 투쟁의 대열에 들어서고 있었다. 1973년 반(反)유신체제에 대한 투쟁의 대열에 김재준을 필두로 하는 한신대학교 교수들이 가담하기 시작했고, 아마도 이러한 계기에서 선생은 앙가주망에 대한 신학적 질문을 본격화했다. 필경 이것이 서구의 정치신학에 대한 관심을 촉발한 계기가 아니었을까. 그리고 무엇보다도 '수도권 특수선교'라는, 도시빈민 지역에 헌신했던 젊은 목회자들의 운동이 선생의 그러한 문제의식을 극적으로 강화한 것으로 보인다.[33] 흥미롭게도 1971년에 쓴 한 글에서("남은 자의 윤리"[34]) 선생은 "입이 있어도 말을 못하고 눌려버린 이들의 입이 되어 그들이 해야 할 말, 그들이 못한 억울함을 증거하"는 것이 이반의 내면성, 그러한 현존의 결단 앞에 선 이의 윤리임을 명시한다. 대중, 특히 기층 대중에 대한 문제의식이 선생의 신학적 사유 속에 들어서기 시작했던 것이다.

여기서 선생의 정치신학에 대한 비판적 수용의 방식이 주목된다. 서구의 정치신학이 의제화한 정치에 대해서 선생은 그것이 공자의 정치가 아닌 '역사의 예수'의 정치로서 재해석될 필요가 있음을 강변한다.[35] 그것은 지배적인 정치의 담론 속에서 벌이는 정치 게임이 아니라, 정치에 의해 식민화된 대중의 현장에서 대중과 함께 나누는 삶 자체인 것이다. 이것이 선생이 보는 수도권 특수지역 선교운동의 의의이며, 서구의 정치신학에 대한 나름의 비판적 해석이었던 것이다.

이상에서 나는 '야성에서 현존'으로 이어지는 선생의 계몽주의적 신앙을 이야기하고자 했고, 또한 둘 사이에는 내면성의 심화와 성찰이 개재되어 있음을 말하고자 했다. 이러한 선생의 사유의 흐름은 끝없는 자

---

32) 안병무, "성문 밖으로", 〈현존〉 54(1974. 9).
33) 이에 대하여는 김명수,《안병무, 시대와 민중의 증언자》 52 이하 참조.
34) 〈현존〉 26(1971. 12).
35) 안병무, "정치적?", 〈현존〉 31(1972. 5) 참조.

아의 발견을 향한 도정이다. 그것은 시간 속의 존재, 그 현존의 결단의 내용을 향한 물음의 도정이기도 하다. 무엇을 결단해야 하는가? 선생은 지속적으로 반권력을 추구했다. 그리고 권력은 지배의 일관적 논리라고 보았기에, 권력의 욕망, 그러한 게임에 자아를 포획당하지 않으려 안간힘을 다했다. 야성의 시대는 그러한 노력이 공동체 운동으로 표현되었다. 그것은 광장의 메커니즘으로부터 자기를 탈주시키는 전략이다. 반면 현존의 시대에는 바로 그 광장으로 나아간다. 그리고 그 광장의 논리에 흡입된 대중에게 말을 건네며, 또 대중의 말을 대신한다.

한데 이상과 같은 자아의 윤리를 향한 도정은 전태일 사건을 만나면서 극적인 전환을 맞는다. 그것은 내면성의 탐구에서 타자성에로의 전향의 계기였다.

## 2. 민중의 발견: 타자성의 충격

선생은 전태일 사건을 자신의 신학적 사유의 새로운 전환의 계기로 기억한다.[36] 그리고 '민중'을 신학의 테마로 하는 글을 처음으로 쓴 때를 1972년이고 그 글이 "예수와 민중(=오클로스)"이었다고 기억하고 있다.[37] 하지만 민중이 처음으로 신학의 주제로 자리잡은 글은 '민족·민중·교회'라는 제목의 글이고, 이는 1975년 4월에 〈기독교사상〉에 처음 게재되었다. 원래 이것은, 1974년 이른바 '인혁당 재건위 사건' 배후 조종자 혐의로 실형을 받다 가석방된 김찬국·김동길 두 교수를 환영하는 기독교교수협의회 주관의 3·1절 예배 때(1975년) 설교 겸 강연으로 발표되었던 에세이 원고였다.[38] 이때 민중을 지시하는 용어로 선

---

36)《민중신학 이야기》(한국신학연구소, 1990), 257.
37) 같은 책, 25쪽.
38) 공교롭게도 서남동 선생도 민중을 처음으로 신학적 주제로 삼은 글을 〈기독교사상〉의 같은 호(1975. 4)에 게재하였다. 이는, 빈곤으로부터의 해방이 신학의 주요 과제임을 선언한 서남동의 글 "예수·교회사·한국교회"(〈기독교사상〉 1975. 2)를 포함해

생은 [마르코복음]의 예수의 대중을 가리키는 용어인 '오클로스'를 선택하고 있다. 한편 "예수와 오클로스"라는 글은 1979년에 발표된 것으로,[39] 1975년에 처음 언급한 이래 오클로스론을 본격적으로 다룬 첫 번째 것이다.

아마도 '전태일 사건'은 선생이 민중을 발견하게 된 선행적 체험이라기보다는, 민중에 관한 문제인식을 형성하고 그것을 신학적으로 발전시키는 과정에서 사후적으로 체험된 것으로 추정된다. 물론 선생은 전태일 사건에 접하자마자 바로 〈현존〉에 편집후기 형식으로 애도의 글을 남겼지만,[40] 거기에서는 한 열사의 죽음 정도로만 묘사할 뿐이었고, 이는 당시의 일반적인 민중 어법과 별반 다르지 않은 것이었다. 아직 오클로스론의 문제 의식의 흔적은 보이지 않는다.

선생 특유의 민중론은, 앞서 말했듯이, 1975년 3·1절 예배 때의 설교원고인 "민족·민중·교회"에서부터 시작한다. 그리고 이것은 민중을 오클로스로 해석한 첫 번째 글이자, 선생의 민중론의 틀이 처음으로 제시된 글이다. 그러므로 안병무 식의 '민중의 발견'의 기점을 바로 이 글부터로 잡아도 무방할 것이다. 그리고 중요한 것은 선생의 민중론은 처음부터 오클로스론과 결합되어 있었다는 점이다.

여기서 선생이 말하는 오클로스는 [마르코복음]의 용법에 국한된 오클로스다. 신약성서에서 이 용어는 154회 나오는데, 이중 예수 전승에

---

서 가난과 해방을 논하고 있는 비판적 신학의 경향에 대해 철학자인 김형효 교수가 "혼미한 시대의 진리에 대하여"(〈문학사상〉 1975. 4)에서 허구에 불과한 민중을 불러 들인 선동에 지나지 않는다고 비판하자 이에 대한 응답으로 제출된 것이다. 해서 안병무와 서남동의 이 두 글이 민중신학의 포문을 연 첫 번째 글인 셈이다.

39) 〈현존〉 106(1979. 11).
40) 안병무, "인간 횃불", 〈현존〉 15(1970, 10·11합본). 이 책의 발행일은 11월 1일로 되어 있는데, 전태일 사건은 13일이다. 이것은 이 책의 실제 발행일이 13일 혹은 그 직후였다는 것을 뜻한다. 아마도 선생은 사건에 접하고 급하게 편집후기로 애도의 말을 끼워 넣은 듯하다. 그러므로 이 글을 쓸 당시는 전태일 사건을 성찰할 시간을 갖지 못했던 때이다.

만 128회 등장한다. 그런데 다가와 겐조(田川建三)는 이중 [마르코복음]의 오클로스만이 특정한 계층적 집단으로 성격화할 개연성이 높다는 데 주목하였다.[41] 아마도 이러한 논의가 다가와를 한국에 처음 소개한 서남동 선생을 거쳐 안병무 선생에게로 전해졌던 것 같다.

여기서 다가와가 말하는 [마르코복음]의 오클로스는 일종의 천민적 대중을 의미한다. 병자, 세관원, 창녀, 그리고 극빈층의 대중 등. 이러한 관점은 안병무 선생의 "민족·민중·교회"에서 그대로 수용되었다. 한데, 선생은 이 글에서, 오클로스를 [마르코복음]의 수용자 대중으로 한정해서 해석하는 다가와는 달리, 그들은 동시에 예수의 대중이기도 하다고 주장한다. 여기에는 비약이 있는데, [마르코복음]의 대중이 왜 예수의 대중이라고 단언할 수 있는지를 선생은 설명하지 않았다. 당연한 듯 얘기하지만, 역사의 예수 연구사적인 관점에서 그것은 결코 자명하지 않은 사실이다.

4년 뒤인 1979년에 저술된 《예수와 오클로스》에서 선생은 비로소 본격적인 오클로스론을 펼치기 시작한다. 물론 개략적인 논지는 "민족·민중·교회"와 거의 다르지 않다. 다만 오클로스의 속성을 좀더 사회학적으로 명료하게 제시하고 있다는 점이 중요한 진전이라고 할 수 있을 것이다. 선생은 그들을 '귀속 공간을 박탈당한 대중'이라고 정의한 것이다. 선생 자신은 아마도 이 규정이 얼마나 중요한 사실을 함축하고 있는지를 알지 못했던 것 같다. 하지만 고대 촌락사회에서 사회적 통합(social integration)의 장치로서 일반적으로 정-부정의 담론 체계가 작동하고 있었다는 인류학적 논의들을 비교역사 사회학적인 정보로서 예수 연구에 활용할 경우, 귀속 공간을 박탈당한 대중이라는 규정은 매우 유의미한 역사적 이해를 가능하게 해준다.

그러나 아직 선생은 앞서 말한 문제를 해명하지 못했다. [마르코복

---

41) 田川建三, 김명식 옮김,《마가복음과 민중해방—원시 그리스도교 연구》(사계절, 1983).

음]이 말하는 예수의 대중을 역사의 예수 주위의 대중으로 동일화하는 것이 가능한가? 그렇게 볼 수 있는 근거는 무엇인가? 여기서 선생에게 돌파구를 제공해준 것은 독일의 성서학자 게르트 타이쎈(Gerd Theissen)이었다. 그는 역사학적 비평방법으로 폐사될 위기에 놓인 양식비평을 세 가지 분석 범주를 통해 수행한 문학사회학적 접근으로 재활용함으로써 새로운 출구를 제시하였다. 세 가지 분석 범주란 분석적 추론, 구성적 추론, 유추적 추론인데, 이중 그의 창조적 해석이 가장 돋보이는 대목은 분석적 추론에 있다. 특히 문어(文語) 전승과는 다른 구술(口述) 전승의 독특성인 전승 내용과 전승자의 삶 간의 일치성의 문제를 분석적 추론의 중요한 단서로 활용한 것은 놀라운 역사적 상상력의 문을 열어 놓았다. 이렇게 해서 그가 도출해 낸 분석적 추론의 결론은, 예수의 급진적인 일탈적 언술은 그렇게 살 수 있었던 유랑하는 카리스마적 예언자에 의해서만 전승될 수 있었다는 것이다.

한데 이러한 타이쎈의 가설은 중대한 결함을 지니고 있는데, 그것은 그가 구술 연구 단위를 어록 자료에 두고 있다는 점과 관련된다. 왜냐하면 어록 형식의 텍스트는 구술적이라기보다는 문어적이기 때문이다. 그가 유용하게 활용한 말과 삶의 일치라는 구술 전승의 법칙은 민속학 연구에서, 어록 형식의 텍스트가 아닌, 설화적 텍스트를 통해 도출된 가정이다. 그러므로 타이쎈의 가설적 방법을 활용하기에 보다 유용한 텍스트는 어록 자료가 아니라 [마르코복음]이라고 할 수 있다.

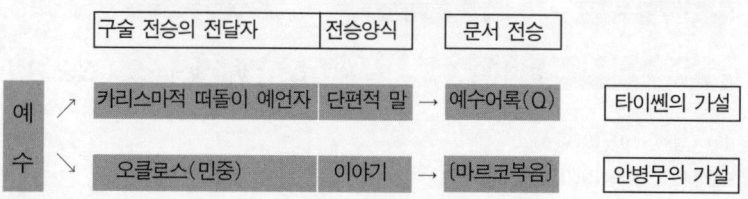

그런 점에서 안병무 선생이 [마르코복음]을 주목하면서 민중 언어의 성격과 전승자의 문제를 탐구하는 것은, 선생 자신도 전혀 상상하지 못

한 역사학적인 새로운 가능성에로 문을 열어 놓은 셈이 되었다. 그 즈음에 저술된 두 편의 글인 "전달자와 해석자"[42]와 "그리스도교와 민중언어"[43]는 바로 그러한 문제의식이 막연하나마 제기된 글이었다고 할 수 있다.[44]

이 두 글에서 시작된 문제의식은 예수에서 [마르코복음]으로 이어지는 전승의 경로에 관한 하나의 개연성 있는 가설 제시로 이어진다. 1981년에 발표된 "마가복음에서 본 역사의 주체"[45]는 예수와 [마르코복음] 사이에는 오클로스에 의한 구술적 민중 전승이 있었다고 주장한다. 그리고 1984년에 이르면, 이러한 오클로스(민중) 전승이 '이야기'(설화) 형식이라는 종전의 주장을 보다 구체화하여 유언비어(루머) 형식으로 전달되었다는 놀라운 견해가 제시된다.[46] 현대의 루머 연구들은 말과 삶 사이의 언술 내용적 일치성보다는 감성적 공감성 차원에서의 일치성의 사례들을 무수히 보여준다.[47] 그런 점에서 나는 안병무의 유언비어론은 [마르코복음]을 통한 역사의 예수 연구의 새로운 가능성을 열어 놓은 혁명적인 성과라고 생각한다. (이상의 내용을 도표로 정리하면 아래와 같다.)

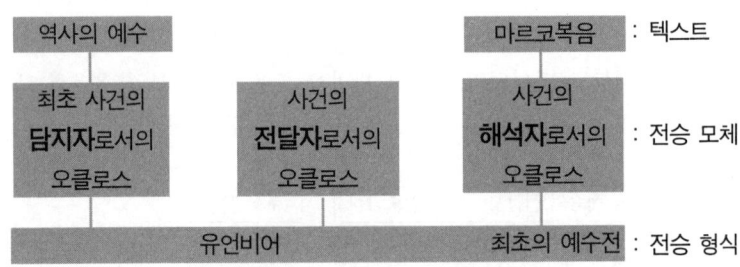

---

42) 〈현존〉 101(1979. 5).
43) 〈현존〉 108(1980. 1·2합본).
44) 이 두 글이 안병무 선생의 오클로스론에서 지니는 의의에 대하여는 나의 글 "두 개의 복음—민중이 은폐된 예수와 민중이 전한 예수", "죽은 민중의 시대, 안병무를 다시 본다" 참조.
45) 이 글은 원래 "민중신학—마가복음을 중심으로"라는 제목으로 〈신학사상〉 34(1981

물론 선생의 민중 이해가 이러한 오클로스론으로 전적으로 환원되는 것은 아니다. 동시대의 여러 영역의 민중론자들의 일반적인 어법처럼 민중을 피지배 대중으로 보는, 다소 정치화된 집단을 가리키는 비개념적 용어로 보는 경향도 도처에서 발견된다. 한데 이러한 '민중' 어법은 규정이 비개념적인 데 비해 '고난의 담지자이자 역사(변혁)의 주체'라는 너무 과도한 의미부여를 함으로써 오히려 그 실체성이 더 모호해졌다. 하여 1980년대 중반 이후, 사회과학 분야에서는 계급론에 의해 대체되는 결과를 초래했다.

반면 선생의 오클로스론은 선생 자신도 생각하지 못한 민중에 대한 새로운 개념화의 가능성을 열어 준다.[48] 우선 선생은 민중/오클로스를 귀속성 박탈의 관점에서 본다는 점이 주목된다. 이것은 마을에서 추방당하고 배제된 이들의 공간에서 살아야 하는 예수 시대의 나병환자를 상상하게 해준다. 그이는 '밖'으로 밀려났다. 한데 이제 그(녀)의 일상 영역인 그 '밖의 공간'은 항상 그(녀)가 원래 살았던 공간의 '외부'일 뿐이다. 그것은 그(녀)가 자신의 새로운 일상의 공간 속에 뿌리내리지 못하고, 늘 저 '안의 공간'을 욕망하고 있기 때문이다. 즉 자신이 스스로를 규정하는 것은 자기가 삶을 영위하는 곳이 아니라, 자기를 배제하는 곳과 얽혀 있다는 것이다. 그것은 자기가 부재한 곳의 언어가 자기의 존재를 규정하고 있다는 것을 의미한다. 이와 같이 존재하면서도 부재한 자, 타자의 언어로 자신의 존재를 해석해야 하는 자, 이러한 존재를 최근 포

---

가을)에 게재되었다.
46) 안병무, "예수 사건의 전승 모체",《1980년대 한국 민중신학의 전개》(한국신학연구소, 1990). 이 글은 원래 1984년 전국 신학대학협의회가 주최한 '한국 기독교 100년 기념 신학자 대회' 때에 발표되었다.
47) 이런 시각을 가장 선구적으로 보여준 연구는 광고 커뮤니케이션학에서 제시되었다. 황의록 김창호, "구전 커뮤니케이션에 관한 문헌연구",〈광고연구〉26(1995 봄) 참조
48) 이하의 주장은 나의 글 "'민중의 죽음'과 안병무를 다시 읽는다는 것",《죽은 민중의 시대, 안병무를 다시 본다》(삼인, 2006)에서 시도한 안병무의 민중론의 현재적 재이해에 관한 논의를 약술한 것이다.

스트식민주의 연구자들은 '하위 주체'(서발턴, subaltern)라고 불렀다. 그리고 안병무 선생에게서는 오클로스가 바로 그런 이들이다.

존재에 관한 자기 언어가 부재하다는 것은, 오늘날 하위주체들의 일반적 특징의 하나가 언어 박탈 현상이라는 경험적 연구와 상응한다. {성서}의 실어증 걸린 이는 그러한 언어 박탈의 은유적 묘사이자 고대적 표상 방식으로 볼 수 있다. 또 '이름이 무엇이냐'는 예수의 물음에 악령이 대언하는 거라사 광인 이야기의 장면처럼 그는 자기 자신을 말하는 언어를 상실했고, 타자(악령)가 복화술하는 인형처럼 존재한다. 그런데 그 타자는 그를 배제한 사회의 주류 가치를 대변하는 존재가 아니라, 그 사회의 악마성을 대변한다. 요컨대 주류 사회는 자신의 악마성을 거라사 광인에게로 전가함으로써, 스스로의 악마성을 은폐할 수 있었다는 것이다. 이제 사회는 그 악마성의 상징을 추방하고 처벌하는 존재, 즉 정의의 심판관의 역할을 수행할 수 있다. 반면 저 추방당한 자는 자신이 희생양임을 자각하지 못한다. 왜냐면 자기를 말하는 언어를 박탈당했기 때문이다.

오늘날 이러한 하위주체화 된 존재들의 공간인 도심의 빈민 밀집지역의 생태조사 연구들이 보고하는 바에 의하면, 그 지역은 범죄율이 더 높고 마약이나 알콜에 대한 의존성이 더욱 심하며, 가정폭력의 정도도 훨씬 심각하다고 한다.[49] 그러므로 저들 배제된 존재는 고난의 담지자인 동시에, 사회의 악마성의 담지자이기도 한 것이다. 선생의 오클로스론은 이러한 문제를 충분히 인식하지는 못하였지만, 귀속 공간 박탈의 문제를 상상해냈다는 점은 이러한 문제의식에로 사유를 발전시키는 가능성의 지평을 연 셈이라고 평할 수 있다.

선생의 이러한 오클로스적 상상은 '야성'이나 '현존' 같은 자아의 끝없는 자기성찰적 주체화를 향한 인식론적 모험으로부터 '단'(斷)하게

---

49) 박병현 최선미, "사회적 배제와 하층계급의 개념고찰과 이들 개념들의 한국빈곤정책에의 함의", 《한국사회복지학》 45(2001 여름) 참조.

하는 계기가 된다. 선생은 이러한 '단절'의 체험을 '구원론적 체험'으로 신학화한다. 일반적으로 신학은 저 교차점이 부재한 타자성에서 현존의 자기 도약을 경험하는 것을 구원이라고 본다. 하여 그것은 '신의 은총'이라고 명명되어 해석되었다. 선생은 '야성'과 '현존'의 시대를 통해 그러한 자기 도약의 구원론적 틀을 실존주의적으로 재해석했을 뿐, 신학의 구원론적 골격은 거의 그대로 수용하고 있다. 즉 타자적 존재인 신과 자기 자신이 변수(variables)로 작용하는 함수(function)에서 도출된 역사 내적 시간의 함수값인 '현존'(Da Sein)이 선생이 생각해온 구원에 관한 신학이었다. 이때 구원(함수)의 함수값인 '현존'은 시대의 지배적인 가치와 불화하는 고독한 '야성'의 존재로서 표상된다.

한데 민중/오클로스의 발견은 그러한 인식론적 구원관으로부터 단절하는 계기가 된 것이다. 선생은 저 높은 곳의 추상화된 타자성이 아닌, 지극히 낮은 곳의 오클로스의 타자성에서 '야성'으로 '현존'하는 자기 도약을 체험한 것이다. 하여 선생은 오클로스의 발견을 구원 사건으로 묘사한다. 전태일은 그러한 구원 사건의 상징적 표상이었다. 전태일 예수론, 민중 메시아론이 제기된 것은 바로 이런 맥락에서다. 또한 언어를 박탈당하여 자기 언표의 능력을 상실한 저들의 인권을 복권시키려는 신학자의 실천을 선생은 '증언'으로 표상한다. 하여 민중신학의 증언은 한편으로는 언어 박탈로 인하여 침묵을 강요당한 존재를 대언하는 행위이고, 다른 한편으로는 그러한 지배의 메커니즘을 폭로·고발하는 실천을 의미한다. 그러므로 민중신학의 '신학하기'란 저 높은 신의 타자성의 발견 과정이 아니라, 저 낮은 곳에 스스로를 동일시한 신의 타자성을 발견하는 과정이라고 주장하는 것이다.

이러한 민중신학적 발견은 교회의 신학에서 논리적 검증을 받을 수 없다. 왜냐하면 선생이 보기에 교회의 신학은 민중 은폐의 역사에 다름 아니기 때문이다. 하여 선생은 역사의 예수를 향해 질문한다. 그분이야말로 신의 타자성이 저 낮은 곳에서 현현 아니 환생[50]한 단적인 증거이기 때문이다.

선생의 이러한 역사의 예수를 향한 질문의 출발점은 '주-객 이분법'을 극복하는 데 있다. 예수는 독백한 것이 아니라, 대중/오클로스와 더불어 사건을 벌였다. 이러한 이분법의 극복을 텍스트 해석의 방법론으로 주목한 것이 '전달자'에 대한 새로운 이해였다. 그들은 카리스마를 가진 특화된 이들만이 아니라, 무지랭이 대중이기도 했다. 특히 [마르코복음]은 이러한 무지랭이 대중에 의해 전승된 설화를 문서화한 구술적 문서인 것이다. 그러므로 [마르코복음] 연구는, 신학자인 익명의 '마르코'의 신학이 아닌, 저들 전달자인 대중의 예수를 통한 욕망의 정치에 관한 연구이기도 한 것이다. 이때 다가와가 입론화한 [마르코복음]의 대중인 '오클로스'의 사회학적 해석이 중요한 역할을 한다. 저들은 [마르코복음]의 수용자일 뿐 아니라, [마르코복음]에로 이르는 전승의 전달자였으며, 나아가 예수 자신의 첫 사건의 담지자이기도 했다. 이러한 계층적 유사성에서 사회적 체험의 유사성을 추론하고, 체험의 유사성에서 기억의 유사성을 읽어낸 것이 선생의 역사의 예수 연구였던 것이다.

예수에서 [마르코복음]으로 이어지는 이 일련의 과정은 하나의 해석학적 계보로 그릴 수 있다. 그리고 이러한 계보화의 주요 행위자는 오클로스였다. 여기에서 우리는 또 하나의 중요한 문제 제기를 발견하게 된다. 즉 위에서 본 것처럼 [마르코복음]은 오클로스를 통한 예수의 구원론적 이야기다. 여기서 오클로스는 언어를 박탈당한 존재, 실어증 걸린 존재이지만, 예수와 함께 사건을 일으켰다. 그래서 그들은 치유되었고, 봉쇄된 언어가 회복되었다. 자기 언어를 박탈당한 이들이 예수 이야기를 하면서 자신의 잃어버린 언어를 되찾은 것이다. 예수 이야기, 저들의 예수 기억은 곧 저들 타자화된 이들의 자기 회복의 사건, 그런 점에서 민중 구원의 이야기인 것이다.

---

50) 선생은 이러한 이를 현현보다는 환생으로 해석한다. 안병무, "살림: 민중은 '환생'한 예수", 〈살림〉 20(1990. 7).

한데 선생은 이것을 전태일 이야기에서 보았다. 즉 전태일 사건은 예수-오클로스 사건이 한국에서 재현된 것으로 읽었던 것이다. 예수가 전태일이라는 생물학적 동일시가 아니라, 예수사건의 계보학적 연속성이 전태일 사건을 통해 한국에서 구현되었다고 주장하는 것이다. 여기에서 선생은 구원을 체험한다. 그리고 민중/오클로스의 증언자로서 활동하는 것을 신학의 과제로 삼게 된 것이다.

요컨대 나는 '오클로스의 자기 구원의 사건⇒지식인 혹은 시민의 구원사건⇒지식인/시민의 민중적 실천'이라는 구원론적 도식이 선생의 오클로스론의 골자라고 본다. 위의 논의에서 드러났듯이, 사건, 주-객 이분법의 극복, 민중 메시아론 등은 이러한 오클로스론의 일부로서 이해될 수 있다. 그리고 내면성에서 구원을 발견하려 했던 종전의 인식과, 타자성을 통해 구원을 체험하는 것 사이의 인식론적 단절은 바로 민중의 발견과 분리할 수 없이 얽혀 있음을 말하고자 했다. 이제 이반의 내면성은 저 높은 타자성과의 함수가 아니라, 저 낮은 타자성과의 함수로 전환된 것이다.

### 3. 살림의 상상력: 성찰적 타자성의 담론을 향하여

1987년 상반기 즈음에 발표된 것으로 보이는 한 글[51]에서 선생은 막막한 밀실 안에서 고문당해 신음하는 이 땅에 현존하는 이들을 떠올리면서 "나는 이 사람에게서 민중을 만났다"고 고백한다. 여기서 선생은 절망 속에서 가까스로 희망을 읽어낸다. 그러나 1987년 7월 이한열의 대대적인 장례 행렬을 보면서 선생은 들뜬 마음을 감추지 못한다.

---

51) 안병무, "와서 보라", 《그래도 낙원에로 환원시키지 않았다》 (한국신학연구소, 1995). 우리가 아는 한, 이 글을 처음 본 것은 〈살림〉 1992년 4월호에서다. 하지만 설교였는지 혹은 어떤 매체에 실렸던 원고였는지 알 수 없지만, 이 글은 본래, 권인숙 사건, 박종철 사건 등을 경험한 직후인 1987년 상반기 즈음의 글임이 틀림없다.

아니! 그들의 육탄이, 채찍이 되어 체념과 이기심의 굴속에 칩거하고 있는 저들을 밖으로 밖으로 내몬 것이다.
아니! 그것은 죽은 자를 슬퍼하는 행렬만이 아니었다.
아니! 그것은 장엄한 민족 축제의 행렬이었다. 그러므로 울기만 하지는 않았다. 환호, 환호, 그것이었다. 그 대열은 민족 부활을 경험케 하는 대열이었다. 나는 그 대행진에서 십자가와 부활 사건을 동시에 만났다.[52]

한데 선생의 이러한 흥분은 그리 오래가지 않았다. 그 대중의 봉기는 금새 역사의 반폭풍에 부딪쳐 좌절하고 만다. 하여 선생은 1989년 8월쯤에 행한 한 인터뷰에서 그리운 얼굴을 회상해 보라는 인터뷰의 질문에 뜬금없이 "나는 폭동을 그리워해요, '민중봉기'를!…종말론적인 환상이라 할 수 있겠지만, 세상이 완전히 한 번 바뀌는 그런 개혁이 그립지"라고 대답한다.

이제 선생은 냉정하게 역사를 되돌아봐야 했다. 1987년을 성찰해야 했고, 1970, 80년대적 민중론을 반성해야 했다. 월간지 〈살림〉이 창간된 1988년 12월은 바로 그러한 성찰이 시작된 시간 속에 있다. 그리고 이 성찰의 코드는 잡지의 제호이기도 한 '살림'이다.

여기서 우리는 선생의 성찰이, 1980년대적 민중론을 지양하고 생태주의적 시민론을 주창한 이들의 논의와 단순히 겹쳐지는 것처럼 생각해서는 안 된다. 오히려 선생에게서 민중론은 이 대목에서 후퇴한 것이 아니라 보다 '철저화'한 것이라고 보는 것이 적절하다. 이데올로기화한 민중론에 대한 반성이다. 이는 민중을 철저히 물질화해야 한다는 주장과 맞물린다.[53] '민중을 역사의 주체'로 섣불리 담론화하는 것, 그러한

---

52) 안병무, "민중사건 속의 그리스도",《민중사건 속의 그리스도》(한국신학연구소, 1989). 이 글이 원래 발표된 매체와 시기에 대해 우리는 잘 알지 못한다. 위의 책은 1987년 6월에 발표된 글이라고 하지만, 이는 이한열의 장례를 언급하는 내용과 모순된다. 나는 이 글 속에서 선생의 예사스럽지 않은 격정적인 표현들을 보건대, 이한열의 장례 행렬을 접한 직후의 글이라고 판단한다.
53) 안병무, "밥상공동체의 실현",《민중신학 이야기》참조.

이데올로기적 민중관은 대중의 욕망을 읽어내는 데 실패했고, 민중의 고통에 대해서도 말하지 못했다.

당시 선생은 〈살림〉을 만드는 이들에게 종종 이런 주문을 했다. '가령, 우리가 매일 먹는 커피 한 잔에서 민중의 고통을 말해 보라'고. 〈살림〉 창간의 변인 "창간에 부쳐 월간 '살림' 운동"[54]에서 선생은 '살림'이 '죽임 너머'라는 표현과 맞물려 있음을 말한다. 즉, 살림을 말한다는 것은 죽임을, 죽임의 구체적 현실을 이해하는 것과 분리할 수 없이 얽혀 있다.

앞서 이야기한 선생의 '오클로스론'은 말(언어)을 상실한 민중의 죽임당함에 주목하게 했다. 하지만 이러한 선생 특유의 민중론은 시대의 역사인식으로부터 완전히 자유로울 수 없었다. 야만적인 독재 체제와 전례 없는 발전이라는 당시의 역사적 체험은 계몽주의적 감각에서 자유롭지 못한 지식인들을 당황스럽게 했다. 그러한 시각에서 볼 때 이 둘은 모순이었다. 이러한 비정상적인 근대화를 교정하는 것, 선생은 이것을 민주화라고 보았고, 민중 죽임의 체제를 지양하는 대안의 길로 이해했다.[55]

하여 이 시기 오클로스론은 저 낮은 곳의 타자성을 통한 현존의 결단을 논리화, 역사화했음에도 불구하고, 이렇게 하여 고조된 이반적 내면성은 발전주의와 민주화를 결합시킨 사유의 틀에 너무 깊게 얽혀 있었다.

그런데 이러한 사고의 편향은 발전주의적 민주화를 추구하는 사회, 곧 독재에서 민주화로의 체제 이행이 본격화되는 시기에 민중의 고통을 사유하는 데 어려움을 겪는다. 따라서 민중/오클로스론은 새로운 이반적 내면성을 추구하지 않을 수 없다. 지난 시기에 이러한 내면성에 도전한 낮은 곳으로부터의 타자성은 변화된 외부 세계의 질서를 감당

---

54) 〈살림〉 창간호(1988. 12).
55) 안병무, "한국 민주화와 지식인의 책무", 〈신동아〉 333(1987. 6) 참조.

하지 못한다. 하여 오클로스론이 함축하는 문제의식을 보다 철저화할 필요가 있었다. 바로 이러한 오클로스론의 철저화를 의제화한 민중신학적 개념이 바로 '살림'이었던 것이다. 즉 민주화라는 변화된 인식 지평의 타자성을 성찰적으로 재사유하도록 문제 제기하는 민중신학적 사유의 코드라는 것이다.

하지만 여전히 '살림'은 선언적이다. 선생은 날카로운 문제제기를 살림 개념을 통해 시도하였지만, 그 구체성을 실현하지는 못했던 것이다.

## III. 고통의 시장에서 신학하기

선생은 한국신학에 '내면성'의 문제의식을 끌여들인 주요 장본인의 하나다. 특히 선생에게서 강조되는 것은 이반적인 내면성이다. 지배적인 질서와 불화하는 것이 그것이다. 그리고 이러한 이반적 내면성의 동력이 낮은 곳의 타자가 겪는 고통을 발견하는 것에서 비롯되었다는 사유에 이르게 됨으로써 민중신학은 역사의 무대 위로 등장한다.

특히 오클로스론은 은폐된 고통의 체계에 관한 민중신학적인 비판적 인식론을 이론화하는 선생의 중요한 담론비평적 틀이다. '살림' 개념은 오클로스론을, 민주화 이후의 사회를 사는 오늘 우리에게 여전히 유효한 것이 되도록 재활성화하는 매개라고 할 수 있다.

선생의 이러한 신학적 사유의 전개는 사회적 고통에 대한 특별한 문제 의식에로 우리를 이끈다. 최근의 민중신학은 이러한 선생의 생각을 계승하여, 우리 사회 속의 고통이 거래되는 시장을 발견하려 한다. 어떤 이들에게는 이러한 고통의 시장이 죽음과도 같은 저주의 질곡이지만, 또 다른 이들에게는 욕망으로 소비되게 하는 그런 메커니즘 말이다. 특히 지구화 사회를 향해 질주하는 오늘 우리의 사회에서 이 시장은 점점 더 거대하고 점점 더 세밀하게 우리의 일상을 구성해 가고 있다. 바로 이러한 질서의 체계, 그 바알세불의 신학을 읽어내고 고발하며, 그

대안을 모색하는 것이 선생을 승계하려는 민중신학의 신학하기의 내용인 것이다.

# 풍류신학

유동식 (전 연세대학교 교수)

소금 유동식

1922. 11. 22 –
황해도 남천 출생
1958 – 1967 감리교신학대학 전임강사
1973 – 1988 연세대학교 신과대학 교수
1965 《한국종교와 기독교》
1975 《한국무교의 역사와 구조》
1982 《한국신학의 광맥》
1997 《풍류도와 한국의 종교사상》
2007 《풍류도와 요한복음》

풍류신학은 한국인의 영성인 풍류도를 해석의 틀로 한 한국문화와 기독교의 복음 이해를 도모한다. 그리고 풍류신학은 기독교가 한국인의 산 종교가 되기를 염원한다. 그러기 위해 다음 세 가지 작업이 요청된다.

첫째는 한국인의 영성으로서의 풍류도를 규명하는 일이다.

둘째는 그 풍류도를 기초로 하고 전개된 한국 종교와 문화의 역사를 점검하는 일이다.

셋째는 한국신학으로서의 풍류신학의 구성과 구조를 해명하는 일이다.

## I. 한국인의 영성인 풍류도

### 1. 인간의 심성과 민족적 영성

인격을 구성하고 있는 심성을 편의상 세 가지로 구분하고 이것을 동심원으로 그려본다.

외곽을 이루고 있는 것은 감성이다. 이것은 생물이 지니고 있는 본능적인 감각기능을 한다.

중간에 있는 것은 이성이다. 이것은 합리적 사고 기능을 한다. 역사적으로는 10만년 전에 출발한 호모 사피엔스에서 그 기원을 찾을 수 있을 것이다.

내부 중심에 자리 잡고 있는 것은 영성이다. 이것은 종교적 자각 기능을 한다. 곧 자기부정을 매개로 초월적 절대자를 인식하는 기능이다.

말하자면 영성은 종교적 심성이다. 역사적으로는 기원전 1,000년에

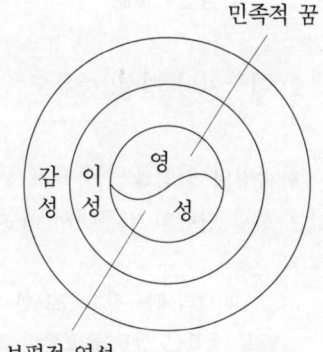

걸친 정신혁명에서 그 기원을 찾을 수 있다. 히브리 계통의 선지자들과 헬라 계통의 철인들, 그리고 동양의 노자, 공자, 석가여래 등 성인들을 거쳐 그리스도에 이르러 구체화되었다. 이 시기가 말하자면 인류의 문화사를 굴러가게 한 차축시대이다. 그러므로 영성은 문화의 고향이요, 인간의 얼이다.

인간에게는 누구에게나 감성과 이성이 있듯이, 영성이 또한 있다. 그러나 개개인의 인격적 차이가 나는 것은 이 세 가지의 심성 중에 어느 것이 보다 지배적이냐에 달려 있다. 본능적인 감성에 지배되는 사람이 있는가 하면, 합리적인 이성이 지배적인 사람이 있다. 그와 동시에 사욕을 버리고 하늘의 뜻에 따라 살려는 영성이 강한 사람들이 있다.

그런데 이것은 개인에게 있어서 뿐만 아니라 집단 또는 민족에 있어서도 나타나는 현상이다. 그 단적인 예가 유물사관에 입각한 공산주의 집단의 경우일 것이다.

또 하나 보편적인 영성임에도 불구하고 민족 집단 간에는 각기 그 특성을 달리한 민족적 영성이 있다. 그것은 민족 집단의 오랜 생활문화사를 통해 형성된 집단 무의식이 침전되어 보편적인 영성과 결합된 데서 형성된 것이다.

민족 공동체에는 그들에게 공통된 꿈(vision)이 있다. 그 꿈을 실현하도록 공동 노력해가는 것이 그 민족의 생활문화사를 형성한다. 따라서 민족적 영성 안에는 그 민족의 꿈이 들어 있다.

### 2. 한국인의 영성: 풍류도

한국인의 영성을 처음으로 규명한 이는 신라의 고운 최치원이었다. 그는 화랑 난랑의 비문에서 이렇게 말했다.

> 우리나라에는 깊고 오묘한 도가 있다. 이것을 풍류라고 한다.…이는 실로 유불선 삼교를 포함한 것이요, 사람들로 하여금 사람되게 교화하는

얼이다(國有玄妙之道 曰風流…實包含三敎 接化群生《삼국사기》).

우리의 영성을 풍류도라고 했다. 이것은 실로 유불선 삼교의 종지를 다 포함한 것이요, 사람들에게 접해서는 그들로 하여금 사람되게 하는 민족적 얼이다.

풍류도가 얼의 본체라고 한다면, 포함삼교는 그 형상이요, 접화군생은 그 작용이다. 그러므로 이 셋은 하나의 실체를 표현한 것이다. 곧 셋이면서 하나라는 삼태극적 구조를 가진 것이 풍류도이다.

'풍류'라는 한자는 동양인에게 공통된 이상경에 대한 미적 표현이다. 일반적으로 자연과 인생과 예술이 혼연일체가 된 경지를 말한다. 그러나 한국적인 고유 개념으로 사용되는 '풍류'에는 그 이상의 뜻이 들어있다. 풍류란 부루(불, 밝, 하늘)란 우리말의 이두식 표기라고 생각된다. 그러므로 풍류도는 하느님을 섬기는 천도(天道)요, 종교적 기초를 가진 미의식이다.

모든 종교는 결국 하나인 하늘의 뜻을 추구한다. 그러므로 풍류도는 모든 종교의 종지를 포함한 것이라 했다.

사람은 하늘이 낳은 존재이다. 따라서 사람이 사람 구실을 하게 되는 것은 풍류도를 지니게 되었을 때이다.

### 3. 한, 멋, 삶

풍류도는 한국인의 얼이다. 모든 한국인이 지니고 있으며, 이해하고 있는 개념이다. 따라서 이것은 우리들의 일상 용어로도 표현되는 개념이어야 한다. 그러므로 한문으로 표현된 개념을 우리의 일상 용어로써 번안해 보면 다음과 같이 될 것이다.

'풍류도'란 '멋'이다. 멋은 한국 특유의 미의식에 대한 표현이다. 멋은 생동감이 있어야 하고(멋지게), 속에 들어있는 것이 있어야 하고(멋도 모르고), 어울리는 조화가 있어야 한다(멋적지 않음).

'포함삼교'는 '한'이다. 한이란 하나이면서 전체를 뜻한다. 초월하면서도 모든 것을 포함하는 것이 '한'이다. 하나님이란 '한님'을 뜻한다.

'접화군생'이란 '삶'이다. 삶은 생명을 뜻하는 동시에 살림살이를 뜻한다. 곧 사회적 존재인 사람의 준말이다.

삶이 사회·윤리적 존재를 뜻하고, 한이 영적·종교적 존재를 뜻한다면, 멋은 창조·예술적 존재를 뜻한다. 이 셋이 실은 하나의 이상적인 인간상을 그리고 있다. 한인이라는 민족 공동체가 오랜 역사를 통해 추구해온 것은 바로 이 풍류도를 터득한 인간과 문화였다. 그것은 곧 "한 멋진 사람"이며, "한 멋진 삶의 문화"였다.

한인의 영성을 도표로 그려본다.

풍 류 도(體) 멋 = 예술적

포함삼교 (相) 한 = 종교적
접화군생 (用) 삶 = 윤리적

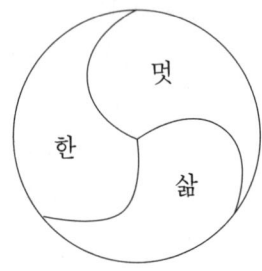

風流道

## II. 한국 종교문화의 풍류도적 전개

### 1. 한국 종교문화의 전개

한국의 종교와 문화의 바탕을 이루고 있는 것은 풍류도이다. 풍류도가 외래 종교들을 받아들이고, 이것을 전개시킨다. 그리고 이 종교가 실체가 되어 문화를 형성해 나간다.

종교를 받아들이고 그 문화의 발전 방향을 제시하는 것 역시 풍류도이다. 풍류도에는 민족적 꿈이 들어있기 때문이다. 곧 한국의 종교와 문화는 "한 멋진 삶"의 실현을 위해 전개되어 왔다. 말하자면 풍류문화의 형성 과정인 것이다.

한국의 종교문화사는 세 단계로 전개되어 왔다.

곧 고대와 중세는 불교문화의 단계였고, 근세 오백년은 유교문화의 단계였고, 현대는 기독교 문화가 진행중이다.

각 종교마다 풍류도적 한 멋진 삶을 지향한다.

종교적 각성(한)을 토대로 윤리적 실천(삶)을 촉구하며, 문화·예술적 유산을 만든다. 이것은 불교, 유교, 기독교에게 다 같이 적용되는 성격이다. 그러나 한편 종교마다 그 종교를 특징짓게 하는 특성 또는 강점이 있다.

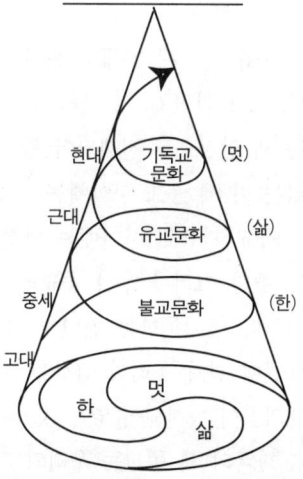

한 멋진 삶의 풍류문화

불교의 경우에는 종교적 각성과 함께 포월적 자유가 강조되어 있다. 일심(一心)의 근원으로 돌아가서 보면 "하나가 곧 일체요, 다양한 것이 곧 하나이다." 불교는 실로 '한'의 종교라 하겠다.

유교는 윤리적 실천을 통한 평화를 강조한다. 자기를 극복하고 천성으로 돌아가기 위해 수양하지만, 그 목적은 가정과 나라에 평화를 초래하기 위해서이다. 유교는 곧 사람답게 살게 하는 '삶'의 종교라 하겠다.

기독교가 믿음으로써 영적 구원을 촉구하는 것은 그리스도인으로 하여금 하나님의 창조적 사랑의 공동체에 동참하게 하기 위한 것이다. 그리스도는 사람과 세상을 새롭게 창조하는 예술가요, 그의 몸된 신앙 집단은 예술 공동체이다. 기독교는 실로 창조적 '멋'의 종교이다.

그리고 보면 한국의 종교사 전체는 하나의 풍류도를 따라 전개되어 왔다. 불교의 종교적 각성(한)과 유교의 윤리적 실천(삶), 그리고 기독교의 예술적 창조(멋) 기능이 하나의 풍류문화를 지향해온 발전사였다.

## 2. 한국 종교의 유기적 통전성

풍류도는 세 양태로 존재하지만, 그것은 하나의 영성을 형성하고 있다. 그와 마찬가지로 한국의 종교사는 역사적으로 불교, 유교, 기독교라는 세 양상으로 전개되어 왔다. 그러나 하나의 민족적 종교사를 이루고 있는 이 세 종교 사이에는 상호 유기적 관계가 있다.

종교와 종교 사이에는 단절이 있다. 때로는 정부가 단절을 강요하기도 했다. 그러나 우리 종교의식인 풍류도 안에서는 그러한 단절이 무의미하다. 불교문화는 천년에 걸쳐 우리의 심성을 지배해왔고, 유교는 오백년에 걸쳐 우리의 심성을 지배해왔다. 우리의 영성 안에는 이러한 종교의식이 침전되어 있는 것이다. 여기에 현대 기독교가 접목된 것이다.

한국의 세 종교는 우리의 의식과 문화 속에서 접목관계를 이루고 있다. 접목이란 대목과 새순 사이에 생명이 오고 가는 유기적 관계를 말한다.

요컨대 한국의 종교사를 구성하고 있는 불교와 유교 그리고 기독교 사이에는 표면적인 단절에도 불구하고 내면적인 종교 의식에 있어서는 유기적 관계를 가지고 있는 것이다.

## 3. 한국 종교문화의 통전성과 풍요성

종교는 문화의 실체요, 문화는 종교의 형상이라고 한다. 종교사의 구성과 특성은 곧 문화사의 구성과 특성으로 이어진다.

한국의 종교사가 풍류도의 전개사였다고 한다면, 한국의 문화사 역시 풍류문화의 형성 과정사로 이해된다.

이것을 다시 통전적으로 본다면, 불교의 종교적 '한' 과 유교의 윤리적 '삶' 과 기독교의 예술적 '멋' 이 하나로 어우러진 하나의 한국 문화가 된다. 여기에 한국문화의 풍요성이 있다.

서구인이나 중동의 민족들은 대체로 기독교이든가 이슬람 등 하나의 종교만을 신봉한 문화사를 가지고 있다. 동양의 민족들도 대체로는 불교든가 유교, 아니면 불교와 유교를 신봉하는 문화를 가지고 있다.

그러나 한국만은 불교와 유교를 통해 문화를 형성해왔을 뿐만 아니라, 현대에 와서는 서양의 기독교를 또한 수용하고 서구 문명을 도입하면서 우리의 문화를 형성해가고 있다.

이러한 점에서 한국인의 종교와 문화는 동, 서양을 수렴한 풍부한 내용을 지닌 것이라 하겠다.

## III. 풍류신학의 구성과 구조

풍류신학은 풍류도를 해석의 틀로 한 복음과 문화 이해를 도모한다. 이로써 한국인을 위한 선교에 봉사할 뿐만 아니라, 복음 이해의 새로운 측면을 열어가는데 기여할 수 있을 것이다.

풍류신학은 풍류도의 구성을 따라 한의 신학, 삶의 신학, 멋의 신학 등으로 구성된다. 그러나 이 셋은 상호 유기적인 관계를 가진 하나의 통전적인 신학이다. 그리고 이것을 총괄하는 것은 풍류도의 본체인 멋의 신학이다.

역사적으로 삶의 신학으로서의 민중신학이 전개되어왔고, 또한 한의 신학으로서의 종교신학이 시도되었다. 그러므로 이제 풍류신학이 지닌 앞으로의 과제는 민중신학과 종교신학을 수렴한 예술신학의 형성에 있을 것이다.

여기서는 풍류도의 틀에 의해 기존의 민중신학과 종교신학을 점검하고 예술신학의 개요를 적어보기로 한다.

### 1. '한'의 신학으로서의 종교신학

지금까지 시도된 종교신학의 중심에는 상호 이해와 공존을 위한 종교간의 대화가 자리잡고 있었다. 우리나라와 같은 다원 종교사회에서는 필요한 과정이었다. 그러나 '포함삼교'하는 풍류도의 입장에서는 대화를 넘어서 불교와 유교의 종지를 수렴하기 위한 종교신학이 되어야 할 것이다.

"하나님은 한 분이시니 곧 만유의 아버지시라. 그는 만유 위에 계시고, 만유를 통일하시고, 만유 가운데 계시다"(에베 4:6).

"하나님께서는 예전에 예언자들을 통해서 여러 번 여러 모양으로 우리 조상들에게 말씀하셨다. 그리고 마지막 날에 당신의 아들을 통해서 우리에게 말씀하셨다"(히브 1:1-2).

천지를 창조하시고 역사를 주관하시는 하나님이시다. 하나님 안에서는 동서와 고금이 하나다. 그리스도의 복음이 우리에게 전해지기 이전의 우리 조상들에게는 불교와 유교를 통해 하나님께서 말씀하셨다.

불교의 종지는 일심(一心)의 근원으로 돌아가서 모든 존재의 무자성(無自性), 곧 공(空)을 깨닫고 나를 있게 한 너를 향해 자비의 보살도를 행하는 것으로 요약될 것 같고, 유교의 종지는 자기를 극복하고 하늘이 주신 성품으로 돌아가서 어질게 삶으로써 평화를 이루는 데 있다고 요약할 수 있을 것 같다.

이 두 가르침은 만유의 창조주 하나님께 대한 신앙과 그의 자녀된 우리에게 주신 사랑의 계명 안에 수렴될 수 있는 내용들이다.

기독교가 유대교의 예언자들을 수렴하듯 우리는 부처님과 공자님의 가르침을 수렴해야 한다. 이 때에 한국의 오랜 종교사는 기독교사의 서사(序史)가 될 것이며, 팔만대장경과 사서삼경은 한국 기독교의 외경이 될 것이다.

우리가 한국의 종교 문화적 유산들을 하나님의 선물로 알고 이를 수렴할 때 우리의 풍류신학은 풍유신학(豊裕神學)이 될 것이다.

## 2. '삶'의 신학으로서의 민중신학

민중신학은 본래적 인간으로부터 소외된 민중의 인권 회복을 주장하는 신학이라 하겠다. 그리고 그 주요 관심은 정치적, 경제적, 사회적 그리고 문화적 억압으로부터의 민중 해방에 있었다.

풍류도의 작용은 사람들로 하여금 사람이 되게 하는 "접화군생"에 있다. 따라서 풍류신학은 민중신학을 내포한다.

그러나 풍류신학으로서의 민중신학의 관심은 정치, 경제, 사회적으로 소외된 민중의 인간 회복에 앞서 한국인의 얼인 풍류도를 상실한 민중의 인간 회복에 있다.

"사람이 온 천하를 얻는다 해도 제 목숨을 잃으면 무슨 이득이 있겠는가"(마태 16:26).

삼천 세계에 가득한 칠보로써 보시하기보다 진리를 담은 사구게(四句偈) 하나를 터득하게 하는 것이 중요하다.

과연 오늘의 민중은 누구이며, 오늘의 민중신학이 해야 할 과제는 무엇이겠는가?

신학이 다루어야 할 오늘의 문제는 현대 문명의 성격이다. 과학 기술문명의 급진적인 발전과 경제라는 물질문명이 오늘의 세계를 이끌어 가고 있다. 따라서 인격 형성의 핵이라고 생각되던 영성은 점차 망각의 대상으로 전락하고 있다.

영성은 인간의 얼이요, 인격의 고향이다. 그러고 보면 현대는 고향을 잃은 암흑시대요, 얼이 빠진 문명시대를 만들어가고 있다.

한국문화의 오늘의 상황과 미래를 보게 하는 것이 우리의 교육현장이라고 생각된다.

2003년에 내한하여 한국의 교육현장을 검증한 외국의 저명한 교육학자들의 보고 내용을 요약한 한 마디가 있다: "한국 교육에는 컴퓨터는 있는데 시가 없다."

이것은 한국 문화의 현주소를 단적으로 표현한 말이라 하겠다. 시가 얼의 노래라고 한다면, 오늘의 한국은 전체가 얼이 빠진 민중들이다. 따라서 한국 민중신학의 과제는 한국 문화 속에 시를 회복시키는 일이다.

시의 본질은 시라는 한자 속에 표현되어 있다. 곧 詩는 말씀 언(言) 변에 모실 시(寺)를 달았다. 시란 말씀을 모신 글이다. 말씀이란 로고스요, 하나님의 말씀이다. 천지의 존재 근거요, 그의 안에 생명이 있다. 이 생명이 사람으로 하여금 사람되게 한다. "그의 안에 생명이 있었으니 이 생명은 사람들의 빛이었다"(요한 1:4).

말씀이 인간이 되어 오신 이가 그리스도시다. 그러므로 말씀을 모신다는 것은 곧 그리스도를 모시는 신앙이다. 그리스도인이란 말씀을 모신 시인이요, 한 멋진 삶을 살아가는 풍류도인이다. 여기에 풍류신학으로서의 민중신학 곧 삶의 신학의 본질이 있다.

### 3. '멋'의 신학으로서의 예술신학

풍류신학이란 한의 신학과 삶의 신학을 수렴한 멋의 신학이요 예술신학이다. 예술은 초월적인 '한'과 현실적인 '삶' 사이에 다리를 놓는다. 괴리된 하나님과 인간 사이에 다리를 놓아 하나가 되게 하는 것이 곧 예술이다. 그런 의미에서 그리스도는 예술가요 예술 자체이기도 하다. 멋이 풍류도의 본체이듯이 예술신학은 풍류신학의 핵심을 이루고 있다.

여기서는 한국인의 영성을 풍류도로 규명한 고운 최치원의 예술론을 근거로 예술신학의 개요를 보기로 한다.

예술은 아름다움을 추구하는 창조적 작업이다. 예술가는 자신의 미적 이념을 형상화한다. 우리 말의 '아름다움'은 미의 본질을 잘 표현하고 있다. '아름'이란 아람과 함께 알의 변음으로 생각된다. 알이란 속 알이요 참 알이다. 밤알이 무르익어 모습을 드러낼 때 '아람분다'고 한다.

'다움'이란 알 답다, 곧 여실하다는 뜻이다. 그러므로 아름다움을 한자로 표기한다면 진여(眞如)가 된다. 진여란 불변의 실체이다. 이것이 표현될 때 우리는 아름답다고 하는 것이며, 예술은 이 아름다움을 추구함으로써 새로운 세계를 열어간다.

신라의 석학 최치원은 불국사의 비로자나불상을 보고 다음과 같은 찬탄의 시를 남기었다.

凡所有相　무릇 형상이 있는 바 모든 것은
皆是虛妄　다 허망한 것인데
就虛妄中　이 허망한 것 가운데
功德無量　공덕이 무량하구나

懿蓮化尼　아름다운 연화니가
仰蓮花藏　연화장을 우러러 보며
託有爲緣　있음을 빌려 인연을 삼고
寫無碍像　무애의 상을 그리었도다

宝雲開月　보배로운 구름이 달을 열어보이니
香海停浪　향기로운 바다엔 풍랑이 자는도다
好掛仙帆　이제 신선같은 돛대를 달고
穩浮慈舫　고요히 자비의 배를 띄우리로다

예술과 예술신학은 세 단계로써 구성된다. 첫째는 '한' 적인 우주 통찰이요, 둘째는 '삶'을 통한 영원의 형상화요, 셋째는 '멋' 진 신천지의 전개이다.

### 첫째, '한' 적인 우주 통찰

고운은 인생을 포함한 이 세상의 모든 것이 허망한 것이라 했다. 그는 피조물의 본질이 어떠한 것인가를 통찰한 것이다. 인간도 세상도 자신 안에 존재 근거를 가진 영원한 것이 아니다.

그러나 그럼에도 불구하고 이 세상은 또한 영원을 담고 있는 공덕을 가진 것이라 했다.

피조물인 이 세상은 영원한 것이 아니다. 그러나 이 세상은 하나님께서 자신의 뜻을 펴게 될 무대요, 하나님의 형상을 가진 인간이 살게 될 무대이다. 그렇기 때문에 천지를 창조하고 인간을 창조하신 하나님은 그가 만드신 모든 것을 보시고 "참 좋았다," "참 아름답다"고 하신 것이다.

둘째, '삶'과 영원의 형상화

부처님의 제자 연화니는 예술가이다. 그는 우주적 자비와 무애의 법신인 비로자나불을 우러러 보며, 흙과 쇠붙이를 써서 초월적인 법신을 형상화했다. 왼손으로 바른 손의 검지를 잡고 있는 형상은 부처님과 중생이 하나요, 성과 속이 하나라는 화엄의 세계를 표현한 것이다.

그리스도인은 그리스도를 모신 시인이요 예술가이다. 그리스도인은 이 세상의 삶 속에서 하나님의 사랑을 형상화해야 한다. 그리하여 하나님과 인간 사이에 장벽이 없고, 사람과 사람 사이에 장벽이 없는 무애상을 창출해야 하는 것이다.

이러한 예술적 창조 원리가 그리스도상 안에 들어있다. 하나님의 말씀이신 그는 자신을 없이 하고 인간이 되셨으며, 인간의 죽음을 죽이기 위해 십자가에서 돌아가심으로써 하나님의 사랑을 형상화한 것이다.

그러므로 우리도 자기 부정적 사랑을 통해 우리에게 주어진 덧없는 삶을 영원한 것으로 작품화하지 않으면 안 된다.

셋째, '멋'과 신천지의 전개

불상 자체는 있다가 없어질 무상한 구름에 지나지 않는다. 그러나 그 불상은 진여의 세계를 열어보이는 보배로운 구름이다.

진여의 달이 나타날 때 이 세상에는 새로운 천지가 전개된다. 영원한 신성과 세속이 하나로 융합되어 풍랑이 없는 향기로운 바다가 전개되는 것이다.

이제 우리는 신선의 돛대를 달고 고요히 자비의 배를 띄워 유연히 살아가리라고 읊었다.

　여기에 풍류도인의 참 모습이 있다.

　예술은 진여와 세속 사이에 다리를 놓음으로써 새로운 세계를 열어준다. 그리스도는 십자가와 부활을 통해 하나님과 인간 사이의 심연을 메우고, 인간으로 하여금 하나님의 자녀가 되게 함으로써 새 하늘과 새 땅을 열어주셨다.

　이제 우리는 십자가의 돛대를 달고 고요히 평화의 배를 띄워 사랑의 공동체를 만들며 유연히 시인답게 살아가야 할 것이다.

### 유천희해(遊天戱海)의 풍류 노래

身世雲千里　내 신세는 천리 구름 속에 있고,
乾坤海一頭　천지는 바다 한 모퉁이에 있네,
草堂聊寄宿　초당에 하루 밤 묵어가는 인생,
梅月是風流　매화에 걸친 진여의 달 이것이 풍류로다(栗谷).

봄 물에 배를 띄워 가는대로 놓았으니,
물 아래 하늘이요 하늘 위가 물이로다.
이 중에 늙은 눈에 뵈는 꽃은
안개 속인가 하노라(檀園).

고향을 그리며 바람 따라 흐르다가,
아버지를 만났으니 여기가 고향이라.
하늘 저편 가더라도 거기 또한 여기거늘,
새 봄을 노래하며 사랑 안에 살으리라(素琴).

# 一雅 변선환 신학사상의 체계

심광섭 (감리교신학대학교)

변선환

1927. 9. 23 – 1995. 8. 7
평안남도에서 출생.
18세에 기독교도가 되었고,
1967년 감리교 신학대학에서 조직신학을 강의했다.
그는 토착화 신학을 추구하며 불교와의 대화를 시도
1992년 "불타와 그리스도"라는 논문이 문제가 되어,
감리교 교단으로부터 출교 당함.

언젠가 철학자 박이문 선생이 한 학회의 만남에서 "기독교 신앙 없이도 신학할 수 있지 않은가" 하고 물어온 적이 있다. 나는 그때, "신학을 공부할 수는 있겠으나 신학을 맛 들여 공부하기에는 한계가 있을 것 같습니다" 하는 정도로 대답한 것 같다. 모든 학문에는 그 학문의 고유한 연구 대상이 있고, 그 대상에 대하여 객관적 태도를 취하는 것이 미덕이라면, 신학의 대상은 하느님인 바, 이 대상은 신앙을 통해 경험하고 인식하고 이해함으로써 삶의 창조적 정체성의 원동력이 되는 분으로서 신앙을 통한 주체적 참여와 신뢰를 요구한다. 폴 틸리히를 따라 신앙을 궁극적 관심이라고 정의한다면, 신학은 아예 처음부터 대상에 대한 객관적 태도, 초연함이 아니라 실존적 태도, 참여를 요구하는 학문일 것이다.

실존주의가 세계 신학계를 주도했던 시기에 학자라면 실존주의를 피해갈 수 없었을 터였겠지만 특히 변선환은 실존주의 사상의 애인이었다. 당시 감리교 신학대학 학생들은 스승 변선환을 '변실존'이라는 애칭으로 부르기를 좋아했다. 그는 참으로 실존주의 문학, 철학, 신학을 두루두루 섭렵하였음이 그의 글에서 확인된다. 실존적 태도란 '거리두기'가 아니라 '참여'와 '초월'의 태도이다. 특히 인간의 곤경과 한계상황에 참여하여 초월자의 암호를 해독한다. 그의 삶을 실존이라 칭하는 이유는 학문에 대한 열정적 에로스 때문만이 아니라, 그의 강의가 학생들에게 궁극적 관심사인 하느님에 대한 실존적 참여를 불러일으켰기 때문이다. 그는 또한 제자들의 삶에도 사랑과 관심으로써 참여했다. 1994년 어느 주일날 예배를 인도하기 위해 강단에 섰는데, 예배당 뒷좌석에 선생님이 한복을 입고 앉아 계신 모습을 발견하고 저으기 놀란 적이 있다. 이렇게 그의 存在는 實存이다.

변선환은 신학을 체계적으로 구성하지 않았다. 그의 글은 단편이며 현안(Sache)에 대한 연구이다.[1] 그는 키에르케고르(S. Kierkegaard)처럼 '비학문적', '비체계적', '단편' 사상가가 되려고 하는 듯 보인다. 그러나 그의 단편은 전체를 맛볼 수 있는 단편이며, 닫힌 전체가 아니라 전체의 개방성을 부단히 촉구하는 연구이다. 그럼에도 불구하고 이 글에서는 체계화의 위험을 무릅쓰고 전통적인 조직신학의 순서에 따라 몇 가지 중요한 주제들, (1) 신학 방법론과 실재관, (2) 하느님, (3) 그리스도, (4) 웨슬리의 선행은총과 구원, (5) 에큐메니칼 대화와 선교하는 교회, (6) 종교간 대화와 지구윤리 등의 주제를 선택하여 그의 사상을 서술하겠다.

## I. 신학 방법론과 실재관: 진리의 길을 찾아 나섬

> 우리들이 해야 할 과제는 오성에 의해 고정된 어떤 입장에서도 안주하지 말고 무한한 교제의 의지를 가지고 이성과 양심을 일깨워야 한다.[2]

변선환의 실존적 삶은 하느님과 세계에 대한 실존적 태도로써 구성될 수밖에 없다. 실존적 태도란 세계에 대한 주-객분열적 접근이 아니라 객관이 주관에 참여된, 주-객통일적 접근 방식이다. 그가 20세기의 칸트(I. Kant)라 불리는 야스퍼스(K. Jaspers)의 철학을 좋아한 이유가 바로 여기에 있다고 본다. 야스퍼스에게 실존이란 해명의 대상이지 분석의 대상이 아니다. 자연의 세계가 주객분열을 통해 지식을 얻을 수밖에 없는 인과론적 필연의 세계라면, 인간의 세계는 주객분열을 넘어선

---

1) 그의 저서 목록(1992년도까지)이 《종교다원주의와 한국적 신학》, 한국신학연구소 1992, 1-9에 게재되어 있으며 동 출판사에서 유고집이 7권[《종교간 대화와 아시아 신학》(1권), 《불교와 기독교의 만남》(2권), 《한국적 신학의 모색》(3권), 《요한 웨슬리 신학과 선교》(4권), 《그리스도론과 신론》(5권), 《현대신학과 문학》(6권), 《현대문명과 기독교신앙》(7권)]으로 출간된 바 있으며, 변선환 신학에 관한 연구서로서 《변선환 종교신학》(한국신학연구소 1996), 《변선환 신학 새로 보기》(대한기독교서회 2005)가 있다.
2) 변선환, "서구의 황혼과 기독교의 신학"(전집 7), 17.

자유의 세계, 책임의 세계이기 때문이다. 주객분열적 인식론으로 시작된 근대의 과학과 기술은 인간의 인간성, 그 내면적 감정이나 정신적 이념은 물론이고 종교, 즉 초월자와 관계하는 가능적 실존의 자유마저 대상화, 사물화, 도구화하고 동시에 기술적으로 조작하기에 이르렀다.[3] 근대 세계 이후 신학은 주객분열적 인식론을 받아들여 초자연주의나 정통주의로 남거나 주관 혹은 객관에 의한 상대방의 포섭과 지배를 통해 초월주의나 자연주의로 생명을 연명하고 있다. 주관과 객관은 상대방이 서로 인과론적으로 간섭하거나 전제적으로 지배할 수 있는 것이 아니라, 서로 구분되어 있으면서도 통일(하나)을 이루는 하나이다. 변선환은 비이원론적(advaita) 불이론(不二論)과 대화론을 통해 이러한 실재관을 전개한다.

## 1. 불이론

### a) 실존사상의 불이론

불이(不二)를 형식논리를 따라 풀이하면 둘을 부정하고 '하나'를 주장하는 것처럼 들린다. 그러나 불이론은 둘, 즉 이원론도 부정하는 것이지만 하나, 곧 일원론도 부정한다. 변선환이 서양철학과 신학을 통해 피력하는 인식론적 불이론은 키에르케고르의 주체성의 이론, 불트만(R. Bultmann), 부리(F. Buri), 그리고 야스퍼스(K. Jaspers)의 실존주의 신학과 철학, 하이데거(M. Heidegger)의 비대상적 사유의 수용을 통해 나타난다.

키에르케고르는 헤겔(F. Hegel)의 '진리는 객체적이다'라는 본질주의에 대항하여 '진리는 주체적이다'라는 실존의 변증법을 제시한다. 변선환은 "케에르케고르와 젊은 바르트"라는 제하의 한 연구에서, 바르트

---

3) 변선환, "과학기술과 기독교 윤리"(전집 7), 97-130 중 98 참조.

는 《로마서 강해》 2판의 서술에서 만일 자신에게 체계가 있다면 그것은 키에르케고르에게서 배운 "시간과 영원의 무한한 질적 차이의 변증법"이라고 하지만, 바르트에게 이 변증법은 하느님 말씀의 변증법인 반면 키에르케고르에게는 실존의 변증법임을 밝힌다.[4] 키에르케고르에게 실존을 구성하는 것은 초월적 계시로서의 하느님의 말씀이 아니라 내면적 기독교 신앙으로서, 기독교의 진리란 교리에 대한 객관적 내용(fides quae)이 아니라 주체적 신앙의 생성과정에 의해서 파악된다.[5] 변선환은 키에르케고르의 실존 사상이 로마서 2판에 가깝다기보다는 불트만 신학에 가깝다고 본다. 불트만 신학은 현대 세계에 살아 있는 '키에르케고르의 나팔 소리'이다.[6]

불트만 신학의 상표가 된 신약성서의 비신화화란 복음의 실존론적 해석으로서 성서를 과학적이고 객관적인 세계관으로 볼 것이 아니라 실존론적으로 읽어야 한다는 것이다. 불트만은 슈바이처(A. Schweitzer) 박사 탄생 80주년 기념 강연집에 실린 "학문과 실존"에서 '학문'(Wissenschaft)을 "우리 주변세계와 우리에게 일어나는 세계현상들, 즉 자연, 역사, 인간, 정신의 현상들에 대한 방법론적 연구"라고 정의한다.[7] 즉 학문이란 객관화하는 사유를 논리정연하게 방법론적으로 완성시키는 것을 목적으로 삼는다. 그러나 인간 '실존'(Existenz)은 사물적 존재(Vorhandensein)와 같은 방식으로 존재하는 것이 아니라 특수하게 인간적인 방식으로 존재하는 바, 즉 자신의 존재를 위임받은, 자신의 존재를 문제시 할 수 있는, 자신의 존재의 만족 또는 불만족을 말할 수 있는 인간의 존재이다. 요컨대, 인간 존재는 시간적 존재로서 그 자

---

4) 변선환, "케에르케고르와 젊은 바르트", 《바르트 신학연구》, 칼 바르트학회 편 (대한기독교서회 1970), 194-240.
5) 앞의 글, 208.
6) 앞의 글, 237.
7) R. Bultmann, "Wissenschaft und Existenz," *Glauben und Verstehen*, Bd.III, 107-121.

신의 역사를 가지고 있는 책임적 인격 존재이다. 인간뿐만 아니라 하느님도 세계의 인과론적 연관성 내부에 그 자리를 두고 있는 실재(Größe)가 아니기 때문에 세계 연관성의 절정에 위치하고 있는 최고 존재가 아니다. 이것은 하느님 또한 주객도식 밖에 있는 존재, 신은 정지할 줄 모르며 관찰의 대상이 아님을 말한다. 불트만에 의하면, "사람은 신을 볼 수 없다. 다만 그로부터 들을 수 있을 뿐이다. …그의 계시는 오로지 행위에서만(in actu) 계시이지 결코 계시됨(Offenbartheit)이 아니다. 하느님의 말씀을 믿는 자는 실존적 신앙의 행위 속에서 확실성을 갖는 것이지만, 그것이 보증서는 아니다."[8] 인간과 하느님의 존재는 주객도식의 대상이 아니라 끊임없는 신앙의 결단을 통해서 만날 수 있는 경험이고 사건임을 말하는 것이다. 그러나 부리는 불트만의 십자가의 구속사건도 실존론적으로 철저화되지 못했음을 지적한다.

변선환의 스승 부리에 따르면, 불트만의 비신화화론은 그리스도의 구속사건을 세계 내에서 일어나는 과거의 세계사적(historisch)인 사건이 아니라 인간실존을 지금 여기에서 새로운 자기이해로 부르는 결단의 사건, 곧 실존사적(geschichtlich) 사건이요 현재적 종말론적 사건이라는 점에서 옳지만, 구원의 현실을 객관적으로 표상된 역사적 실재인 십자가의 구속사건에 근거시킨다는 점에서 불트만은 실존론적 해석학을 아직 철저히 전개하지 못한 잔여 신화론을 간직하고 있다.[9] 이는 부리의 기독교의 진리인 교의학이 객관적인 진리에 대한 진술로서의 교의학이 아니라 어디까지나 기독교 신앙의 자기이해로서의 진리라는 그의 교의학의 제목에서도 철저히 관철되고 있는 실존론적 해석학이라고

---

8) 앞의 글, 120-121.

9) F. Buri, "Entmythologisierung oder Entkerygmatisierung der Theologie," *Zur Theologie der Verantwortung*, hg.v.G. Hauff, Bern/Stuttgart 1971, 39-56; 변선환, "하이데거와 불트만의 실존론적 신학", 발터 슈미탈스,《불트만의 실존론적 신학》, 변선환 역 (대한기독교출판사 1983), 부록: 327-425; 이원재, "변선환의 신학과 실존사상",《변선환 종교신학》(한국신학연구소 1996), 171-192 참조.

볼 수 있다. 부리의 이러한 이해는 야스퍼스의 실존철학과 계시신앙과 철학적 신앙을 대치시키는 야스퍼스와의 대화를 통해 발전된 것이기도 하다. 부리는 야스퍼스를 교회의 한 스승이라고 부르는데, 야스퍼스에게 기독교의 상징은 인간으로 하여금 가능적 실존이 되도록 부르는 초월자의 암호인 것이다. 초월자의 암호사상은 인간과 세계 그리고 신을 객관화할 수 없는 실재로서 주객의 근본구조를 넘어선 사유를 철저화한 야스퍼스의 철학적 산물이지만 "생의 궁극적인 근거를 초역사적인 초월자 속에서 찾으며 이 세계를 초월하는 분을 세계 내에서 상징하는 암호"[10]로 본다는 점에서 기독교의 성례전적 실재관과 통한다고 하겠다. 실존론적 사유는 후기 하이데거를 신학으로 끌어들인 오트(H. Ott)와 '비대상적 사유'에 관한 논의를 통해 인간중심적 실존성을 넘어선다.[11]

### 2) 불교의 불이론

변선환의 실존, 인격, 역사 중심의 불이론은 동양의 자연, 우주 중심의 불이론과 대화하면서 심화된다. 여기서는 그의 논문 "연꽃과 십자가, 렘마와 로고스, 우주론과 종말론"과 "일원상의 진리와 존재 신비주의"를 통해 요점을 정리하고자 한다.[12] 변선환은 야마우찌 도꾸류(山內得立)의 명저 《로고스와 렘마》(岩波書店, 1974)를 인용, 서양의 로고스(λογος) 논리를 이렇게 정의한다(138-139).

서양의 논리는 로고스의 논리이며 로고스란 '말한다'는 것이고 어떤 것은 A이고 어떤 것은 非A이다고 말하게 한다. 따라서 필연적으로 사물

---

10) 변선환, "서구의 황혼과 기독교 신학"(《전집》 7), 20.
11) J. Robinson/ J. Cobb, *The Later Heidegger and Theology,* NY: Harper & Row 1963; "The Problem of a Non-Objectifying Thinking and Speaking in Contemporary Theology: The Issue," 1964년 4월 9-11일 Drew 대학교에서 강의한 하이데거, 오트, 부리, 요나스, 옥덴의 논문 참조.
12) 차례대로 변선환,《불교와 기독교의 만남》(전집 2), 132-164, 321-333.

은 분별(分別)되어 서로에 대하여 존재하는 것이 된다. … 로고스는 ① 긍정, ② 부정에서 이루어진다.

여기에 대하여 동양의 논리는 렘마(λημμα)라고 한다.

> 렘마란 '직관적으로 파악한다는 것이다. 렘마는 ① 긍정, ② 부정, ③ 양자의 부정, ④ 양자의 긍정이라는 넷으로 되어 있다.… 로고스에서는 A라면 非A가 아니다. 양자택일이다. 그러나 렘마에서는 A도 아니고 非A도 아니다. 따라서 A이기도 하고 非A이기도 하다고 생각한다. 로고스에서는 生이냐 滅이냐의 어느 하나이지만, 렘마의 논리에서는 생과 멸의 相待이다. 따라서 공이며 양편이 그 스스로 존재하지 않으나 동시에 양자는 존재한다. 생도 멸도 없으나 생도 멸도 있다.

변선환의 분석에 따르면, 사막의 종교에 뿌리를 두고 있는 서양의 기독교는 로고스의 논리를 따라 '이것이냐 저것이냐'의 양자택일의 선택과 결단을 요청하고 있다면, 水畓문화 속에서 자란 동양의 자연종교는 '이것도 저것도'(sive sive)나 '이것도 아니고 저것도 아니다'(neti neti)라는 판단중지의 사고를 펴 나아가며 포괄주의적인 관용주의를 표방한다고 본다. 로고스 중심적인 서양의 논리는 동일률, 모순율, 배중률과 변증법으로 발전하여 배타주의적인 이원성을 배태하고 있는 반면, 렘마의 논리는 진리와 함께 관용을 말할 수 있는 평화(和)의 논리, 和諍의 논리이다.

변선환은 렘마의 논리가 종교간의 대화에서도 가장 효율적임을 불교학자 아베 마사오(阿部正雄)가 만국종교대회 100주년 기념대회에서 읽었던 "입장 없는 입장"에서 확인한다. 세계종교의 '공동 본질'이나 '공동 분모'의 동일성을 주장하는 긍정파(힉, 스미스, 파니카, 변선환)나 종교의 개별성과 특수성, 차이성을 강조하는 부정파(트뢸치, 존 캅, 큉)는 모두 이원론적 분별지에 의하여 대상화되기 때문에 개념화된 전제(로고스)에 대한 철저한 '부정의 부정', 양비(兩非, neti neti)의 체험(렘

마)을 통하여서만 어느 입장에도 집착하지 않는 개방성(空)이 나타난다는 것이다.[13]

렘마의 논리는 일원상의 진리로써 구체적으로 전개되고 밝혀진다. "일원상(一圓相)의 진리와 존재신비주의"는 원광대학교 유병덕 박사의 《원불교와 한국사회》(1977) 출판기념회에서 행한 특별강연이다. 원불교의 교조 소태산(少太山)은 일원의 세계, 곧 "주객도식의 분별지에 사는 과학자나 철학자나 교학자(敎學者)의 세계가 아니라"(323), "불립문자(不立文字)의 원의 세계, 존재와 비존재, 시(是)와 비(非), 선과 악의 분별과 대립을 넘은 절대무(絶對無)의 장소"이다(326). 변선환은 여기서 앙겔루스 실레시우스(Angelus Silesius)로 알려진 루터파 신비주의자 요하네스 쉐플러(Johannes Scheffler)의 문제작 《천사 케르빈과 같은 순례자》 제1권 289번의 시(詩), "이유 없이"(ohne warum)를 해석하면서 사랑의 무한한 책임으로서의 기독교 신앙이 존재 신비주의와 멀리 있지 않음을 시사하고 있다.

## 2. 대화적 존재

둘이 아니면서 큰 하나인 일원상의 존재 신비주의는 대화를 통해 경험되고 구체화된다. 변선환의 신학 방법론에서 불이적 사유와 함께 돋아나는 요소는 대화론이다. 대화론에서는 사유보다 언어, 소통이 강조된다. 그는 '대화'라는 단어를 매우 선호한다. 그의 글 가운데 '대화'라는 단어가 사용된 글은 매우 많다. "종교간 대화 백년과 전망"(1권, 11-58), "레이몬드 파니카와 힌두교인-기독교인 사이의 대화"(1권, 134-151), "불교와 기독교의 대화"(1권, 275-309; 2권, 108-131), "대화 막힌 동토의 시대"(97권, 68-81), "만국 종교 대화와 지구 윤리"(7권, 221-252), "동서 종교의 대화"(7권, 289-302) 등과 더불어 "A와 B"를 연결시키는

---

13) 변선환, "만국 종교대회와 지구윤리"(전집 7), 244.

제목(가령, "타종교 '와' 신학")은 헤아릴 수 없을 정도로 많다.

변선환에 따르면, 인간의 존재 자체가 곧 대화이다.[14] 인간의 존재 근거는 사유에 있는 것이 아니라 대화에 있다. 그러므로 변선환은 데카르트의 명제를 이렇게 바꿔 말한다. "나는 대화한다. 그러므로 나는 존재한다." 변증법(Dialektik)이 A와 -A의 갈등과 대립을 전제하고 새로운 B로의 지향 통합의 길을 제시하는 방법이라면 대화는 A와 B의 '사이'를 넓혀감으로써 각각의 중심을 상실하지 않고 소통함으로써 '나'를 변혁시켜나가고 동시에 '너'도 변화됨으로써 '우리'가 된 인간의 충만한 인간화를 위해 서로 협력할 수 있는 길이다. 변선환은 스미스(W. C. Smith)를 인용하여 세계 선교는 네 가지 단계를 거쳐서 다원시대에 꼭 맞는 대화의 선교에 이르렀다고 본다.[15] 첫째 단계는 1910년 선교사들이 에딘버러 회의에 모였을 때 취했던 태도로서, 기독교와 타종교를 '우리와 그들'(We and they)로 보았다. 기독교와 타종교의 차이는 확연하게 대립적으로 드러나는 바, 진리와 거짓, 빛과 어두움, 구원과 멸망이라는 흑백도식으로 읽으며, 기독교의 절대성, 우월성, 궁극성이 배타적으로 주장되었다. 둘째 단계는 예루살렘 회의(1928)와 탐바람 회의(1938)를 통해 정리된 입장으로서 '우리는 당신에게 말한다'(We talk to you)는 입장이다. 이 입장은 선포와 증거라는 신정통주의 신학에 의하여 뒷받침되었다. 셋째 단계는 '하느님의 선교'(missio Dei)의 입장으로서 일방적으로 자기만 말하는 독백의 입장을 넘어 타종교인들에게 듣고 배우며 상호 변혁하는 것으로 하나의 인간 공동체를 형성하기 위하여 서로 함께 일하는 입장, 곧 '우리는 당신들과 함께 말한다'(We talk with you)는 입장이다. 그러나 대화의 신학은 '우리 모두는 우리에 대하여 서로 말한다'(We all talk to another about us)는 입장으로서 진정한 '우리'가 강화된다. 변선환은 "대화의 신학만이 하나의 세계 공동

---

14) 변선환, "對話 막힌 凍土의 시대"(전집 7) 68-81 중 69f.
15) 변선환, "불교와 기독교의 대화"(전집 2), 108-131 중 111ff.

체 형성을 위한 근거가 된다"(112)라고 힘주어 말한다. 여기서 대화의 우선적인 방법은 종교의 신념체계인 교리의 비교, 설명, 전달이 되어서는 안 되고 다른 종교인의 종교체험에 주체적으로 참여하는 것을 통하여 타종교를 이해하며 저들과 교제하는 것이 되어야 한다. 변선환은 불교와 기독교와의 열려진 참된 대화는 상호보완과 상호변혁을 지향해야 한다는 존 캅(J. Cobb)의 주장에 동의한다(119).

## II. 신론: 하느님을 모시는 하느님 체험

### 1. 어떻게 우리는 세속화, 무신론, 허무주의 시대에 하느님에 관하여 정직하게 말할 수 있을까?

폴 틸리히는 실존주의를 "인간의 곤경에 대한 분석"이라고 간결하게 정의한 바 있다. 그에게 실존주의는 "소외의 상태 속에 있는 인간과 인간 세계의 곤경을 분석해 주기" 때문에, 실존주의는 기독교의 천부적인 동맹군이요 기독교 신학의 행운이다. 그는 인간의 곤경은 실존주의 철학뿐만 아니라 분석심리학, 문학, 시, 드라마 등에도 나타나기 때문에 이들은 신학을 구성하기 위한 엄청난 재료들이다.[16] 변선환은 교의학적 전통에 따라 바르트나 몰트만처럼 삼위일체론을 해석하거나, 토마스 아퀴나스처럼 신존재 증명에 몰두하면서 신론을 체계적으로 전개한 글을 쓰지 않았다. 그가 좋아한 용어는 "현대의 정신적 상황"(칼 야스퍼스)이다. 현대의 어지러운 정신적 상황 속에서 하느님을 체계적으로 말하기는커녕 흔적조차 확인하기가 어려웠기 때문일 것이다. 그는 틸리히처럼 인간의 소외와 곤경의 상태를 현대의 정신적인 상황인 세속화, 무신론, 허무주의 등을 진단하면서 하느님에 대해 말한다는 것의 의미를 잃어버린 은

---

16) Paul Tillich, *Systematic Theology* II, 26, 27(=유장환 옮김, 한들출판사, 2003, 46, 48.

전 한 닢을 찾고 있는 여인처럼, 대낮에 등불을 켜들고 찾고 있다.

근대의 세속화 이후 서구의 시민들은 종교를 교회의 교권과 정치적 권력으로부터 해방시키면서 철저히 인간화했다. 그 결과 교양인은 종교에 대해 무관심하게 되었고 노동자들은 교회를 떠났다. 이제 어디서 하느님을 찾을 수 있을까? 변선환이 보기에 마르크스, 프로이트, 니체, 사르트르, 까뮈 등은 무신론적 휴머니스트로서 지적 성실성을 가지고 희미해져 버린 신의 흔적조차 정열적으로 깨끗이 지워버리려는 자들이며 달아난 신의 날개를 꺾어 다시 돌아오지 못하게 하고 싶은 자들이다. 이들은 인간의 인간성 회복을 위해 신을 부정했던 "요청적 무신론자들"(막스 쉘러)이다. 여기서 기독교가 미워해야 할 무신론자는 전투적인 지성적 무신론자가 아니라 대중적 무신론자이다.[17] 이들은 신을 단순한 관념과 개념으로 여겨 신은 죽었고 신에 대한 신앙은 가까운 장래에 말살될 것이라고 떠들고 다닌다. 그러나 후자는 고려의 대상이 아니다. 얍복강 나루의 야곱처럼 변선환이 샅바를 잡고 씨름하는 대상은 지성적 무신론, 실천적 무신론, 곧 허무주의이다. 허무주의는 대지를 배회하고 공중을 떠도는 '악령' 이다. 구라파의 허무주의는 1, 2차 세계대전으로, 아우슈비츠와 히로시마의 원폭으로, 새로운 세계제국의 등장으로, 자연환경의 파괴로 변신하여 등장한다.[18]

야스퍼스는 니체의 해석에서 그의 신의 죽음의 선언은 단순한 부정을 위한 부정이 아니라 정열적으로 살아계신 하느님을 갈급하며 찾는 목마른 사슴과 같은 갈증이 그 속에 불타올랐던 것으로 본다. 문제는 살아계신 하느님을 만나는 일이다. 하느님은 왜 유럽의 허무주의 속에서 죽었는가? 아니, 니체의 통찰대로 인간은 어떻게 신을 죽일 수 있었는가? 인간이 죽인 신, 죽일 수 있었던 신은 플라톤의 존재론으로 덧씌워진 신이다. 기독교는 대중을 위한 플라토니즘이었던 것이다. 그러므로

---

17) 변선환, "두 유형의 무신론자"(5집), 221-230 중 225.
18) 변선환, "서구의 황혼과 기독교 신학"(7집), 1. 구라파의 허무주의: 11-16.

변선환은 기독교가 헬레니즘 유대교에서 시작된 헬라의 존재론적 사고의 영향 아래에서 오랫동안 하느님을 존재 자체(ipsum esse)와 동일시해 왔던 역사를 불행한 역사라고 판단한다(225). 이로부터 벗어날 수 있는 길은 존재론의 하느님으로부터 벗어나 출애굽의 하느님을 되찾는 것이다. 출애굽의 하느님은 '존재'의 하느님이 아니라 'hayah'의 하느님이다. 'hayah'는 초감성적인 형이상학의 세계에 계신 존재자체인 것이 아니라 역사적 현실에 실존하시는, 아브라함과 이삭과 야곱의 하느님, 우리와 나를 위하시는 하느님이다(Deus pro nobis et pro me). 변선환에게 하느님은 존재의 하느님이 아니라 행동하시는 하느님이다.

> 성서가 전하는 하느님의 말씀의 수육도, 수육한 그리스도의 속죄도, 우주와 인생에 대한 구원과 경륜도 모두 신의 행동을 말하고 있지 신의 존재의 문제를 다루고 있지 않다. 인간 실존의 죄의 현실성을 알고 있는 사람, 계시로서의 그리스도의 속죄의 은총 속에 있는 사람들은 신의 존재나 본성에 대해 물어 볼 마음의 여유를 가질 수 없다"(《전집》 5, 339).

긴 다리를 가진 차라투스트라의 허무주의 그늘 아래 있는 인간에게 'hayah'의 하느님은 어떻게 현존하며, 우리는 살아 계신 하느님을 어디서 만날 수 있는가? 변선환은 도스토예프스키의 《카라마조프가의 형제들》을 해석하면서 그 대답을 찾는다.[19] 변선환에 따르면, 도스토예프스키는 서구의 계몽주의로부터 유래한 유크리트적 지성이 허무주의로 귀결된 서구의 운명과 대결하여 비서구화한 제3의 로마, 진정한 그리스도교 진리를 견지하는 거룩한 로마를 러시아의 정교회 전통에서 되찾으려는 러시아의 토착화 신학자이다. 도스토예프스키에게 서양이 낳은 허무주의는 둘인데, 하나는 황금숭배주의에 오염된 속물적 부르주아 정신이며, 다른 하나는 무신론적 사회주의이다. 그러나 도스토예프스키는 시베리아 유형생활을 통해 신을 잉태한 러시아 민중을 발견한다. 그는

---

19) 변선환, "만일 신이 존재하지 않는다면"(전집 5), 260-353.

러시아 민중 속에서 구라파의 허무주의가 상실한 신을 만난다. "그는 민중을 통해서 러시아의 신을 발견하고 신앙의 길에 복귀하였다"(325). 러시아의 민중은 빛과 구원의 담지자들이며, 불행을 나눌 수 있는 깊고 강하고 아름다운 휴머니티의 담지자들이며, 생명의 담지자들이며, 살림의 에너지이다. 도스토예프스키가 민중 속에서 새로 만난 하느님은 대지의 하느님이며 고난의 하느님이다. 대지에 몸을 던지고 대지에 입맞추고 눈물로 대지를 적시며 기쁨의 눈물로 대지를 적시고 그 눈물을 사랑하라는 조시마 장로의 말에서 변선환은 도스토예프스키가 하늘의 신이 아니라 대지에 살고 있는 신을 만났다고 말한다. "그에게서 대지는 루돌프 오토가 말한 것과 같은 '거룩한 것', '누미노제적인 것'이었다"(333). 천상으로 달아나버린 신이 다시금 대지에서 우리들 곁으로 귀환, 귀향한 것이다. 대지에 뿌리내리고 사는 민중 속에 현존하는 하느님은 자유의 신이고 고난의 신이다. 특히 변선환은 힘없는 민중이 당하는 고난을 가정생활을 돕기 위해서 자기 몸을 고난 속에 던지는 창녀 쏘냐의 고난을 통해 대속적 고난이라고 해석한다(348ff.) 변선환은 도스토예프스키가 유럽의 허무주의를 하느님의 말씀이나 사회주의를 통해서, 혹은 철학적 신학자 바이셰델(W. Weischedel)처럼 허무주의의 본질을 철저한 물음으로 파악하여 그 물음을 더욱 철저히 끝장나는 데까지 물음으로써 극복하는 것이 아니라, "러시아의 인텔리겐치아 사이에 퍼지고 있는 허무주의를 직시하면서, 러시아의 영혼을 러시아 민중과 거룩한 대지에서 찾으며, 러시아의 신께 찬미하고, 대속의 십자가를 짊어지고 고난을 사랑하려는 속죄 정화의 고난의 신비주의"(352)에서 극복할 수 있다고 본다.

## 2. 초월적 인격신을 넘어

동양종교와의 만남과 대화에서 큰 걸림돌 중 하나는 기독교 신학이 초월적 인격신 만을 고집한다는 점이다. 사실 이 신관은 현대 신학 안에서도 문제적이다. 가령 보그에 의하면, 대중적 기독교가 대변하는 신관은 "초자연적 유신론"(supernatural theism)이다.[20] 이 신관은 하느님을 세계와 무관하게 '저 바깥에' 계신 초자연적 존재로서 이해하며, 오래 전에 세계를 창조하시고 때때로 세계에 간섭하는 분으로 개념화한다. 더욱 중요한 점은 하느님을 여기가 아닌 어딘가 다른 곳에 계시는 분으로 생각하며, 구원을 지금이 아닌 언젠가 다른 때에 이루어질 것으로 생각하며, 구원받기 위해서는 사람들이 해야 할 무엇이 있다고 생각한다는 것이다. 초자연주의적 신관은 17-8세기 계몽주의 시대에 이신론의 모습으로 나타난다. 그러나 이신론은 곧 무신론으로 기울어지는 바, 멀리 있거나 여기에 없는 하느님은 전혀 존재하지 않는 하느님과 아무런 차이가 없기 때문이다(53).

기독교인의 삶에 그려진 초자연주의적 하느님은 군주적인 하느님이다(107). 군주적 하느님의 이미지는 위계질서를 보장하며 가부장 질서를 유지하는 왕, 군주, 그리고 아버지이다. 이 이미지는 자연, 정치, 성에 대하여 지배와 종속의 관계를 형성한다(117). 보그는 우리 시대의 많은 사람들이 이런 신관을 이해하지 못할 뿐만 아니라, 초자연주의적 하느님은 우리 시대에 제기된 심각한 문제의 소지가 그 안에 담겨있는 죽음의 우상이라고 본다. 문제가 많은 초자연주의적 신관 대신 보그가 대안으로 제시하는 신관은 범재신론의 하느님이다(65). 그러나 보그가 제시한 범재신론적 신관은 그도 인정하는 것처럼 새로운 신관은 아니다. 셸링(F. J. Schelling)과 헤겔(F. Hegel) 그리고 화이트헤드(A. N. Whitehead)는 범재신론적 실재관을 대변하는 철학자들이다. 그렇기 때문에 범재신론의 하느님은 이 책의 영어 제목이 지시하는 "우리가 한 번도 안 적이 없었던 하느님"도 아니요, 옮긴이가 강조하고 싶은 전적으로 "새로 만난 하느님"도 아닌, 오히려 "기독교의 신학 전통과 일관성을 이루게 될"(19) 하느님이다.

---

20) 마커스 보그,《새로 만난 하느님》, 한인철 옮김, 한국기독교연구소, 2001, 34.

변선환은 아시아의 기독교가 아시아화되기 위해서는 아시아의 영성과 아시아의 고난을 통과해야 한다고 거듭 강조했다. "필자는 아시아의 기독교가 아시아화 되어야 한다는 지상과제 앞에서 동양의 신비종교가 열어준 끝없는 정적 속에서 명상에 침잠하고 있는 불교도 형제들과의 열려진 대화가 가장 절실한 문제가 된다고 본다."[21] 열려진 대화의 첫 단계는 "사실 기독교의 신은 다만 초월자일 뿐 아니라 만물 속에 내재하시는 분이기도 하다"는 점을 인정하는 것이며, 둘째 단계는 기독교 신관 안에도 비인격적인 신이해가 적잖게 있다는 점이다. 그는 에크하르트의 인격신을 넘어선 '신성에로의 돌파', 캅의 양극적 하느님 이해, 발덴펠스의 '절대 무'이신 하느님을 예로 든다.[22]

변선환은 초기에 동양종교의 범신론적, 일원적, 신비주의적 풍토를 비판하면서, 서구의 이원적, 역사적, 인격적, 책임적 시각에서 동양의 종교가 재해석되고 변혁되어야 한다고 주장하였다. 그래서 이정배는, "인간 존재를 구원해 내는 길은 존재 신비주의 속으로 흘러 들어가는 데 있는 것이 아니라 의미불가해성으로 가득찬 역사의 한 가운데서 그를 극복해내는 무제약적 책임존재로 자신을 자각하는 데 있다고 보기 때문이다."[23] 김승철도 평가하기를, "야기 세이치의 장소론적 그리스도론을 마감하면서, 존재에 의한 실존의 소멸, 존재에 의한 인격과 윤리의 자폐라고 비판한다. 그런데 그리스도의 '인격'이 그리스도의 '원리' 속에 해소되고 만다는 이 시각은 에른스트 트뢸치나 알버트 슈바이처가 동양종교에 대해 갖고 있었던 서구 신학의 우월성을 설명하는 범주였다." "동양적 예수의 문학적 개척"에서도 일본 늪지대론을 주장하는 엔도 슈사꾸(遠藤周作)를 비판하는 자리에서도 자연과 역사의 대립, 존재와 인격의 대립, 논리와 윤리의 대립의 부족함을 내세우면서 엔도의 《침묵》을 실존적 기독교 이해의 틀에서 보고 있다.[24] 그러나 김승철은

---

21) 변선환, "불교와 기독교의 대화"(전집 2), 108-131 중 118.
22) 앞의 글, 120-123 참조.
23) 이정배, "변선환 박사의 신학적 실존", 《변선환 종교신학》, 25.

다원주의로의 전환 이후 변선환이 서구의 틀을 완전히 버리고 이전의 자아를 죽였다고 결론짓는다.[25] 사실 변선환은 후기에 동양종교에 대한 이원론적 비판은 찾아볼 수 없고 동양종교를 있는 그대로 수용하려고 하는 듯싶다. 그렇다면 그는 범신론적 일원론적 동양의 신관을 그대로 수용하고 있는가? 그가 애독했던 엔도 슈사쿠의 《깊은 강》에서 그 해답을 구해도 괜찮을까? "신이란 당신들이(서구의 기독교) 생각하는 것처럼 인간 밖에 존재하므로 우러러 보아야 하는 것은 아니라고 생각합니다. 그것은 인간의 안에 있으며, 그럼에도 불구하고 인간을 감싸고, 나무를 감싸고, 화초를 감싸는 아주 큰 생명입니다."[26]

### 3. 하느님 체험의 한국적 표현 양식

"이제까지 제1세계의 신학자들은 희랍철학과 독일철학의 범주를 가지고 하느님 체험을 표현하였다. 그러나 그것은 우리 아시아 사람의 표현은 아니다. 우리 아시아 사람들은 인도나 중국의 사상을 가지고 하느님 체험을 표현할 수 있어야 할 것이다. 더욱이 한국인인 우리는 하느님 체험의 한국적 표현양식을 물어야 한다. 민중신학자들이 오늘날 민중의 하느님에 대하여 말하려는 것은 이런 이유에서이다. 예수 그리스도 속에서 하느님과 새롭게 만나는 체험을 하고 있는 한국 사람들은 아주 새로운 체험에 근거하여서 새로운 눈으로 하느님의 모습을 새롭게 보고 그것을 새롭게 표현할 수 있다고 생각한다."[27] 유럽의 신학이 하느님을 표현하기 위해 존재, 실체, 본질, 정신, 과정 등의 개념을 사용했다면 변선환은 불교의 '자비'와 유교의 '인' 등을 제시하고 있다. "인

---

24) 김승철, "토착화와 종교다원주의, 그리고 그 이후(post)", 앞의 책, 76, 78.
25) 앞의 글, 86ff.; 이찬수, "타종교의 신학",《변선환 종교신학》, 144-168 중 특히 155ff.
26) 엔도 슈사쿠,《깊은 강》, 이성순 옮김 (고려원 1994), 180.
27) 변선환, "다른 종교의 하느님"(전집 5), 231-239 중 232.

간이 인간인 한 서로 사랑으로 교제하도록 우리의 영혼을 일깨우는 기독교적 사랑이나 불교의 자비(慈悲), 유교의 인(仁)이라는 근원적 체험에 의하여 열려지는 인간의 '교제에의 의지'가 인간에게 전적으로 상실되지는 않겠기 때문이다."[28]

## III. 그리스도론: 타종교의 구원론과 대화하며 협력하는 그리스도의 겸손

변선환의 그리스도론의 초점은 다원주의시대에 그리스도의 궁극성의 문제에 모아진다. 그는 불트만의 비신화화를 철저히 밀고 나갔던 불트만 좌파의 입장(야스퍼스, 부리, 오그덴)에서 배운 차축시대(야스퍼스), 신화 없는 그리스도(오그덴), 비케리그마화(부리)를 기초로 하여 비기독교 세계에도 그리스도에게 나타난 계시와 동등한 계시가 있음을 보여주고자 할 뿐만 아니라, 그들과 대화하고 협력하여 서구적 기독교를 토착화하고 완전한 인간성의 회복을 위하여 함께 노력한다. 변선환은 자서전적인 글 "나의 신학 수업"에서 이렇게 회상한다. "어떻게 하면 기독교 신학은 선불교와의 만남에서 계시신앙의 배타적 절대성을 일방적으로 주장하지 않고 동양의 인간화를 위하여 저들과 열려진 대화를 하면서 그리스도의 궁극성을 주장할 수 있을까?"[29] 변선환은 귀국 후 그리스도의 궁극성의 문제를 동양종교 특히 불교와 대화하면서 후기에는 "신중심적 보편적 비규범적 그리스도론"을 전개하면서 해결하려고 하였다.

그러나 변선환이 그리스도의 궁극성에 대해 가진 입장은 신학연구의 장소와 시기에 따라 세 가지 유형으로 나타났다고 생각한다. 첫째는

---

28) 변선환, "서구의 황혼과 기독교 신학"(전집 7), 24.
29) "나의 신학 수업",《종교다원주의와 한국적 신학》-변선환 학장 은퇴기념논문집 (한국신학연구소, 1992), 29.

성화 감신과 한신 및 미국 유학시절에 연구한 계시신학 내지 실존주의 신학의 배경에서 형성된 그리스도론이며, 둘째는 스위스 유학 시절과 귀국 후 다양한 그리스도론적 논문을 발표하면서 동양적 그리스도론을 추구한 시기이며, 마지막으로 1984년 10월 13일 '한국기독교 100년 기념 신학자 대회'에서 발표한 논문 "타종교와 신학"을 분수령으로 그 이전까지 표명했던 입장을 "포괄주의"라고 스스로 비판적으로 규정하면서, 소위 종교다원주의 입장으로 전환하여 그리스도론을 생각한 시기이다. 여기서는 후기 그리스도론에 국한하여 논의하겠다.[30]

변선환의 후기 그리스도론의 초점은 한 마디로 타종교의 구원론과 대화하며 협력하는 그리스도이다. 모든 다른 종교들에 대하여 궁극적, 절대적 규범성을 주장하는 대화에는 어느 종교도 마음 놓고 참여할 수 없다. 그렇다면 어떻게 그리스도가 모든 다른 종교의 구세주들에게 필연적으로 유일회적이거나 규범적임을 주장하는 일 없이 그리스도인들이 그리스도를 그들의 유일회적 구세주로 계속 고백할 수 있으며, 동시에 아시아의 구원을 위하여 대화하며 협력할 수 있을까?

변선환은 1984년 선교 백주년 기념 강연인 "타종교와 신학"[31]에서 토착화 신학의 새로운 방향으로 타종교의 신학을 제창한다. 토착화 신학이 타종교의 문화적 상황 안에서 그리스도 신앙의 적합한 진술을 찾는 자기 정체성의 문제에 초점을 놓고 있다면, 타종교의 신학은 비기독교 종교에 대한 기독교의 관계 방식에 역점을 둔다. 기독교가 타종교와 관계하는 방식은 크게 세 가지이다.

첫째, 전통적 서구 신학의 관점에서처럼 타종교를 신학의 수단이나 신학의 객체로 보는 경우이다. 이때 기독교 신학은 타종교를 악마시하

---

30) 변선환의 기독론에 관하여, 심광섭, "변선환 박사의 그리스도론 연구"《변선환 종교 신학》, 193-232; 김영복, "변선환의 실존주의적 예수 이해에 관한 해석학적 조명", 《변선환 신학 새로 보기》(대한기독교서회, 2005), 308-324, 이은선, "변선환의 한국적 신학과 다원주의 그리고 여성주의-기독론 논의를 중심으로", 앞의 책, 276-307.
31) 변선환, "타종교와 신학", 〈신학사상〉 47(1984 봄), 687-717.

거나 저주하는 배타주의적 태도를 취한다. 둘째, 타종교를 '복음에로의 준비'(Praeparatio evangelica)로 보며 포교하고 변증하려는 성취설 혹은 기독교적 포괄주의적 태도가 있다. 셋째, 이 태도는 완전히 새로운 태도로서 타종교는 선교의 대상이 아니라 대화의 주체이며, 신학의 수단이 아니라 목적이며 신학의 객체가 아니라 신학의 주체로 보는 태도이다. 따라서 "타종교와 신학은" 신학의 주체가 타종교가 되는 "타종교의 신학"이 된다. 이 때 기독교는 전적인 다원사회 안에서 과거의 "개종주의 입장을 깨끗이 버리고 타종교와 동등한 자리에서 대화하는 공명한 자세를 가져야 한다". 다원주의 시대 속에서 "타종교의 신학"을 하기 위하여 대담하게 포기해야 할 것들은 다음의 세 가지이다.

첫째, 비기독교 종교에 대한 서구적 편견(불신앙, 계시에 대한 모순, 민중의 아편, 유아적 욕망의 응집물, 시대착오적인 것)에서 벗어나야 한다. 둘째, 비기독교 종교에 대한 교회적 배타성을 집약적으로 표현한 "교회 밖에는 구원이 없다"(Salus extra ecclesia non est)는 교회 중심주의에서 탈피하여야 한다. 세계교회는 교회의 선교(missio ecclesiae) 개념을 극복하여 하느님이 선교의 주체가 되는 하느님의 선교(missio Dei)로 거듭나게 되었다. 1968년 웁살라 대회에서는 "교회의 벽 밖에 계신 그리스도"(Christus extra muros ecclesiae)에 대해 증거하기 시작하였다. 셋째, 비기독교에 대한 그리스도론적 배타적 절대성이나 궁극적 규범성에서 완전히 벗어나야 한다.

이상의 분석에서 본 논문을 위하여 중요한 착상은 '타종교의 신학' 과 그리고 새로운 그리스도론으로서 힉이나 니터, 파니카와 사마르타 등과 함께 '신중심적 비규범적 그리스도론'(theocentric nonnormative Christology)에 대한 암시이다.[32]

변선환은 한국에서의 타종교의 신학은 "한국의 고난(빈곤)과 함께

---

32) 폴 니터, 앞의 책, 239-258 참조; "불교와 기독교의 대화", 〈불교사상〉 22(1985. 9), 98; "붓타와 그리스도-그리스도론의 비서구화의 한 시도", 한국가톨릭문화연구원 제 9차 심포지엄(1990. 11. 24) 강연 원고, 11.

한국의 종교성과 겸손히 만나며 휴머니티의 전체적인 동일성의 회복을 위한 투쟁과 관련되었던 타종교의 구원론과 만나서 대화하며 비그리스도교 구원론에서 출발"해야 한다고 주장한다.[33] 타종교의 신학은 기독교와 타종교가 지닌 가치의 동등성을 공명정대하게 인정할 뿐만 아니라 한걸음 더 나아가 전체적 인간성의 회복을 위하여 투쟁했던 비그리스도교 구원론에서 출발해야만 한다는 것이다. 따라서 타종교의 신학의 주어는 신학이 아니라 종교, 더 정확히 말해 종교가 말하려는 피조물의 구원과 해방이다. 타종교의 신학을 가늠하는 규범은 전통적 그리스도교 교리를 해석하는 신학이 아니라, 반대로 타종교의 구원론이다. 타종교의 구원론은 복음을 해석하는 "형식"만 문제시하는 것이 아니라, 복음의 "내용"도 바꿔 놓는다. 구원의 진리는 아시아의 태(胎) 속에서, 아시아의 민담 속에서, 아시아의 고난과 혁명의 역사와 종교 속에서도 발견될 수 있음을 인정한 바이다. 그러나 구원사에 대한 서구의 교회나 신학을 가지고는 이러한 타종교의 신학을 납득하기에 어려움이 있다. 기독교 신학은 기독론과 구원론을 분리해서 생각하지 않았다. 기독론은 구원론의 존재근거(ratio essendi)이며, 구원론은 기독론의 인식근거(ratio cogniscendi)이다. 모든 종교의 존재의미는 구원에 있다 할지라도 기독교는 구원의 궁극적 존재근거를 그리스도로 고백해왔다. 구원의 길로서 그리스도를 궁극적 존재근거로 주장해왔던 전통적 기독교 신학의 입장에서 볼 때 타종교 신학에서의 그리스도는 주변화되거나 간과되거나 심지어 기독교 신학의 본질을 부정하여 '이것은 더 이상 기독교적이 아니다' 라는 의혹을 충분히 살 수 있다.

그러므로 당면 과제는 아시아의 완전한 인간성 회복을 위한 아시아 종교의 투쟁 속에서 그리스도의 궁극성을 규명하는 일이다. 변 박사는 1970년대 이후 한국의 민중해방과 민주화 투쟁과정 그리고 산업화의 도전을 심각하게 받아들이면서 복음에 책임적으로 응답하려는 한국적

---

33) "타종교의 신학", 635; "비서구화와 제3세계 신학", 557, 562f 참조.

해방신학인 민중신학의 도전을 부정하지 않고 문화적 토착화 신학과 더불어 새로운 차원으로 진전시킨다. 토착화 신학과 민중신학은 세계 신학의 조류인 종교신학과 해방신학에 각각 상응한다고 볼 수 있다. 예수 그리스도가 아시아에 전래되기 전에도 아시아인은 아시아의 종교에서 삶의 의미와 진리에 이르는 길을 발견했기 때문에 서구신학은 축적된 아시아의 영성이라는 요단강에서 세례를 받고 사회적 소외, 정치적 억압, 경제적 착취, 문화적 주변화, 종교적 정죄를 당하는 아시아의 민중적 상황인 골고다의 죽음과 부활을 체험할 때 비로소 서구적 옷을 완전히 벗고 참된 아시아의 신학으로 형성된다. 그러므로 변선환은 "종교적 문화적 해석학을 통하여 형성되는 토착화 신학은 아시아의 종교 부흥과 아시아의 혁명의 소용돌이 속에서 결코 사회적 정치적 해석학을 통해서 형성되는 상황화와 분리되지 않는다". 한국의 두 전위신학인 토착화와 민중신학이 그동안 취했던 토착화의 정치 경시와 민중신학의 종교 경시라는 잘못된 이원론적 대결은 반드시 극복되어야 한다는 것이다. 토착화와 상황화, 상황화와 토착화는 어느 것이 먼저고 어느 것이 나중이라고 말할 수 없으며 양자는 아시아의 상황에서 책임적으로 신학하는 자라면 필히 동시에 염두에 두어야 하는 타원형의 두 초점과 같다.

변선환의 아시아의 종교 신학과 아시아의 해방신학, 즉 아시아의 종교해방신학에 대한 관심은 스리랑카의 신학자 피에리스에 대한 연구[34]와 민중종교인 미륵불교와 민중신학에 대한 연구[35]로 결실을 맺는다. 또 아시아의 종교적 상황과 더불어 아시아의 정치적 상황 속에서 다른 종교와의 참된 대화를 가능케 하기 위한 살아 있는 그리스도론적 고백을 찾으려는 노력은 "아시아 그리스도론의 여명"[36]이라는 신학 수상에

---

34) "비서구화와 제3세계신학 - 특히 스리랑카의 알로이시우스 피에리스 신부를 중심하여", 〈신학사상〉, 46(1984 가을), 536-566.
35) "Buddhist-Christian Dialogue Towards the Liberation of Minjung," 〈신학과 세계〉, 16(1988 봄), 197-247.

잘 나타나 있다. 이 수상 논문에서 변선환은 우주와 역사, 정치와 종교, 개인과 사회의 이원론적 분리를 담고 있는 아시아적, 우주적 그리스도 론과 민중 그리스도론을 넘어서 민중종교의 그리스도론으로 결론짓는다. 이때 고난의 종교성은 아시아적 통전성이다. 구원론적 상대주의와 무관심주의에도 빠지지 않고 타종교와 참된 대화가 가능한 "예수의 유일무이성"은 변선환에 따르면 "예수가 하느님의 아들이었다는 형이상학적 사변론(기독론)에 있지 않고 예수는 죄인과 세리의 친구, 즉 민중의 친구였다는 실천(예수론)에 근거하고 있다"[37] "사랑의 실천은 모든 종교가 대화하고 가르치고 배울 수 있는 열려진 광장이다. 한국에서의 불교인-기독교인 사이의 대화는 사건의 현장 속에서 실천 중심적, 해방신학적, 구원중심적 대화이다"[38]

타종교의 구원과 대화하고 참여하는 그리스도의 궁극성은 전적으로 새로운 신학적 틀을 필요로 한다. 변선환은 존 힉(John Hick), 폴 니터(Paul Knitter), 스미스(W. C. Smith), 파니카, 아리아라자(W. Ariarajah)와의 만남을 통해 "신중심적 종교신학"의 모델을 제시한다. 힉에 따르면 그리스도를 타종교의 규범으로 생각하는 신학은 프톨레미우스적 세계관에서 지구를 중심으로 모든 위성이 선회하듯이 기독교를 모든 종교의 중심에 놓고 타종교를 기독교의 주변을 선회하는 위성으로 생각하거나, 혹은 기독교를 타종교가 귀향해야 할 최고점으로 전제하는 역설이라는 것이다. 이러한 사고는 유아적 이기주의이며 자기중심적이기 때문에 기독교 혹은 그리스도 중심에서부터 실재 중심, 즉 신중심적 사고로 변화를 일으켜야 한다. 모든 인류를 사랑하시는 하느님은 그리스도교 안에서 뿐 아니라 그 밖에서도 현재 구원의 역사를 이룩하고 있기 때문이다. 따라서 모든 종교의 중심은 기독교나 그리스도가 아니라 하느님이다. 존 힉은 이것을 놓고 세계상을 지구 중심에서 태양 중심으

---

36) "아세아 그리스도론의 여명", 〈신학사상〉, 48(1985 봄), 172-185.
37) "Buddhist-Christian Dialogue towards the Liberation of Minjung," 234.
38) 위의 논문, 239.

로 전환시킨 코페르니쿠스적 혁명에 비유하며, "신학에서의 코페르니쿠스적 전환"³⁹⁾이라고 말하면서 이 전환을 "그리스도가 중심이라는 교리에서 하느님이 바로 우리는 물론 모든 인류가 받들고 그 주변을 선회하는 중심이 된다는 생각으로서의 전이를 포함해야 한다"고 덧붙인다. 이러한 맥락에서 변선환은 "기독교 밖에 구원이 없다"는 교리는 신학적인 톨레미의 천동설에 지나지 않는다고 말할 수 있었으며 "종교의 우주는 기독교도 다른 종교도 아니고 신을 중심으로 하여서 돌고 있다는 것을 기독교도 인정해야 할 것"이라고 주장할 수 있었다. 여기서 힉은 종교 개념을 신학적 연역에서 구하지 않고 현상학과 역사에 정향된 경험적이고 귀납적인 종교이해를 갖고 있다는 사실을 잊어서는 안 된다. 따라서 힉의 신학이 말하는 "코페르니쿠스적 혁명"이란 말은 그 자신의 신학적이고 사변적인 작업이라기보다는 현대인이면 피할 수 없는 정신사적 필연성이며 신학은 이 사실에 적합한 대답을 주어야 한다는 예언자적 선언이다.

변선환은 '신중심적 종교신학'으로 대화의 이론을 제시한 후 그리스도론의 난제를 구원론에서 찾고 있다. 플라톤과 아리스토텔레스의 형이상학적 언어로 형성된 초기와 중세의 그리스도론이나 독일 관념론을 빌어서 형성된 근대신학의 그리스도론은 예수를 절대화 우상화시켰으며 다른 종교적 인물을 능가하는 일종의 제의 인물로 보게 되었다는 것이다. 기독론의 의미도 서구 형이상학적 사유와 언어의 오랜 포로에서 벗어나야 하며 이것은 구원론의 과제가 된다. 따라서 변선환은 오늘날 세계 종교의 과제는 "종교 상호간에 열려진 대화와 협력"이며 "모든 목표는 전 인류의 복지와 구원을 이루어 내는 것"이라고 주장하고 있다. 변선환은 서구 문화나 철학과는 전혀 다른 전통 위에 서있는 아시아, 특히 한국이라는 땅 위에서 살아 있는 복음을 증언하기 위한 토착화신학의 맥락에서 예수를 통한 하느님의 구원과 해방의 역사 속에서

---

39) 존 힉, 《하나님은 많은 이름을 가졌다》, 이찬수 옮김, 도서출판 1991, 41.

그리스도의 궁극성, 유일무이성, 절대성을 찾았으며, 하느님의 구원과 해방의 역사는 타종교와 문화, 세속 이데올로기, 휴머니즘 속에도 동등하게 나타나고 있으므로, 비그리스도인들과의 대화를 위한 이론적 모델로 신중심주의를 제시한다.

기독교의 역사는 모든 유일신 종교의 경우처럼 하느님 체험을 배타적으로 기술하고 해석해 왔다. 그러나 오늘날 종교간의 공존과 대화는 피할 수 없는 시대적 요청이며 따라서 근원적 하느님 체험의 기록인 성서와 신앙의 시대적-역사적 표현인 신학과 교리를 문자와 언어 이전의 체험의 빛에서 다시 읽어내는 일은 대단히 중요하다. 이때 성서의 중심적 메시지는 심판이나 저주가 아닌 사랑과 화해 지향적인 대화적 말씀임을 발견하게 된다. 아리아라자는 "타종교에 대한 우리의 태도가 성서의 중심적인 메시지에서가 아니고 아마도 주로 성서의 배타적인 모든 성경 구절로부터 도출되었다는 것은 매우 불행한 일이다"라고 말하면서 "우리가 그리스도를 믿지 않고 기독교 공동체에 속하지 않는 자는 하느님의 구원의 섭리와 구원의 능력 밖에 있다고 한다면 우리는 예수 그리스도의 하느님이 아닌 신에게 대하여 말하는 것이 된다"[40]고 못 박았다.

변선환이 그리는 타종교의 구원론과 대화하며 협력하는 신중심적 비규범적 그리스도론의 요체를 이렇게 정리할 수 있을 것이다. 기독교가 동양에서 타종교와 만나는 장은 구원론, 즉 아시아의 가난의 극복과 완전한 인간성 회복을 위한 투쟁에서 만난다. 완전한 인간성의 성취를 위하여 이들은 대화할 뿐만 아니라 서로 협력한다. 다종교적 상황에서 구원을 가늠하는 궁극적 규범은 기독교 역사가 말하는 예수 그리스도만이 아니라 대화와 협력의 공동 기반인 하느님 체험, 즉 구원과 해방의 체험이다.

---

40) 웨슬리 아리아라자,《성서와 종교간의 대화》(감리교신학대학 출판부, 1992), 70.

성찰 1 역사적 예수의 문제: "예수 사건은 삶의 자리가 급격하게 변한 오늘의 다원주의 사회에서 배타적으로 유일한(one and only) 구원의 절대 규범이 될 수 없다[3집, 99].

다원주의 사회에서 예수 사건이 그리스도 도그마로 정식화하여 구원의 보편적 절대성을 주장할 수 없다는 뜻이다. 부리에 의하면 그리스도 표상이란 인간을 생의 혼돈과 무의미 한가운데서 참된 자아, 책임적 인격공동체 형성을 위해 노력하는 책임적 자아의 실현에로 부르는 암호인 것이다. 변선환은 대승불교의 불타론과 기독교의 기독론 형성과정이 극히 유사한데, 대승불교는 기독교처럼 역사의 일점을 우상화하고 절대화하여 그 배타적 절대성이나 궁극성을 주장하지 않는다고 강조한다.[41] 그러나 '참자아의 주(主)이신 그리스도'(F. Buri)는 역사적 예수의 삶, 곧 그의 가르침과 사역 및 십자가 사건에 근거할 때 그 구체적 힘을 가질 수 있다.[42] "야이로의 딸, 나인성 과부에 미친 사랑, 잃어버린 한 마리 양을 향한 예수의 구체적 사랑과 달리 사랑이 보편적, 추상적, 이상주의적 인류애, 사회애, 먼 데 있는 사람에 대한 사랑이 되었을 때, 그것은 항상 인신(人神)의 악령에 사로잡혀서 허무주의의 늪 속으로 전락할 수밖에 없기" 때문이다. 보편적 "사랑은 실천될 때에만 참된 의미를 갖는다."[43]

성찰 2: 역사적 예수와 보편적 그리스도를 넘어

배타주의와 포괄적 보편주의가 종교간 대화와 종교다원주의 신학의 비판의 단골 표적이 되어온 반면 다원주의의 문제점은 별로 제기되지 못했다. 다원주의는 적어도 두 가지 문제점을 안고 있다.

첫째, 다원주의는 종교를 서구적 종교관으로 환원하여 종교를 소비자의 선택사항으로 만들고 있다. 현대 서구사회가 시장경제로 특징지어

---

41) 변선환, "아시아 인류 기초 공동체"(전집7), 283.
42) 한인철, "변선환의 기독론과 역사적 예수",《변선환 신학 새로 보기》, 255-275 참조.
43) 변선환, "만일 신이 존재하지 않는다면"(전집 5), 307.

진다면 종교도 시장 안에서 소비자가 선택하여 구매할 수 있는 상품이 되어가고 있다. 종교의 선택은 상품의 선택처럼 개인적 기호의 문제가 되어가고 있다. 종교간 대화의 해결책으로서의 종교다원주의는 자유시장경제질서가 지배하는 서구사회를 반영하는 거울이다. 따라서 서구적 시장질서를 반영하는 종교다원주의를 비판없이 다원주의를 옹호한다는 미명하에 비서구문화와 종교에 일방적으로 적용할 수 없다.

둘째, 다원주의는 종교적 진리의 문제, 진리의 기준, 종교적 진리와 사회적 행위, 특히 억압과 차별의 행위 사이의 관계에 대하여 적절하게 대응하지 못한다. 종교적 믿음들은 이래도 좋고 저래도 좋은 단순히 상대화된 상이한 관점들만은 아니다. 종교적 믿음이 실재에 대한 궁극적 의미해석이라면 이는 필히 실재에 대한 진리주장을 제기하게 되며, 이 주장은 사회적, 정치적 경제적, 인격적 삶에 영향을 주며 규정한다. 만일 어느 종교적 확신이 식민지주의, 전체주의, 차별주의, 인종주의 등을 옹호한다면 종교간의 대화는 이러한 종교적 확신과 사회적 행위를 변화시키는 방향으로 의사소통이 이루어져야 할 것이다. 종교간의 대화의 목적은 단순히 다른 종교의 인정에 있는 것이 아니라 자신과 타자 양쪽의 비판적이며 변혁적 실천을 지향해야 한다.

예수 그리스도의 종교이며 예수 그리스도에 대한 종교인 기독교가 다종교적 상황 속에서 대화적이고 의사소통적이며 변혁적 진리실천을 지향한다면 지역적 예수를 신격화하는 배타주의와 그리스도의 보편성을 주장하는 포괄주의는 물론이고 지역적 예수의 역사적 상대성으로써 다원주의 문제를 해결하려는 소극적 태도를 넘어서야 한다(beyond the local Jesus and universal Christ). 기독교 운동의 특수성은 예수의 생의 실천과 이를 그리스도 상징을 통하여 변혁적으로 계승한 기독교 공동체의 구성적 상상력에 기인한다. 예수의 생의 실천은 그리스도 상징의 이데올로기화를 교정하여 항상 변혁적 상징의 기능을 수행할 수 있도록 해야 한다. 예수 구원의 의미는 지역적 배타성이나 보편적 포괄성이 아니라 그리스도 비전의 변혁적 실천이다. 이 구원의 비전은 개인적-상대적인 것이거나 보편적인 것이 아니라 대화적이며 의사소통적이다. 역사적 예수와 상징적 그리스도 사이의 긴장은 상징의 역사적 기원 및 이 기원을 통한 비판적 교정과 역사적 특수성이 상징을 통하여 새로운 의미를 창출하여 의사소통을 개방해 나가야 하는 양자 사이의 변증법적 긴장이다. 이 긴장은 다원적 그리스도론을 가능하게 하는 힘이다.

### 성찰 3 해석적 범주에 관하여: 경험과 개념의 문제

"그리스도는 오늘도 한국선교 도상에서, 민중의 한(恨)에 어린 눈물로 젖은 황토길 위에 민중들과 함께 아파하며, 한을 단(斷)하는 민중해방을 위해서 걸어가고 계신다. 우리는 유다적 범주나 희랍적, 라틴적 범주가 아닌 아시아적 범주, 한국적 범주를 가지고 신의 담지자인 아시아의 민중, 한국 민중의 신앙과 아시아의 거룩한 토양, 한국의 거룩한 대지에 대한 신앙을 증거해야 할 단계에 이르렀다."[44] 그리스도를 해석하는 아시아적, 한국적 범주는 무엇일까?

사무엘상에 보면 사울왕은 골리앗을 무찌르기 위해 자기 앞에 선 다윗에게 자기의 군 장비로 다윗을 무장시킨다. 머리에는 사울이 쓰던 놋투구를 쓰고, 몸에는 사울이 입던 갑옷을 입고, 허리에는 사울이 쓰던 칼까지 차고 몇 걸음 걸어 본다. 그러나 다윗은 사울에게 "이런 무장에는 제가 익숙하지 못합니다. 이렇게 무장을 한 채로는 걸어갈 수도 없습니다"라고 말하고 무장을 다 벗고, 목동의 지팡이를 들고, 목동의 도구인 주머니와 무릿매를 들고 나간다. 이 도구들은 그가 익히 써왔던, 그의 몸에 잘 스며든, 그의 몸과 구분할 수 없을 정도로 능숙해진 도구들이다. 다윗은 자기에게 익숙한, 곧 토착화된 도구들을 사용함으로써 적 골리앗을 넘어뜨릴 수 있었다. 선생님은 "서양의 옷을 벗어버린 복음과 한국 종교의 얼의 열려진 대화를 통하여서 한국적인 선교신학을 형성시켜야 한다"고 주장한다. 여기서 벗어야 할 서양의 옷은 사울의

---

44) 변선환, "만일 신이 존재하지 않는다면"(전집 5), 336.

놋투구와 갑옷과 칼일 것이며 한국 종교의 얼이란 다윗이 다시 든 지 팡이와 무릿매일 것이다. 그러나 이 사태의 핵심은 지팡이, 무릿매 등의 도구가 아니라 '골리앗을 물리치는 일'임은 두말할 필요도 없다. 그러므로 해석적 범주의 과제는 단지 한복으로 바꿔 입었다고 되는 것이 아니라 '복음의 사태'를 한국의 고유한 언어와 사고구조를 통해 현재적으로 표현하는 것에 있다.

## IV. 웨슬리의 선행은총과 구원론: 은총으로 아름다운 세상 만들기

변선환은 감리교 신학자로서 감리교신학을 가르치며 웨슬리에 대한 학문적 연구를 촉발시킨 자이다.[45] 변선환은 웨슬리의 선행은총(gratia praevenientia)을, 인간의 인간성을 어느 정도 긍정하고 비그리스도인의 구원가능성과 관련시켜 연구했다. 선행은총은 원죄로 인한 인간성의 전적 타락을 강조해온 서방신학의 전통과 달리 인간의 존엄성과 가능성을 긍정한다는 점에서 사랑의 휴머니즘과 맥을 같이 한다. 선행은총으로 인해 하느님의 형상은 원죄에도 불구하고 어느 정도 회복되었으며, 이성에 의한 어느 정도의 신인식을 긍정하고 양심의 기능을 받아들였으며 인간의 자유의지가 선행은총에 의해 초자연적으로 회복된 것으로 보았다. 선행은총은 "크리스천의 마음 속에 있을 뿐만 아니라 모든 회교도나 이방인들 속에도 있다. 그렇다. 야만인들 속에도 있다." 변선환은 웨슬리의 이 설교에 터하여 웨슬리 신학 속에 "만민을 위한 성서 밖의

---

45) 변선환의 웨슬리 연구는《요한 웨슬리 신학과 선교》(전집 4)에 담겨 있다. 그 외 그가 변역한 책으로 데오도어 러년,《웨슬리와 해방신학》(전망사 1987), 더글라스 미크스 편,《감리교 신학의 미래》, 기독교대한감리회 교육국, 1987; 변선환의 웨슬리 연구에 관하여, 이후정, "변선환과 웨슬리 신학",《변선환 종교신학》, 288-314; 김용성, "변선환의 웨슬리 선행은총론",《변선환 신학 새로 보기》, 325-340.

구원, 교회 밖의 구원을 말하는 '익명의 기독교'와 비슷한 '암묵적 기독교'의 전개를 본다"고 해석한다.[46]

비그리스도인의 구원가능성과 관련하여 웨슬리의 설교인 "편협성에 대한 경계", "보편적 정신" 등에 터하여, "역사적 지리적 우연성에 의하여, 이방인들이 그리스도의 구속사업이나 성령의 역사나 율법을 알지 못한다 하여도, 이방인들에게도 그리스도의 구속사업의 공로 때문에 선행은총이 보편적으로 주어져 있다"고 주장한다. 이후정은 웨슬리의 선행은총 사상이 그리스 동방 교부들의 유산과 깊이 연관되어 있다고 한다.[47]

다음으로 변선환은 웨슬리의 중생 사상을 역동적인 종교체험과 관련시키고, 성화사상을 민중신학 및 해방신학과 관련하여 해석해 낸 점이다. 중생과 관련하여, 웨슬리의 강점은 바른 교리(orthodox)나 바른 실천(orthopraxis)을 우선시 한 것이 아니라 '바른 종교체험'(orthopathy)을 우선시 했다는 점이다. '바른 체험'을 우선시함으로써 한편으로, 바른 교리만을 강조하는 교리주의, 정통주의, 근본주의로 전락하지 않을 수 있으며 다른 한편, 바른 실천으로 하여금 언제나 바른 체험, 곧 영성으로부터 공급받도록 한다는 것이다. 그러나 바른 영성은 바른 실천을 통하여 현실적으로 실현된다. 바른 영성이 바른 실천으로 이어지도록 하는 것이 웨슬리의 성화론이다. 그러므로 한국 감리교회의 전통은 최병헌과 전덕기, 이용도와 최용신과 정경옥으로 이어졌으며, 그 요체는 신비(바른 체험)와 예언(바른 실천)의 종합이다.[48]

변선환은 웨슬리의 선행은총에 근거한 이방인에게도 개방된 구원가능성에 기초하여, 종교체험의 우선성을 통해 타종교의 종교체험을 중시하며 성화를 통해 충만한 인간성을 위한 헌신과 투쟁에 모든 종교가 협력할 수 있는 사상을 웨슬리가 제공하고 있다고 본다. 웨슬리 사상을 토대로 변선환이 주창하는 타종교의 구원론과 대화하며 협력하는 다원

---

46) "교회개척론의 신학적 근거"(전집 4), 159.
47) 이후정, 앞의 글, 304.
48) "웨슬리의 사랑의 휴머니즘의 신학. 감신의 신학적 전통과 유산"(전집 4), 117-128.

주의적 종교해방신학의 구원론의 요체를 이렇게 정리할 수 있다. 기독교가 동양에서 타종교와 만나는 장은 구원론, 즉 아시아의 가난의 극복과 완전한 인간성 회복을 위한 투쟁에서 만난다. 완전한 인간성의 성취를 위하여 이들은 대화할 뿐만 아니라 서로 협력한다. 대화와 협력의 공동기반은 하느님 체험, 즉 구원과 해방의 체험이다. 다종교적 상황에서 구원을 가늠하는 궁극적 규범은 기독교 역사가 말하는 예수 그리스도만이 아니다. 변선환에 따르면, 오늘의 그리스도는 문화의 변혁자, 문화의 제국주의자, 비기독교 문화의 파괴자가 아니라 오히려 이방 문화를 섬기는 종이며, 대화의 목표는 사랑의 책임적 공동체 형성, 무제약적 책임적 자아, 사랑의 인류공동체 형성, 하느님 나라이다.[49]

## V. 에큐메니칼 대화와 선교하는 교회

### 1. 교회의 기초

변선환의 교회관은 주로 웨슬리 신학과 관련 속에서 전개된다. 웨슬리는 종교개혁 전통의 교회 이해, 즉 "순전한 하느님의 말씀이 선포되고 성례전이 바르게 집행되는 곳"이란 말을 제도적으로보다는 실제적으로 그리고 기능적으로 이해한다. 웨슬리의 성서적 교회의 비존은 '참된 신자들의 거룩한 공동체', 즉 '참된 그리스도의 교회'를 추구하는 것이었다.[50] 변선환에 따르면, 웨슬리는 교회의 교회됨을 봉사(diakonia)의 공동체와 신자들의 사랑의 교제(koinonia)에서 보았다고 한다.[51] 교회란 성령에 의하여 하나가 된 신자들의 보편적인 사랑의 교제의 공동체이다. 성례전에 관하여, 웨슬리는 세례에 의한 신생의 교리를 본질적

---

49) "한국문화 속의 기독교"(전집 3) 21, 23.
50) 김진두, "교회론", 《웨슬리와 감리교신학》(감리교신학대학 출판부 1999), 141-171.
51) "교회개척론의 신학적 근거"(전집 4), 147-166 중 152ff.

인 것으로 여기지 않았으며 따라서 물세례보다는 성령세례를 중시했다. 웨슬리는 영국교회 고교회주의의 성만찬론을 과감하게 수정하여, 세속적으로는 계몽주의적 세계관이 지배하고 교회적으로는 경건주의가 지배적이 된 세계 한 복판에서 성만찬을 소홀히 하는 분위기를 쇄신하여 성만찬의식의 부흥을 일으켰다. 그는 일기에서 천 회 이상의 성만찬을 하였다고 기록했고, 동생인 찰스 웨슬리와 166개의 성만찬 찬송만을 만들어 책을 발간하기도 하였다.[52]

## 2. 교회와 선교

변선환의 선교관은 1952년 빌링엔(Willingen) 회의 이후 형성된 '하느님의 선교'(missio Dei)에 근거하고 있다. 하느님의 선교관에 터하여 변선환은 웨슬리의 "세계는 나의 교구다"[53]라는 모토를 "나의 교구는 바로 이 세계다"라고 바꿔 말한다.[54] 그는 교회와 세계의 바람직한 관계에 대하여, '세계를 거부하는 교회'(몬타누스 운동과 열광주의), '세계에 동화된 교회'(문화적 개신교주의), '세계 위에 있는 교회'(희랍, 로마의 교회), '역설적 관계 속에 있는 교회와 세계'(바울과 루터의 교회), '세계를 변혁하는 교회'(신정통주의자들의 교회관)를 넘어, "교회는 세계를 기독교화하려고 할 것이 아니라 세계를 세계가 되도록 하여야 하며, 세계를 비인간화하는 악마적인 힘을 몰아내는 세계의 종으로 봉사하는 교회, '세계의 종인 교회'"가 가장 바람직한 교회라고 주장한다. 변선환은 호켄다이크의 모델을 따라, '신-교회-세계'로부터 '신-세계-교회'로 전환하여 교회는 세상을 위한 교회가 되어야 한다고 역설한다.[55] 웨슬리는 '하느님의 선교' 정신을 알고 있는 듯이, "산업사회

---

52) 웨슬리, 존 & 찰스,《웨슬리 형제의 성만찬 찬송》(Kmc 2004).
53) "나는 전 세계를 나의 교구로 삼고 있습니다", 웨슬레사업회 편 7권, 94.
54) "교회 개척론의 신학적 근거", 147, 159.
55) "교회개척론의 …", 160-161.

가 형성되어 가는 초기에 급격한 사회변화 때문에 생긴 토지를 잃고 광산과 공장으로 몰려든 우는 사자처럼 한에 서려 있는 소외된 노동자들과 굴뚝 소제하는 소년들, 과부들과 고아, 죄수들을 찾아 너무 두터운 교회와 교구의 벽을 넘고 너무 높은 사도직의 권위를 버리고 복음을 들고" 세계로 뛰어 들어갔다.[56] 그러나 변선환은 하느님의 선교 신학도 호교론을 간교하게 숨기고 있는 신학이 아니냐고 반문하면서 타종교와 대화하는 진정한 선교신학 수립을 요구하고 있다.[57]

### 3. 에큐메니칼 교회론 : 가톨릭과의 대화

변선환은 현대 가톨릭 교회의 교황 요한 23세가 이끈 제2차 바티칸 공의회(1962-65)가 교회개혁을 위한 표어로 내건 '현대화'(Aggiornamento)와 이를 신학적으로 뒷받침한 신학자들의 사상에 매우 깊은 관심을 드러낸다. 1977년 교계에 파문을 던진 "교회 밖에도 구원이 있다"[58]는 글은 가톨릭 교회를 비판했던 한스 큉의 교회론에 대한 이해로부터 출발하고 있다. 변선환은 "가톨릭의 종교 개혁"이라는 글에서, 20세기 세계 가톨릭 교회가 루터를 객관적으로 이해하기 시작한 역사를 소개하면서 이러한 가톨릭의 프로테스탄트 이해의 심화는 가톨릭의 자기 이해의 심화와 일치하고 있다고 평가한다. 그러나 그는 관심을 안으로 돌려 "특히 우리나라에서 가톨릭 교회와 가톨릭 신학에 대한 이해가 빈곤하다는 일은 사실은 프로테스탄트 자신의 자기 이해의 천박성과 자신의 결여를 나타내는 것"이라고[59] 각성을 촉구하고 있다. 변선환은 한국 가톨릭 교회가 교회 쇄신의 일환으로 전통 종교 및 문화와 대화하는 토착화와 산업화 과정에서 소외되고 억압당하는 민중들의 구원

---

56) 앞의 글, 147.
57) "*missio Dei* 이후의 선교신학"(전집 4), 185-196.
58) (전집 7), 358-364.
59) (전집 7), 325-346 중 337.

을 위한 적극적인 인간화를 선교의 제일 과제로 삼고 있으며, 또한 영혼의 내면성을 향한 영성 훈련과 관상 수도를 병행하고 있는 점을 높이 평가하고 있다. 이는 관상을 통하지 않고는 그리스도의 복음이 아시아의 마음과 만나지 못하겠기 때문이다. 변선환은 가톨릭의 성모 마리아의 상에서 아버지 종교와 어머니 종교, 로고스적인 의지적 정신성과 에로스적 심정적 육체성의 아름다움의 종합을 읽는다.[60] 변선환은 가톨릭의 제44차 세계성체대회를 기념하면서, 한국의 개신교가 개인(설교자)중심적 예배에서 일치를 도모하는 성찬중심적 예배로 보충될 것을 제안한다. 그러나 그는 가톨릭의 성체성사(성만찬)가 여전히 교회중심주의에서 벗어나지 못함을 비판하고, "제자들 뿐 아니라 '세리와 죄인들'을 식탁에 초대하셨던 우주적인 그리스도의 몸은…만인의 것"이어야 함을 역설한다.[61]

## VI. 종교간 대화와 지구윤리

예수 그리스도를 통해 나타난 세상에 대한 무제약적 사랑은 성령 안에서 교회와 그리스도인에게 사랑의 책임적 공동체 형성, 무제약적 책임적 자아, 사랑의 인류공동체 형성, 하느님 나라 형성의 계명으로 역사한다. 책임의 윤리는 개인의 내면성에 윤리적 동기를 부여하는 심정윤리와는 달리 칸트, 한스 요나스, 리차드 니버, 프릿츠 부리를 잇는 가장 보편적 구속력을 가지는 윤리이다. 틸리히에 의하면, '책임성'은 한 인격으로서 반응할 수 있는 완전히 발달한 능력을 전제한다. 그러나 여기서는 인격의 중심성이 피로, 질병, 중독, 신경증적 강박관념, 정신병적 분열 등으로 인해서 감소되는 많은 단계들이 존재한다. 이 모든 것들은

---

60) "한국 천주교회, 죽었는가 살았는가"(전집 7), 347-352.
61) "카스퍼 주교의 강연 '일치의 성사인 성체성사'에 대한 논평"(전집 7), 353-357 중 357.

책임성을 제거하지는 않는다.⁶²⁾ 따라서 책임의 윤리가 지성의 성실성만을 이상으로 삼는 소수 엘리트 중심의 지성적 신학으로 흐를 가능성에 대한 염려⁶³⁾는 지나치게 엘리트적이다. 왜냐하면 민중은 억압과 불평등의 구조로 억류되어 동토의 땅으로 유배된 상태에서도 평화의 유토피아에 대한 열정은 오히려 식지 않기 때문이다.⁶⁴⁾

변선환은 1990년대 이후 종교간 대화의 목표를 새로운 지구윤리의 형성에 두고 몰입한다. 서양의 과학적 사유와 기술의 지배는 19세기에 전체주의의 지배라는 폭력으로 나타났다. 변선환은 세계사 전체를 과학적, 객관적으로 인식할 수 있다고 자부하는 '전체지'(Totalwissen)가 국가권력과 결부됨으로써 '전체 계획화'가 실행되고 이것이 아우슈비츠의 독가스실과 시베리아의 수용소 군도 히로시마의 원폭과 체르노빌의 비극과 급격한 자연환경의 파괴 및 다국적 기업 중심의 신경제 무질서로 나타났다고 진단한다.⁶⁵⁾ 이러한 위기에 대응하기 위해 WCRP(세계종교평화회의)는 세계종교박람회 100주년(1993)을 맞으며 '지구윤리선언'을 밝혔으며, WCC(세계교회협의회) 서울에서 JPIC대회(1990)를, 그리고 KCRP(한국종교평화회의)는 "한국 종교인 지구윤리성명서"(1992)를 발표하였다. 변선환은 "지구시대의 에큐메니칼 대화와 협력"에서 지구윤리의 형성을 위해 대화의 에토스를 강조한다. "오늘날 우리들은 독백(monologue)의 시대에서 대화(對話)의 시대로 옮겨져 나간 새로운 시대에 살고 있다. 즉 낯선 문화와 낯선 종교와 같은 것(타자)을 두려워하여 무시하거나 정죄(anathema)할 것이 아니라 타자와의 대화를 통하여 서로 배우고 스스로를 변혁시키며 성숙하게 되고 풍부하게 되는 새로

---

62) P. Tillich, 앞의 책, 42(한글역 69-70).
63) 이원재, "변선환 신학과 실존사상", 191.
64) 페루 사막도시 '비자 엘 살바도르': 빈민들이 모래 언덕에 세운 '구원의 땅'. 이 도시의 시민들은 1971년 중앙정부의 군사정권에 의하여 군용 트럭 50대에 수용되어 강제로 사막에 버려진 이들은 현재 6만여 가구 40만 인구를 가진 도시로 성장해 있다 [한계레신문 2005년 11월 21일 5면].
65) 변선환, "과학기술과 기독교 윤리"(전집 7), 99.

운 에큐메니칼 시대, 다원화된 시대에서 의미 있게 살아가야 하는 종교 간 대화의 시대에 살고 있는 것이다."[66]

종교간의 대화는 생태학적 연대성을 통해 생명공동체를 지향해야 하는 바, 이를 위해 신과 인간과 자연 사이의 차이를 주장해왔던 서방 신학자들은 그들 사이의 질적 연속성과 일체성을 말하는 동방교회로부터 많은 것을 배워야 한다고 주장한다. "신은 하늘에만 있는 것이 아니고 땅(大地)에도 있다. 저들은 물, 빵, 포도주를 성례전의 상징으로 사용하고 자연을 성례전화(聖禮典化)하며 피조물과 관계하는 새로운 지혜를 배웠다. … 피조물의 세계인 자연은 신의 영이 내재적으로 현존하는 '신의 집'(오이코스)이다."[67] 변선환은 서방신학이 동방신학으로 보충되고 더 나아가 모든 종교의 근원적 체험이 세계종교의 광장에서 결국 동일한 것임을 이해할 때 지구윤리 형성에로의 길이 열린다고 본다. "우주 안에서 동양의 신의 임재를 본 동방교회처럼 성인들은 일체 만물이 모두 도성(道性, 老莊), 양지(良知, 陽明學), 불성(佛聖, 佛敎), 시천주(侍天主, 天道敎)라고 보았다. '일체만물 실유불성(一切萬物 悉有佛性)'이다."[68] 인류의 종교 공동체의 남은 과제는 공동가치를 추구할 수 있는 살아있는 중심적인 '너'의 회복에 있다.[69] 그러나 인류를 공동가치 실현의 책임성으로 부르는 '너'는 인격적이며 책임적인 무제약적 규범으로서의 '너'만이 아니라 끊임없이 내적 정체성을 부정하여 초월하게 하는 '道'와 '空' 혹은 '仁'이기도 하다.[70]

지구촌의 공존과 평화를 위한 종교간 대화와 한국신학 형성에 있어 사회적 변혁과 종교적 영성은 어느 것도 없어서는 안 될 양 날개이다. 변선환은 지구의 2/3가 넘는 제3세계의 민중들을 위한 해방신학과 민

---

66) 앞의 글, 119.
67) 같은 글, 128.
68) 같은 글, 129.
69) 변선환, "대화 막힌 동토의 시대", 79.
70) 변선환, "만국 종교 대회와 지구윤리"(전집 7), 247 참조.

중신학을 강조하여 현실의 부조리와 모순을 고발하는 예언자적 목소리는 높지만,[71] 그것을 객관적으로 뒷받침할 수 있는 사회학적 분석이 부족하다고 하겠다. 이런 의미에서 한국의 종교 문화신학은 종교나 문화의 대화 못지않게 정치와 경제,[72] 과학과 기술[73]과의 대화가 더욱 절실하게 요구된다.

---

71) 가령, "전 인류가 구원될 때까지 기독교인만의 구원이란 있을 수 없다. 전 아시아 사람들이 행복해질 때까지 일본과 NICS(아시아신흥공업국)는 결코 행복할 수 없다. 왜 지구촌의 햇빛이 비치지 않는 오늘에 살고 있는 제3세계 사람들, 지구촌의 절반은 절대빈곤과 싸워 나가며 배고파 할까? … 민중신학자 서남동이 죽음의 자리에서 남긴 마지막 말씀을 연상하면서 … '우리 갈릴리에서 만납시다.' 우리들 다함께 갈릴리로 가자! 갈릴리, 민중해방을 향한 사건의 현장으로!"["아시아 인류 공동체"(전집 7), 285].
72) 변선환, "경영의 근대화와 새로운 가치관"(전집 7), 145-160.
73) 변선환, "유전공학과 기독교 신앙"(전집 7), 131-144.

# 이정용의 신학

신재식 (호남신학대학교)

## 이정용

1935—1996
6·25 직후 미국에 건너가 핀들레이·게렛신학교
에서 수학·보스턴대학교에서 신학박사 학위 받음
1971년 플브라이트 재단 지원으로 서울대·이화여대
에서 강의
1989년부터 드루대학교에서 조직신학 강의
저서로는 《우리를 위해 고통당하시는 하느님》
《우주적 종교》《역의 신학》 등

## I. 머리말

이정용(1935-1996)은 20대 초반 한국전쟁의 와중에 미국으로 건너 갔다. 이후 40여 년 동안 대학에서 신학과 종교학을 가르치면서 미국 신학계와 미국종교학회에서 활발한 활동을 했다. 그는 미국종교학회에 서 '한국종교분과'를 만드는데 핵심적인 역할을 했으며, 북미 신학계와 종교학계에서 '한국'과 '한국신학'을 소개하고 확립하는데 심혈을 기울 였다. 또한 미국 연합감리교회 목사로서 평생 목회 현장에 관심을 가졌 다. 그는 국제 결혼한 한인 여성들이 중심인 교회부터 백인이 회중인 교회까지 다양한 신앙공동체에서 목회했다.

신학자로서 이정용의 지적 태도와 학문 작업은 '경계 넘기'와 '원융 적 포용'으로 특징지을 수 있다. 그의 전공분야는 조직신학이었지만, 성 서신학, 교회사, 예배학 등 다른 신학분야와 적극적으로 대화했다. 그의 학문적 관심은 신학의 울타리를 넘어 종교학, 동양학, 한국학으로 확장 되었으며 이런 다양한 분야의 연구는 다시 신학으로 수렴되었다. 이정 용에게 신학과 종교학과 동양학 등의 학문은 분리되어 있는 것이 아니 라, 서로 긴밀히 연관되어 있다.

이정용의 이런 지적 여정과 신학 활동은 그의 삶의 자리와 밀접하게 관련되어 있다. 여느 신학자도 마찬가지겠지만, 이정용의 신학에는 자신 의 삶의 자리에 대한 성찰이 아주 뚜렷하게 반영되고 있다. 그는 미국 에서 신학교육을 받고 학자로 활동하면서, 백인 중심의 미국 사회에서 소수계 한국인으로 자기 정체성을 발견하고 확립해 가면서 이것을 신 학으로 구체화시켰다. 그의 신학의 핵심 개념인 역(易)과 음양(陰陽) 사 유, 주변성(marginality)은 모두 타자(他者)로서 주변인(marginal person)으로 살아야 했던 그의 삶에서 형상화되고 체계화되고 구체화 된 것이다. 이정용의 신학은 동아시아 전통의 역(易)의 세계관과 음양 (陰陽) 사유방식의 관점에서, '주변성' 개념을 중심으로 기독교 신학의 주제들을 재해석하고 재구성한다. 동아시아 전통과 기독교전통은 역(易)이 담고 있는 음양(陰陽)처럼 그의 신학사상에 녹아 있으며 그의 신학을 구성하는 씨줄과 날줄이다.

이 글의 목적은 한국인 신학자로서 북미학계에서 동아시아의 세계관과 사유방식을 토대로 독창적인 신학을 전개했던 이정용의 신학을 소개하는 것이다. 이를 위해 제2절에서는 이정용의 신학의 배경이 되는 그의 생애와 신학함의 삶의 자리를 살펴본다. 제3절은 이정용의 신학사상을 다루는데, 그의 신학의 특징인 음양 상징적 사유, 음양사유의 신학적 적용, 이정용 신학의 의미 등을 중심으로 검토한다.

## II. 이정용의 생애와 신학의 자리

### 1. 이정용의 생애

이정용의 삶은 한국전쟁과, 인종차별과 민권운동이라는 한국 근대사와 미국 근대사의 음영을 고스란히 담고 있다. 그는 1935년 평안도의 부유한 양반집에서 태어난다. 부친은 배재학당에서 신교육을 받고 아펜젤러에게 세례를 받았지만 유교 전통에 충실한 선비였다. 그의 기독교 신앙의 뿌리는 증조할머니와 어머니를 통해서 이어진다. 북한의 공산화 이후 가정이 경제적 어려움을 겪게 되고, 이정용은 강서제련소에서 일하다 러시아 기술 연수생으로 뽑히게 된다. 그러나 러시아로 출발하는 날 새벽 한국 전쟁의 발발로 유학길이 막히게 된다. 한국전쟁 동안 부친과 남하 후 어려운 피난생활을 하다 20대 초반 미국 유학을 떠난다. 유학 직전 참석한 집회에서 신비한 체험을 하는데, 이것은 후에 신학의 길에 들어서게 하는 데 중요한 종교적 경험이 된다.

이정용은 오하이오의 핀들레이(Findlay) 대학에서 화학을 전공하지만, 졸업 후 부친의 반대에도 불구하고 신학의 길을 선택한다. 개렛신학교에서 공부를 마치고 우여곡절 끝에 미국연합감리교에서 목사 안수를 받게 된다. 적절한 목회 기회가 주어지지 않은 상황에서 이정용은 잠시 워싱턴의 하워드대학 도서관에서 사서 생활을 한다. 이 시기 미국을 휩쓴 마틴 루터 킹의 민권운동에 참여하고, 당시 한국 농촌 교역자를 돕는 재단을 만든다. 이후 보스턴대학에서 신의 고통의 문제(Divine Passibility)를 주제로 박사학위를 마친다. 졸업 후 목회를 원했지만 소수민족 출신 목사에게 교회가 주어지지 않아 교수의 길을 걷게 된다.

교수로서 이정용은 오터바인(Otterbein)대학과 노스 다코다(North Dakota) 주립대학에서 신학과 종교학을 가르친다. 이 시기에 그는 동양학과 종교학에 대한 이해의 폭을 넓힌다. 동아시아 전통 특히 주역 연구를 통해 동아시아의 전통적인 세계관과 사유방식을 확인하고, 이를 토대로 동아시아 관점에서 전개하는 새로운 신학의 길을 모색한다. 이 결과가 기존의 신정통주의 신학의 경계를 넘어선 《역의 신학》(*Theology of Change*)으로 구체화된다. 또한 엘리아데와의 만남을 통해 종교현상학과 비교종교학을 접하고, 이 관점에서 한국 샤머니즘과 죽음의 문제 등을 학문적 결과로 내어 놓는다.

1989년 드루대학에 정교수로 부임한 이후 한국신학을 위한 본격적 여정에 들어선다. 한국신학연구원(Center for Korean Theology)을 설립하고, '한국신학' 과목을 개설하면서 한국신학 작업에 매진한다. 이정용은 이 시기에 '주변성'(marginality)이 함축하는 창조적인 역할에 확신하면서, 동아시아의 음양사유의 관점에서 기독교 신학의 전 주제를 창조적으로 해석하고 새롭게 구성하는 신학을 전개한다. 《포용하는 역》(*Embracing Change, Marginality*), 《아시아 관점에서 본 삼위일체》(*The Trinity in Asian Perspective*), 《한국인의 설교》(*Korean Preaching*) 등이 그 결실이지만, 갑작스러운 죽음으로 그가 계획한 몇 저작은 완성되지 않은 채 남아있다.

## 2. 이정용의 신학의 전환

목사로서 신학자로서 이정용은 평생 동안 목회적인 측면과 신학적인 측면에 모두 관심을 가졌다. 그의 광범위한 실천적이며 지적 관심사는, '성부수난설'(Divine Passibility)과 같은 신학적 주제들로부터 '한국인의 설교' 등 목회현장에 관련된 주제들까지, 영어로 출판된 20여권의 저서들과 50편이 넘는 학술논문들을 통해서 잘 드러난다. 이정용의 저작은 그 내용에 따라 세 가지의 범주, 즉 신학적 주제를 다룬 것과, 동양사상과 한국문화와 종교를 소개하는 것과, 목회와 관련된 주제를 다루는 것으로 분류할 수 있다.[1]

---

1) 신학적인 저술로는, *The Trinity in Asian Perspective* (Abingdon Press, 1996), *Marginality: The Key to Multicultural Theology* (Fortress Press, 1995), *An Emerging Theology in World Perspective: Commentary on Minjung Theology,* ed. (Twenty-Third Publications 1988), *The Theology of Change: A Christian Concept of God from an Eastern Perspective* (Orbis Books, 1979), *God Suffers for Us: A Systematic Inquiry into the Concept of Divine Passibility* (Martinus Nijhoff, 1974), *Cosmic Religion* (Philosophical Library, 1973), *The I: A Christian Concept of Man* (Philadelphia Library, 1971)이 있다. 이 가운데, *The Theology of Change: A Christian Concept of God from an Eastern Perspective*는 이세형에 의해서 《역의 신학》(대한기독교서회, 1998)으로, *Cosmic Religion*과 *The I: A Christian Concept of Man*은 정진홍에 의해《역과 기독교 사상》(한국신학연구소, 1980)으로 번역되었다. 두 번째 범주에 속한 저서로는 *Embracing Change: Postmodern Interpretations of the I Ching from a Christian Perspective* (University of Scranton Press, 1994), *Ancestor Worship and Christianity in Korea,* ed. (Edwin Press, 1988), *Death Overcome: Toward the Convergence of Eastern and Western Views* (University Press of America, 1983), *Korean Shamanistic Rituals* (Mouton Publishers, 1981), *Sokdam: Capsules of Korean Wisdom* (Seoul Computer Press, 1977), *Patterns of Inner Process* (The citadel press, 1976), *The I Ching and Modern Man: Essays on Metaphysical Implications of Change* (University Books, 1975), *The Principle of Changes: Understanding the I Ching* (University Books, 1971)이 있다. 세 번째로 분류되는 저서들은 *Korean Preaching: An Interpretation* (Abingdon Press, 1977), *Letters from the Prison* (1989), *Sermons to the Twelve* (Abingdon Press, 1988), 미

우리는 이정용의 신학을 그가 가르쳤던 시기에 따라 셋으로 분류할 수 있다. 박사 학위의 중심 주제인 '성부 수난설'을 중심으로 한 신정통주의 영향의 '신의 고통의 신학' 시기, 노스 다코타 대학에서 가르치면서 동아시아 전통에 토대를 둔 '역의 신학' 시기, 드루대학에서 본격적으로 한국신학을 전개한 '주변성의 신학' 시기로 나눌 수 있다.

여기에서는 이정용의 정체성에 대한 자각을 기준으로 편의상 전기와 후기로 구분하면서 그 신학 작업의 변화에 관심을 갖는다. 미국에서 신학교육을 받은 이정용이었기에, 그의 전기의 신학 작업은 주로 정확한 이해를 바탕으로 전통적인 신학 주제 또는 신정통주의 신학에 대한 주석이나 비판적 분석과 평가가 주를 이룬다. 이런 전기의 신학적 작업은, 성부 수난설(Divine Passibility)에 대한 박사학위 논문과, "교회 교의학에서 바르트의 유비 사용"(Karl Barth's Use of Analogy in His Church Dogmatic),[2]과 "불트만의 실존론적 해석과 악의 문제"(Bultmann's Existentialist Interpretation and the Problem of Evil),[3] 등의 논문을 통해서 드러난다.

그러나 17년간에 걸친 노스 다코타 대학에서 신학과 종교학, 특히 동아시아 사상과 종교를 가르치고 스스로 배웠던 경험은, 이정용에게 집으로 돌아가는 것과 같은 경험으로 그를 새로운 신학의 길로 이끌었다. 그는 마치 태양이 정점에 도달할 때 기울기 시작한 것처럼, 자신의 삶의 정점에서 자신의 뿌리를 다시 추구하게 되었다고 한다. 그는 미국의 교육과정에서 서구의 사상과 신학에 깊이 몰입하고 서구의 전통적인 신학적 사고에 완전히 주입당했지만, 자신의 뿌리로 인해 자신이 여

---

국연합감리교회 성인 성경공부 교재인 *Daily Bible Study* (1985, Spring)이다.
2) Jung Young Lee, "Karl Barth's Use of Analogy in His Church Dogmatic," *Scottish Journal of Theology,* vol. XXII, No. 2, June 1969, 129-151.
3) Jung Young Lee, "Bultmann's Existentialist Interpretation and the Problem of Evil," *Journal of Religious Thought* (Howard University), vol. XXVI, No. 3, Autumn-Winter, 1969, 65-80.

전히 서구인과 다르다고 여겼다. 이 생각은 그가 학위논문을 쓰기 시작하면서 처음 확인되었다고 한다. 이정용의 글쓰기는 서구인의 글쓰기 방식과 전혀 달랐다는 지도교수의 언급에서, 그는 자신이 서구인과 다르다는 것을 분명하게 인식하게 된다. 그는 그때까지 자신이 서구인과 같이 생각하고 서구인과 같이 되기를 원했지만, 동아시아 전통에 깊이 뿌리 박혀있는 자신의 사고방식으로부터 자신을 분리시킬 수 없었다는 것을 발견한다.[4]

　이후 이정용은 자신의 독특한 삶의 정황과 서구인들과 다름에서 전개하는 신학 작업을 줄기차게 모색한다. 이러한 신학 작업은 그의 저작들과 강의를 통해서 구체적으로 구현되었다. 자신의 삶의 정황과 뿌리를 신학의 내용에 철저하게 반영했을 뿐만 아니라, 자신의 정체성을 나타낼 수 있는 자신만의 특유한 글쓰기를 시도한다. 그는 자신의 초기의 글쓰기 방식, 즉 서구인의 글쓰기 방식을 완전히 모방하고 전문적인 신학 용어들을 구사하던 글쓰기를 중단한다. 후기에는 서구 신학자들의 저서를 읽고 지식들을 배우는 대신 성서 자체를 읽고 많은 시간을 묵상에 집중했다. 그는 책을 읽는 시간 이상 그 주제에 대해 묵상하고 이를 바탕으로 각주 없는 글쓰기를 시도한다. 글쓰기에서는 가능한 한 일상생활의 평범한 일상 언어(plain language)를 의도적으로 사용하면서, 서구신학에서 역사적으로 형성된 특정 신학 개념들을 극복하고 신학 자체가 현학적으로 되는 것을 피하려고 했다.

　이에 덧붙여 이정용은 실제 강의도 자신이 알고 있는 신학적 지식을 설명하면서 학생들에게 주입하려고 하지 않았다. 그의 강의나 세미나는 학생 스스로 연구하고 스스로 깨닫게 함으로서, 자신의 견해를 전개할 수 있도록 인도하고 격려하는 데 초점을 맞추었다. 무엇보다도 스스로 어눌해짐으로서 학생들이 자신의 언어와 삶을 통해서 신학을 할 수 있도록 이끌어나갔다. 이렇게 무위(無爲)의 가르침을 통해서 학생 스스로

---

4) Jung Young Lee, *Trinity in an Asian Perspective*, 22. 이하 *Trinity*로 표기한다.

의 신학적 성찰로 이끄는 것은 그가 신학을 "기독교 신앙에 대한 개인적 성찰"[5]로 이해하는 것과 밀접한 관련을 갖는다. 이제 그의 삶의 자리를 살펴보자.

### 3. 이정용의 삶의 자리

이정용은 개인적 삶이라는 상황을 신학의 출발점으로 삼는다. 실제 이정용의 신학적 논의의 출발 대부분은 자신의 삶의 정황이며, 후기의 저작들은 하나같이 자신의 삶의 상황에 대한 언급으로 시작한다. 그에게 신학은 본질적으로 '상황적'이며 그래서 '자서전적'이다.

따라서 개인적 삶의 경험과 물려받는 동아시아 전통을 신학의 자원으로 삼아 전개하는 이정용의 신학은 그의 삶의 자리를 고려하지 않고는 적절하게 이해할 수 없다. 그의 신학은 한국계 미국인(Korean-American)으로서 북미에서 삶의 경험을 출발점으로 하며, 자신의 뿌리에 대한 자각과 그에 대한 신앙적 성찰이기 때문이다.

이정용의 "민들레 이야기"는 자신의 삶의 자리를 분명히 보여준다.[6] 민들레 이야기에는 이정용이 정체성의 차이로 인해 겪은 고통의 경험과, 그것을 창조적으로 극복하려는 이야기가 들어 있다. 푸른 잔디밭에 뿌리내린 노란 민들레, 이것이 북미에서 사는 이정용이다. 이 민들레는

---

5) *Trinity*, 21.
6) 민들레 이야기는 실제로 누가복음 12장 27-28절을 본문으로 한 설교로서 *Sermons to the Twelves*, 15-20과, *Marginality: The Key to Multicultural Theology*, 10-13에 실려 있다. 이하 *Marginality*로 표기. 민들레 이야기를 요약하면, 평양 북쪽 마을의 노란 민들레 씨 하나가 태평양을 건너 넓고 푸른 앞마당에 뿌리를 내린다. 온통 푸른 잔디밭에 핀 노란 민들레를 향해 잔디들은 이곳에 민들레가 살 곳이 아니라고 경고한다. 새로운 땅에서 자신의 존재를 증명하기 위해 더 깊이 뿌리내리고 화려한 꽃을 피웠지만, 어느 봄날 주인은 푸른 잔디밭에 어울리지 않는 민들레를 뽑아낸다. 뽑히고 뿌리내림이라는 고통의 반복 속에서, 더욱더 화려한 꽃을 피우며 이를 통해 자신의 정체성을 찾아가는 민들레….

불청객이며 타자이며 이방인이며 철저히 무시되는 존재이다.

이러한 이정용의 삶의 정황은 "주변성"(marginality)으로 규정된다. 비록 다인종과 다문화가 함께하는 북미 다원주의 사회지만, 여전히 앵글로 색슨 백인이 주류인 사회에서 한국계로서 이정용은 주변인(marginal person)이며 타자(他者)이다. 그렇지만 이정용은 자신의 신학 방법론이자 해석학적 틀인 음양 상징적 사유방식을 통해서, '주변성'이 갖는 창조적 가능성을 발견하고 이것을 자신의 새로운 신학의 핵심 개념으로 삼는다. 소극적이고 부정적으로 정의되던 전통적인 주변성의 개념을 넘어서서, 긍정적이며 적극적인 입장에서 주변성이 지니고 있는 창조적 가능성을 새롭게 발견하고 주변성에 근거한 신학(theology of marginality)을 전개한다.

## III. 이정용의 신학사상

### 1. 자서전적 성격의 신학

이정용의 신학사상을 이해하기 위해서 먼저 신학의 성격에 대한 그의 이해를 검토한다. 이정용이 이해하는 신학은 "삶에 반영된 신앙을 성찰하는 것"으로,[7] 신학의 상황성, 자서전성, 상대성이라는 특징이 강조된다. 이런 신학 이해는 "신학함"(doing theology)과 밀접한 관계를 갖는다. 이정용의 신학에 대한 언급은 추상적이고 이론적인 작업으로서의 신학을 의미하지 않는다. 신학은 세계 속에서 인간의 삶 가운데 경험된 기독교 신앙의 성찰이다. 신학에 대한 이런 태도는 이정용의 삶에 깊이 배태되어 있는 동아시아적인 특징, 즉 신앙(종교)이나 신앙적(종교적) 성찰이란 지적이나 논리적(logos or logic) 작업이 아니라, 전 존재가 개입되는 삶의 양식이라는 관점이 반영된 것이다. 이정용에게 신학

---

7) *Marginality*, 2.

은 항상 "신학함"을 의미한다.

이정용은 객관적 진리에 대한 순수하게 합리적이고 논리적인 추상화는 존재할 수 없다고 단언한다. 신적 실재는 우리 자신의 삶의 정황과 관련되어 있기 때문에, 우리의 삶의 경험을 다루지 않는 어떠한 신학도 살아있는 신학이 될 수 없다는 것이다.[8] 이론과 실천이 분리될 수 없는 것처럼, 신학도 삶과 분리될 수 없다. 그러므로 이정용에 있어서 모든 신학 작업은 결국 자서전적인 것이다.[9] 물론 개인적 자서전적 성찰로서 신학의 특징을 설명하면서, 이정용은 어떤 신학이나 신학 작업도 개인적인 편견에서 자유스러울 수 없다는 사실을 분명히 언급한다. 사회적, 심리적, 정치적, 경제적, 인종적 또는 문화적 배경이 개개인의 신학적 정향성을 결정하는 데 영향을 미친다는 것을 잘 인식하고 있다.

이렇게 신학 작업의 상황적이며 자서전적 성격에 대한 인식은 자연스럽게 신학의 상대적인 성격에 대한 강조로 이끈다. 이정용에 따르면, 모든 신학 작업은 하나님의 실재(God-itself)를 있는 그대로 반영하지 못하기 때문에, 역사 속의 신학 작업은 항상 상대적이며 유한하다. 이런 신학의 상대적 성격으로 인해 각기 전개되는 신학이나, 역사적으로 특수한 형태의 신학 작업들이 자신의 정황 속에서 스스로 절대화함으로서 다른 신학이나 신학 작업들을 배타적으로 배격할 수 없다. 더욱이 신학이 하나님에 대한 상징적 진술로서 의미를 추구하는 한, 그 의미있음(meaningfulness) 역시 상황 속에서 결정되기 때문에, 신학적 작업은 시간과 공간의 관련성 속에서 항상 상대적이다. 이정용은 신학의 상황적이며 상대적 성격으로 인해 하나의 신학이 다른 신학을 대치할 수

---

8) *Marginality*, 2.
9) 이정용에 있어서 신학의 자서전적인 성격은, 그 신학 작업이 개인주의적인 것을 의미하지 않는다. 그가 이해하는 나의 나 됨(who I am)은 단순히 서구 전통에서 강조되어 온 단독자로서 독립된 개인을 의미하는 것이 아니라, 오히려 주변과 끊임없는 관계를 갖는 관계적 존재로서 복수(pluralistic)로서의 나의 이해에 근거한 것이다. *Marginality*, 7.

없다고 단언한다. 모든 신학적 작업은 항상 개방되어 전개되어야 한다.

신학에 대한 이런 이해를 바탕으로 이정용은 모든 개개의 신학을 포괄적이고 보완적인 관계에서 바라본다. 서구 신학, 동아시아의 신학, 제3세계의 여타 신학 등 모든 신학은 각각 독특성을 지니고 있으며, 다른 어떤 신학 작업으로 대치할 수 없다. 각기 전개되는 개개의 신학은 신적 실재를 나타내는데 포괄적으로 상보적으로 기여하는 것이다. 이런 측면에서 동아시아 관점에서 전개하는 이정용의 한국신학은 서구신학에 대해서 상대적이면서 동시에 보완적이다. 서구의 문화적 역사적 정황과 다른 동아시아의 정황 속에서 전개하는 신학은, 서구신학이 결여하거나 간과하거나 의식하지 못하는 기독교 신앙의 중요한 내용들을 보완하고 더 나아가 창조적으로 재구성한다고 주장한다.

## 2. 하나님에 대한 상징적 추구로서 신학

이정용의 신학에 대한 이해에 있어서 정황적이며, 자서전적이며, 경험적이며, 상대적인 측면이 강조되는 것은 그의 신학 작업의 토대가 되는 하나님에 대한 이해와 밀접한 관계를 갖는다.[10] 그는 "하나님은 미지의 신비이며 인간에게 직접 알려질 수 없다"[11]는 것을 전제한다. 그에게 하나님은 인간의 인식의 틀이나 언어를 초월해 있는 존재이다.[12] 하나

---

10) 이정용의 하나님에 대한 이해는 *The Theology of Change*에서 잘 드러난다. 그는 하나님의 실재에 대한 기존 서구 전통신학의 이해가 정태론적 세계관(static worldview)과 이원론을 토대로 전개됨으로써 성서에 나타난 하나님에 대한 통전적 이해를 결여하고 있다고 비판하면서, 주역에 나타난 세계관과 사유방식을 통해서 하나님의 실재를 "변화 그 자체(Change Itself)로 주장하면서 새로운 해석을 제시하고 있다. "나 스스로 있는 자"(I am who I am)라고 말한 하나님은 이름 붙일 수 없는 하나님으로 인간이 부여한 하나님에 대한 모든 이름을 초월한다. 그의 하나님의 실재에 대한 논의는 특별히 2-4장을 참고하라. 이하 *Change*로 표기.
11) *Trinity*, 12
12) 그는 《도덕경》 1장을 빌어와 "말해진 하나님은 이미 진정한 하나님이 아니며, 이름

님은 인간의 지식을 초월하는 존재로 인간의 유한한 사고의 범주로서 표현될 수도 없으며, 피조물인 인간은 창조주 하나님을 규정할 수 없다. 따라서 인간이 하나님에 대한 설명이나 개념화를 시도한다 할지라도, 결국은 하나님의 참된 본성을 왜곡하는 것이다. 인간의 사유와 인간의 언어로 언급된 하나님은 하나님 자신(Godself)과 동일하지 않다.[13]

이정용은 이렇게 하나님과 인간의 관계를 창조주와 피조물이라는 전통적인 관점을 수용하고 창조주 하나님과 피조물인 인간과의 질적 차이를 긍정한다. 그렇지만 이정용은 이런 질적 차이가 인간의 침묵을 정당화하거나, 신학 작업의 가능성을 배제하는 것이 아님을 분명히 한다. 하나님이 인간의 삶에 현존하기 때문에 인간은 신성을 경험하기 때문이다. 따라서 인간에게 신비로 남아있는 하나님의 실재에 대해서 말할 수는 없지만, 인간은 하나님에 대한 제한된 이해의 맥락에서 상징적 표현을 통해 말할 수 있다. 즉 인간이 신적 실재 그 자체를 알지 못하고 단순히 신적 실재에 대한 인간의 경험만을 표현하기 때문에, 신적인 상징의 의미는 우리의 상황에 따라 변하는 것이다.[14]

인간이 각각의 상황에서 전개하는 모든 신학적 진술은 상징적 진술이기 때문에, 신적 실재 그 자체를 말하는 것이 아니라, 우리 자신의 삶 속에서 그 의미를 말하는 것이다. 그러므로 이정용에 있어서 하나님의 실재에 관한 모든 신학적 진술은 인간에게 주어진 의미에 대한 상징적 진술인 것이다. 그러나 그러한 진술들은 신성에 대한 인간의 단순한 상상이 아니라, 인간이 경험한 신성에 대한 인간의 의미 있는 상상인 것이다. 인간의 사유와 언어의 한계를 초월한 하나님에 대한 이해를 토대로, 이정용은 모든 신학 작업의 과제는 신적 실재 그 자체에 대한 추구보다는 신적 실재에 대한 의미를 추구하는 '상징적 추구'라고 생각한다.

---

붙일 수 있는 이름은 진정한 이름이 아니다"(The God who is told is not the real God. The Name that can be named is not the real Name)라고 말한다. *Trinity*, 13.
13) *Trinity*, 13.
14) *Trinity*, 14.

## 3. 신학방법으로서 음양 상징적 사유방식

신적 실재를 경험하고 자신의 상황 속에서 그 경험을 상징적 기술하는 신학을 전개할 때 이정용이 채용하는 사유방식은 '음양 상징적 사유'(yin-yang symbolic thinking)이다.[15] 이것은 동아시아 특유의 자생적인 사유방식으로 동아시아의 종교적, 철학적, 문화적인 경향을 결정하는 역할을 해온 동아시아 문화 구성의 핵심이다. 그는 주역의 세계관을 음양의 논리로 파악하고,[16] 이 세계관에 상응하는 사유방식이 바로 "음양 상징적 사유"라고 한다. 이정용은 주역(周易)을 비롯해서, 도덕경(道德經), 하도(河圖), 태극도설(太極圖說), 황제내경(黃帝內徑), 장재(張載), 주희(朱熹) 등 신유학자들의 저작에 대한 분석적 해석을 통해 보다 음양 사유의 본질을 파악한다. 이정용은 1971년 "The Yin-Yang Way of Thinking: A Possible Method for Ecumenical Theology"[17]를 발표한

---

15) 서구의 사유방식과 구별되는 동아시아 특유의 사유방식은 다음과 같이 불린다: 음양 사유(The Yin-Yang Way of Thinking), 상관적 사유(correlative thinking), 동양적 사유(orientative thinking), 그리고 상관적 논리(correlation logic).

16) 이정용은 학문 활동 기간 동안 줄곧 주역을 공부하고 가르치고 관련된 저작을 출판했는데, 관련된 책으로는, *The Principle of Changes: Understanding the I Ching, The I Ching and Modern Man: Essays on the Metaphysical Implications of Change, Patterns of Inner Process, Embracing Change: Postmodern Interpretations of the I Ching from a Christian Perspective*가 있다.

17) Jung Young Lee, "The Yin-Yang Way of Thinking: A Possible Method for Ecumenical Theology," *International Review of Mission* (World Councile of Churches), vol. LI, No. 239, July 1971, 363-370. 이 논문에서 이정용은 전통적인 신학의 접근방식이었던 양자택일(either/or way of thinking)의 사유방식의 한계를 비판하고, 신학적 사유를 위한 음양 상징의 범주가 갖는 함축된 의미를 기술하면서, 음양 상징론을 가능한 보다 포괄적인 사유의 범주로서 제시한다. 이 논문은 다음과 같은 저서에 재수록되었다: Gerald H. Anderson and Thomas Stransky, ed., *Mission Trend No. 3: Third World Theologies* (Paulist Press/Wm E. Eerdmans, 1976); Douglas Elwood, ed., *What Asian Christians Are Thinking: A Theological Source Books* (New Day Publishers of Christian Literature Society of the Philippines: Manila,

이래, 음양 사유에서 전개하는 신학을 계속 진행해 왔는데,《동아시아의 관점에서 본 삼위일체》에서 음양 상징의 기원과 의미를 보다 체계적으로 검토하고, 음양사유를 체계적이고 포괄적으로 기술한다.

이제 이정용이 지적하는 음양 사유의 특징을 살펴보자. 음양 사유방식은 음양 관계에 내포된 특성을 반영하고 있기 때문에 양자 모두를 포괄하는 사유방식으로, 상보적이 관계적 특징을 지니고 있다. 세계는 역동적인 상태로 존재하는 모든 것의 상호 보완적인 양극의 구조를 가지고 있으며 음과 양은 이를 표현하는 상징이다. 음은 양이 아닌 것을, 양은 음이 아닌 것을 상징하는, 이런 음양의 상징은 미세한 아원자의 세계로부터 거대한 태양계까지 일관되게 적용된다.

이정용은 만약 우주의 전 영역에 음양 상징이 적용되어 세계의 모든 것을 표현할 수 있다면, 인간의 사유 과정도 음양 상징의 용어로 기술될 수 있다고 주장한다. 이런 관점에서 음양 상징적 사유는 신학 작업에 효과적인 접근 수단이 될 수 있다는 것이다. 음양이 실제적 실체 (actual entities)를 지적하는 상징이며, 이에 근거한 음양 사유는 상징적 사유이기 때문에, 만약 하나님이 인간에게 상징을 통해서만 알려진다면 음양 상징적 사유는 신적 실재를 이해하기 위한 적절한 도구가 될 수 있다고, 이정용은 주장한다.[18]

이러한 음양 사유는 이정용이 전통 서구 신학을 평가하고 그 한계를 넘어서기 위한 단초를 제공한다. 그는《역의 신학》이래, 자신의 신학과 서구 신학의 가장 큰 차이는 논리에 있다고 주장한다. 전통적으로 서구 신학은 절대적으로 이원론적이 세계관을 전제하는 아리스토텔레스적인 양자택일의 논리를 채용하는데 반해서, 자신은 역동적 세계관을 기반으

---

1976); Douglas Elwood, ed., *Asian Christian Theology* (Westminster Press: Philadelphia, 1980); Richard W. Rousseau, ed., *Christianity and the Religions of the East: Models for a Dynamic Relationship* (Ridge Row Press: Scranton, PA, 1982).

18) *Trinity,* 52.

로 하는 주역의 음양 사상체계서 빌려온 양자 모두의 사유방식이라는 것이다.

이정용에 의하면, 기독교 신학이 특정 문화와 사상의 영향 아래서 형성되었으며, 특히 초기 기독교는 그리스 세계 속에서 그리스 정신에 의해 성립되었다. 서구 기독교의 획을 그은 아우구스티누스와 아퀴나스의 신학 작업 역시 그리스적 세계관과 사상의 흐름을 벗어나지 못했다. 즉 아우구스티누스는 신플라톤주의의 틀에서, 아퀴나스는 아리스토텔레스 철학의 틀에서 신학을 전개했다. 이것은 전통적인 서구 신학이 정태적 세계관에 배경을 둔 이원론의 영향과 양자택일(either/or)의 사고방식의 틀 아래서 형성된 것임을 보여준다.[19]

이정용은 서구의 사유방식의 지배적인 형태인 양자택일의 사유 방식이 아리스토텔레스의 논리학, 특히 배중률(excluded middle)의 논리와 긴밀한 관계가 있다고 지적한다. 이 배타적 사유방식에 따르면, 사물은 반드시 '이것이나 저것이나'(this or that)이며, 선이나 악이며(either good or evil), 참이나 거짓(true or false) 둘 중 하나일 뿐이다. 그는 양자 사이에 어떤 대안도 없으며, 이러한 배타적인 사유방식의 한계는 이미 포스트모던 과학 사상가들 사이에서 지적되어 왔다고 주장한다.[20]

더 나아가 양자택일의 사유방식은 절대적이 아닌 것을 절대적인 것으로 만드는 절대화 경향이 있다. 이런 양자택일의 사유방식은 형식적인 상황(conventional setting)에서 이정 역할을 하지만, 실제적인 삶의 상황에서 항상 효과적으로 기능하지 않는다. 왜냐하면 유기적이고 상호연관성을 특징으로 하는 현실세계에서 '이것이냐 저것이냐'는 양자택일의 범주로 분명하게 정의되지 않기 때문이다. 또한 삶은 인간이 원하는 대로 분명하게 재단되는 것이 아니라, 오히려 모호함과 불합리함으로 가득 차 있기 때문이다. 이러한 모호한 현실은 양자택일의 분석적 접근

---

[19] 이정용의 서구신학의 이런 흐름에 대한 비판적 평가는 *Change*, 11-13을 참고하라.
[20] 이정용의 서구의 양자택일의 사유방식에 대한 비판과 아리스토텔레스의 논리와 관련성 등에 대한 논의는 *Change*, 16-20, 그리고 *Marginality*, 64-70을 참고하라.

이 아닌 양자 모두라는 포괄적 통전적 접근이 요구되는 것이다.

더 나아가 이정용은, 만약 신학이 초월적이고 동시에 내재적인 궁극적 실재에 대한 문제를 다루는 것이라면, 배타적인 양자택일의 방식은 적절한 신학적 사유방식이 될 수 없다고 주장한다. 신학적 접근은 '양자택일'의 사고방식과 '양자모두' 사고방식 모두가 포함되어야 한다. 이 두 가지 사고방식은 서로 상보적이지만, 양자택일의 사유방식의 적용은 제한적이기 때문에, 신학적 사유로는 양자택일의 범주마저 포함하는 양자모두의 포괄적인 사유방식이 더 적절하다.[21] 이 포괄적 사유방식이 바로 음양 상징적 사유이다.

이정용은 음양 사유를 통해서 신학의 본질을 이해하고, 자신의 신학의 전거틀로 삼는다. 그는 이 사유에 근거해서 신론, 기독론, 인간론, 삼위일체론 등의 신학 주제를 해명한다. 음양의 합인 역(易)의 개념을 통해 하나님 이해를 시도하며, 음양의 관계성에 근거해서 삼위일체적 사유방식을 형성하고 서구 신학과 다른 새로운 관점에서 삼위일체를 해석하고, 음양구조를 통해 '주변성'이 지닌 창조적 가능성을 파악하고 이 개념을 중심으로 기독교 신학을 다시 구성한다.[22] 이렇게 주역의 세계관에 근거한 "음양 상징적 사유"는 이정용의 신학체계뿐만 아니라 내용을 구성하는 주춧돌이다.

그런데 이정용은 음양 사유에서 전개하는 신학의 절대성을 주장하지 않는다. 그는 동아시아 관점의 신학이 서구신학을 대치하는 것이 아니며, 서구 신학의 단점을 상보적으로 보완하는 것으로 생각한다. 이 두 신학 모두가 통전적으로 기독교 신학 전체를 구성한다고 말한다. 이런 태도는 음양 사상이 지닌 상보성이나 절대성에 대한 거부 등의 특징이

---

21) *Trinity*, 34.
22) 주역 사상에 근거한 동아시아 사유방식을 통해서 신학적 주제를 다룬 책으로는 *The Trinity in Asian Perspective, Marginality: The Key to Multicultural Theology, The Theology of Change: A Christian Concept of God from an Eastern Perspective, Cosmic Religion, The I: A Christian Concept of Man*이 있다.

반영되어 있다. 그렇지만 이정용이 가지고 있는 기본적인 입장은, 음양 상징적 사유에서 전개하는 신학이 현대 정황에 보다 유효하고 적절한 신학이며, 복음의 진수에 가깝고 그것을 온전하게 반영하는 신학이라는 것이다.

이정용은 주역의 사상과 음양 사유방식을 자신의 신학에서 신학적 주제를 해명하는 해석학적 도구로 사용한다. 그의 신학에서 역(易)과 음양사유는, 아우구스티누스의 신학에서 신플라톤주의 철학과, 아퀴나스의 신학에서 아리스토텔레스 철학과 같은 위상을 차지하고 있다.

### 4. 음양 사유의 신학적 적용

이정용은 음양 사유를 통해 서구신학의 한계를 넘어서서 자신의 신학을 구체적으로 제시한다. 그렇다면 음양 사유가 어떻게 전용되고 적용되어 이정용의 신학으로 구체화되는가? 여기에서는 그의 후기 신학의 삼부작이라고 할 수 있는 《역의 신학》,《아시아 관점에서 본 삼위일체》,《주변성》에서 어떻게 적용되고 확장되는지 간략히 살펴보자.

먼저, 이정용은 《역의 신학》에서 역의 개념과 포괄적 사유방식을 통해서, 서구 신학의 신 이해가 지닌 한계를 넘어서고자 한다. 그는 전통적으로 서구 신학이 불변하는 실재로서 신을 해석하는 것에 대해 비판하고, "변화(易) 그 자체로서 신"이라는 해석을 제시한다. 그는 변화(易)와 변화하지 않음(不易)을 모두 포함하는 역(易)의 개념이, 신에 대한 최초의 언명인 "나는 나다"(I AM WHO I AM)로 나타나는 역동적 신인 야훼를 적절하게 표현할 수 있다고 주장한다.

이정용은 이러한 기독교적 신을 존재와 생성을 포용하는 "있음 자체"(is-ness)로 표현하면서, "있음 자체" 또는 변화 자체인 역(易)은 비상징적 실재로서 기독교의 궁극적 실재인 신의 다른 이름이라고 주장한다. 그는 동아시아의 역동적 세계관의 핵심인 역(易)의 개념을 통해서 신의 존재 구조를 서구의 정태론적인 특성의 관점이 아니라 역동적인 관점에서 주목하고 있는 것이다. 또한 음양의 역동적이며 포괄적 사유를 통해 이해하는 신은 인격적이며 동시에 비인격적인 측면, 여성적이며 동시에 남성적인 측면, 변화와 불변의 측면을 모두 포함하는 신으로 기술되면서 서구 신론의 이원론과 배타성을 극복하고자 한다.[23]

둘째로, 이정용은 《아시아 관점에서 본 삼위일체》에서 삼위일체론을 새로 해석한다. 포괄성과 상보성과 관계성을 특징으로 하는 음양 사유에 근거한 동양적 삼위일체론을 시도하면서, 이원론과 배타성을 특징으로 하는 양자택일의 사유에서 형성된 서구신학의 삼위일체론을 넘어서고자 한다. 이정용이 보기에, 전통적 삼위일체론의 가장 문제는 그리스 사상에 뿌리내린 실체적 사고가 신적 관계의 내적 역동성과, 삼위일체적 사유를 억압하고 배타적인 이해로 전락시킨 것이다. 양자택일의 배타적 사고에서는 둘을 연결하는 중간이 배제되기 때문에, 이런 논리에서 제3이란 주어지지 않는다. 초대교부 이래 서구 신학에서 삼위일체는 성부, 성자, 성령의 위계질서에 주로 관심을 갖고 논의를 진행하는 것은 이런 사유의 필연적인 결과이다.

이와 달리 음양에 기초한 인간의 인식 과정은 하나가 다른 하나를 상정하고 이 둘 사이의 관계를 말하는 삼위일체적 인식구조를 갖는다. 동아시아의 관점에서 세계는 천지인의 삼위일체적 변화이며, 인간관계도 아버지-어머니-자녀의 삼위일체적 관계를 갖는다. 이정용은 음양 체계의 특성인 "사이"(between)와 "안"(in)과 "그리고"(and)를 연결 원리로 삼아서, 음양 사유가 바로 삼위일체적 사유의 구조를 지니고 있음을 해명한다.[24] 삼위일체의 상호관계에서는 두 위(位)를 연결하는 중심의 역할이 강조되며, 그 중심에 있는 한 위격은 두 위 사이에서 (between) 둘을 서로(and) 연결해서 하나로 만든다. 또한 태극 안에 내재하는 음양 상징의 관계성은, 삼위의 역동적인 내재적 관계성을 이해

---

23) *Change* 2-3장을 참고하라.
24) *Trinity*, 58-61.

하는 통찰력을 제시한다. 성부 안에 성령과 성자가, 성자 안에 성령과 성부가, 성령 안에 성부와 성자가 서로 긴밀하게 내재해 있다는 신학적 언명을 보다 명료하게 이해시킨다.

이런 논의를 기반으로 이정용은 서구적 삼위일체의 서열을 해체하고, 동양의 종교와 문화 전통에서 나오는 경험의 관점에서 삼위일체의 여섯 가지 다른 서열 양식을 제시한다.[25] 각각의 서열은 하나의 괘(卦)를 구성하면서 그 의미를 지닌다. 그가 가장 자연스럽게 여기는 서열은, 부계 전통의 구조에서 전통 기독교가 제시하는 아버지-아들-성령의 순서가 아니라 동양적 가족관계의 순서로 아버지-성령(어머니)-아들의 순서이다. 예로 들면, 아버지는 나이든 완전한 양(陽)으로서 사상(四象) 가운데 태양(太陽)이며, 어머니는 나이든 완전한 음(陰)으로서 태음(太陰)이며, 아들은 여전히 젊고 성장하는 양으로서 소양(小陽)으로 상징된다. 이 결과 아버지-성령-아들의 순서로 위로부터 사상을 배열하면 64괘 가운데 42번째인 익(益)이 형성된다. 이것과 동일한 방식으로 아버지-아들-성령의 배열은 53번째 괘인 점(漸)을, 성령-아버지-아들은 55번째 괘인 풍(豊)을, 아들-성령-아버지는 60번째 괘인 절(節)을, 아들-아버지-성령은 31번째 괘인 함(咸)을, 성령-아들-아버지는 11번째 괘인 태(泰)를 각각 형성한다.[26] 각각의 괘는 각각의 배열에 대한 해석을 새롭게 제공한다.

마지막으로, '주변성'의 개념을 중심으로 한 신학의 전개이다. 이정용은 문화적 인종적 다원주의가 지배하는 새로운 북미 사회에서 신학하는 것에는 근본적으로(radical) 새로운 접근방식이 요청된다고 주장한

---

25) 이정용은 삼위일체의 내적 서열을 부모 중심, 아들 중심, 아버지 중심, 성령 중심의 서열 등으로 나누는데, 여섯 가지 패턴은 다음과 같다: 아버지-성령-아들(동양적 삼위일체 서열), 아버지-아들-성령(가부장적 또는 유교적 서열), 성령-아버지-아들(도교적 또는 모계적 서열), 아들-성령-아버지(맥락적 접근, 전통적 위계를 뒤집은 서열), 아들-아버지-성령(새로운 세대의 접근방식에 따른 서열), 성령-아들-아버지(샤머니즘적 서열). *Trinity*, 19.
26) 이에 대한 해석은 *Trinity*, 151-179를 참고하라.

다. 그런데 보다 철저한 새로운 신학 방법은 북미에만 요청되는 것이 아니다. 이정용은 다원주의 시대인 오늘날 세계 문화의 축이 더 이상 유럽과 북미의 백인들에게만 있지 않다고 인식한다. 그는 기독교는 더 이상 서구의 종교가 아니라 이미 세계 종교일 뿐만 아니라, 세계 기독교라고 주장한다. 이런 상황에서 기독교는 더 이상 서구의 관점에서 만들어진 배타적 이해가 아닌, 세계적 관점이 요청되는 것이다.[27]

《주변성》은 이러한 문제의식의 신학적 결과이다. 이정용은 이 책에서 '주변성'이란 개념을 창조적으로 해석하면서 새로운 신학을 전개한다. 그는 '주변성' 개념을 기존의 부정적인 해석에서, 긍정적이고 창조적인 힘을 갖는 개념으로 새롭게 해석한다. 이 새로운 해석이 바로 음양의 관계구조에서 도출된다.

전통적으로 주변성의 개념은 '변두리, 끝 또는 집단의 경계선'을 의미함으로서 집단을 지배하는 중심 또는 중앙과는 대비되어 사용되었다.[28] 이 주변성을 결정하는 요인은 경제, 정치, 인종, 직업, 성, 문화, 교육수준, 지역적 성격 등 다양하다. 일반적으로 사회과학자들에 의해 사용된 주변성에 대한 고전적 정의는, 이정용과 같은 인종적 문화적 요인들에 의해 주변화된 사람들에게 언제까지나 다른 두 세계 사이에서 국외자로서 살아가게 하며 진정한 주인이 될 가능성을 처음부터 배제한다. 즉 주변성에 대한 전통적인 개념은 이 용어가 두 개의 다른 세계 사이에 "끼인"(in-between) 상태를 지칭하는 것으로, 두 세계의 중심에서 모두 벗어난 열등한 변두리라는 부정적인 의미를 함축하고 있다. 이정용은 이런 기존의 정의를 넘어설 것을 주장하는데, 이것은 현재 그 사회를 지배하는 사회적 규범들의 관점에서 파생된 부정적인 정의이기 때문이다.

---

27) 이정용의 기독교와 기독교 교육에 대한 범세계적인 관점에서의 접근에 대해서는 *Trinity*의 1장 서론을 참조하라.
28) 이정용은 주변성에 대한 전통적인 정의를 두 세계 사이(in-between)라는 관점에서 설명한다. 이에 대해서는 *Marginality*, 42-47을 참고하라.

이런 기존의 정의와 달리, 이정용은 주변성을 훨씬 더 긍정적이고 적극적인 관점에서 해석한다. 그는 두 다른 세계에 끼인 주변부는 두 세계 모두의 장점과 단점을 포함한다. 이것은 두 세계 안에서(in-between), 두 세계를 살아가면서(in-both), 두 세계를 초월하는(in-beyond) 통전적인 주변성의 개념이다. 이 경우 주변부나 변두리는 더 이상 소외된 자리가 아니다. 변두리는 두 세계를 포괄하고 화해시키고 두 세계를 넘어서는 새로운 가능성을 산출하는 창조적인 핵이다.[29]

이런 새로운 주변성의 개념에서, 새로운 주변인(new marginal person)은 두 세계의 주변부에 존재하면서 두 세계 모두에서 소외된 사람이 아닌, 두 세계의 경계선에 속하면서 두 세계를 화해시키며 두 세계를 초월하면서 두 세계를 창조적으로 변형시키는 존재이다. 이때 주변인이 속한 자리는 두 세계의 주변(margin of two worlds)이지만 더 이상 주변이 아닌 두 세계의 중심이 된다. 이 새로운 주변인은 지배적인 중심집단과 종속집단의 규범을 모두 초월하는 사람으로 주변성을 통해 주변성을 극복하는 사람이다.[30] '주변성'에 대한 이정용의 새로운 해석은 바로 관계성과 포괄성을 특징으로 하는 음양 구조를 토대로 한 것이다.

이런 새로운 주변성의 개념을 근간으로 전개되는 이정용의 '주변성의 신학'은, 신학함에 있어서 삶의 정황을 중심부(center)와 주변부(margin)라는 두 가지 범주로 분류한다. 이 두 가지의 삶의 정황은 각기 중심부 사유(central thinking)와 주변부 사유(marginal thinking)를 형성하며, 신학적 작업에서도 중심부 접근(centralist approach)과 주변부 접근(marginal approach)이라는 다른 접근방식을 취하게 한다.

이정용이 제시하는 '주변부 신학'은 주변부 사고에서 주변부 접근방식으로 전개하는 신학으로, 중심부에 의해 주도되는 '중심부 신학'에

---

29) *Marginality*, 29-76.
30) 이정용의 이러한 주변성과 주변인에 대한 통전적 해석은 *Marginality*, 55-61을 참고하라.

대한 대안이다. 이러한 신학 작업은 기독교가 이미 서구만의 기독교가 아닌 상황에서, 신학과 신학교육의 틀이 여전히 유럽과 북미의 백인들을 중심으로 한 소수의 지배집단에 의한 독점되고 있는 상황에 대한 근본적인 비판을 담고 있다. 이정용은 주변부 신학이 지배집단인 중심부 집단의 규범에 의해 신학적 타당성을 인증받는 것을 거절하고, 중심부 신학의 규범을 넘어서는 새로운 규범에 의해 타당성을 인정받아야 한다고 주장한다. 이와 관련해 이정용은 분석적 입장에서 제시되는 중심부 신학이 주변부 신학에 대해 가하는 신학적인 비판과 논의는 적절하지 못하다고 주장한다. 왜냐하면 주변부 신학은 이미 중심부 신학의 규범에 근거한 것이 아니기 때문이다.[31]

이런 맥락에서 이정용은 남미의 해방신학이나 제3세계의 해방신학의 문제를 지적한다. 이들 신학들이 중심부 집단(centralist group)의 신학적 독점을 제거하는데 많은 기여를 했음에도 불구하고, 그들이 사용하는 접근방식과 사유방식이 중심부 접근방식과 사유방식이기 때문에 그들은 여전히 중심부 지배집단의 사상적 그늘 아래 있기 때문이다. 즉 자신들의 신학적 해석의 타당성을 지배집단으로부터 인정받으려고 시도하는 한 그들은 결코 중심부 집단의 해석학으로부터 자유스러워질 수 없기 때문이다. 그런데 이정용에 의하면, '주변부에 머무는' 것은 중심부 지배집단의 규범과 해석학적 틀에서 자유로워진다는 것을 의미한다. 이러한 자유로움은 주변성이 지닌 창조적 가능성을 매개로 해서 중심부 신학을 넘어서는 창조적 신학 작업을 가능하게 한다.

이 새롭게 해석된 주변성의 개념은 이정용의 신학에서 해석학적 패러다임으로 역할을 할뿐만 아니라, 기독교 신앙의 본질을 보여주는 열쇠라는 것이다.[32] 그것은 기독교 신앙의 가장 중심인 예수 자신의 성육신과 공생애의 삶이 주변성의 정황에서 이루어졌으며, 기독교 신앙의

---

31) 이에 대한 자세한 논의는 *Marginality* 1장 서론을 참고하라.
32) *Marginality*, 1.

본질이 끊임없는 주변성의 실현이기 때문이다. 그러므로 이정용은 주변부 신학접근 방식(marginal approach)을 통해서 기독교 신앙의 본질적인 측면을 보다 온전하게 통전적으로 조명할 수 있다고 주장한다.

이정용은 새로운 주변성 개념을 예수, 그리스도인의 삶, 교회를 이해하는데 적용시키고 새로운 측면에서 이것들을 해석한다. 예를 들면, 예수의 성육신은 하나님이 스스로 주변부화(marginalized)된 것이며, 예수의 생애는 새로운 주변부성(new marginality)을 이해하는 패러다임이며, 교회는 새로운 주변부성을 지닌 사람들의 공동체이다.[33]

## 5. 이정용 신학의 의미, 기독교와 주역의 만남

이제 이정용 신학의 의미를 짚어보자. 그는 동아시아 전통의 역과 음양 사유를 기반으로 북미에서 한국계 미국인으로 주로 영어를 통해 신학 작업을 전개한 사람이다. 우리는 이런 이정용의 신학을 한국신학이라고 할 수 있는가? 이것은 일단 한국신학의 정의와 관련된 문제, 그리고 주역과 한국사상과 관련된 문제로 나눌 수 있다.

먼저 한국신학의 정의와 관련해서 외적 기준과 내적 기준을 적용할 수 있을 것이다. 외적 기준에 의해 판단한다면, 이것은 한국신학의 외연을 어떻게 규정하느냐에 따라 달라질 수 있을 것이다. 한국신학의 기준을, 한국인이, 한국에서, 한국어로, 한국적 사유방식으로 전개한 신학으로 규정하고, 이런 조건을 하나라도 충족할 때 광의의 한국신학으로, 전부 충족할 때 협의의 한국신학으로 나눌 수 있을 것이다.[34] 이정용의 경우 광의의 한국신학 정의에 해당할 것이다. 한편 이런 외적 기준과 관계없이 이정용은 내적 기준에 의하면 분명한 한국 신학자이다. 그는 자

---

33) 이정용의 이런 신학적 작업은 *Marginality*의 4-6장에서 예수 그리스도(Jesus-Christ), 참된 제자도(true discipleship), 그리고 진정한 교회(authentic church)라는 주제 아래 주변성의 개념과 관련시켜 논구를 진행시킨다.
34) 한국신학이 무엇인가에 대한 논의는 이 글의 주제가 아니기에 이 정도로만 언급한다.

신이 한국신학을 하는 한국 신학자라는 자기 정체성을 평생 동안 분명히 지니고 있었기 때문이다. 이런 자기 정체성은 학문 활동에서 뚜렷이 나타난다.

주역의 세계관이나 음양 사유방식을 한국적이라고 할 수 있는가의 문제는, 한국 사유의 근원이라는 문제와 이정용의 삶의 자리와 관련해서 좀 더 논의가 필요하다. 한국적 신학 사유의 출발로 삼태극이나 인내천 등 보다 한국적인 사상을 언급할 수도 있지만, 이정용은 주역의 사상이 한국을 비롯한 동아시아 사유의 가장 근원이라고 판단할 수도 있다. 또한 북미 사회에서 이정용이 활동하던 시기는 한국이나 한국사상보다는 동아시아라는 보다 일반적인 범주가 통용되던 상황이었다. 이런 상황에서 이정용은 자신의 정체성을 동아시아 전통의 세계관의 핵심인 주역에서 발견하고 이를 자신의 신학의 출발로 삼았을 수도 있다. 즉, 북미라는 그의 삶의 자리에서는 한국인의 정체성을 동아시아적 범주 속에서 드러내는 것이 자연스러운 상황이었을 수도 있다는 것이다.

그렇다면 이정용의 한국신학의 가치와 의미는 무엇인가? 무엇보다도 기독교와 주역의 만남을 시도한 것이다. 동아시아 전통사상인 불가나 유가, 심지어 도가까지도 기독교와의 대화가 진행되고 있는 반면에, 기독교와 주역의 만남은 상대적으로 매우 미약하다. 국내외를 막론하고 주역과의 대화를 본격적으로 시도한 신학자는 이정용이 유일하다고 할 수 있다.[35] 주역 자체를 이해하기 어렵고, 기독교 전통에 대한 신학 훈

---

35) 신학자로서 주역을 학문적 관심의 대상으로 삼고 본격적으로 연구한 사람으로는 가톨릭 사제였던 윤임규 정도를 언급할 수 있다. 그렇지만 주역 사상을 신학 작업에까지 적용시키면서 그 만남의 깊이를 더한 사람은 국내외를 막론하고 이정용뿐이다. 윤임규, 《역경의 생생(生生) 사상》 이숙자 역(분도출판사, 2001). 이 책은 윤임규의 박사학위 논문을 번역한 것이다. 그의 갑작스러운 죽음은 기독교와 주역의 대화라는 측면에서 무척 큰 손실이다. 이와 더불어 기독교와 주역의 만남을 다룬 전문 연구서나 논문도 이정용의 저작을 제외하고는 손꼽을 수 있을 뿐이다. 굳이 언급하자면 이정용의 신학과 관련된 세 편의 박사학위 논문과 이정용의 신학을 다룬 몇 편의 논문이 있을 뿐이다. Se Hyoung Lee, *A Reinterpretation of God and Evil from the*

련과 동양사상에 정통한 신학자를 서구 신학계에서 찾기가 매우 어렵기 때문에, 이 둘을 다리 놓을 수 있는 가능성은 동아시아권 신학자에게서만 찾을 수 있다. 이러한 상황을 볼 때 이정용의 신학 작업이 갖는 의미는 매우 크다고 할 수 있다. 기독교와 주역의 만남이 기독교에 주는 의미를 세계종교로서 기독교와 한국종교로서 기독교라는 두 측면에서 살펴본다.

먼저 세계종교로서 기독교의 차원에서 볼 때, 주역과 기독교의 만남은, 기독교가 지금까지 만난 다른 어떤 전통 종교나 사상보다도 깊은 의미를 갖는다. 기독교와 주역의 만남은 한 마디로 서구를 중심으로 형성해 온 기독교가 그 역사에서 동양사상의 가장 근원과 만나는 것이라고 할 수 있다. 그 근원인 주역은 동양의 독특한 사상을 발원하게 하는 단순한 샘물이 아니라 거대한 산정호수와 같다. 기독교와 주역과의 만남은, 기독교가 적어도 플라톤주의를 만나는 것과 같은 또는 그 이상의 의미를 부여한다. 기독교가 그리스 철학을 만나서 서구 기독교 신학을 형성했듯이, 기독교와 주역의 만남은 기존의 서구 신학과는 다른 아시아적 기독교를 가능하게 할 것이다. 오늘날 기존의 서구 신학이 가진

---

*Taoist Perspective* (Madision, NJ: Drew University Ph. D. Dissertation, 1996); Jae-Shik Shin, *Change, Rhythm, and Spontaneity: Revisioning the Reality of God from East Asian Perspective* (Madison, NJ: Drew University Ph. D. Dissertation, 1997); Chan Soon Lim, *Suffering, Change and Marginality: Postmodern Implications of Jung Young Lee's Theology* (Maidson, NJ: Drew University Ph. D. Dissertation, 2003). 이세형과 필자의 논문은 이정용의 지도 아래서 구상된 것이며, 임찬순의 논문은 포스트모던 정황 아래서 이정용의 신학 사상에 대한 종합적이며 체계적인 고찰이다. 이정용의 신학에 관한 글로는 *The Theology of Change*의 번역판 《역의 신학: 동양의 관점에서 본 하느님에 대한 기독교적 개념》 이세형 역 (대한기독교서회, 1998)에 부록으로 실린, 임찬순, "이정용 박사의 생애와 신학, 그 종교 연구의 여로," 신재식, "이정용 박사의 신학 방법론," 이세형, "이정용 박사의 신론"과, 찰스 코트니(Charles Courtney), "한국문화를 세계화시킨 한 예로서의 이정용 박사의 사상,"("The Thought of Dr. Jung Young Lee: An Example of Korean Culture Opening in the World")《21세기 정보화 시대의 한국학: 제10회 한국학 국제학술회의 논문집》(한국정신문화연구원, 1998), 116-167 등이 있다.

한계를 지적하고 그 단점들을 비판하면서, 새로운 신학을 모색하고 있는 상황에서, 주역의 사상을 흡수한 기독교 신학은 동아시아 기독교 신학의 형성이라는 단순한 사건을 넘어서서, 세계 기독교와 세계 기독교 신학을 형성하는 데 결정적인 역할을 할 수 있다고 생각한다.

둘째로, 한국종교로서 기독교의 측면에서 의미를 살펴보자. 세계 종교의 측면에서 기독교와 주역의 만남이 플라톤과의 만남에 버금가는 사건이라고 한다면, 한국 종교로서 기독교의 측면에서 주역과의 만남은 토착화신학의 형성이라는 측면에서 또 다른 의미를 갖는다. 기독교의 신앙 경험을 구체적 상황에서 성찰하는 시도로서 신학은 구체적이고 지역적이고 토착적이다. 이런 의미에서 모든 신학은 토착화된 신학이다.

오늘날 한국신학의 흐름을 분류하는 가장 일반적인 방법은 한국 신학의 흐름을 개신교 주요 교단으로 구분해서 보는 것이다. 이 경우에 예수교장로회(합동측)의 보수적·근본주의적 신학과, 기독교장로회의 역사·사회참여적 신학, 감리교의 문화적·자유주의적 신학으로 나눈다. 이 세 신학은 보수신학, 민중신학, 토착화신학이라는 이름으로 불리기도 하며, 각각의 대표적인 신학자로는 박형룡, 김재준, 정경옥을 언급한다.[36]

그런데 한국신학을 이렇게 그 특징적 성격에 따라서 분류하는 방식과는 다른 방식으로 한국종교로서 기독교를 살펴볼 수 있다. 신학작업에서 서구신학 전통과 한국 전통사상이 어떤 관련성을 가지고 있으며, 특히 전통 사상이 어떤 역할을 하느냐에 따라서, 주석(commentary), 비교(comparison), 구성(construction)이라는 세 가지 유형으로 구분한다.[37] 물론 특정 신학을 이 세 가지 유형 가운데 하나라고 분명하게 분

---

36) 물론 한국신학사상에 대한 분류는 다른 관점에서도 접근이 가능하다. 한국신학의 흐름에 관해서는 유동식,《한국신학의 광맥》(다산글방, 2000); 주재용,《한국 그리스도교 신학사》(대한기독교서회, 1998); 한숭홍,《한국신학사상의 흐름, 상·하》(장로회신학대학교출판부, 1996) 등을 참고하라.
37) 한국신학의 범주 구분의 문제도 이 글의 주제의 범위를 벗어나기에 자세히 다루지 않는다.

류할 수 있는 것은 아니다. 이것은 다만 이 세 가지를 일종의 이념형으로 삼아서 신학작업의 특징적인 강조점에 따라 구별하고 그 신학의 성격을 기술하고자 하는 시도이다.

먼저 "주석"은 특정 신학 작업의 내용이 단순하게 외국에서 수입한 신학의 내용이나 교리를 다시 설명하거나 해석하는 수준에서 머무르는 것을 의미한다. 이 경우 신학작업에서 한국적 상황이나 전통사상이나 문화나 종교를 거의 고려하지 않는다. 여기에는 고정된 특정한 교리가 기독교 진리이며 그것을 설명하는 작업이 바로 신학이라고 주장하는 보수적인 흐름이나, 최근 현대 서구신학의 내용을 무비판적으로 소개하는 일부 현대신학의 흐름 모두가 여기에 포함된다. 이 경우는 단지 외국의 신학사조를 수입해서 해설하고 주석하는 것으로, 한국의 문화나 전통이 반영되지 않고, 우리의 정황이 무시되거나 간과되는 상태에서, 단순한 한국말로 수행되는 신학일 뿐이다.

둘째, "비교"는 신학의 주된 작업이 서구 기독교 전통과 한국이나 동아시아의 전통사상이나 종교와 비교를 시도하는 것이다. 이를 위해서 둘 사이의 공통기반이나, 공통의 주제를 찾거나, 중요한 주제나 인물들을 서로 비교하는 작업이다. 예를 들면, 인간론에서 유가와 기독교의 비교, 인(仁)과 사랑(agape), 아퀴나스와 맹자의 비교 등을 언급할 수 있다. 이러한 신학작업은 앞서 언급한 주석의 단계를 뛰어 넘는 작업이다. 서구 기독교 전통과 더불어 한국 또는 동아시아의 종교나 문화전통을 신학의 구성자료로 취급하고 있기 때문이다. 기독교 신학의 입장에서는 비교가 되는 인물이나 주제 등을 통해서, 기독교 신학을 새롭게 이해하고 갱신할 수 있는 계기가 되기 때문이다. 그런데 이런 신학 작업에서 늘 유념해야 할 것은 '완전히 객관적인 관점에서 비교하는 것이 과연 가능한 것인가' 하는 문제이다. 또한 이 작업은 비교나 대화에 머무르는 것이 아니라 기독교 자체의 변화와 성숙을 위해 신학적 구성 단계까지 나가야 할 것이다.

셋째, "구성"은 신학작업에 있어서 한국이나 동아시아 사상이 신학의 구성자료로 취급되는 단계를 넘어서서, 전통적인 서구신학의 자료와 주제를 검토하는 해석학적 틀 역할을 하는 것이다. 즉 특정 한국사상이나 동아시아 사상이 신학을 전개하는 기본적인 시각을 구성하고, 그 관점에서 전통 신학의 주제와 현재의 문제를 고려한 신학을 다시 구성하는 것이다. 앞서 언급했듯이, 아우구스티누스 신학이 신플라톤주의 틀에서 전개되었듯이, 아퀴나스 신학이 아리스토텔레스의 철학을 신학의 전거로 삼았듯이, "구성" 수준에서 전개되는 신학 작업은 한국사상이나 동아시아 전통 사상을 배경으로 하는 세계관과 사유방식을 해석학적 틀로 삼아서 신학작업을 전개하는 것이다. 이런 신학작업을 통해서만 한국 종교로서 기독교는 서구 기독교 신학을 넘어서는 창조적인 자기 변혁과 풍요로움을 성취할 수 있을 것이다.

창조적이고 새로운 신학은 오직 신학의 기본적 전제와 사유방식이 바뀌어야만 가능하며, 이것은 신학의 "패러다임의 전이"를 의미한다. 기독교와 주역의 만남이 한국 종교로서 기독교 측면에서 중요한 것은, 이 만남이 한국적 기독교 또는 토착화 신학의 온전한 성과를 이루기 위한 가능성을 제공할 수 있기 때문이다. 진정한 의미의 토착화 신학이나 한국 종교로서의 기독교는 서구 신학의 방법론과 사유방식으로부터 탈피로부터 시작해야 하며, 역의 세계관과 음양 사유는 이를 위한 강력한 대안 중의 하나가 될 수 있기 때문이다. 음양 사유에서 본 기독교 신학의 주제들은 전혀 새로운 시각에서 새로운 의미를 지닐 수 있게 된다. 이정용의 신학은 새로운 한국신학을 "구성"하고 있는 그런 대표적인 사례라고 할 수 있다.

## IV. 맺는 말

지금까지 이정용이 신학을 전개한 삶의 자리와, 그의 신학에 대한 관점, 그가 신학적 도구로서 사용했던 음양 상징적 사유, 이 사유의 신학적 적용에 대해서 살펴보았다. 이정용은 기존의 전통적인 서구 신학이 정태적 존재론과 양자택일의 사고방식에서 전개되었음을 비판하고, 그 한계를 극복하면서 자신의 독특한 신학적 작업을 전개했다. 이정용의 신학은 서구 신학만이 정당하고 유효한 신학이라는 서구 중심적 사고와 신학 작업에 비판적인 대안을 제시하고 있다. 무엇보다도 동아시아의 세계관과 사유방식을 통한 신학 작업이 기독교 본래의 의미를 보다 잘 조명할 수 있으며, 기독교의 신앙적 경험을 보다 온전하게 통전적으로 드러낼 수 있음을 보여주고 있다.

이정용 신학의 의미를 정리해 보자. 먼저 이정용의 신학에서 음양 상징적 사유는 신학적으로 두 차원을 갖는다. 하나는 음양사유가 전통 서구신학의 단점과 한계를 극명하게 드러내고 서구신학 방법론과 개념들을 해체하는 도구이며, 다른 하나는 전통적 신학 개념과 주제들을 오늘의 정황에서 보다 통전적으로 재구성하고 기독교의 본래 메시지를 다시 회복하고 새롭게 창조적으로 구성하는 도구이다.

더 나아가 한국신학으로서 이정용의 신학이 갖는 가장 큰 공헌은 동아시아 사유를 통해 신학을 전개한 것이라고 할 수 있다. 주역의 세계관을 통한 신학작업, 즉 주역과 기독교와 만남은 중요한 사건이다. 기독교와 주역의 만남이 갖는 의미를 세계 종교로서 기독교의 측면과, 한국 종교로서 기독교의 측면에서 살펴볼 수 있다. 전자 측면에서는 서구신학이 동아시아 사상의 가장 원류로서 주역과의 만남으로, 서구사상의 진수와 동양사상의 진수의 만남으로 평가할 수 있다. 그리고 이 만남의 결과가 생산적인 신학적 결과로 나타난다면, 그것은 진정한 의미에서 세계 기독교의 형성하는데 결정적인 역할을 하는 것이다. 후자 측면에서는 주역의 사상에 근거한 사유방식으로 전통적인 기독교 신학의 주제와 개념을 검토하는 것은, 우리의 관점에서 우리의 개념을 가지고 우리의 언어로 신학을 하는 진정한 의미에서 토착화된 한국신학을 형성하는 계기이다.

이제 우리는 결론으로 이정용의 이러한 신학작업이 오늘 정황에 적합한 신학이 되기 위해서 고려해야 할 것을 언급해야 한다. 오늘 포스트모던 정황에서 수행되는 신학은 세 가지 문제를 염두에 두어야 한다.[38] 종교간의 대화, 과학문화와의 대화, 생태계의 문제가 그것들이다. 우리는 음양 상징적 사유구조 속에서 진행되는 신학이 이 세 가지 문제들에 대한 다른 어떤 신학보다도 적절한 신학적 대답을 제시할 수 있다고 판단한다. 역의 개념과 음양의 구조 속에 담긴, 우주와 인간을 또는 궁극적 실재와 자연을 구분하나 분리하지 않는 비실체론적이며 유기적이며 역동적인 우주-인간론적 세계관, 상보적이며 포괄적이며 관계적이며 통전적인 측면을 강조하는 사유방식은, 신학의 역사 속에서 채용된 그 어떤 세계관이나 사유방식보다 더 분명하게 포스트모던적 세계 이해와 공통점을 나누고 있다.

우주와 인간과 궁극적 실재를 분리시키지 않고 유기적으로 이해하는 역동적 세계 이해 속에서 다루는 생태계의 문제는 동아시아 관점에서 제시되는 우주론을 중심으로 하는 새로운 형태의 생태신학을 전개할 수 있을 것이다. 또한 더 나아가 주역 사상이 지닌 특징들은 양자역학과 상대성 이론과 카오스 이론 등의 현대과학이 보여주는 세계의 모습과 일정부분 공명하고 있기 때문에,[39] 오늘의 과학과의 적극적인 대화 속에서 신학작업을 진행할 수 있을 것이다. 종교간의 대화에 있어서도 이미 포용성과 다원성을 인정하고 통전성을 지향하는 음양 사유에서 출발하는 신학은 자신을 절대화하지 않으면서, 다른 기독교 전통뿐만 아니라 다른 종교 전통과의 대화 속에서 자신을 개방하도록 한다.

주역의 세계관을 통한 현대신학의 문제들과 전통적인 신학적 주제

---

38) 임찬순의 박사학위논문, *Suffering, Change and Marginality: Postmodern Implications of Jung Young Lee's Theology*는 이런 맥락에서 이정용의 신학의 의미와 가능성을 체계적으로 분석한다.
39) 이정용은 실제 신학의 현대 세계와의 적합성에 관한 논의의 맥락에서 주역의 세계관과 현대과학의 세계관의 관련성에 관해서 다룬다. Jung Young Lee, *Embracing Change*, 162-163.

들을 새로이 해명하고 구성하는 신학적 작업이 부단히 진행될 때, 이 만남의 의미는 더욱더 깊어질 것이며 기독교와 기독교 신학은 더욱더 풍성해질 것이다. 주역과 기독교의 만남은, 이정용의 한국신학은, 두 세계의 변두리에서 두 세계가 만나서 두 세계의 한계와 장점을 넘어서서 기독교 신학에 새로운 가능성을 약속하는 창조적 사건이다.

# 토착화신학의 길

김광식 (전 연세대학교 교수)

## I. 토착화의 영성

이미 1960년대에 토착화 논의는 한국 신학사에 큰 영향을 끼쳤다. 그 첫째 열매는 소위 토착화신학의 출현이다. 다음에는 민중신학이 자기 몫을 다하였다. 그리고 마지막으로 한국교회의 신학적 각성이다.

처음에는 토착화라는 말 자체가 매우 낯설고 반감을 일으키기 쉬운 자극적인 용어였다. 그러니까 1960년대 초에 이 용어를 대하는 보수적인 신학자나 목회자들은 무엇보다도 복음의 왜곡 내지 복음의 변질을 머리에 떠 올렸다. 아무리 좋은 말로 설득하려 해도 아예 들으려고 하지 않았을 뿐 아니라 몇 마디 알려진 토착화의 논제마저도 곡해하고 있었다. 그 대표적인 사례가 유동식 교수의 토착화 개념 정의였고 윤성범 교수의 단군신화 해석이었다. 사실상 이러한 신학적 논제는 신학자들 사이에서 심도 있게 토론할 주제였을 뿐인데, 그것을 가지고 복음의 변질을 걱정하는 것은 기우에 불과한 일이었다. 사람들은 깊이 생각하기보다는 감정적으로 흥분하기를 더 빨리 하여 그 정확한 내용을 파악하기 어려웠다.

다만 이때까지만 해도 토착화가 토착화된 신학이라는 뜻으로 사용되었다. 그러나 토착화된 신학은 당시에 별로 눈에 띄지 않았다. 윤성범 교수의 《기독교와 한국사상》(1964)이나 유동식 교수의 《기독교와 한국종교》(1965) 정도의 연구 업적이 출판되었을 뿐이다.

필자는 1968년과 1970년 어간에 바젤에서 유학하면서 박사학위 논문으로 God in Humanity: The Belief in Hananim and the Faith in God (Diss, Basel 1970; Seoul 1992)를 제출하였다. 이 논문은 동서 사상의 대화라는 각도에서 철저하게 서양 신학을 비판하고 동양 신학의 길을 모색하고자 한 모험적인 시도였다. 윤성범 교수는 1971년에 《한국적 신학》을 써서 신학계와 교계에 큰 파문을 일으켰다. 그의 신학적 혼합주의가 비판의 대상이 되었다. 유동식 교수의 학위논문인 《한국 무교의 역사와 구조》(1975)는 토착화신학이 반드시 통과해야 할 길을 가르쳐 주었다. 전자가 유교와의 대화에 주목하였다면 후자는 무교와의 대화를 시도한 것이었다. 그러다가 1970년대와 1980년대에 변선환 교수는 불교와의 대화에 심혈을 기울였으나 교단의 정죄를 피할 수 없었다.

민중신학은 유신체제에 항거하던 해직 교수들의 민중문학과 민중사관에서 영감을 받아 안병무 교수 등의 노력으로 불붙기 시작하였고, 해방신학의 빛에서 일깨워진 민중신학은 특히 광주 민주화 운동 이후에 한국의 전통문화와 산업사회 사이에서 고통당하고 방황하는 민중의 고뇌를 정치신학적으로 혹은 민중신학적으로 성찰하였다. 이것은 민중의 위로와 소망을 주려던 것이었다. 민중신학은 소위 문민정부가 시작되면서 군부독재의 붕괴와 민중신학자들의 대거 사회 진출로 그 본래의 신학적 주제를 상실하고 민중 귀족의 출현으로 그 의미가 퇴색해 갔다.

그럼에도 불구하고 민중신학의 폭풍이 불고 지나간 뒷자리에 다시 토착화신학의 싹이 딱딱한 돌밭에서 혹은 척박한 들판에서 돋아나기 시작하였다. 유동식 교수의 풍류신학이나 박종천 교수의 상생신학이나 이정배 교수의 줄기찬 신학 연구가 그러한 예라 하겠다. 이미 매력을 잃어버린 민중신학과는 달리 토착화신학은 그 끈질긴 생명력을 지니고 있다. 후에 문화신학이라는 이름으로 좀 더 자유롭고 확장된 의미의 토착화신학이 나타나게 된 것은 자연스런 일이라 할 것이다. 필자는 1970년대에 《선교와 토착화》(1975), 그리고 1980년대에 《토착화와 해석학》(1987)을 써서 잊혀가는 토착화신학에 대한 관심을 환기시키고자 하였다. 특히 토착화는 결코 인위, 조작적인 신학적 창작이 아니라, 성령의 역사로 일어나는 구원의 사건이라고 주장하기 시작하였다. 이것은 토착화의 영성, 즉 성령에 의한 토착화라는 것을 의미한다. 토착화는 신학적 혼합주의가 아니고 타종교와의 종교학적 비교도 아니다. 토착화는 신학자가 주체가 되어 이루어 놓을 수 있는 신학적 업적이 아니라, 성령의 역사로 말미암아 개인이나 교회 공동체에 있어서 무의식적으로 발생하고 진행되는 구원의 사건이며, 이 사건을 의식적으로 성찰하고 신학적으로 책임지는 학문이 바로 토착화신학이라 하겠다. 여기서 토착화와 관련하여 신학적 주제만을 말한다면 언행일치와 신토불이와 복받음은 구원의 사건에 속한다고 할 수 있다.

## II. 언행일치의 신학

필자가 언행일치에 관심을 가지게 된 학문적인 동기는 동서사상의 대화에서 동양적 사유의 유형과 서양적 사고의 유형을 대조시키는 데서 비롯된 것이다. 이미 박사학위 논문에서 설명한 바 있는 서양적 사고의 유형은 연역법, 귀납법, 변증법 및 역리법으로 생각된다. 이것들은 분석 종합적 사고의 집대성이다. 이것은 지성과 사물의 일치로서의 진리(Veritas est adaequatio intellectus et rei)라는 토마스 아퀴나스의 진리관 속에 집약되어 있는 사고방식이다. 이와 대조적인 동양적 사유는 조화 전개적이어서, 분석이나 종합이 아닌 신비적 지행합일(adaequatio intellectus et actionis)에서 찾을 수 있다. 여기서 지행합일이라 함은 왕양명의 신비적 합일설을 지시한다. 통속적인 표현인 언행일치는 필자가 특히 성(誠)의 개념을 풀이하기 위하여 도입한 것이다.

처음에는 《선교와 토착화》(1975)로 처녀 출판하였으나, 나중에는 증보 개정판을 내면서 《언행일치의 신학》(2000)이라고 이름을 붙였다. 언행일치는 영어 표현상 integrity라고 함이 좋을 듯하다. 구약성서는 하나님을 미쁘시다고 하였다. 하나님의 성실성은 창조와 구원과 완성이라는 신적인 경세 속에 나타난다. 이것을 성부의 원형적 언행일치(the archetypical integrity of the Father)라고 한다. 창조주 하나님의 말씀은 곧 하나님의 창조 행위이다. 빛이 있으라 하실 때 즉시 빛이 있었다고 하는 본문이 이를 잘 증언해 준다. 하나님의 말씀은 예언자들을 통하여 전파되고 그 예언은 하나님의 약속으로서 반드시 실현되는 말씀이다. 그 약속은 구원의 말씀이며 이 약속은 세상 끝날 주님의 날에 완성된다.

예수 그리스도 자신이 하나님의 말씀으로서 육신이 되셨다는 것은 성자의 역사적 언행일치(the historical integrity of Jesus Christ, the Son of God)를 의미한다. 예수의 성육신, 역사적 예수의 언행심사, 십자가와 부활 등 그리스도 사건은 총체적으로 역사적 언행일치에 속한다. 성령의 현실적 언행일치(the actual integrity of the Holy Spirit)는 신자와 공동체 안에서 구원의 사건으로서의 토착화를 시행한다.

개신교가 말씀 중심의 교회임을 자처하고 말씀 중심의 신학과 예배를 강조하는 나머지 행함이 없는 죽은 믿음을 가르치는 위기에 처하여 있다. 그 결과 말뿐인 믿음을 가르치거나 혹은 사이비 언행일치인 신앙술, 즉 교리와 종교 행사의 수행만 강조하는 파행적인 신앙을 주입시키기 쉽다. 십일조, 예배참석, 교회활동은 강조하나, 실생활의 선행과 인격의 성숙은 외면하는 교회와 신자가 출현하였다. 이것은 개신교식 바리새주의이며 예수님이 신랄하게 비판하신 위선자의 신앙이다.

한국의 개신교인이 1,200만명이고 천주교인이 300만명이라고 하는데, 이를 합하면 그리스도인이 전 인구의 3분의 1이나 된다고 할 수 있다. 이처럼 늘어난 신자수에 비하여 그만큼 더 많은 신자들의 비리와 타락이 우리를 슬프게 한다. 한국교회가 하나님이 기뻐하시는 하나님의 백성이 되기 위해서는 언행일치의 은사를 받고 신적인 언행일치가 인간적인 언행일치로 전이되는 토착화의 구원사건이 일어나지 않으면 아니 된다. 언행일치는 하나님의 명령인 동시에 약속이다. 우리가 하나님의 계명만 받았다고 구원에 이르는 것이 아니라 주님의 말씀을 준행해야 되는 것이다. 그러니까 "주여, 주여"라는 신앙적 고백과 호소만으로는 의롭다 하심을 얻지 못하고, 개과천선의 회개와 성실한 삶이 따라야 하는 것이다. 칭의 없는 성화가 율법주의라면 성화 없는 칭의는 거짓이 된다.

《언행일치의 신학》은 한국 개신교의 위선을 고발한 고발장이다. 그것은 동시에 나 자신에 대한 반성이며 우리 자신에 대한 비판이다. 그러나 그것은 동시에 하나님의 약속과 함께 구원의 희망을 알려 주려는 것이다. 필자가 아직 한참 젊었을 때의 주장이기 때문에 그 표현이나 배경에 감추어진 감정이 매우 격렬하지만, 그래도 다시 한 번 자신의 위선적 모습을 되돌아보는 거울이 될 수 있으리라고 생각된다. 여기서 끝으로 유의할 점은 거짓된 사이비 언행일치가 아닌 참된 구원의 언행일치는 오직 성령의 도우심으로 이루어진다는 것이다.

## III. 신토불이의 신학

앞서 언급한 언행일치의 신학은 주로 기독교와 유교의 대화를 전제로 한 논의에서 출발했다. 이러한 대화 자체가 토착화는 아니지만 토착화를 숙고하고 성찰하는 데는 도움이 된다. 마찬가지로 이제 신토불이의 신학은 불교와의 대화를 전제한다. 불교의 교리와 기독교의 교리를 비교 연구한다는 식의 대화가 아니라, 불교적 전통에 사는 한국인이 기독교의 교리를 어떻게 이해하느냐는 차원에서 우리의 신앙과 인격 내부에서 일어나는 무의식적인 대화를 전제한다. 불이(不二)는 산크스리트어의 아드바이타(advaita)에서 연유하는 개념이다. 이렇게 불교적 개념이 우리의 이해에 도움이 될 수 있다. 그러나 불교의 불이 사상을 이용하여 자신의 철학을 정리한 선구자는 이율곡이다. 율곡은 불이라는 용어를 사용하지 않고 나름대로 창조적인 불이 개념을 발전시켰다.

필자가 이러한 불이 개념에 주목하게 된 동기는 따로 있다. 아마도 1996년 봄이었던 것 같다. 하이델베르크 대학교의 디에트리히 릿츨 교수가 숭실대학교 초청으로 서울에 와서 포스트모더니즘과 종교다원주의에 대하여 강연한 일이 있는데, 필자에게 논찬을 부탁하였다. 이 논찬이 그 다음 해인 1997년에 *Journal of Systematic Theology* vol. 2에 "Koreanische Auseinandersetzung mit Post-modernimus und Religionspluralismus"라는 제목으로 게재되었다. 마침 한국을 방문 중이던 하인리히 오트 교수가 필자의 원고를 읽더니 simul Christianus et paganus라는 공식의 simul을 신학적으로 더 풀이하는 것이 좋다는 의견을 주셨다.

이에 생각해 낸 것이 신토불이(身土不二)였다. 이 말은 본시 한방에서 한국인에게 중국산 약재보다 국산 약재가 더 효능이 있다는 뜻으로 사용되었다. 그러나 최근에 우루과이 협약 이후로 외국산 농산물보다 국산이 더 좋다는 뜻으로 사용되고 있다. 여기서 '신'은 물론 身이지만 神이나 信이나 혹은 新을 대입하여 쓸 수 있는 것으로 보였다. 따라서 神土不二는 토착화 神 개념을, 身土不二는 토착화된 그리스도 신앙 내지 교회관을, 信土不二는 토착화된 신앙이해 및 구원관을 그리고 마지막으로 新土不二는 토착화된 종말이해를 표현하는 것이라고 그럴듯하게 생각되었다.

다시 불이 개념으로 되돌아 보면, 힌두교 내지 불교의 불이는 양비론적(兩非論的)이다. 주관도 아니고 객관도 아니다. 정신도 아니고 물질도 아니다. 브라만도 아니고 아트만도 아니다. 이렇게 양비론적인 불이와는 달리 율곡은 이원론적 일원론을 주장하였다. 그는 이(理)와 기(氣)는 둘이 아니라 하나이지만 동시에 하나가 아니라 둘이라고, 즉 二而一,

一而二를 가르쳤다. 신유학에서 기(氣)라고 하는 것은 신유 사상의 음양을 지칭하는 것이다. 따라서 태극(太極)이나 혹은 도(道)는 이(理)에 해당된다고 할 수 있다. 태극과 음양은 二而一, 一而二인 셈이다. 율곡의 인간학적 이해에 따르면 二而一은 仁義禮智라는 사단(四端)인 이(理)가 喜怒哀樂愛惡慾이라는 칠정(七情)인 기(氣) 속에 이미 포함되어 있어서 이(理)와 기(氣)는 둘이 아니라 하나라는 뜻이다. 또한 一而二는 도(道)에서 만물(萬物)이 생긴다고 하는 '도덕경'의 가르침과 태극(太極)에서 만상(萬象)이 전개된다는 주역의 가르침대로 이(理)와 기(氣)는 하나가 아니라 둘이라는 뜻이다. 필자는 동일성(identity)과 불이(nonduality)에 대하여 에큐메니칼 대화를 요청하는 글을 써서 *Theoligische Zeit-schrift* 57-2001에 "Nonduality versus Identity"라는 논문을 발표한 바 있다. 이것과 관련하여 이미 그 전에(1998) "Simul Christianus et paganus"라는 논문도 게재한 일이 있다.

한 마디로 종교개혁자 마르틴 루터의 simul justus et peceator에서는 죄론적 역설이 그핵심적 내용이 되겠으나, 그 공식으로부터 변양되고 토착화된 공식인 simul Christianus et paganus에서는 조화 전개적인 불이가 문제되고 있다.

가령 민족신으로서의 하느님과 성서적 기독교적 신은 神土不二의 관계에 있다. 민족신인 하느님은 한국인의 사람다움(humanity)이며 재래종교를 대표하는 영적인 땅을 상징한다. 기독교의 신은 한국의 종교적인 땅, 즉 하느님과 만나서 토착화된 기독교의 신으로 섬김을 받고 복을 주신다. 그러니까 身土不二는 그리스도 혹은 교회와 한국종교 사이를, 信土不二는 기독교 신앙과 한국적 경건 사이를, 그리고 新土不二는 성서적 기독교적 종말론과 재래적 말세론 사이를 가교하는 역할을 하는 것이다. 최근에 필자는 이를 상세히 풀이하기 위하여 *Spirituality of Indigenization* (2005)이란 논문집을 출간하였다.

## IV. 복의 신학

언행일치의 신학과 신토불이의 신학이 각각 유교와 불교에 상응하는 신학적 논의라면, 복의 신학은 무교와의 관련에서 기독교 신앙을 조명해 보는 학문적 성찰이라 할 수 있다. 복의 신학을 주제화하여 저술한 저작은 아직 없으나, 이것이야말로 토착화신학의 길에서 마지막으로 뚫고 나가야 할 터널과 같은 과제이다. 필자는 이미 1999년에 모교인 바젤대학교 신학 학술지인 *Thedogische Zeitschrift* 55-1999에 "Asian Values and Church Growth in Korea"를 게재하였다. 물론 이 논문은 직접적으로 복의 신학을 주제로 한 것은 아니지만, 한국 교회의 급속한 성장과 발전이 토착화의 폭발이라는 취지에서 쓴 것이다. 토착화는 언행일치만 문제 삼는 사건이 아니라, 신토불이와 함께 복받음을 문제 삼는 사건이다. 교회 성장은 하느님으로부터 받은 복이다. 이 기본적인 사실을 간과하고 교회성장을 논하는 것은 무의미하다. 앞에서 언급한 *Spirituality of Indigenization* (2005)에 실린 맨 마지막 논문의 제목은 "Morality, Spirituality and Productivity"이다. 도덕성은 분명히 유교의 규범적 기능(norming function)에 상응하고, 영성은 불교의 조정적 기능(coordinating function)에 상응하나, 생산성은 무교의 시여적 기능(granting function)에 상응한다. 무교가 생산성에 상응한다는 것을 미신적이라고 생각할지 모른다. 그러나 무교의 시여적 기능이 성령의 역사로, 즉 토착화 사건을 통하여 기독교의 시여적 기능으로 전이된다는 것을 고려한다면 그 생산성의 의미를 다시 한 번 음미할 수 있을 것이다.

필자는 2003년 첫 토요일부터 3년째 매주 토요일 오후에 강남금식기도원에서 설교를 하고 있다. 첫 해에는 주님의 기도와 사도신경을 해설하였다. 이 설교들이 금년에 《나의 인생에 믿음의 길잡이》라는 제목으로 출판된다. 주님의 기도와 사도신경은 학습인의 교육을 위한 신앙본문으로 활용되고 있다. 그러나 여기서 설교자는 결코 새신자 교육 교재를 위해 작성한 것이 아니다. 도리어 성숙을 위한 참고 자료로 쓰일

교재로 작성한 것이다. 기도원의 특수한 상황에 적응하는 것이 쉽지 않았으나, 나름대로 민중 속으로 내려가서 생각해 보려고 노력하였다. 성도들의 일치된 기도 제목은 복을 받는 것이다. 질병, 특히 말기 암 환자의 질병을 위하여 금식과 기도를 드리는 사람들의 정성과 치유받은 이들의 신앙적 간증은 매우 놀라운 기적이고 인상 깊은 체험이다. 사업에 실패한 이가 금식기도를 통하여 용기와 희망과 지혜를 얻고 재기한 이야기는 무수히 많다. 이혼 직전의 불화와 갈등을 겪는 이들을 위한 위로와 권면과 기도는 기도원이 꼭 있어야 할 이유이다. 신앙적으로 방황하는 이나 정신적 질환으로 고통당하는 이들이 치유받는 것도 기도원의 자랑이다. 전국 각지에서 교파를 불문하고 찾아오는 이들에게, 그리고 많지는 않으나 미국과 유럽 등지에서 찾아온 성도들에게 기도원 설교자들과 상담자들은 적절한 대안을 마련해 주고 있다. 이 모든 활동은 복을 비는 것이다. 주님의 기도에서 "일용할 양식"은 바로 이 복에 해당된다. 종교개혁자 마르틴 루터는 일용할 양식은 의식주 외에 모든 생필품과 생활 조건과 이웃과 정부와 날씨까지 포함한다고 하였다. 한 마디로 이것은 복을 의미한다.

작년에는 십계명을 중심으로 설교하였다. 그것은 구약의 요약이다. 특히 모세 오경과 역사서에 나타난 사상은 축복과 저주의 역사로 서술되어 있다. 이에 비하면 예언서들은 구원과 심판을 중심 주제로 삼고 있으나 성문록은 지혜와 경건에 관한 기록이다. 특히 축복과 저주를 주제로 하여 십계명을 해설하는 설교는 모든 목회자들의 몫이다.

금년에는 칼 바르트(Karl Barth)의 《교회교의학》(*Kirchliche Dogmatik*)의 색인(Register)에 실려 있는 설교 보조자료(Predigthilfen)를 참조하여 교회력 중심으로 설교를 하고 있다. 주님의 기도와 사도신경이 신앙입문을 위한 본문이라면, 십계명은 구약의 요약이고, 교회력 중심의 설교는 자연스럽게 신약 본문을 반영하는 결과가 된다. 기도원의 설교들은 결국 원하든지 원치 않든지 혹은 의식하든지 의식하지 못하든지 축복과 저주의 문제를 다루게 된다. 복의 신학이 서 있는 삶

속의 자리(Sitz im Leben)가 바로 거기에 있는 것이다. 더 나가서 기도 원뿐만 아니라 개체 교회의 목회현장 역시 언행일치의 신학과 신토불이의 신학 외에 오히려 더욱 더 복의 신학이 진지하게 수용되고, 그러한 신학적 각성으로부터 믿고 체험하고 살아가는 성도들을 위한 선교와 목회와 설교가 시행되고 있는 것이라 할 수 있다.

## V. 토착화신학의 전망

아마도 토착화신학이라는 이름에 식상한 사람들은 더 이상 그러한 용어 사용이나 그 신학의 전망 같은 것에 관심이 없을 것이다. 그러나 문화신학회는 사정이 다르다고 생각된다. 물론 토착화신학, 민중신학 또는 그 밖의 다른 이름으로 부를 수 있는 모든 신학을 뭉뚱그려서 문화신학이라고 부르기도 하지만, 역시 토착화신학은 그 나름대로 그 신학사적 위치뿐만 아니라 현실과의 깊은 관련성에서 더 깊이 연구해야 할 과제임에는 틀림없다.

토착화신학이 너무 협소하게 과거 지향적으로 유불선과의 관계에만 집중하고 있는데 대한 불만이나 거부감도 이해할 만하다. 그러니까 새로운 시대에는 새로운 문제와 대결하는 신학적 시도가 진지하게 이루어져야 한다. 그러나 한국문화의 원형, 즉 archetype는 유불선이고, 언제라도 되돌아가서 자신을 곰곰이 생각할 수 있는 정신적 내지 영적인 고향이다. 우리는 명절 때 가는 고향길이 아주 힘들더라도 그 여행을 포기하거나 중단하지 않는 이유가 있다. 그것은 우리가 한국인이기 때문이다. 한국인들은 이미 고향 땅을 모두 떠나 살기에 이제는 그곳에 늙은 할아버지와 할머니만 남아 있다. 그래도 사람들은 고향 길을 찾는다. 거기에서는 바로 잃어버린 나 또는 변질된 우리가 자신을 되찾고 회복될 수 있기 때문이다. 아마도 시골에 있는 고향을 더 이상 찾아가지 않을 세대가 조만간 나타날 것이다. 그러나 정신적 고향으로 가는 길은 여전히 우리 앞에 남아 있다. 도시에서 세계의 문물을 접하고 새 시대의 정신으로 살아가더라도 우리는 여전히 우리의 정신적 고향을 다시 찾아가게 될 것이다.

우리의 정신적 문화적 고향인 유불선도 점점 쇠퇴할지도 모른다. 그것이 아주 희미해져서 쉽게 알아볼 수 없을지도 모른다. 그러나 놀랍게도 그 문화적 유산은 교회 안에서 부활하여 토착화된 기독교가 성립되고 있다. 그러니까 문화적 고향을 찾아서 서당이나 절간이나 산당으로 찾아갈 필요가 없고, 그렇게 해서도 안 될 것이다. 도리어 기독교인은 그가 한국인으로서 진지하고 철저하게 자기 자신으로 되돌아가기만 하면 된다. 교회 공동체 안에 유불선이 있고 내 속에 유불선이 잠재하여 있다. 예수 그리스도가 내 안에 들어와 계신다는 것은 바로 그 문화적 유산인 유불선 안에, 즉 나의 의식과 무의식 속에 들어오심을 의미한다.

미래의 토착화신학은 고전이나 전통문화를 전문적으로 연구하지 않더라도 그러한 고전과 문화의 무의식적 유산을 진지하게 인정하고 신앙을 통하여 교회를 책임지고자 한다면 하느님의 복과 은혜를 받을 수 있는 희망이 있다. 다만 고전과 전통 문화에 대한 전문적인 연구는 타 학문 분야에서 별도로 계속되어야 할 것이다. 그 까닭은 이러한 전문적 연구가 신학연구에도 큰 도움을 주기 때문이다. 토착화신학을 연구하는 사람이 고전까지 모두 정통하게 알 필요는 없으나 전문가의 정보와 판단을 활용할 수 있을 것이다.

토착화신학이 대상으로 삼고 있는 구원의 사건으로서의 토착화는 성령으로 말미암아 이루어지기 때문에 우리는 토착화의 영성에 대하여 말할 수 있다. 이 구원의 사건은 외식적 학문적 연구와는 전혀 상관없이 성령의 은사로서 주어지는 것이어서, 한 편으로는 성도들 개인의 무의식적 차원에서 이루어지는 사건인 동시에 다른 편으로는 또한 공동체적 차원에서 이루어지는 것이기도 하다. 가령 새벽기도의 경우를 보면 어떤 개인의 통찰이나 제안 때문에 새벽기도의 영성이 시작된 것은 아니다. 물론 성경에도 예수께서 새벽 미명에 기도하셨다고(마가 1:35)

하더라도, 그 본문 때문에 한국교회의 새벽기도가 생겨나게 된 것은 아니다. 그렇게 이해한다면 왜 다른 나라 신자들은 이 본문을 읽고 새벽기도를 하지 않는지 설명할 수 없을 것이다. 한국교회가 새벽기도를 하게 된 종교사적 배경은 불교에서 유래한 것이다. 스님들이 새벽 예불을 하는 전통이 계속되어 오고 있다. 교회에서는 목사만 새벽기도를 하는 것이 아니라 모든 교우가 참석하도록 되어 있다. 즉 새벽기도의 민주화가 일어난 것이다. 새벽기도의 민주화에는 아마도 민중적 전통에서 목욕 재개하고 정화수 떠놓고 치성 드리던 민족적 경건의 영향도 한 몫을 담당한 듯하다. 이처럼 공동체 안에서 무의식적으로 일어나는 토착화를 성령의 역사라 하고 토착화의 영성이라 하는 것이다.

 토착화신학의 미래 전망은 이에 따라 한국의 전통문화에서 유래되는 경건과 성서적 기독교적 영성의 만남이 토착화 사건으로 일어날 때 비로소 새로운 신학적 과제 앞에 서게 된다는데 있다. 그리고 이러한 구원의 사건은 시대적 변화와 발전에도 불구하고 원형적인 문화의 기초에서부터 일어나는 것이다. 이러한 각도에서 보면 토착화신학은 말 그대로 문화신학이 되는 것이다 마지막으로 부언할 말은, 비록 토착화신학이 목회적 설교적 관점에 치중하고 있으나, 그래도 여전히 이방인으로서의 한국인을 겨냥하고 있으므로 전도와 선교에 대한 신학적 관심을 견지하고 있다. 이러한 관심에서 필자는 지난 2003년에 발간한 《組織神學》(V)에서 에큐메니칼 대화를 다루었다. 첫째, 내향적 에큐메니칼 대화로서 교파간 대화를 다루고, 둘째, 외향적 에큐메니칼 대화로서 종교간 대화를 살펴보고, 마지막으로 에큐메니칼 대화로서의 토착화신학을 논하였다. 거기서도 종교간 대화를 살펴보고, 마지막으로 에큐메니칼 대화로서의 토착화신학을 논하였다. 거기서도 토착화신학의 길은 언행일치의 신학, 신토불이의 신학, 그리고 복의 신학으로 제안되어 있다. 바로 이 세 가지, 다르면서도 하나로 되는 토착화의 길은 우리의 신학적 미래이고 또한 과제이다.

# 대승적 기독교론 서설

김경재 (전 한신대학교 교수)

## I. 주제의 지향성

1.1 나는 한국신학대학 신학과 신학사(1964. 8)를 취득한 이후, 신학의 길 40년을 구도자적 자세로서 섭렵한 후 신학교육기관 교직을 정년퇴임하면서(2005. 8), 내가 추구해온 기독교 복음이해를 총괄하는 용어로서 '대승 기독교론'이라는 어휘를 사용하기로 하겠다. 이 어휘는 물론 '대승불교'에 상응하는 어휘이지만, '대승적'(大乘的)이라는 점에서 양자는 상응하는 공통요소도 있지만, 불교와 기독교의 종교적 유형이 다르므로 그 내용은 서로 다른 독특한 특징을 지닌다. 이 글은 나의 '대승적 기독교론'에서 '대승불교'와 상응하는 공통점은 무엇이며, 본질적 차이점은 무엇인가를 밝히는 과제를 그 서설적 차원에서 피력하려는 것이다.

1.2 주지하다시피 불교사에서 대승불교의 발생은 고다마 싣달타(BC. 560-480)의 입멸 이후, 부파불교(部派佛敎, 아비다르마 부디즘, 일명 소

승불교)가 발달하다가, 불멸 후 약 400-500년경이 지난 후, 나가르쥬나(龍壽)의 《중관론》(中觀論)과 아슈바고샤(馬鳴)의 《대승기신론》(大乘起信論)과 같은 위대한 론서(論書)가 저작되어 유포되면서 그 진면목이 뚜렷하게 드러나게 되었다. 그리고, 또 약 400-500년이 더 지난 후, 아상가(無着)와 바수반두(世親) 형제에 의해 집대성된 유식사상(唯識思想)에 의하여 대승불교 사상의 두 수레바퀴가 완성되었다. 이기영 교수에 의하면 아상가와 바슈반두의 유식사상은 이미 마명의 대승기신론에서도 찾을 수 있다고 말한다.[1)]

1.3 필자는 대승불교사상의 본질을 다음 네 가지 점에서 파악한다.

첫째, 실재관에 있어서 일체의 이원론적 실재론(二元論的 實在論)을 극복하여, 분별지를 넘어선 반야지(般若智) 안에서 통전적 일원론 또는 불이론(不二論)을 주장한다. 세간·출세간, 생멸계·진여계, 색계·공계, 차안·피안, 생사·열반 등으로 구별되는 실재가 각각 독립적으로 실재하는 것이 아니라는 것이다.

둘째, 실천윤리면에 있어서, 보살정신(菩薩精神)을 강조하는바, 비록 구도자는 완전한 해탈에 이르지 못했을지라도, 고해 속에 헤매는 생명체들의 고통과 아픔을 체휼하여 이타행(利他行) 자비심의 실천적 삶(布施行)을 구도의 방편으로서, 더 나아가서 해탈의 길 그 자체로서 이해한다.

셋째, 진리는 한 마음(一心)에 다름 아니며, 중생의 마음이 일심이며, 법(다르마)의 구경처(究竟處)이다. 마음은 진리의 원천이며, 진리의 본체이다. 마음은 진속(眞俗)과 염정(染淨)의 차별이 생겨나기도 하고 극복되는 여래장(如來藏)이다.

넷째, 니르바나는 인간의 탐·진·치 삼독(三毒)이 제거되면 언제나 현성(現成)하는 '지금·여기'의 실재이며, 선정(禪定)은 그 경지에 이르

---

1) 李箕永,《元曉思》(홍법원, 1971) 25.

는 방편에 불과할 뿐 선사(禪師)는 적극적이고 현실긍정적 무위(無位)·무의(舞衣)적 절대 무애인(無碍人)의 삶을 산다.

1.4 필자는 위에서 언급한 네 가지 불교의 대승적 정신에 촉매·촉발되어 서양기독교 주류적 정통신학과 전통적 영성에 대하여 다음 같이 스스로 문제를 제기하고 한국 기독교의 '소승적 형태'를 극복하여 복음 본래의 '대승적 복음'으로 복귀하기 위하여 분투 노력하였다.

첫째, 정통 기독교 신학이 오랫동안 창조적 실재의 두 질서로 구별해온 초자연세계와 자연세계, 하늘나라와 세상 역사, 하늘과 땅, 저 세상과 이 세상, 은총질서와 자연질서, 구원사와 세속사는 전혀 차원이 다른 독립된 두 질서의 실재인가 아니면 '한 실재의 두 차원'인가? 본래적 성서 전통 곧 헤브라임적-갈릴리 복음 전통에 의하면, 창조주 하나님은 "만유 위에 계시고, 만유를 통하여 일하시고, 만유 안에 계시는 이"(엡 4:6)이다. 임마누엘의 하나님이시다. 하나님의 영은 '만유'를 생기 있게 하시는 생명의 영이시며, 하나님은 주의 영을 보내어 저희를 창조하사 지면을 새롭게 하신다(시편 104:30). 나의 대승적 기독교론은 그리스 철학과 중세 스콜라신학의 자연/초자연의 이원론을 그대로 물려받고 있는 개신교 정통주의의 이원론적 실재론을 극복해야 기독교는 변화된 문명 속에서 새로운 패러다임 전환을 할 수 있을 것으로 보았다. 어떻게 그러한 이원론의 극복이 존재론적으로 가능한가 그것이 문제였다 할 것이다.

둘째, 정통 기독교는 오랫동안 구약성경이 말하는 시내산에서 십계명을 인간에게 내려준 '율법의 수여자'로서, '인과응보적 하나님'으로서, '종말 대심판주'로서 기독교의 하나님 신앙을 유지토록 교육해왔다. 유리하던 아람 사람들, 가난하고 억눌린 사람들의 울부짖음을 차마 모른체 못하시고 긍휼과 자비로 그들과 함께하시어 그들을 구원하신 '하비루의 하나님'(신명 26:5-9) 곧 야훼의 신적 속성이 '긍휼과 자비'인 것을 너무 간과해 왔다. 하물며, 갈릴리 복음의 본질은 나사렛 예수의 교훈과 행동에서 보여진 대로 예수는 '자비'를 원하고 '제사'를 원하지 않는다고 했으며(마태 12:7), 하나님의 자비하심 같이 너희도 자비하라고(누가 6:36), 또 능히 그리 할 수 있다고 사람들을 격려하시는 분이심을 잊어왔다. 핵심을 말하면, 기독교 정통신학에서 말하는 인간본성의 '전적 타락과 원죄설'이 지닌 심원한 진리성에도 불구하고, 인간을 '사랑과 자유 안에서 삶'을 살도록 축복받은 존재임을 너무나 훼손시켜오지 않았나 반성하게 되었다. 나는 대승불교의 보살정신을 듣고서, 기독교는 그에 못지 않은 '아가페적 은총의 종교'임을 잊고서 '인과응보적 도덕종교'로 전락해 있음을 부정하지 못하는 고통을 겪어왔다. 어떻게 그 부정적 인간학에서 긍정적 인간학에로 패러다임 전환이 가능할까 그것이 항상 문제였다.

셋째, 진여자성(眞如自性)이 일심(一心)이며, 일심은 초탈한 선사들의 집단이나 승가(僧家)의 독점물이 아니라 중생심(衆生心)이라는 대승불교의 통찰은, 기독교인 나로 하여금 세 가지 신학적 주제에 더 깊은 관심을 갖도록 촉구하였다: 사람의 몸은 하나님의 성전이라는 바울의 몸의 신학에 대하여, 마틴 루터의 만인 사제설에 대하여, 그리고 칼 라너의 초월론적 인간학에 관하여 주목하도록 촉구했다.

넷째, 대승불교적 '영원한 현재'를 강조하는 선사들의 무애 정신은 존경할만 하지만, 존재와 시간의 불가역적 미래성을 강조하는 기독교적 시간·역사의식과 언제나 깊은 긴장 갈등을 겪게 되었다. 물론 기독교의 '종말론적 사고'가 히브리적 세계관 본래의 것인가 아니면 후기 유대적 묵시문학의 '삶의 자리'(Sitz im Leben)에서 나온 특유한 실재관인가 재검토하게 하였다. 뿐만 아니라, 기독교의 지나친 미래지향적 실재관은 '현재적 삶'의 책임성을 소홀하게 만드는 역기능도 있음을 성찰하게 되었다. 몰트만이 강조한대로 기독교가 말하는 종말론적 미래가 단순한 시간의 전방향적(前方向的) 미래(future)가 아니라 이리로 오는 예기치 못하는 창조적 미래(advent)라고 할지라도 큰 차이는 없다. 창조세계 전체가 '창조적 변화' 과정을 거쳐 가면서 만물은 아직 도달하지 않는 '새 하늘과 새 땅'을 향하여 순례길에 있다는 '기대의 신화'(Myth of Expectation)는 폴 틸리히의 말대로 불교적 성주괴공(成住壞空)을 원리로 하는 '회귀의 신화'(Myth of Return)와 근본적으로 다른 기독교의 신앙적 신념임을 재확인하게 되었다. 그 양자를 어떻게 각각의 특성과 고유성을 지켜가면서도 화해할 수 있을까가 오랫동안 신학적 과제였다. 잠정적으로 함석헌의 '나선형의 역사의식'에서 그 화해 형태를 모색하고 있다. 이제 이상의 네 가지 주제를 중심으로 나의 '대승기독교론 서설'의 다듬어 지지 않는 밑그림을 이야기 해보기로 한다.

## II. 천지를 창조하신 하나님을 믿습니다: 다차원적인(multi-dimensional) 하나의 창발적 실재계가 있다

II-1. 창조적 실재로서 피조세계 전체는 중세기적인 자연/초자연의 이층구조로서 분할되어 있거나, 단순한 데카르트적인 정신/물질이라고 부르는 속성이 다른 두 가지 실재의 복합물이거나 합성물이 아니라 진화과정의 창발적 과정 속에 있는 '유기적인 전체로서 하나의 세계'를 믿는다. 동시에 실재계는 동양사상 일반이 공유하는 '미분화된 전일성의 바다 위에 출현하는 마야'도 아니다. 그러한 실재관은 칼 바르트의 창조론(*CD*. III/1, 2, 3), 폴 틸리히의 생명과 역사(*Systematic Theology*, vol. 3), 떼이야르 드 샤르댕의 《인간현상》, 화이트헤드의 《과정과 실재》, 그리고 켄 윌버의 과학과 종교의 대통합 이론에서 배우게 되었다.

II-2. 창조세계는 '창조' 개념과 '발생' 개념이 통합된 '창발적 과정'(emergent process)이라고 믿는다. 창발적 존재세계의 각 단계는 구별된 차원을 지니면서도 하위적 차원은 상위적 차원 안에 통섭된다. 다시 말하면 존재계의 상위 차원들은 그보다 전단계인 하위 차원들을 감싸면서(envelopes) 내포하면서 끌어안는다(enfold). 사람의 생명체가 전체

우주 창발적 진화과정의 결승물로서 통전적 존재이며, 그래서 인간은 소우주이며, 사람의 마음이 전체 정신의 거처가 되는 연유가 거기에 있는 것이지, 단순히 인간중심적 사유체계의 생각의 관습이나 인간중심적 편견만은 아니다. 하나의 생물학적 종(種)으로서 인간 존재(인류)는 전체 지구적 생명(온생명/장회익)의 부분이지만, 전체에 종속되면서도 전체를 파지하는 중추신경계에 해당한다.

II-3 위대한 철학들과 종교들은 대체로 실재계를 다음과 같은 몇 단계의 복합적 실재로 파악하고 있는 것이며, 그러한 통찰은 오늘날 신과학 또는 열린과학 사상과도 통한다.

**창발적 세계**
제1단계: 물질계 - 물리화학 · 지질학의 세계 - 사물과 육체 - 1차원(a)
제2단계: 생명계 - 생물학 · 생의학의 세계 - 생명(생기)현상 - 2차원(ab)
제3단계: 정신계 - 심리학 · 정신분석학의 세계 - 마음과 정신세계 - 3차원(abc)
제4단계: 영계 - 제1철학 · 종교학 · 신비학의 세계 - 영혼과 신령계 - 4차원(abcd)

위에서 살핀 창발적 세계의 각 차원들은 동심원적 관계성 속에 있기 때문에, 각각의 창발적 단계(수준)는 고유한 존재특성을 지니지만, 상위 차원은 하위차원들의 모든 특성들을 내포하면서 초월한다. 18세기 계몽주의적 시대 이후로, 현대과학은 환원주의적인 '과학적 유물론'에 포로가 되어 종교학 · 신학이 말하고자 하는 제4단계의 실재 차원을 부정하고 제3단계로 환원시키려는 불가능한 시도를 감행하여 창조세계의 전모를 파악하는데 실패한 결과, '세계의 비마법화'(disenchantment of the world)가 이루어지고 사회는 '1차원적 인간들'(one-dimensional men)이 초월의 지평을 잃어버리고 플라톤의 '동굴'에 다시 갇히게 되었다.

다른 한편, 종교와 특히 서구 정통신학은 '과학과 종교'의 관계정립에 실패하여 '갈등모델' 아니면 고작해서 '독립모델'에 칩거함으로서 창조세계의 유기적 통일성 파악에 실패하였다. '갈등모델'의 예는 진화론과 성서비평학의 거부에서 드러나고, '독립모델'은 20세기 신학의 거장들(불트만, 바르트 등)의 계시중심적 신학이나 실존론적 신학에서 드러난다. 자연과학과 신학의 관계 정립에서 '독립모델'의 입장은 과학과 신학은 연구대상과 연구방법이 다르므로, 상호 불간섭과 상호무관심의 상태에서 각자 자기의 고유한 언어를 이야기하자는 입장이다. 나는 이러한 '독립모델'의 입장은 '만유 위에 계시고, 만유를 통하여 일하시고, 만유 안에 계시는 오직 한분 하나님'을 믿는 기독교 신앙에 어울리지 않는다고 본다.

II-4. 그러므로, 대승적 기독교에서 바라본 신관은 정통적인 '초월적 유신론'(theism)이 아니고, 동양종교 일반의 특징인 '내재적 범신론'(pantheism)도 아니고, 그 양자가 말하려는 진리를 내포하면서 초월하는 '범재신론'(pan-en-theism)을 지지한다. 여기에서 말하는 '범재신론'은 에베소서 4장 6절이 고백하는 '한 분 하나님 신앙'의 기독교 신학적 표현이다. 인간이 지닌 논리적 사고·언어구조는 초월성과 내재성과 과정성 3차원을 동시에 아우르는 통합적 논리구조를 갖지 못하지만, 대승적 기독교 신체험은 논리적 모순의 신체험을 역설적 진리 또는 '반대일치의 진리'로서 고백한다. 그것은 마치 현대 양자물리학에서 빛의 입자설과 파동설이 논리적으로는 모순이지만 실험적 체험상으로는 '빛의 이중성'이라는 명제로서 받아드리는 것과 같은 현상이다.

II-5. 대승적 기독교의 신관은 보다 더 성경이 증언하는 하나님, 예수가 증언하는 하나님에게로 접근하고 있다고 믿는다. 그 분은 성전 안에 있거나 무엇이 부족하여 사람들의 손으로 섬김을 받으시려는 분이 아니라 만민에게 '생명과 호흡과 만물을 친히 주시는 분'(사도 17:24-25)

이시며, 우리가 그분을 힘입어 살며 기동하며 있는 것이고(사도 17:28), 사람들의 중심을 살피시며 머리털까지도 다 세시고 알고 계시는 분이며(누가 12:7), 창세로부터 그의 영원하신 능력과 신성을 만물 가운데 보여 오신 하나님(로마 1:20)이시다. 동시에 하나님은 두려워해야 할 대로 충분히 우리가 알 수 없는 신비자이시기에 경외해야 할 분이시며(잠언 1:7), '신령과 진정'으로 예배해야 할 분이시다(요한 4:23). 대승적 기독교의 신관은 보다 더 역설적이어서 피조물의 고통과 수난에 무능한 분처럼 함께 고난 받으시는 분이며, 세계의 새로움과 아름다움과 비극을 함께 경험하신다고 믿는다. 동시에 그는 존재 자체이시며, 로고스와 성령의 원천이시라고 믿는다.

II-6. 대승적 기독교는 삼위일체론이 예수의 배타적 신성을 확보하려는 교리사적 동기의 산물이 아니고, 초대 기독교 신앙공동체가 경험한 초월적 구원체험에 대한 자기성찰의 신학적 결실물이라고 이해한다. 삼위일체론은 고대종교사회에 흔했던 '땅 위를 걸으신 구원신' 신앙을 예수 중심으로 구성하려는 동기가 아니다. 그러한 시도는 예수님 자신이 신성모독이라고 철저히 경계하셨고, 초대교회의 유대적 기독교 공동체 지도자들인 베드로나 바울의 기독론과도 배치된다. 대승적 기독교는 역사적 예수를 신격화시키려는 모든 은폐된 교리적 의도는 우상숭배적이라고 본다. 동시에 기독교를 예수 휴머니즘으로 평면화시키려는 기독교의 윤리종교화를 경계한다. 예수가 신적인 존재라는 주장이 아니고, 예수를 그리스도이시게한 그의 교훈과 삶의 본질인 '로고스'가 신적이라는 고백이며, 마가 다락방에서 체험한 성령강림이 단순한 초능력이 아니라, 하나님의 임재였다는 고백이다. 삼위일체론은 기독교의 독점물이 아니며, 종교사 속에서 '삼위일체의 흔적'을 발견할 수 있다는 윤성범 교수의 용감한 발언에 동의한다.

III. 대승적 기독교는 정통신학의 원죄설을 넘어서서, 사람은 지구

'온생명'(the global life)의 중추신경계이며, 하늘과 땅의 공능을 수렴하는 자이며, 하나님을 모시는 지성소이며, 신령한 몸으로 덧입을 열려진 존재라고 본다.

Ⅲ-1. 대승적 기독교는 인간에 대한 정통 기독교의 원죄설이 말하려는 요점을 충분히 의식하면서도, 기존의 신학적 인간학은 모든 사람이 태어나면서 지닌 '우주신인적 영성'(cosmotheandric spirituality/ R. Panikkar)을 너무나 소홀히 여겨왔음을 성찰한다. 정통적 원죄설의 강점은 인간 자의식의 주체적 인격체로서 '자아'의 이성과 의지는 무의식의 심층세계를 맘대로 조정하거나 완전히 책임지지 못하는 한계를 지닌다는 것, 인간의 원죄성을 구성하는 이기심·탐심·교만심은 인간의 유한한 자유와 결탁하여 언제나 창조질서를 교란하여 반란을 일으키는 가능성을 지닌다는 것, 인간의 실존성은 사회성과의 상관관계에서만 그 현실성을 담보하므로 개인의 구원과 사회적 공동체의 구원은 맞물려 있는 문제라는 점 등이다.

Ⅲ-2. 대승적 기독교의 신학적 인간학이 정통적 원죄설이 말하려는 진실의 내용을 충분히 수용하면서도 그 원죄설을 극복해야 한다고 보는 것은, 성경의 메시지 자체가 '원죄'보다 더 강한 하나님의 '원복'을 강조하고 있으며, 원죄성을 극복하는 하나님의 은총과 성령에 의한 거듭남의 사건 자체도, 결국 인간성의 주체적 참여와 책임을 떠나서 이루어지는 객관적 사건이 아니기 때문이다. 자연의 소여성과 하나님의 창조성이 만나서 새로움의 창발적 사건으로 현실화되는 매개와 장소가 인간 이외 다른 것이 아니기 때문이다. 인간은 결정되어버린 고정물이 아니다. 인간성의 미래는 열려 있다. 우리가 장래 어떻게 될 것인지는 아직 알려지지 않았지만, 사도 바울의 비전에 의하면 우리가 모두 '예수 그리스도의 생명'처럼 변화될 것이다(빌립 3:21). 문제는 종말적 변화의 새로운 창조 이전인 지금 이 땅 위에서의 삶에 있어서도, 성서적

인간이해는 사람이란 철저하게 흙에 속한 하나의 피조물이면서도 끊임없이 하나님의 '생명의 영'에 촉발받아 '영물'로서 살아가는 자기초월적 존재라는 점이다. 그러므로 다석 유영모가 '제나'를 죽이고 '얼나'로 다시 태어나는 것이 종교의 근본이라고 설파한 것은 옳다. 그런데, 다석의 기독교 인간이해에서 '얼나'의 사회적 연대성이나 역사적·해석학적 존재로서의 수평적인 관계성이 철저히 상대화되고 초월자와의 수직적 관계성 안에서 논의되는 점이 문제인 것이다.

III-3. 따라서, 대승적 기독교론에서 이해하는 인간본성에 대한 견해는 정통적 견해보다 훨씬 더 긍정적이고 적극적이고자 한다. '사랑하고 자유하면서 타자의 생명과 사귀임 속에서 초월을 경험하는 존재'로 이해하려 한다. 생물학적 존재로서의 인간의 지속가능한 삶이나, 정신적 존재로서의 해석학적 삶이 모두 인간의 사회적 연대성과 자연과의 공속적 유대관계 없이는 하루도 생존할 수 없는 존재임이 밝혀지고 있기 때문에, 나 개인 혼자만의 자기완성적 해탈이나 개인구원이 불완전할 뿐 아니라 심지어 자기 기만일 가능성마저 본다. 대승불교의 보살정신에서처럼 중생제도가 다 이루어지기까지는 자기의 해탈을 스스로 유보한다는 자세가 기독교의 예정론이나 선택사상보다 더 복음적인 것이다. 대승적 기독교는 동학의 '시천주 신앙', 원불교의 '사은(四恩)사상', 유교의 '성(誠)의 예학', 그리고 불교의 '보살정신'과 적극적으로 연대한다.

III-4. 대승적 기독교론은 인간이 역사적·해석학적 존재임을 강조하려 한다. 인간의 역사성과 해석학적 매트릭스를 결정하는 중요한 변수들로서 '언어적-문화적 틀'을 중요시한다. 종교들의 신념체계와 교리체계는 '문화적-언어적 접근'(cultural-linguistic approach)을 통하여 이해해야 한다고 강조하는 견해에 공감한다(G. Lindbeck). 종교경험과 종교적 언어문화적 표현은 계란과 닭과의 관계성처럼 선후를 말할 수 없다. 특정한 개인과 공동체의 독특한 종교 경험 자체가 그들의 이미 해석학적으로 몸담고 있는 문화-언어적 틀 안에서 경험되고 그 의미가 이해되는 것이며, 맨 마지막에 교리나 신학적 명제로 언표되기 때문이다.

Ⅲ-5. 대승기독교는 종교다원 형상을 '해석학적 관점'에서 이해한다. 각각의 종교는 일정한 '언어적-문화적-역사적 매트릭스(matrix)' 속에서 삶을 영위하던 개인이나 공동체가 경험한 구원경험과 진리이해를 해당 공동체의 언어와 문화적 상징으로 표현하고 그것을 전승시켜간다. 기독교를 이해하려면 기독교를 발생시키고 전승시켜간 신앙공동체의 '언어-문화-역사적 매트릭스' 안에 접맥되어야 하며, 불교나 유교의 이해 또한 그러하다. 각 종교 전통들은 실재(The Reality)를 이해하고 접촉하는 '해석학적 관점'들을 나타낸다. 각 관점을 통하여 실재를 본다는 의미에서 각 종교들은 진리의 부분이고 상대적이지만, 부분과 특정한 관점을 통하여 전체를 보기 때문에, 모든 진지한 우주적 종교들은 궁극성과 절대성을 주장한다. 예수 그리스도가 '유일한 구원자'로서 고백되기 위한 필요조건은 그리스도 고백을 발생시킨 성서세계의 '문화적-언어적-역사적 매트릭스' 안으로 들어와야 한다는 점이다. 불자들에게 고다마 싣달다가 화신불(化神佛)이라고 공경과 흠숭의 예불 대상이 되는 현상을 이해하려면 불교세계의 '문화적-언어적-역사적 매트릭스'에로 들어가야 한다. 특정 신앙공동체 밖에 서서 보면, 예수와 석가와 공자가 모두 진리를 가르친 성인이요 위대한 스승으로만 보인다.

Ⅳ. 대승기독교는 '하나님의 나라' 지향성을 지닌다는 점에서 동양종교 일반의 '영원한 현재' 구원종교와 색깔을 달리한다. '새 하늘과 새 땅'의 실현에 대한 비전 가운데서 대승기독교는 현실세계 안에서의 '해탈'보다는 현실세계의 '변혁'을 지향하며, '역사로부터의 구원'보다는 '역사의 구원'을 지향하며, 개인의 피안적 구원보다는 공동체의 차안적 구원을 지향한다.

IV-1. '니르바나'와 '하나님의 나라'는 각각 불교와 기독교의 종교 유형적 특성을 드러내는 대표적 상징이다(폴 틸리히)라고 보는 견해를 대승기독교는 받아 들인다. 불교는 '인연생기설'이라는 근본 교의에 근거하여 삼라만물의 상자·상의·상생(相資·相依·相生)을 강조하면서 '지금·여기'에서의 해탈을 강조한다. 불교적 인연생기설의 근본교의 관점에서 보면 역사의 미래, 만물의 종말적 성취, 개별 생명의 영생은 분별지에 따른 망상의 잔상이다. 그러나, 기독교의 '하나님의 나라' 상징은 존재계가 이미 '그러해야 할 완성'에 아직 이르지 못하였기에, 마땅히 그러해야 할 상태로 변혁되어 가야 한다는 '변혁을 지향한 열정'이 강하다. 서로 다른 그 점은 두 종교의 특성이자, 각각의 종교적 유형의 색깔을 달리 만드는 중요한 요소로 파악한다.

IV-2. 그러나, 대승기독교는 '하나님의 나라'라고 부르는 상징이 성서 안에서 보여주는 의미의 다양성에 주목하며, 단순히 미래지향적 비전이라고만 단정하지는 않는다. 신약성서의 예수가 들려주신 '하나님의 나라' 비유들은 다양하고도 중층적인 면모를 지니고 있으며, 그 안에서 '지금·여기'의 구원을 의미하는 단면을 인정한다. 분명히 성서의 '하나님의 나라' 상징은 개인 영혼적, 공동체적, 우주적, 그리고 심지어 신적 차원과의 중층복합적 관계성 안에서 증언되고 있다.

IV-3. 대승적 기독교는 궁극적으로 '역사의 구원'을 대망하는 하나님의 나라 비전을 지녔기에, 인류 역사에서 실패한 바 있는 근, 현대 사회주의 실험의 실패 원인을 진지하게 분석하고 그 열정의 불씨를 되살려내야 한다고 믿는다. 왜냐하면 '정의와 자유가 입맞추는 평화공동체'를 열망하는 꿈은 본래 성서의 비전(vision)이며, 사회주의는 그 세속적 버전(version)이기 때문이다. 현대 사회주의의 정치사회적 실패는, 사회주의 비전이 자본주의 비전보다도 오류가 많아서가 아니라, 인류가 사회주의적 비전을 지속적으로 실천하기에는 아직도 덜 계몽되고 덜 성숙해 있는 역사적 발전단계 때문이라고 본다. 대승적 기독교는 '세계화'라는 암호로서 나타나는 전지구적 차원에서의 자본주의적 생산·소비 경제구조가 인류를 생태학적 재앙 속으로 몰고 갈 것을 우려한다.

IV-4. 대승적 기독교는 '역사의 구원'과 '공동체의 차안적 구원'에 일차적 관심을 지니므로, 한국 보수적 기독교가 지닌 성경 문자무오설에 입각한 '시한부 종말론'은 물론이요, 우주의 대파국을 문자적으로 믿는 정통 보수적 기독교의 종말신앙은 유대 묵시문학적 상징을 사실 이야기로 받아들이는 신화적 몽매주의로서 규정한다. 대승적 기독교는 교회란 본질적으로 '그리스도의 몸'이어야 하며, 성직 질서와 교권 체계여서는 안 된다고 확신한다. 대승적 기독교는 프락시스 지향성을 정통 이론 지향성보다 중요하다고 본다. 대승적 기독교는 하나님의 시대 경륜에서 지금은 '성령의 제3시대'라고 본 요아킴 피오레 수사의 견해에 공감한다. 그것은 평신도의 만인사제성과 믿음과 사랑의 일치를 핵으로 하는 새로운 교회 형성을 그 특징으로 한다.

한국 신학, 이것이다 한국문화신학 통권 제9집
지은이   한국문화신학회 편
펴낸이   정덕주

펴낸 곳   한들출판사
         서울시 종로구 연지동 136-46 기독교회관 710호
         등록 제2-1470호 1992.

E-Mail   handl2006@hanmail.net
홈페이지  www.ehandl.com
전화:    편집부 741-4068~69
         영업부 741-4070  FAX 741-4066

2008년 4월 25일 초판 1쇄 인쇄
2008년 4월 30일 초판 1쇄 발행
ISBN 978-89-8349-441-2  93230

* 잘못된 책은 바꿔 드립니다.